JN429574

위험사회를 사는

소비자와 생활안전

유현정 · 최은실 · 김성숙 · 이재은

2012년도
대한민국학술원 선정
우수학술도서

이 도서는 대한민국학술원에서 선정한
"2012년도 우수학술도서"로서 교육과학기술부의
지원으로 구입 배부한 것임.

도서출판 대영문화사

머리말

지난 1950년대 임신 시 울렁거림을 방지해 주기 위해 개발된 진정제 탈리도마이드로 인해 이후 1만 명이 넘는 기형아 '탈리도마이드 베이비'들이 태어나는 충격적인 사건이 있었다. 탈리도마이드 사건은 대표적인 약화사고로서 지금도 의약품 안전에 중요한 사례로 인용되곤 한다.

인간의 역사는 좀 더 편안하고, 안전하고, 풍요로운 삶을 얻기 위해 지속되어 왔고 또 지금도 그 중간에 있다. 그러나 때로는 위대한 발견처럼 생각되는 편익의 뒤편에 미처 알아채지 못한 중대한 위험이 숨어 있기도 하고, 또 때로는 어리석은 순간의 유혹으로 불필요한 위험을 불러일으키기도 한다. 2008년 지구의 공장이라 불리는 중국에서 촉발된 멜라민 분유 사태는 전 세계인들을 불안에 떨게 했다. 이유는 단순했다. 단백질 함유량을 높여 보이기 위해, 분유를 먹는 아기들에게는 치명적인 신장 손상을 가져올 수도 있는 멜라민을 분유에 섞어 팔았다는 것이다. 세상에 그 무엇도 인간의 생명과 건강보다 중요한 것은 없다. 그러나 자신의 이익을 위해 타인의 생명과 건강을 우습게 생각하는 비윤리적인 생산자가 존재하는 한 멜라민 분유와 같은 부끄러운 사건은 언제든 또 일어날 수 있다.

급속한 경제 성장과 과학 기술의 발달로 현대 소비는 건강과 안전, 생활의 질을 생각하는 '가치 추구형' 소비문화로 변화되었다. 웰빙(well-being) 트렌드는 한때의 유행으로 지나가지 않고 우리 사회의 중심적 라이프 스타일로 토착화되었으며, 소비자문제를 찾아 고발하는 프로그램이 평균 10%가 넘는 시청률을 유지할 만큼 안전에 대한 소비자의 기대 수준은 높아지고 있다. 그러나 불행히도 우리는 100% 완전하게 안전할 수는 없다. 다만 노력을 통해 최대한 위해 요소를 찾아내 미연에 방지하려 노력하고, 사고가 발생했다면 최대한 신속하게 이를 해결하고 그 경험을 바탕으로 똑같은 불행이 다시 일어나지 않도록 제도를 정비하고 소비자들을 교육한다.

그러나 무엇보다도 중요한 것은 소비자 스스로 자신의 안전을 지키기 위해 주의를 기울이고, 또 다양한 상황에서 어떻게 하면 안전을 지킬 수 있는지 충분한 지식을 갖추는 일일 것이다. 위험은 공기와도 같이 우리가 느끼지 못하는 가운데 우리의 주변에 늘 존재하며, 위험에 대처할 수 있는 소비자 각자의 능력에 따라 좀 더 위험하거나, 또는 덜 위험하게, 그러나 어떤 경우에도 우리에게 유익을 주는 법은 없이 우리를 위협한다.

우리는 점점 더 복잡한 사회를 살아가는 현대인들에게 생활 곳곳에서 경험할 수 있는 위험과 이를 극복하기 위한 사회적·개인적 차원의 다양한 안전 추구 방법을 논하고 연구할 필요성을 인식했다. 생활 안전의 문제를 안일하게 간과하지 않고 한번 더 생각을 기울이는 것만으로도 많은 안전사고를 예방할 수 있을 것이라 기대하며, 너무나 폭넓고 다양하고, 너무나 상대적이어서 그 개념을 명확히 정의하기조차 어려운 생활 안전의 이슈에 용감하게 탐색을 시작했다.

제1부에서는 안전문제를 야기하는 개념인 위험에 대해 학습하고, 소비자기본법이 보장하고 있는 소비자의 안전할 권리 및 안전과 관련된 법제도를 살펴봄으로써 생활 안전을 향한 기초를 점검해 보고자 했다.

제2부에서는 생활 안전의 다양한 영역 중 특히 안전문제에 중요하게 고려될 수 있는 식품 안전, 의약품 안전, 제품 안전, 생활환경 안전의 네 가지 영역에서 구체적으로 어떤 안전관리 체계가 운영되고 있는지 살펴봄으로써 국내외 안전관리 체계에 대한 폭넓은 지식을 탐구할 수 있도록 했다.

제3부에서는 위험 커뮤니케이션과 취약계층의 문제를 검토해 봄으로써, 안전사회 구축이라는 궁극적 목적을 달성하기 위해 우리가 잊지 말아야 할 위험의 상대성과 안전관리정책의 형평성에 대해 심도깊게 논의해 보고자 했다.

2009년 가열차게 의기투합했던 우리 저자들은 자료를 모으고, 연구가 깊어질수록 많은 걱정과 두려움에 휩싸였다. 너무나 빠르게 변화되는 생활환경과 제도로 인해 원고를 작성하는 중에도 끊임없는 수정이 필요했기 때문이다. 어쩌면 이 책이 독자들에게 읽힐 즈음에는 또다시 달라진 안전의 이슈들을 포함하기 위해 자료 수집을 반복하고 있을지도 모른다. 그럼에도 불구하고 이 책이 때로는 안전문제에 불감증을 가졌던, 또 때로는 지나치게 안전문제에 예민했던 우리 스스로에게 좀 더 냉정히 그리고 객관적으로 안전하고 안심할 수 있는 사회를 향해 가는 데 작은 기여를 할 수 있기를 희망한다.

아울러 독자를 위해 다양한 사진의 삽입과 편안한 윤문의 수고를 아끼지 않은, 그리고 어느덧 햇수로 3년이나 출판을 기다리며 끝없이 저자들을 격려해 주신 대영문화사 임춘환 사장님께 감사의 말씀을 전한다.

2011년 7월

저자 일동

차 례

P·a·r·t 01

현대 사회와 안전

제 1 장　위험사회와 소비자

제 2 장　소비자 시민의 안전할 권리

제 3 장　생활 안전 법 · 제도

Chapter 01 위험사회와 소비자

제 1 절 현대 사회 환경의 변화와 소비자 위험

1 현대 사회 환경의 변화

현대 사회에서는 인간이 직접 경험할 수 있는 차원을 넘어서는 2차적이고 비자연적이며 인위적인 불확실성과 구조화된 생태 위험들이 나타나기 시작했다. 이들은 기존의 위험 목록과 위험 통제 방식의 적절성을 부정하면서 새로운 위협으로 나타나고 있다. 새로운 위험이나 위기의 등장은 인간 사회의 발전과 더불어 나타나는 현상이다. 그러므로 안전을 향한 인간의 인식과 노력 또한 위험의 진화와 함께 계속될 것이다.

특히 산업화 이후 인간이 소비자로서 인식된 이래 소비자운동에서 신체, 건강상의 안전문제는 가장 주된 쟁점인 동시에 목표이기도 했다. 세계 각국은 국민의 생활 안전을 보장하기 위해 각종 안전규제 정책을 실시해 왔지만, 인간 생활에서의 완전무결한 안전이라는 것은 환상일 뿐이다. 인간은 일상생활 속에서 언제나 여러 가지 위험에 둘러싸여 있고, 모든 행동에는 크건 작건 어느 정도의 위험 요소가 포함되어 있으며, 일상생활에서도 적지 않은 위험 요소가 숨어 있다. 일상생활에서 나타나는 수많은 위험이 도처에 흩어져서 인간의 생명과 건강, 재산을 위협하고 있는 상황임에도 이들 생활의 안전을 위협하는 요소들을 관리하기 위한 제도나 기관이 없거나 있는 경우에도 분산되어 있어 비효율적으로 운영되고 있는 실정이다. 특히, 국민생활의 안전을 위협하는 국민생활 안전 위기는 불특정 다수의 국민을 위협하기 때문에 이를 관리하기 위한 행정 체계나 법 제도 또한 복잡하게 얽혀 체계화하기 어려운 상황이다. 즉 특정 직업에 종사하는 사람을 대상으로 하는 안전관리나 특정 지역에 거주하는 사람을 보호 대상으로 하는 경우에는 관련 법령의 제정을 통해 관리하는 것이 용이하다. 그러나 일반 국민 모두가 수많은 위험 요소로부터 안전을 위협받을 가능성이 있는 경우에는 이를 포괄적으로 관리할 수 있는 방안을 마련하기가 쉽지 않은 것이 현실이다.

소비자를 둘러싼 환경의 변화는 다양한 수준에서 동시적으로 나타나고 있다. 국제적인 차원은 물론이고 국내 정치적 측면, 경제적 측면, 사회·문화적 측면, 자연 환경 측면에서도 변화가 나타나고 있다. 각각의 환경 변화와 생활 안전의 특성을 살펴보면 다음과 같다.

첫째, 국제 환경의 변화다. 현대 사회는 수많은 위험 요인에 노출되어 있고, 위험 요인은 시간과 공간을 초월하여 한 지역의 문제가 특정 지역에 머물지 않고, 국가 차원을 넘어 세계적인 이슈로 확산되기도 한다. 광우병이나 환경 호르몬으로 인한 식품 오염 등 끊임없이 발생하는 식품문제와 유전자 변형 식품과 같이 새롭게 등장한 기술에 대한 불안감은 전 세계적으로 소비자들의 식품 안전에 대한 신뢰를 흔들어 놓았고, 우리가 섭취하는 식품에 대한 품질과 안전에 대한 요구를 강화시켰다. 이러한 추세에 따라 생활 안전의 국제적인 방향은 일상생활의 안전을 위협하는 취약점을 분석하고 문제점을 개선하여 생명과 건강에 대한 위협을 사전에 예방하는 생활 안전정책에 중점을 두고 있다. 특히, 생산 과정이나 관리 과정에서 안전하지 못한 상품이 국제적으로 생산되어 소비자에게 전달되는 현상이 발생하고 있으며, 첨단 기술과 화학적 변화를 거친 안전성이 검증 안 된 제품들이 출시되고 있는 실정이다. 이러한 국제적 환경 변화에 따른 생활 안전 위기는 신종 질병, 생명윤리에 대한 침해 등과 같은 신종 위기의 가능성과 함께 유해식품, 환경 호르몬, 유전자 조작식품 등 국제 사회의 구성원에 대한 위협 요소들이 지속적으로 증가할 것으로 예상된다.

둘째, 정치적 환경의 변화다. 미래 사회에서는 무엇보다도 안전한 생활의 중요성이 부각되고, 국민의 생명과 안전을 보호할 수 있는 역량을 갖춘 정부에 대한 기대가 어느 때보다도 클 것으로 예상된다. 특히, 생활 안전을 위협하는 사고에 관한 정보가 인터넷 등 통신의 발달로 인해 실시간으로 소비자에게 전달됨에 따라 소비자들의 높아진 안전 의식과 맞물려 실제보다 불안감이 증폭되고 주관적인 위험 수준이 높아지고 있다. 효과적인 생활 안전을 확보하기 위한 안전관리를 위해서는 정치 체계의 협조가 중요하다. 정치 체계는 인적·물적·재정적 자원을 효율적으로 동원할 수 있는 능력이 있기 때문에 생활 안전을 확보하는 데 가장 결정적인 기능을 수행한다. 입법부는 생활 안전을 확보하기 위한 각종 법률의 제정을 통해 위험 요인이 발생하는 것을 사전에 예방하거나 완화하는 것이 가능하기 때문이다. 특히 과거와는 달리 안전관리에서 정치적인 차원에서의 입법화 과정에서 다양한 위기 유형을 법령에서 규정해야만 실효성이 있기 때문에 정치적 관리 노력의 중요성이 강조된다. 따라서 국가 차원에서는 행정부와 국회를 중심으로 생활 안전 확보를 위한 법령의 제정 노력이 있는 한편, 지방 차원에서는 지방자치단체와 지방의회를 중심으로 조례 제정, 그리고 민간 NGO와의 연계를 통해 국민의 생활 안전 확보 노력이 이루어지게 된다.

셋째, 경제 환경의 변화다. 경제 환경에서는 도시화, 산업화, 첨단화, 고도화, 집적화의 경향이 나타남으로써 일상생활의 안전을 위협하는 각종 위험의 발생으로 인한 피해 규모와 피해 정도가 대규모화될 것으로 예상된다. 경제 체계는 물품을 생산·유통시키고 서비스를 제공하는 과정에서 안전을 위협하는 위험 요인들을 많이 내포하고 있다. 이러한 위험 요인에는 고도의 기술, 위험물질, 그리고 조직원들의 부주의 등이 있다. 경제 체계에서의 부주의나 기술상의 미숙은 결국 생활 속에서의 안전을 위협하는 안전사고와 연결된다. 교통사고나 직업생활에서의 안전사고뿐만 아니라 위험물질 취급에서의 부주의로 인한 각종 안전사고가 이에 해당된다. 따라서 경제 체계에서 초래되는 생활 안전 위기를 막기 위해서는 무엇보다도 기술의 효과적인 활용과 엄격한 영향평가에 근거한 새로운 기술 개발에 대한 합리적·포괄적 정책결정이 이루어져야 한다. 또한 위험물질의 취급에 대한 안전관리의 개선이 꾸준히 추진되어 안전사고가 발생하기 전에 경제 체계는 위험의 예방 및 완화를 위한 방안을 마련하는 것이 필요하다. 그리고 생활안전 위기를 사전에 예방하고 이에 효율적으로 대응하고 회복할 수 있도록 조직원에 대한 교육 및 훈련이 정기적으로 실시될 필요가 있다. 경제 환경 이외의 영역에서 발생하는 위기로 인한 경제 위기뿐만 아니라 경제 환경이 내재적으로 지니고 있는 위기 유형도 있다. 특히, 오늘날에 와서 관심을 끄는 것은 국민 생활 위기와 관련된 불안감이 시기적으로 더 커지고 있으며, 향후에도 개선되지 않을 것으로 인식하고 있다는 점이다. 10년 전 과거에는 건축물의 붕괴나 태풍, 폭발사고, 대형 교통사고 등의 전통적 재난에 대한 기억이 컸던 반면, 앞으로는 불안정 고용과 취업난, 급격한 경기 변동, 빈부 격차 등의 경제적 생활 위기에 대한 불안이 매우 크게 나타날 것이다.

넷째, 사회·문화 환경의 변화다. 오늘날에는 조류 인플루엔자 등의 전염병이나 테러, 각종 자연재난 등 여러 가지 위기가 시간과 공간을 초월하여 발생하면서 국민의 생활을 위협하고 있다. 최근 우리나라에서 보편적 현상으로 나타나고 있는 웰빙(well-being) 현상은 웰다잉(well-dying)에 대한 욕구 증대가 함께 중첩되어 강조될 것으로 예상된다. 즉 사회문화적 측면에서 '안전사회 문화(safe society culture)'가 보편적 현상으로 자리잡을 것이다. 이러한 안전사회 문화 구축에는 과거의 안보 위기나 재난 위기, 핵심 기반 위기 이외에 신종 생활 위기가 출현할 것에 대비하는 방안이 추진될 것이다.

다섯째, 자연 환경의 변화다. 현재 우리나라는 기후 온난화 현상으로 인한 기상 조건의 변화가 극심해지고 있다. 한반도에서도 과거 풍수해 중심의 기상재난으로부터 대규모 폭설, 가뭄, 태풍, 집중호우, 황사 등의 빈번한 새로운 자연재난의 내습이 일어나고 있다. 그리고 그 피해도 점점 더 대규모화되고 있다. 예를 들면 2002년도의 태풍 루사의 경우 6조 원 이상의 피해를 가져온 한편, 2003년도 태풍 매미는 4조 원 이상의 피해를 가져왔다. 간접 피해 및 복구비까지 포함하는 경우에는 단일 재난이 10조 원 이상의 피해를 가져온 것으로 볼 수 있다. 최근 10년간 연평균 1조 6천 600억 원에 이를 정도로 피해의 대규모성을 특징으로 하고 있다. 또한 자연 환경에 의한 기반 체계 마비로 인해 유비쿼터스 사회의 근간이 흔들릴 수 있다. 예를 들면, 최근 제주도와의 해저 전력선 훼손으로 인해 전력 마비 현상이 나타났음에 주목하면, 정보통신 기반의 경우에도 미래 유비쿼터스 사회를 마비시킬 수 있는 가능성이 있다. 새로운 위기 현상 가운데 하나는 점점 더 복합 위기(hybrid crisis) 형태로 위기가 발생하고 있기 때문에 이에 대한 대처 역시 과거의 단선적 방식으로는 어렵다는 것이다. 현대 사회에서는 이와 같은 복합 위기가 일상화될 수 있기 때문에 자연 환경 측면의 논의는 정치, 경제, 사회문화적 측면에서도 함께 이루어져야 한다. 또한 복합 위기에 대한 대비를 위해서는 중앙정부 중심으로부터 지방정부와 시민사회, 시장경제가 함께 노력해야 한다.

2 소비자와 생활 안전

소비자의 생활 안전을 위협하는 것은 국가를 구성하는 국민의 일상생활의 안전을 위협하거나 위협할 가능성이 있는 상태를 의미한다. 국민 생활의 안전 보장은 국가의 중요한 책무 중 하나로서, 정부의 대부분의 규제는 정도의 차이는 있으나 국민 생활 안전 보장과 관련이 있다. 국민의 생활 안전을 위협하는 요소의 대부분은 소비 행위와 관련하여 나타나고 있다. 따라서 국민생활 위기 영역은 소비자 안전 영역과 부합하는 것으로 볼 수 있다.

일반적으로 소비자는 사업자가 제공하는 상품과 서비스를 소비생활을 위해 구입하거나 사용하는 사람으로 이해된다. 그러나 이와는 달리 법적으로는 "사업자가 제공하는 물품 또는 용역(시설물 포함)을 소비생활을 위해 사용(이용 포함)하는 자 또는 생산 활동을 위해 사용하는 자"다(소비자기본법 제2조 제1항). 생산활동을 위해 사용하는 자까지 소비자의 범주에 포함함으로써 소비자의 범위가 확대된 것으로 이해된다. 한편 사전적으로는 소비자를 "욕구 충족이나 생산 과정에서 경제적 재화(economic goods)[1])를 사용하는 자"라고 좀 더 포괄적으로 정의한다. 이는 물품을 제조(가공 또는 포장 포함)·수입·판매하거나 용역을 제공하는 사람(소비자기본법 제2조 제2항)인 '사업자'가 제공하는 상품과 서비스라는 한계점을 설정하지 않는 포괄적 정의로서 '가격을 지불해야만 하는 물품 또는 용역'을 사용하는 사람은 모두 소비자로 볼 수 있다. 이제 소비자의 정의는 시장(market) 영역의 소비자뿐만 아니라 공공 및 정부(public and government) 영역의 소비자까지도 포함하는 것으로 본다. 특히 정부 및 정부산하기관이나 공기업이 제공하는 물품 및 서비스 영역이 매우 다양하다는 점을 감안하면 소비자에는 민간 부문은 물론 공공 부문에서 제공되는 물품 및 용역의 소비자를 포함하는 것으로 이해하는 것이 필요하다.

이러한 소비자 개념을 기반으로 소비자 안전의 의미를 살펴볼 필요가 있다. 소비자 안전은 통념상 '위험이 전혀 없는 상태'로 인지되어 왔다. 그러나 위험 요소를 100% 제거한 상태는 물리적으로나 사회적으로 불가능하며 비효율적이다. 오히려 안전성이란 "위험하지만 그 위험이 무시될 수 있거나 또는 이득이 더 크기 때문에 받아들일 수 있는 위험"으로 정의할 수 있다. 이와 관련하여 2006년 9월 27일 전부 개정된 소비자기본법에서 제시하고 있는 소비자의 기본적 권리에서는 소비자 안전과 관련하여 "물품 또는 용역으로 인한 생명·신체 또는 재산에 대한 위해로부터 보호받을 권리"(제4조 제1항)라고 정의하면서 "안전하고 쾌적한 소비생활 환경에서 소비할 권리"(제4조 제8항)를 함께 제시한다. 즉 소비자기본법에서는 "안전한 소비생활 환경권과 소비자가 위해로부터 보호받을 권리"를 소비자 안전의 핵심 요소로 제시하고 있다. 따라서 여기서는 소비자 안전을 "일상적인 소비생활 환경과 소비 물품 및 서비스에서 위해가 없는 상태"라고 정의한다.

이와 함께 소비자 안전 영역의 범위에 대한 논의가 필요하다. 이는 기존의 소비자 안전에 관한 많은 논의가 대부분 시장에서 사업자가 제공하는 물품 및 서비스로부터의 안전에 대해 이루어졌기 때문이다. 하지만 소비자

---

1) 경제적 재화(an economic good)는 "유용하지만 가격을 지불해야만 하는 물품 또는 용역"을 의미한다.

안전을 소비자 주권(consumer sovereignty)으로부터 이해한다면 민간 시장뿐만 아니라 정부 및 공공 부문이 제공하는 물품 및 서비스로부터의 안전에 대해서도 균형 잡힌 안전 확보 노력이 요구된다. 즉 소비자 주권은 자유 시장에서 소비자들의 선호에 의해 행해지는 경제적 힘을 의미한다. 이는 소비자 주권이 확보될 수 있는 전제가 자유 시장(free market)이라고 한다면, 정부 및 공공 부문 시장에서는 소비자 주권이 왜곡될 수밖에 없다. 정부 부문이 제공하는 물품이나 서비스에 대해서는 소비자 주권이 제약될 수밖에 없으며 이로 인해 소비자의 안전권 확보가 취약하게 될 수 있다. 그러므로 정부 또는 공공 부문에서 제공하는 각종 물품 및 서비스에 대해서도 소비자 안전 확보 노력이 요구된다. 따라서 여기서는 소비자 안전 영역을 민간 자유 시장에 국한하지 않고 정부 및 공공 부문 시장에서의 소비자 안전 영역을 포함하여 논의한다.

이러한 소비자 안전 영역의 구체적 내용을 살펴보면 다음과 같다. 먼저, 시장 영역에서는 식품, 스포츠·레저, 생활용품, 의약품 및 보건위생용품, 자동차 및 운송장비, 각종 시설물, 가전제품 및 통신기기, 환경 호르몬 등의 영역이 있다. 다음으로, 정부 및 공공 부문 영역에서 소비자 안전과 관련될 수 있는 사항으로는 금융 서비스, 교통·수송 서비스, 전력 서비스, 정보통신 서비스, 에너지 공급 서비스, 원자력 안전 서비스 등이 있다.

3 생활 안전과 위험

위험은 바람직하지 않은 결과가 발생할 수 있는 불확실한 상황(uncertain situation)으로서, 사회 체계의 복잡성이 증가함에 따라 위험의 증가도 함께 나타난다. 즉 체계 복잡성의 증가와 상호의존성이 커질수록 불확실성이 확장됨으로써 문제 해결이 더 어려워지는 한편, 위험이 증가하는 것으로 볼 수 있다. 이 같은 불확실성은 일부 상황에서는 줄어들 수 있다 할지라도, 약간의 불확실성은 항상 보편적으로 존재하기 때문에, 불확실성이 완전히 제거될 수는 없다. 그러므로 인간의 모든 행동과 계획은 항상 위험을 수반하게 된다. 이처럼 위험에 내재하는 본질적 속성인 불확실성과 관련하여 인간 사회는 위험을 관리하기 위해 끊임없이 노력하고 있다.

이러한 맥락에서 첫째, 예측 가능한 위험으로부터 체계를 사전에 보호하기 위한 노력이 있다. 즉 위험은 아직 발생하지는 않았지만 여전히 위협적인 요소들과 밀접한 관계를 지니는 것이기 때문에, 이러한 의미에서 위험은 예방되어야만 하는 미래를 의미한다. 그럼에도 불구하고 미래는 여전히 다양한 위험 요소를 지니고 있고 이에 따른 불확실성을 수반하고 있음을 인식해야 한다. 다음으로, 위험이 실제 발생했을 때 사전에 예상치 못한 위험에 대응할 수 있는 능력을 증가시키려는 노력이 있다. 위험과 관련된 효과적인 조치에 대한 지식과 정보가 결여되어 있는 경우다. 사전적인 의미에서 볼 때 위험은 손실이 발생할 가능성의 정도라고 이해할 수 있다. 일반적으로는 위험이라는 용어는 위태로움이나 손실 가능성 중 어느 하나로 이야기할 수 있는 것으로서, 인간의 어떠한 활동도 위험 없이 수행되는 경우는 없는 것으로 이해된다. 이러한 위험에 대한 정의는 세 가지 필수적인 사항들이 공통적으로 들어가 있다. 그것은 위험원, 위험의 실제적 발생, 그리고 손실의 규모 등이다. 우선 위험의 위험원(risk source)의 종류는 크게 두 가지로 나눌 수 있다. 그 중 하나는 과학 기술의 발달로 인한 부산물로서 나타나는 기술적 위험(technological risk)이고, 다른 하나는 천재지변으로 인해 발생하는 자연적 위험(natural risk)이다. 자연적 위험은 과학 기술의 발달로 해결 방안이 마련된 경우는 더 이상 위험원으로 인지되지 않는 경우도 있고, 반대로 과학 기술의 발달이 새로운 위험원을 발견하여 위험원으로 포함시키는 경우도 있다. 위험에 대한 강도의 변화에 영향을 주는 것은 다양한 차원을 통해 지각되고 평가된다.

둘째, 위험의 실제적 발생에서는 사건의 심각성이 문제가 된다. 사건의 심각성은 사건의 빈도에 따라 결정된다고 볼 수 있다.

셋째, 위험 손실(risk loss)이란 손해, 상해, 손상, 상실, 가치의 감소 등 부정적인 영향으로서 가치 손실의 뜻을 지니며, 그 폭은 상당히 포괄적이다.

최근 우리 사회에서는 위험의 실제적 발생으로 인해 사건의 심각성이 인식되는 경우가 점점 증가하고 있다. 위험에 대한 인식이 생활 안전과 연계되어 이해되기 때문이다. 특히, 국민생활 안전에 대한 위해 요인을 관리하려는 경향이 강조되어 학교 등의 단체 급식에서의 안전관리 시스템이나 레저, 관광, 교통 수송 등 일상생활에서 소비자 안전이 강조되고 있다.

위험의 확인, 발생 개연성, 위험 수준의 측정, 나아가 이의 수용 가능성 정도 등에서 어떻게 대처할 것인가 하는 쟁점이 제기될 수 있다. 이와 관련하여 산성비, 매연, 오폐수 방류, 불법 유해의약품, 오염된 지하수, 핵발전소에서 유출·폐기된 방사능이나 오염물질 등에 대한 일반 시민의 감정적·조건반사적 반응을 해결하기 위해서도 위험평가나 관리의 과학적 근거의 마련은 중요한 의미를 가지고 있다. 따라서 위기에 대한 관리와 과학적 측정의 문제, 사회적 영향의 결과로서의 재앙 등은 상호 영향 관계를 지닌 것으로 볼 수 있다. 그러므로 사회적 위험(social risk)에 대한 연구는 위험(risk)과 재앙(catastrophe)이라는 관점에서 가장 잘 이해될 수 있고, 위험은 그 자체의 잠재적 형태에서는 재앙이라고 할 수 있다.

다만, 사회적 위기의 의미는 두 가지로 구분되어 논의될 수 있다. 하나는 위험원이 사회에 있는 경우이고, 다른 하나는 위험이 사회적으로 손실 가능한 피해를 주는 경우다. 후자를 의미하는 경우에는 위기의 원천에 대한 규명이 이루어져야만 논의가 가능해진다. 여기에서 사회적 위기의 의미는 위험원이 사회에 있는 경우를 의미한다. 이러한 맥락에서 사회적 안전관리는 사회구조 자체에 안전관리 시스템이 내장되어 안전을 확보하는 방식을 의미한다. 즉 사회의 특정 구성 요소가 안전관리를 전담하는 것이 아니라 사회의 모든 요소, 예를 들면 제품을 생산하거나 서비스를 전달하거나 생활을 하는 등의 모든 사회구조 전체에 안전관리가 일상화되고 양식화되는 방식을 말한다.

그리고 사회적 안전관리에서는 위기를 인식하고 안전관리 시스템을 이용하는 것이 아니라 안전관리 시스템이 위험을 인식하고 사회를 보호하는 방식으로 전개되는 것이 요구된다. 이러한 사회적 안전관리는 다음의 이유로 인해 필요하다.

첫째, 위험이 특정한 사회 구성 요소에 대해서만 위협하거나 나타나는 것이 아니라 모든 사회의 요소에서 언제든지 나타날 수 있기 때문에 개별 위험 하나하나에 적합한 안전관리를 하는 것이 불가능하게 된다. 따라서 각각의 위험이 서로 상호작용을 통해 예측하기 어려운 위기 상황을 가져올 수 있기 때문에 사회적 안전관리 시스템의 구축이 필요하다.

둘째, 사회의 각 경제 주체들은 자신이 지불할 수 있는 안전관리 비용이 한정되어 있기 때문에 사회구조 자체가 공동으로 위기 요인이 발생하지 않도록 하는 자정(自淨) 능력을 길러야 한다. 안전관리 비용의 지불 능력이 없는 개별 주체의 허점으로 인해 발생한 위험은 사회 체계 전체에 큰 희생을 가져올 수 있기 때문에 사회적 안전관리 방식의 구축이 무엇보다 필요하다.

셋째, 사회를 구성하는 개별 주체 각각에 의한 안전관리의 종합이 시너지 효과를 통해 사회 전체 안전관리의 총 효용을 극대화하는 데는 한계가 있다. 따라서 사회적인 공동의 투자, 즉 재원, 인식, 제도, 교육 등을 통해 사회의 위기가 발생하지 않도록 면역력을 키우고 사회 위기에 대한 대응력을 키우기 위해서는 사회적 안전관리 방식이 요구된다.

넷째, 공유된 위험은 특정 지역의 위험으로부터 야기되는 위협을 완화시키도록 공공 부문의 대응을 요구하게 된다. 그러나 공공 부문 조직만으로는 위험 취약지역의 안전관리 수요를 충족시키기 어렵게 된다. 즉 위기 취약지역에 있는 모든 조직은 위협으로부터 어느 정도 영향을 받게 되며, 영리조직과 비영리조직 또한 안전관리 과정에 개입하는 것이 필요하다.

제 2 절 소비자의 생활 안전과 위험 수용성

1 생활 안전에서의 소비자 안전

위험은 현대 사회를 이해하기 위한 핵심이며 현대 사회는 위험을 기반으로 위험을 체계적으로 생산하는 사회로 볼 수 있다. 즉 현대 사회의 복잡성의 증대에 따라 분화된 기능적 체계들로 인해 생태학적 위협과 위험을 알면서도 총체적으로 대응하지 못하고 부분적 합리성들에 만족하면서 불확실성 속에서 살아가야 한다. 결국 현대 사회를 기능적으로 분화된 폐쇄적 체계들의 우연적 상호작용으로 이해할 수 있다. 이러한 위험은 과거에도 존재했지만 현재와는 다른 형태의 위험이었다. 인류가 직면한 최초의 위험은 자연으로부터의 위험으로 천재지변, 기후 변화, 자연적 질병, 동물들의 공격 등 인간을 물리적·경제적 생존의 위험에 빠뜨렸으며, 이러한 위험에서 벗어나기 위해 인간은 자연에 대해 투쟁을 해왔다. 이처럼 인간의 역사는 자연적 위험과 사회적 위험이라는 이중적 위험으로부터 스스로의 안전을 지키기 위해 투쟁해 온 역사로서 이 과정에서 과학 기술의 발달이 심화되고 산업화가 고도화되면서 서서히 새로운 형태의 위험들이 생겨나기 시작했다. 오늘날의 위험은 단순히 그것을 인식하고 그 원인 요소를 제거하는 기계적인 절차를 통해 쉽게 해결할 수 없을 정도로 사회적 관계 속에서 해결해야 하는 복합적인 요소들이 포함되어 있다. 또한 정보화, 지식사회의 발달로 인해 원자력, 정보통신, 생명과학, 식품, 의약품, 의료보건 등과 같은 과학 기술의 발전은 다양한 사회적 위험을 생성하는 원인이 되고 있다.

현대 사회는 건강과 생명을 위협하는 위험으로부터 자유로울 수 없다. 어느 누구도 먹는 음식, 마시는 물, 들이마시는 공기, 살고 있는 땅, 그리고 사용하는 에너지를 두려워하지 않을 수 없을 정도로 건강 위험이 도처에서 끊임없이 위협하고 있다. 전통적인 사회와 초기 현대 사회에서는 위험은 본질적으로 개인적이고 공개적이고, 명백하고 관찰 가능한 것으로 느낄 수 있었다. 그러나 현대 사회의 위험은 느낄 수 없고 명백하지 않고 개인적이지 않아서 조기 발견이 안 되고 위험의 발견 자체가 어렵다. 오늘날의 위험은 식품 속의 독소, 핵의 위협, 방사능, 대기 및 수질 오염에서처럼 비가시적이고 사람들이 감지하기가 지극히 어렵기 때문이다. 현대 사회의 위험은 지구적이고 지속적이다. 이들 위험은 시간과 공간의 제한을 받지 않기 때문이다.

위험의 개념은 현대성의 논쟁에서 핵심이다. 현대화 과정이 개인 수준은 물론 사회적 집합체의 수준에서 사회적 위험의 증식 및 강화와 관련이 있기 때문이다. 벡(Ulich Beck)은 위험을 현대성의 역설이라고 주장한다. 인간의 진보와 산업 발전의 추진은 생태계와 인류의 건강을 위협하는 위해의 급증을 초래했고, 이는 결국 시민들로 하여금 진보와 발전에 대한 불안과 냉소주의를 고조시킨 점에서 역설적이다. 현대 사회의 위험한 본질은 현대화 과정 그 자체의 불가피하면서도 필수적인 결과다.

소비자 안전은 통념상 위험이 전혀 없는 상태로 인지되어 왔다. 그러나 위험 요소를 100% 제거한 상태는 물리적으로나 사회적으로도 불가능하며 비효율적이다. 또한 위험이 있는 곳에 더 큰 이익이 있을 수 있다는 사실은 무조건적인 위험의 제거가 매우 비생산적일 수 있음을 보여 준다. 이러한 소비자 안전을 이해하기 위해서는 위해(hazard) 혹은 위험(risk)이라는 개념이 무엇인지를 살펴볼 필요가 있다. 위해란 소비자들의 신체, 재산이나 환경 등에 해를 줄 수 있는 잠재적인 상태를 의미한다. 한편, 위험을 위해와 구분해 정의할 수 있다. 위해는 상품 및 서비스로 인해 직접 생명을 잃거나 신체적 손상이 발생한 사고, 즉 실제적 위험을 의미하고, 위험은 위해에 이르지 않았으나 상품이나 서비스에 의해 신체적 상해나 사고 등 위해가 발생할 가능성을 의미한다. 따라서 안전은 위험 혹은 위해와 대립되는 개념으로서 이해할 수 있다. 흔히 안전성은 위험하지만 그 위험이 무시될 수 있거나 또는 이득이 더 크기 때문에 받아들일 수 있는 위험으로 정의되기도 한다. 이러한 기준에 대한 판단은 사회적 가치 판단에 의해 결정되어야 할 상대적인 개념이다. 즉 구성원이 안전성을 얼마나 중시하느냐에 따라 그 사회의 안전성이 결정될 것이다.

2 위험의 의미

위험의 개념은 상대적이고 인식론적인 차원에서 논의될 수 있다. 과거에는 위험 논의를 객관성이나 불확실성과 관련된 확률의 문제로 다루었으나 최근에 위험 개념이 지니는 주관적이고 가치 평가적인 속성을 인정하는 것은 위험의 개념이 인식론적 차원에서도 논의되어야 한다는 것을 반증한다고 하겠다. 과거의 위험에 대한 선행 연구들을 고찰하면 위험의 원인을 과학적 지식의 부족으로 설명하고 있는 것을 알 수 있다. 물론 일반인들이 전문가에 비해 지식이나 정보의 수준이 낮은 것은 사실이지만, 일반인들은 위험에 대해 수치적 데이터와 객관적 자료 외에 불확실성, 통제 가능성, 재앙적 잠재성 등 다양한 특성을 종합적으로 반영하는 존재인 것이다. 결국, 위험은 본질적으로 주관적인 속성을 내포하고 있으며 사람들의 마음이나 문화와 분리되어 존재할 수 없는 특징을 지니고 있는 것이다. 위험은 생활 속의 위협과 불확실성을 이해하고 극복하고자 하는 인간의 삶 속에 용해되어 있기 때문이다. 이러한 관점에서 볼 때, 위험의 개념은 다양한 차원을 고려하되 가치판단적인 문제로 다루어져야 하며, 존재성이 아닌 인식(perception)의 문제로 접근해야 한다.

안전과 위험의 개념은 주관성과 상대성을 내포하고 있기 때문에 모두가 공감하는 수준으로 명확하게 정의를 하는 것은 어렵다. 또한 생활 영역과 인간 욕구의 한계가 시공간을 초월할 뿐만 아니라 사이버 세계화, 우주화로 영역을 확장함에 따라 용어의 개념 정의도 다양하며, 상황에 따라 적용되는 가변성을 갖고 있다. 이는 소비자가 인지하는 위험은 주관적 위험을 말하기 때문이다. 즉 현실적으로 위험이 존재한다고 하더라도 소비자가 그 위험을 주관적으로 지각할 때 소비자는 그 위험을 문제로 인식한다는 것이다.

안전의 정의를 재해의 개념과 상대적으로 비교해서 살펴보면, "예상되는 어떠한 위험에 대해 주의하고 대비하는 조치를 취함으로써 결과적으로 사고가 발생하지 않게 하거나 사고로 인한 피해가 거의 없는 것이 안전인 반면, 조치를 취하지 않음으로 인한 사고이거나 불가항력적인 사고를 당하게 되어 그 피해의 규모가 큰 것이 재해"라 하고 있다.

외국의 안전관리 문헌에서 안전(safety)에 대한 정의를 찾아보면, 모리스(Pierre Maurice) 등은 안전을 "개인과 사회의 건강과 안녕(well-being)을 유지하기 위해 신체적, 심리적 또는 물질적 손해의 원인이 되는 위험 요인과 상황이 통제되고 있는 상태"라고 정의한다.

또한 도넌(Daniel Dornan) 등은 안전이란 우발적이거나 또는 자연적인 사건에 의해 발생되는 비의도적인 피해(damage) 또는 파괴로부터 사람과 자산을 보호하는 것으로, 안보(security)는 반달리즘(vandalism), 범죄 행위 또는 테러 공격에 의해 유발되는 의도적인 피해 또는 파괴로부터 사람과 자산을 보호하는 것으로 설명하고 있다.

따라서 국민의 안위를 지킬 뿐만 아니라 행정의 영역에서 현장 적합성을 제고하고 실질적인 복지국가 수준의 활용 가능한 안전관리 및 안전관리정책 개발을 위한 접근과 대책을 체계적으로 추진하기 위해서는 안전(安全)의 개념을 구체적으로 안전과 안보의 범주로 <표 1-1>과 같이 구분하여 근원적으로 접근할 필요성이 있다.

<표 1-1>에서 볼 수 있듯이 '안전'은 "우연한 또는 자연적 원인으로부터 발생하는 상해, 손실 또는 사망의 발생이나 위험의 감소에 대비하는 것으로 고의가 아닌 행동 또는 상황으로부터 기인하는 자유로운 상태이자, 수용할 수 없는 위험으로부터 자유로운 상태"를 의미한다. 상대적으로 '안보'

〈표 1-1〉 안전 대 안보 개념의 적용 비교

구분	안전(safety)	안보(security)
개념	우발적이거나 또는 자연적인 원인에 의해 발생되는 비의도적인 피해(damage) 또는 파괴로부터 인명과 자산의 보호	의도적이거나, 또는 악의 있는 행위나 상황에 의한 피해 또는 파괴로부터 인명과 자산을 보호
판단 기준 (사고 원인)	• 비의도적(unintentional) • 우연적(accidental) • 자연적인(natural) 행위 또는 상황(circumstances)	• 의도적(intentional) • 고의적 · 계획적(deliberate) • 악의적(malicious) 행위 또는 상황
적용 대상 및 범위 (예시)	• 우발적 사고(accidental events) • 차량 안전(vehicle safety) • 작업장 위험 • 신체적 · 심리적 · 사회적 · 물질적 위해(危害) 등	• 테러(terrorist threat or attack) • 탈취(hijacking) • 반달리즘(vandalism) • 범죄활동(criminal activity) • 불법행위(illegal act) 등

출처: 이장국(2007); 배대식(2009a: 31).

란 "사람의 고의적이거나 또는 계획적인 행동으로부터 위험과 손실에 대해 보호받고 있는 상태"를 의미한다. 즉 "의도적인 행동이나 환경으로부터 기인하는 자유로운 상태"를 의미한다. 다만, 안전관리정책의 실효성을 확보하기 위한 대응전략을 개발하기 위해서는 안전의 용어 사용에서 무분별한 혼용보다는 'safety'를 '안전' 또는 '안전성'으로, 'security'를 '보안'이나 '안보'로 구분하여 사용하는 것이 바람직하다고 판단된다.

안전의 상대적인 개념으로서 위험(risk)은 사전적으로는 손실 또는 상해의 가능성(possibility of loss or injury) 또는 위험(성)을 뜻한다. 위험(危險)은 해로움이나 손실이 생길 우려가 있거나 또는 그런 상태를 뜻하고, 위험성(危險性)은 위험하거나 그렇게 될 가능성이 있는 성질을 의미한다. 즉 위험이란 "어떠한 사고가 발생하기 전에 예측되는 사고의 가능성이 높은 경우를 뜻하며, 그러한 가능성을 인지하여 대비하고 예방함으로써 사고 발생률을 최대한 줄이거나 사고 발생 시 피해 규모를 최대한 작게 함으로써 안전이 확보되는 것"이라고 한다. 위험성(risk)은 재해 발생 정도를 추정하는 용어로서, 위험성은 재해를 일으킬 개연성(probability)과 재해의 결과로 예상되는 피해 정도(severity)의 두 가지 변수에 의해 결정된다고 볼 수 있다. 슈나이더바우어(Stefan Schneiderbauer)와 에를리히(Daniele Ehrlich)는 위험을 일정한 위험 요소로부터 특정한 시기 동안에 위태(peril) 또는 위험 상태의 일정한 구성 요소(element)까지의 결과로서 발생하는 기대 손실 또는 유해한 결과의 가망성이라고 정의한다. 따라서 개념적으로 정리하면, 위험이란 사람과 조직이 보유하고 있는 권익에 반하는 사고를 일으킬 가능성(probability)과 어떤 범위에서 어느 정도 영향을 미치고 손실을 끼칠 것인가라는 손실의 심각성(severity), 얼마나 안전한 상황을 위협할 것인가라는 취약성(vulnerability)의 요소가 복합적으로 결합된 상대적 개념이며, 위험성의 증가는 안전성이 감소하게 되는 상관 관계를 갖는 개념이라고 할 수 있다. 따라서 안전을 유지하고 확보하기 위해서는 반드시 이러한 위험 요소를 예측하거나 확인하고 대비해야 할 핵심 요소다.

과학 기술은 현대를 사는 우리들에게 많은 물질적 풍요를 가져다 주는 동시에 위험 요소 역시 생성해내고 있다. 스트레스, 환경오염, 교통사고와 원자력발전소, 화학공장, 뉴미디어, 데이터 보호, 그리고 유전자 기술에 이르기까지 매우 다양한 영역으로 확장되어 가고 있다. 따라서 1980년대 이후 산업화된 사회에서는 "얼마나 안전해야 충분히 안전한가?"라는 질문이 주된 정책 쟁점으로 등장했다. 새로운 위험의 빈번한 발견으로 말미암아 점점 더 많은 개인이 그들 자신을 기술의 수혜자로서보다는 희생자로 보게 되었던 것이다. 이익과 편익을 위해 개발된 기술이 항상 위험과 비용을 만들어내고 있다. 비록 기술 사정을 통해 이러한 결과를 평가하고 비교한다 할지라도 상쇄 효과나 수지를 맞추는 것은 특별 이익을 대표하는 이해관계자에 의해 수행되어 온 정치적 결정을 요구하게 된다.

따라서 현대 사회에서 위험은 과학 기술에 의해 창출되는 것처럼 보이지만 실상은 위험을 어느 정도 받아들일 것인지에 대한 정치적 결정이나 이익집단의 활동, 또는 위험 정보에 관한 의사소통 전략의 설계에 의해 정해지는 것으로 이해할 수 있다. 즉 과학 기술이 지니는 위험의 수용과 채택이 과학 기술 그 자체에서 나타나기보다는 다른 결정 요인에 의해 이루어진다.

이러한 위험 수용과 관련하여 사전적으로 이해되는 "불행이나 위험에의 노출, 위해"라고 하는 위험에 관한 정의는 위험의 구성 요소를 반영하지 못하는 한편, 위험이 도처에 만연하는 것이라는 점을 알려 주지도 못한다. 차라리 위험을 "특정 기간 내에 또는 특정 환경에서 바라지 않은 사건의 발생 가능성"이라고 정의하는 것이 바람직하다.

3 위험의 인식과 수용성

위험 문제는 위험 인식의 문제로부터 위험 수용의 문제로 논의의 중심이 이동한 것으로 이해할 수 있다. 이러한 위험 수용은 외적인 강제에 의해 억지로 위험을 받아들이는 것이 아니라 어느 정도는(어떠한 조건 하에서는) 위험을 감수하겠다는 자발적인 태도에 의해 위험을 받아들이는 행위를 의미하는 것으로, 태도와 행위를 복합적으로 표현하는 개념이라 할 수 있다.

위험은 과학 기술 발달을 기반으로 성장하고 있는 사회의 전형적인 특징이다. 그러나 위험 자체는 과학 기술적으로 명확히 분석될 수 없으며, 광범위한 다양성을 함축하고 있다. 이러한 위험은 본질적으로 주관적이다. 따라서 위험은 사람의 마음 그리고 문화와 분리되어 독립적으로 존재할 수 있는 것은 아니다. 위험은 생활 속의 위협과 불확실성을 이해하고 극복하고자 하는 인간의 삶 속에 용해되어 있다고 할 수 있다. 따라서 일상생활 과정에서 나타나는 각종 위험을 사회적으로 수용하기 위한 논의가 필요하다.

수용성(receptiveness; acceptability)을 "받아들일 만한 가치가 있는 것으로 인정하는 것"으로 본다면, 사회적 수용성은 사회구성원이 인식의 공유 과정을 통해 받아들일 만한 것으로 인정하는 것이라고 정의할 수 있다. 따라서 여기서는 생활 안전 위험의 사회적 수용성을 "일상생활에서의 안전을 위협하는 위험을 사회구성원이 인식의 공유 과정을 통해 받아들일 만한 것으로 인정하는 것"이라고 정의한다. 이는 무엇보다도 사회적 가치가 위험 인식에 중요한 위치를 차지하고 있기 때문이라는 점을 인정하는 것이다.

위험의 속성상 불확실성이 존재하기 때문에 모든 사람이 같은 수준에서 인식하고 판단할 수 있도록 객관화하고 계량화하는 것은 매우 어려운 문제다. 동일한 현상에 대해서도 해당 분야의 전문가들이 위험 수준을 판단하는 것과 일반인들이 위험성을 인식하는 수준과 방법에 차이가 발생하기 때문에 위험 문제의 해법에서 불신이 지배하고 사회적인 갈등이 야기되기도 한다.

이러한 위험 인식과 반응행동 차이로 2008년 5월 미국산 쇠고기 수입과 관련하여 광우병 감염 우려로 인한 불안감 속에서 시민들과 일부 학생들까지 촛불시위에 참가하는 사태가 발생했다. 이러한 인식된 위험에 대한 사람들의 반응 행동양식은 모험 추구 행동과 안전 추구 행동으로 대비하여 설명할 수 있다. 첫째, 모험 추구 행동은 위험을 받아들이는 것(risk-taking)으로 파악하고, 둘째, 안전 추구 행동은 위험을 회피하는 것(risk-aversion)으로 정의하고 있다. 모험 추구 행동은 편의와 효율을 동반하기도 하고, 경우에 따라서는 전율과 긴장감을 수반하여 인간의 삶에 활력과 윤기를 제공하기도 하며, 반면에 안전 추구 행동은 "꼼꼼하고 치밀한" 예방책으로 정당화되지만, 그 정도가 지나치면 강박증으로 발현된다. 전문가들이 인식하고 있는 객관적 위험과 일반인들이 인식하고 있는 주관적 위험이 대체로 일치할 경우 '정상적(normal)'인 것으로, 불일치가 심한 경우 '비정상적(abnormal)'인 것으로 규정할 수 있다. 따라서 적절한 안전 의식 또는 안전 지향적 행동은 객관적 안전과 주관적 안전이 균형잡힌 상태를 기초로, 안전 추구 행동과 모험 추구 행동을 조화시키는 것이라고 할 수 있다.

마찬가지로 대학 실험실이나 연구실에서 화재사고가 발생하거나 또는 캠퍼스에서 범죄사고가 발생할 경우 언론 보도의 영향력과 그 파장은 학생뿐만 아니라 학부모들까지도 불안감에 사로잡히게 하며, 대학에 대한 불신의 여파로 인해 대학의 평판을 떨어뜨리는 결과를 초래한다. 결과적으로 대학은 긴급하게 안전관리 점검을 실시하고 안전 유의 사항 등 안전관리 대책을 강구하지만, 근본적인 위험원이 제거되지 않은 상태에서 유사한 사례가 재발되는 악순환을 반복하게 된다. 이때 대학은 과거의 경험을 바탕으로 사건이나 사고의 은폐 또는 축소를 통해 대학의 이미지와 평판을 유지하기 위한 편법으로 언론 보도나 관계 기관의 발표를 막으려는 노력을 하게 된다.

이처럼 사건과 사고의 원인이 되었던 위험 요인에 대해 정확한 조사와 분석을 바탕으로 위험정보를 구성원들에게 제공하고 근본적인 안전 대책을 마련해야 함에도 불구하고 미봉책으로 일관하기 때문에 위험관리자의 입장과 위험을 받아들이는 입장의 차이로 오해와 갈등의 폭이 커지고 심리적 불안감과 불신이 팽배하게 됨으로써 정책집행 과정에 어려움을 겪게 된다.

위험의 특성인 불확실성의 문제를 극복하는 것이 안전의 수준을 유지하고 확보하는 길이지만, 위험사고의 발생 확률에 입각하여 합리적 대응 방안을 찾기란 매우 어렵다. 그것은 위험의 확률이 작을 경우라도 피해 확산성이 큰 위험이 있고, 확률이 클 경우에도 위험의 피해 정도가 작을 수 있기 때문이다.

위험을 예방하고 대비하는 데 가능성이 적다는 이유로 확실한 증거가 나올 때까지 기다릴 여유가 있는 것은 아니다. 위험 발생 가능성을 예측하지 못한다는 것은 발생 확률이 전혀 없는 것이 아니라 위험 인식의 부재 또는 위험 인식 능력의 결핍 상태를 의미하기 때문이다. 이것은 특정 상황에 대해 위험을 어떻게 인식하고 수용하는가에 따라 차이가 있기 때문이다.

소비자가 감정적인 분위기에 휩쓸려서 두려워하거나 불안한 상황이 되면, 객관적이고 과학적인 근거와 전문가를 동원하더라도 상황을 역전시키는 데는 오랜 시간이 필요하며 정책집행의 순응을 기대하기 어렵다. 따라서 국가는 국민을 보호해야 할 의무를 지니고 있다는 점에서 행정 서비스의 최종 소비자인 국민의 관점에서 위험성을 이해할 수 있도록 사전에 분위기를 조성하는 일이 매우 중요하다.

위험 분야에서는 과학적 불확실성(scientific uncertainty)이 매우 높기 때문에 정책 참여자들의 위험 수준에 대한 판단은 많은 차이를 보여 주고 있고, 이러한 차이는 집단 간의 대립 및 갈등을 야기하고 정책집행에서 엄청난 비용을 초래한다. 특히 사회구조의 다원화에 따라 집단이기주의 확산이라는 현상이 정책참여 집단 간의 갈등을 심화하고 정책형성·결정·집행을 더욱 어렵게 만들고 있다.

위에서 본 바와 같이 위험의 특성 자체가 가변성과 불확실성에 기인하기 때문에 위험을 판단하는 시간과 장소, 사람에 따라서 다양성이 존재한다. 따라서 받아들일 수 있는 위험의 정도에 대해서도 특정한 개인일지라도 심리적인 상황과 건강 상태에 따라 다르게 나타날 수 있다.

정책 개발과 결정에서 유의해야 할 사항은 무엇보다도 국민의 건강과 안전에 관련된 정책은 어떤 규제정책보다도 더욱 관심이 크고, 거센 저항을 불러오게 되고 불신의 벽이 높다는 점을 인식해야 한다.

따라서 정치적인 이슈로 언론에서 쟁점화되고 국민들이 감정적으로 대응하는 상황이 초래되지 않도록 정책 서비스의 소비자 관점에서 상황을 인식하고 소비자의 안전을 최우선시할 수 있도록 정책결정 과정에 소비자가 참여할 수 있는 제도적 장치를 마련해야 한다. 즉 정책결정 과정에 관계 전문가뿐만 아니라 이해 관계에 있는 집단의 대표를 참여시킴으로써 위험을 수용하는 것보다는 위험한 상황이 초래되지 않도록 명확한 문제점과 대응 방안을 함께 협의하고 정책집행 시에 이를 공표하도록 함으로써 위험 수용도를 제고해야 한다.

연습 문제

1. 현대 위험사회에서 소비자의 생활 안전과 관련된 국·내외 환경의 변화 특성을 알아봅시다.
2. 국민의 생활 안전을 위협하는 요소의 대부분은 소비 행위와 관련하여 나타나고 있다. 소비자기본법에서 제시하고 있는 소비자 안전과 관련된 규정으로 무엇이 있는지 살펴보고 소비자 안전을 정의해 봅시다.
3. 생활안전 위험의 사회적 수용성 개념을 이해하고 모험 추구 행동과 안전 추구 행동에 대해 설명해 봅시다.

Chapter 02

소비자 시민의 안전할 권리

제 1 절 소비자의 8대 권리와 소비자 안전

1 소비자의 8대 권리

소비자기본법에서는 소비자의 기본적 권리를 여덟 가지로 규정하고 있다(소비자기본법 제44조).

첫째, 안전할 권리로서 각종 위해로부터 보호받을 권리를 의미한다. 즉 소비자는 물품 또는 서비스로 인한 생명·신체 또는 재산상의 위해로부터 보호받을 권리(소비자기본법 제4조 제1호)를 지닌다. 이 권리를 보장하기 위해 국가와 사업자는 위해 방지 의무(소비자기본법 제8조)를 지닌다.

둘째, 알 권리로서 지식 및 정보를 제공받을 권리를 말한다. 소비자는 물품 등을 선택하는 데 필요한 지식과 정보를 제공받을 권리(소비자기본법 제4조 제2호)를 지닌다. 이 권리를 보장하기 위해 국가는 표시·광고 기준의 제정 의무(소비자기본법 제10조 및 제11조)를, 국가 및 지방자치단체는 소비자에 대한 정보 제공 의무(소비자기본법 제13조)를, 사업자는 소비자에 대한 정확한 정보 제공 의무(소비자기본법 제19조 제3항)를 지며, 소비자단체는 사업자 또는 사업자단체에 자료 및 정보의 제공을 요청(소비자기본법 제78조 제1항)할 수 있다.

셋째, 소비자는 선택할 권리를 지닌다. 즉 소비자는 물품 등을 사용할 때 거래상 대방·구입 장소·가격 및 거래 조건 등을 자유롭게 선택할 권리(소비자기본법 제4조 제3호)를 지닌다. 이 권리를 보장하기 위해 국가는 거래의 적정화에 관한 의무(소비자기본법 제12조)를, 사업자는 부당거래 행위 금지의 의무(소비자기본법 제20조 제4항)를 진다.

넷째, 소비자는 의견을 반영시킬 권리를 지닌다. 소비자는 소비생활에 영향을 주는 국가 및 지방자치단체의 정책과 사업자의 사업활동 등에 대해 의견을 반영시킬 권리(소비자기본법 제4조 제4호)를 지닌다. 이 권리를 보장하기 위해 소비자정책위원회에 소비자 대표가 참여해 소비자의 의견을 소비자정책에 반영(소비자기본법 제24조 제3항 제2호)할 수 있게 하고 있다.

다섯째, 소비자는 피해 보상을 받을 권리를 지닌다. 소비자는 물품 등의 사용으로 인해 입은 피해에 대해 신속·공정한 절차에 따라 적절한 보상을 받을 권리(소비자기본법 제4조 제5호)를 지닌다. 이 권리를 보장하기 위해 국가 및 지방자치단체는 소비자의 불만이나 피해를 신속히 처리하기 위해 필요한 조치를 강구할 의무(소비자기본법 제16조)를 진다.

여섯째, 소비자는 교육을 받을 권리를 지닌다. 소비자는 합리적인 소비생활을 위해 필요한 교육을 받을 권리(소비자기본법 제4조 제6호)를 지닌다. 이 권리를 보장하기 위해 국가 및 지방자치단체는 소비자 교육을 위해 필요한 시책을 수립하고 이를 실시할 의무(소비자기본법 제14조)를 진다.

일곱째, 소비자는 단체를 조직하고 활동할 권리를 지닌다. 소비자는 소비자 스스로의 이익을 증진하기 위해 단체를 조직하고 이를 통해 활동할 수 있는 권리(소비자기본법 제4조 제7호)를 지닌다. 이 권리를 보장하기 위해 일정한 요건을 갖추면 소비자단체를 설립(소비자기본법 제29조)할 수 있도록 하고 있으며, 필요하다고 인정되면 국가 및 지방자치단체가 소비자단체에 보조금을 지급(소비자기본법 제32조)하는 등 소비자단체의 조직 및 활동권을 보장하고 있다.

여덟째, 소비자는 환경 친화적 소비를 할 권리를 지닌다. 소비자는 안전하고 쾌적한 소비생활 환경에서 소비할 권리(소비자기본법 제4조 제8호)를 갖는다. 이 권리를 보장하기 위해 사업자는 환경 친화적인 기술 개발과 자원의 재활용을 위해 노력(소비자기본법 제18조 제3항)하도록 하고 있다.

그러나 소비자에게는 안전할 권리와 함께 스스로 안전을 지키기 위해 노력할 책무도 있으므로, 소비자는 제품의 사용설명서나 의약품의 복용 지침 등을 간과하지 말고 충실히 따르는 등의 책임도 늘 잊지 말아야 한다.

2 소비자 권리로서 소비자 안전권

현대 사회를 위험사회로 본 독일 경제학자 벡(Ulrich Beck)은 위험을 근대화에 따른 부수적인 문제로 정의하며, 위험이 많을수록 바람직하지 못한 것으로 보았다. 벡은 위험이 갖는 특징을 첫째 위험의 보편성, 둘째 예측의 난해성, 셋째 회피해야 할 대상, 넷째 무한성, 다섯째 위험의 광범위성이라고 했다. 이러한 위험에 대한 정의를 통해 벡은 현대 사회를 객관적인 지구적 위험공동체라고 보고 있으며 위험이 사회적 부메랑 효과를 보이면서 확산한다고 했다. 이와 같은 위험의 특징을 보면 현대 사회를 살아가는 인간은 건강과 생명을 위협하는 위험으로부터 자유로울 수 없다는 것을 알 수 있다. 사회가 비록 경제적으로 모든 재해에 대비할 능력이 있다고 하더라도, 재해를 일으킬 수 있는 위험 요소가 인간 생활의 일부분으로 자리잡고 있는 것이 오늘날의 물질문명이다. 전통적인 사회와 초기 현대 사회에서는 위험을 본질적으로 개인적이고 공개적이며, 명백하고 관찰 가능한 것이라 여겼으나, 현대 사회에서는 위험이 명백하지 않고, 개인적이지도 않으며 조기 발견이 어려운 것은 물론 위험의 존재 자체를 인지하기 어렵다. 이처럼 위험이 만연한 사회에서 위험을 완전히 제거하는 것은 불가능하다. 또한 위험을 완전히 제거하기 위해서는 너무나 많은 사회적·경제적 비용이 발생하기 때문에 최근에 안전성이란 "위험하지만 그 위험이 무시될 수 있거나 또는 이득이 더 크기 때문에 받아들일 수 있는 위험"으로 정의하고 있다. 이와 같은 안전의 정의는 '받아들일 수 있는 위험'이라는 개념을 통해 안전은 그 사회가 지각하는 위험의 수준과 위험의 제거를 위해 갖는 지불

의사에 따라 안전의 수용 기준도 달라질 수 있음을 말해 준다.

이러한 안전의 의미는 개인 수준에서는 사생활이나 개인의 인권과 자산을 타인이나 외부로부터 침해당하지 않고 위험 요소로부터 자유로우며 안심할 수 있는 상태나 상황을 의미하며, 집단이나 조직 수준에서는 구성원의 권익과 자산이 보호되는 상태, 그리고 국가적으로 안전이 보장되는 국가 안보에 이르기까지 각 수준에 따라 각종 위협 요소로부터 보안과 안전의 개념이 다양하게 정의될 수 있으나, 통합적으로 혼용되고 있는 것이 현실이다. 이러한 안전이라는 낱말을 사전에서 찾아보면, "사고나 재해를 당할 위험이 없는 상태"로 기술함으로써 "외부의 어떠한 상황에서도 인적 또는 물적인 손실이 발생하지 않고 편안하고 온전하게 된다"는 뜻으로 해석할 수 있다.

국민 생활의 위기는 국가를 구성하는 국민의 일상생활의 안전을 위협하거나 위협할 가능성이 있는 상태를 의미하는 것으로 이해할 수 있다. 국민 생활 안전의 보장은 국가의 중요한 책무 중 하나로서 정부 규제의 많은 부분은 정도와 내용의 차이는 있으나 국민 생활 안전보장과 관련이 있는 것으로 볼 수 있다. 헌법에서 다루는 국민의 안전에 관한 기본권을 살펴보면, 우리나라의 헌법이 다른 나라의 헌법들과 달리 상대적으로 자세하게 기본권 목록에서 명시하고 있으나 생명과 신체에 대한 침해에 대해서만큼은 불명확하여 학설이 논란을 불러일으키고 있다. 그러나 안전에 관한 기본권은 국가의 전제된 임무로서는 변함이 없으며, 안전은 오늘날에도 변함없이 국가의 중요한 목적 중 하나로 인정된다. 하지만, 안전에 관한 기본권은 헌법과 국가가 위험으로부터 개인의 생명과 신체를 안전하게 보호하지만 정도에 관계 없이 '모든' 위험으로부터 '완전한' 보호는 불가능하다는 한계가 있다.

3 소비자 생활 안전의 중요성

국민의 생활 안전 문제는 자연재난이나 인위재난 등에 비해 사고를 경험하고 위험에 노출되는 대상이 국민 전체로서 그 범위가 매우 광범위할 뿐만 아니라 사고 발생 원인이 되는 위해 요소 또한 생활 전반에 걸쳐 분포되어 있다. 그리고 환경 요소에 의해 발생하는 사고를 개인의 부주의로 인해 발생하는 사고라고 여기는 잘못된 통념 때문에 사고 자체가 제대로 드러나지 않아 관리가 매우 어렵다. 최근 발생한 압력밥솥 폭발사건이나 휴대폰·노트북 등 전자제품의 리튬 배터리 폭발사건, 컵 젤리를 먹던 중 기도가 막혀 뇌손상을 입은 아동 등은 국민의 일상생활 자체가 위험에 얼마나 많이 노출되어 있는가를 보여 주는 사례다. 이러한 국민 생활 영역에서 안전사고의 발생은 국민의 생활에 불안을 야기하는 것은 물론 기업과 국가적 차원에서도 큰 손실을 가져올 수 있다. 이에 기업과 국가는 리콜 제도 등을 통해 국민 생활과 관련된 안전사고가 발생했을 때를 대비한 대책을 마련하고 있기는 하지만, 이는 사후 대응 차원에 의한 관리 체계일 뿐 국민 생활의 위해 요소를 궁극적으로 차단시키지는 못하고 있다. 또한 과거에는 가계의 경제적 복지 향상에 대한 요구가 높아 삶의 질에 대한 요구는 상대적으로 낮았으나, 경제 발전과 소득 및 교육 수준의 향상 등 경제사회 환경의 변화에 따라 웰빙(well-being)과 같은 인간 삶의 복지 향상에 대한 요구(needs), 욕구(wants), 욕망(desire)이 크게 향상되었다. 즉 사회·문화·경제적 차원에서 '좀 더 안전하고 편리한 사회문화'가 보편적 현상으로 자리잡고 있다.

국민 생활 영역에서 대형 안전사고 발생은 국가적 차원에서 손실을 가져오는 것은 물론 국민의 생활에 대한 불안을 야기하게 된다. 또한 대외적으로도 위험 사회라는 부정적 이미지를 가져온다. 이에 따라 정부에서도 국민 생활과 관련된 위기나 안전사고가 발생할 때마다 대책을 마련하여 발표하고 있지만 국민의 신뢰를 얻지 못하는 실정이다. 더욱이 근본적이고 종합적인 대책이 되지 못한다는 비판을 받고 있다. 특히, 1990년대 이후부터 최근에 이르기까지 국민의 일상생활과 관련된 안전사고들이 끊임없이 발생하고 있다. 일상생활에서 발생하는 안전사고는 사고 주체의 작은 부주의에서 비롯되는 경우가 많지만 이러한 작은 부주의로 인해 발생한 사고의 결과는 경미한 개인적 신체 손상에 그칠 수도 있으나 일부는 가전제품 폭발이나 약물 중독, 기도 손상 등 심각한 신체 손상과 함께 정신적·경제적 피해까지 동반하게 된다.

안전은 상대적 개념으로서 위험이 발생하거나 사고가 날 염려가 없는 상태를 말한다. 예를 들면, 일반 성인에게는 위험으로 인지되지 않는 요인이 아동이나 노인, 장애인, 저소득층 같은 취약 소비자에게는 심각한 위험을 초래할 수도 있다. 신체적 기능이 완전하지 못하거나 경제적 능력이 떨어지는 취약 소비자의 경우 안전사고에 노출될 빈도가 높으며 안전사고를 경험할 경우 이에 대한 대처 능력이 일반 성인보다 현저히 떨어져 취약 소비자의 생활 안전에 대한 위해관리는 일반 성인과 동일한 기준에서 다루어져서는 안 된다. 다시 말해, 국민 생활 안전관리는 계층별 특성에 따라 위해의 수용 기준이 달라질 수 있으므로 계층별 안전관리 체계가 분리되어 적용되어야 한다.

개인의 안전에 대한 개념이 이론적으로 국가와 관련하여 발전하기 시작한 것은 홉스(Thomas Hobbes)에게서 출발했다. 홉스에게 안전은 무정부와 무질서 속에서 위협받고 있는 개인의 안전을 지키기 위해 근대국가의 성립을 정당화하는 중요한 국가 권력의 근거였다. 반면, 로크(John Locke)에게서 안전은 홉스처럼 '국가를 통한 안전'이 아니라, '국가로부터의 안전'으로 안전에 대한 인식을 발전시켰다.

미국에서는 버지니아 주 권리장전이나 독립선언, 그 밖에 여러 주의 헌법들은 생명, 자유, 재산에 대한 국가의 보호를 받을 기본권을 인정하고 있으며, 프랑스 헌법 제2조에서 양도할 수 없는 천부인권 즉 "자유권, 재산권, 안전권 및 저항권"으로 안전에 대한 기본권이 채택되었다. 또한 독일 헌법에는 명시적인 안전에 관한 기본권 조항은 없으나 개별적인 기본권이 아니라, 기본권 보호 의무의 전체를 의미하는 것으로, 개별 기본권을 보장하는 보호 기능을 하는 것으로 이해된다.

이와같이 안전에 관한 기본권은 국가의 전제된 임무로서는 변함이 없으며, 안전은 오늘날에도 변함없이 국가의 중요하고도 당연한 목적의 하나로 인정되고 있다. 특히, 우리나라의 경우 헌법재판소의 판례에서도 이러한 안전에 대한 국가의 사무를 인정하고 있다.

위험은 신체적 손상, 정신적 피해, 경제적 피해 등 바람직하지 않은 결과를 전제로 존재한다. 따라서 손해가 실제로 발생하는 경우는 물론이고 존재 그 자체로도 개인, 기업 및 사회에 다양한 악영향을 미치게 된다. 이런 위험의 악영향을 위험비용이라고 한다. 위험비용은 손해가 발생하는 시점을 기준으로 사전적 위험비용과 사후적 위험비용으로 구분된다. 즉 위험은 존재 그 자체로도 걱정과 불안과 같은 정신적 측면의 비용과 자산가치의 감소 또는 자원의 비효율적 분배와 같은 경제적인 비용을 수반한다.

그러나 이러한 위험을 적절한 기법을 통해 관리한다면 이와 같은 경제적 비용을 최소화할 수 있다. 보험에서는 위험을 관리하는 기법으로 위험 그 자체를 통제하는 위험통제 기법, 손해 빈도와 손해 강도를 통제하는 손해통제 기법, 손해를 복구하는 데 필요한 자금을 조달하는 위험 재무 기법으로 대별한다. 이를 국민 생활 안전관리에 적용해 보면 국민 생활 안전을 저해하는 국민 생활 위해 요소의 근원을 통제시키거나 위해환경으로부터 국민을 보호하는 등의 활동을 통해 위험을 관리할 수 있을 것이며, 위험을 실질적으로 경험했을 때는 이를 사후적으로 관리할 수 있는 방법을 강구함으로써 국민 생활의 안전을 사전적 혹은 사후적으로 관리하여 국민 생활의 질을 높이고 경제적 비용을 최소화할 필요가 있다.

현대 사회의 위기의 구조적 특징은 경제 성장에 따른 이른바 풍요 속의 빈곤과 위험으로 대별될 수 있다. 전자가 상대적 박탈감에 입각한 불평등 구조와 저성장 및 실업문제 등 경제적인 측면을 대변한다면, 후자는 가족 및 지역사회의 해체와 붕괴에 따른 범죄 등 사회적 위험, 환경문제에 의한 생태학적 위험 그리고 대형 안전사고에 따른 생명에 관한 위험을 의미한다. 이 같은 위험이 동시에 발생하면 사회의 총체적인 붕괴와 함께 안전관리를 담당하지 못하는 국가실패(state failure)로 이어진다.

경제 성장의 열매를 강조하는 후기산업사회론의 입장을 비판적으로 검토하는 위험사회론은 경제적 근대화가 사회 내의 위험 확산을 가져온다는 논지로 19세기적 패러다임의 한계를 예리하게 지적하고 있다. 좀 더 중요한 사실은 현대 사회에서 시민들의 삶의 질을 심각하게 위협하는 안전문제가 단지 천재지변이나 예외적으로 일어나는 사고에 의한 것이 아니며 매우 구조적이고 내재적인 원인에 의해 발생한다는 것이다. 즉 안전의 문제는 현대 사회에서 필수적으로 수반되는 보편적(universalistic) 현상이다. 따라서 안전의 문제를 근본적으로 해결하기 위해서는 정부나 기업과 같은 특정한 행위자의 노력이 아니라 좀 더 체계적인 접근을 통한 사회 전체의 노력이 필요하다.

제 2 절 공공재로서 안전관리 서비스

시장의 실패 또는 시장 기능의 실패 현상 때문에 시장이 효율성을 상실하고 이로 인해 이상적인 상황을 달성하지 못하게 되는 경우에는 시장에서의 정부활동의 가능성이나 규제의 보편화가 정당화된다. 시장실패 현상의 원인에는 불완전 경쟁, 정보의 불확실성, 불완전한 시장, 외부 효과, 공공재, 실업 등이 있다.

그러나 이들 원인 중 국민의 생명과 재산, 건강을 보호하기 위한 서비스를 시장보다는 정부가 제공하는 직접적인 이유로는 외부 효과(externalities)의 존재, 공공재(public goods), 그리고 불완전한 정보(imperfect information)를 들 수 있다. 즉 이들 이유로 말미암아 정부는 안전관리 서비스의 제공을 시장 기능에 맡기기보다는 규제나 직접적인 활동을 통해 수행하고자 한다. 안전관리 서비스 제공과 관련하여 정부가 개입하는 이유는 다음과 같다.

1 외부 효과의 문제

한 사람이나 집단이 제3자에게 의도하지 않은 혜택이나 손해를 가져다 주면서도 이에 대한 대가를 받지도 지불하지도 않을 경우 외부 효과가 존재하게 된다. 외부 효과가 존재할 때는 외부 효과의 개입으로 말미암아 사회적인 관점에서 계산된 비용(또는 편익)과 개인적인 관점에서 계산된 비용(또는 편익)이 서로 달라지기 때문에 시장은 자원을 효율적으로 배분하지 못하게 되어 정부의 경제적 활동이 정당화된다.

이 같은 외부 효과가 존재하는 기본적인 이유는 기술적인 것에서 찾을 수 있다. 예를 들면, 건설 회사가 안전한 건축물을 만들 때 그것이 어느 정도 안전한 것인지 혹은 어떤 공법을 사용해야 안전한지 등에 대한 기술적인 기준이나 건축 공법이 완전하지 않은 상태로부터 또는 건축 과정상의 실수나 비용 절감 시도 하에서 신기술 적용으로 인해 건축물이 붕괴되어 사상자가 발생했다면 이는 의도성 여부를 떠나 기술적인 문제로부터 사회적 손실, 즉 부정적 외부 효과(negative externalities)를 발생시킨 것이다. 따라서 이 같은 외부 효과의 존재로 시장은 안전관리 서비스 제공에 실패하게 되고 이로 인해 정부의 규제나 직접적인 활동이 정당화된다.

2 공공재적 성격

정부가 시장에 개입하는 또 다른 이유 중 하나는 시장의 보이지 않는 손에 의해서는 공공재가 전혀 공급되지 않거나 혹은 충분한 양이 공급되지 못한다는 점이다. 즉, 공공재는 소비에서 비경합성(nonrivalness)과 배제 불가능성(nonexcludability)을 특징으로 지니고 있기 때문에 공공재의 공급에서 가격은 의미를 지니지 못하며, 이에 따라 공공재가 존재할 경우 시장에 의한 자원의 배분은 비효율적인 것이 되거나 심지어는 공급이 되지 못하는 경우가 나타난다. 이는 시장이 기능하기 위해서는 무엇보다도 가격이 존재해야 하는데 공공재의 경우에는 위의 두 가지 특성 때문에 가격을 붙일 수도 없고 붙이는 것조차 바람직하지 않다.

예를 들면, 강물이 범람하는 것을 막기 위해 제방을 높이 쌓는다고 하면, 한 사람이 추가로 그 소비에 참여한다고 해도 타인들의 소비행위에 전혀 영향을 미치지 않을 것이며 또한 그 사람을 소비로부터 배제시킬 수도 없다. 다시 말하면, 사람들은 제방을 쌓는 데 드는 비용은 전혀 부담하지 않고 남들이 생산해 놓으면 이에 편승하여 소비하려고 하는 무임승차자(free rider)의 행태를 보일 것이다. 이처럼 안전관리는 소비에서의 비경합성과 배제 불가능성이라는 두 가지 기준을 만족시키는 순수 공공재적 성격과 지역 공공재(local public goods)적 성격을 지니는 한편, 그 성격상 개별 경제 행위 주체의 결정에 의해서 제공될 수 없고 집합적 의사결정(collective decisions)에 의해서만 제공될 수 있기 때문에, 집합적 수혜자인 시민들은 공공재로서의 안전관리 서비스 제공에 대한 정부의 개입이나 직접적인 활동을 수용하게 된다.

3 불완전한 정보

정보의 불확실성(uncertainty) 또는 위험의 존재로 인해 시장 기능이 실패함으로써 정부 개입이나 활동이 정당화될 수 있다. 이는 불확실성이나 위험이 존재하는 경우에는 자원 배분에 대한 합리적 판단이 어렵기 때문이다. 예를 들면, 기업가가 투자에 대한 결정을 내릴 때 미래의 수익성을 알 수 없기 때문에 비효율적인 투자를 하게 될 수 있다. 안전관리에서 건축업자는 자신이 정당한 공정이나 공법으로 건축을 했을 때 어느 정도 수익이 보장될 수 있는지의 여부를 확신하지 못하거나, 부실 공사를 함에도 불구하고 건물이 일정 기간 내에 붕괴할 가능성이 없다는 주관적 판단을 내리는 경우에는 부실 공사를 하게 되는 유인을 얻을 수 있다. 이와 동시에 건축업자는 자신의 불확실성을 회피하기 위해 정보를 수집함으로써 다른 경제 주체와 차별적인 정보를 지니게 되고 이로부터 도덕적 해이(moral hazard) 현상이 나타날 수 있다.

이와같이 일상생활에서 필연적으로 부딪치게 되는 정보의 불확실성 내지 정보의 차별성 역시 자원 배분의 비효율성을 가져오게 되어 시장의 실패를 가져오고 이를 방지하기 위한 정부의 개입이나 활동의 필요성이 제기된다. 이러한 맥락에서 위험의 개념이 지니는 가장 주된 내재적 속성인 불확실성과 복잡성(complexity)으로 인해 정부나 어떤 조직도 문제에 대한 책임을 지지 않는 결과를 가져옴으로써, 정부가 안전관리 서비스를 제공하는 것이 정당화될 수 있게 된다.

제 3 절 소비자 생활 안전의 영역

1 일상적 위해와 소비자 생활 안전

1990년대 이후부터 최근에 이르기까지 소비자의 일상생활과 관련된 안전사고들이 끊임없이 발생하고 있다. 일상생활에서 발생하는 안전사고는 사고 주체의 작은 부주의에서 비롯되는 경우가 많지만 사고의 결과는 경미한 개인적 신체 손상에 그칠 수도 있으나 일부는 가전제품 폭발이나 약물 중독, 기도 손상 등 심각한 신체 손상과 함께 경제적·정신적 피해까지 동반하게 된다.

소비자 생활의 안전 문제는 자연재난이나 인위재난 등에 비해 사고를 경험하고 위험에 노출되는 대상이 모든 국민으로 그 범위가 매우 광범위할 뿐만 아니라 사고 발생 원인이 되는 위해 요소 또한 생활 전반에 걸쳐 분포되어 있다. 원칙적으로 환경의 거의 모든 면은 좋게든 나쁘게든 건강에 영향을 미칠 가능성이 있다. 더욱이 생활환경 요소에 의해 발생하는 사고를

[그림 2-1] 부주의로 인한 전열 매트 안전사고

개인적 부주의에 의해 발생하는 사고라 여기는 잘못된 통념 때문에 사고 발생 자체가 제대로 드러나지 않아 관리가 매우 어려운 실정이다. 사고는 가정에서도 빈번히 발생한다. 그러나 이 또한 개개인의 개별적 삶의 장소에서 산발적으로 발생하기에 사회적 관심의 대상이 되지 못했다. 일상생활에서 포괄적 안전을 확보하기 위해서는 어느 특정 상황에만 국한된 접근은 궁극적인 해결책이 될 수 없다. 일상생활이 이루어지는 다양한 삶의 현장에 대한 전반적이고, 체계적인 이해와 이에 준한 해결책 모색이 중요하다. 따라서 우리 삶의 포괄적 안전 확보를 위해서는 직장, 가정 등 다양한 영역에서 안전에 대한 균형잡힌 접근이 필요하다.

소비자 생활 안전 위기는 소비자의 일상생활의 안전을 위협하거나 위협할 가능성이 있는 상태를 의미한다. 이는 국민 생활 영역에서 나타날 수 있는 안전 위협 요소들로 인해 국민의 생명과 재산, 건강에 대해 대규모 피해를 입히거나 입힐 수 있는 상태로도 이해할 수 있다. 예를 들면, 소비자 생활 안전 위기가 발생할 수 있는 영역으로는 식품 안전 영역, 보건/의·약품 안전 영역, 생활경제 안전 영역, 생활환경 안전 영역 등으로 구분할 수 있다.

첫째, 식품안전 위기 영역에는 인체에 유해한 물질 또는 안전에 대한 검증이 이루어지지 않은 물질이 첨가된 식품이나 전염병에 감염된 가축의 유통이 있다.

둘째, 보건/의·약품 안전 위기 영역에는 국민 건강에 유해한 보건 및 의·약품의 무허가 제조 혹은 불법 수입·유통, 그리고 마약 및 향정신성 의·약품의 유통 등이 있다.

셋째, 생활경제 위기 영역은 실업, 파산 등으로 인해 국민의 일상적인 경제활동이 마비되어 경제행위 주체로서 실질적인 활동이 중단되는 현상을 의미한다.

넷째, 생활환경 위기 영역에는 국민 생활을 둘러싼 환경의 오염이나 산업 및 경제활동의 결과로 인한 유해 환경 조성을 의미한다.

2 소비자 생활 안전의 영역

역사적으로 위해로부터 시민을 보호하기 위한 정부의 책임성이야말로 각종 위해 사고로부터 시민의 생명과 재산을 보호하기 위한 법률을 개발하기 위한 논리로 활용되어 왔다. 공공 안전(public security)은 위협, 위기, 그리고 재난을 다루기 위한 행정 체계를 구성하는 정부 기능과 기관 책임의 관점에서 정의되었다. 그럼에도 현재 소비자 생활안전 위기 영역은 개별 정부기관이나 단체에서 일정한 분류 기준이나 유형화에 대한 논의가 충분히 이루어지지 않고 있는 상태다. 이는 그 기준 설정에 관한 기초적인 논의조차 이루어질 수 없는 현실 인식의 수준을 반영하는 것이라고 이해할 수 있다. 즉 소비자 생활의 안전문제는 다른 어느 영역보다도 그 중요성에 대한 인식과 관심이 적다는 것을 의미한다.

여기에서는 소비자 생활안전 위기의 영역을 분류하기 위한 기준을 크게 두 가지로 설정했다. 먼저, 소비자 생활 안전의 책임 주체를 개인과 사회로 구분했다. 다음으로, 소비자 생활 안전 위기의 발생 및 피해 영향의 범위를 협소 범위(narrow scope)와 중・광범위(middle range-wide scope)로 구분했다. 협소 범위와 중・광범위 구분은 소비자 생활의 기본 단위인 가정(home)을 기준으로 했다.

따라서 다양한 소비자 생활 안전 위기의 분류를 소비자 생활 안전 책임 주체와 소비자 생활 안전 위기의 발생 및 피해 영향 범위를 기준으로 하여 분류한다. 먼저, 소비자 생활 안전의 책임 주체를 개인과 사회로 구분한다. 사회는 각각의 학교, 지방자치단체 등 정부, 공공, 민간의 조직 단위 이상을 의미한다. 다음으로, 소비자 생활 안전 위기의 발생 및 피해 영향의 범위는 개인과 가정을 의미하는 협소 범위와 사업장이나 기업 등 가정 밖을 의미하는 중・광범위를 기준으로 한다. 이들 기준을 바탕으로 하여 소비자의 일상생활의 안전을 위협하는 각종 위기에 대한 유형화를 시도해 보면 <표 2-1>과 같다.

〈표 2-1〉 소비자 생활 안전의 분류

구분		생활 안전의 책임 주체	
		개인	사회
생활 안전 피해 영향 범위	협소 범위	<개인 생활 안전 영역> • 취약계층 안전 • 생활경제 안전 • 생활치안 안전	<사회 생활 안전 영역> • 생활식품 안전 • 생활건강 안전 • 생활용품 안전
	중·광 범위	<다중 생활 안전 영역> • 교통 생활 안전 • 직업 생활 안전 • 학교 생활 안전	<공공 생활 안전 영역> • 생활시설 안전 • 생활환경 안전 • 생활기반 안전

출처: 이재은·유현정(2007: 4)에서 수정·보완.

이들 소비자 생활 안전 위기의 유형을 설명하면 다음과 같다.

첫째, 소비자 생활 안전의 책임 주체가 개인이고 안전사고 발생이 협소 범위인 개인이나 가정 수준에서 나타나는 경우로서 취약계층 안전 위기와 생활경제 안전 위기, 생활치안 안전 위기가 해당된다.[1] 취약 소비자 안전 위기 영역으로는 어린이, 노인, 장애자, 가정 위해 요소 안전 위기 등이 해당된다. 생활경제 안전 위기 영역에는 소비자가 경제행위 주체로서의 실질적인 활동이 중단되는 실업이나 파산 등이 있다. 생활치안 안전 위기 영역에는 어린이, 청소년, 여성 등에 대한 유인, 납치 등의 범죄행위가 있다.

둘째, 소비자 생활 안전의 책임 주체가 개인이고 안전 위기 발생이 중범위나 광범위인 가정 밖에서 발생하는 경우로서 교통 생활 안전 위기, 직업 생활 안전 위기, 학교 생활 안전 위기가 해당된다. 교통 생활 안전 위기 영역에는 자전거, 비법정 도로, 지하도, 보행자 등이 있고, 직업 생활 안전 위기 영역에는 산업재해, 사업장, 비사업장 안전 위기 등이 있다. 그리고 학교

1) 우리 주위에서 일어나는 사고 중 약 63%가량이 가정 안전사고다. 서울시 도봉구 내 1,000세대를 대상으로 방문 설문조사를 실시한 결과 가장 많은 사고가 발생하는 연령층은 10세 미만이었으며, 그 다음이 노인층이라는 결과가 나왔다. 하지만 이 연령층에서는 사고를 미리 예방할 수 있는 능력이 부족해 지역사회의 모든 사람이 이들을 돌보면서 사고를 예방하고, 사고 발생 시 신속하게 대처해 주는 것이 무엇보다 중요하다.

〈표 2-2〉 소비자 생활 안전 영역의 주요 내용

분류	주요 내용
취약계층 안전 영역	아동이나 노인, 장애인, 저소득층 등 신체적 기능이 완전하지 못하거나 경제적 능력이 떨어지며 안전사고 노출 빈도가 높고 안전사고 대처 능력이 일반 성인보다 현저히 떨어지는 취약 소비자에게 발생하는 생활 안전 위기
생활경제 안전 영역	실업, 파산 등 소비자의 일상적인 경제 활동이 마비되어 경제행위 주체로서 실질적인 활동이 중단되는 생활 안전 위기
생활치안 안전 영역	어린이, 청소년, 여성 등에 대한 유인, 납치 등의 범죄행위로 인해 국민의 생명과 재산을 위협함으로써 사회의 안녕과 질서를 해치는 생활 안전 위기
교통 생활 안전 영역	국민의 일상적인 활동이 이루어지는 법정·비법정 도로에서 자동차, 자전거, 보행자 등의 사고로 인한 생활 안전 위기
직업 생활 안전 영역	국민의 일상적인 경제적인 직업 활동 수행을 위한 사업장·비사업장에서 안전사고로 인한 생활 안전 위기
학교 생활 안전 영역	학교 시설·설비·환경에 의한 사고, 급식사고, 교통사고, 교육과정 수행에 따른 사고 등 학교 교육활동 중에 발생하는 모든 형태의 안전 위협 요소로 인한 생활 안전 위기
생활식품 안전 영역	인체에 유해한 물질 또는 안전에 대한 검증이 이루어지지 않은 물질이 첨가된 식품이나 전염병에 감염된 가축의 유통으로 인한 생활 안전 위기
생활용품 안전 영역	일상생활 속에서 사용하는 모든 공산품의 사용 과정에서 발생하는 안전사고로 인한 생활 안전 위기
생활건강 안전 영역	국민 건강에 유해한 건강 기능식품, 보건 및 의·약품의 무허가 제조 혹은 불법 수입·유통, 그리고 마약 및 향정신성 의·약품의 유통 등으로 인한 생활 안전 위기
생활시설 안전 영역	국민의 일상생활에 이용되는 공공 및 민간의 시설에서 발생하는 안전 관련 사고에 의해 신체적·정신적·경제적 측면의 치료와 대책을 요하는 생활 안전 위기
생활환경 안전 영역	국민 생활을 둘러싼 환경의 오염이나 산업 및 경제활동의 결과로 인한 유해 환경 조성으로 인한 생활 안전 위기
생활기반 안전 영역	금융사고, 전력사고, 공중보건사고, 에너지 부족 등 국민들이 일상생활을 영위하는 기반의 마비를 가져오는 위협 요소로 인한 생활 안전 위기

출처: 이재은·유현정(2007: 5)에서 수정·보완.

생활 안전 위기 영역에는 학교급식 안전사고와 스쿨 존(School Zone) 안전사고, 학교 시설・설비・환경에 의한 사고 등이 있다.

셋째, 소비자 생활 안전의 책임 주체가 사회이고 안전 위기 발생이 협소 범위인 개인이나 가정 수준에서 나타나는 경우로서 생활식품 안전 위기와 생활용품 안전 위기, 생활건강 안전 위기가 해당된다. 생활식품 안전 위기 영역에는 수입식품,[2] 영・유아 및 어린이 식품, 축산물・가공식품 등이 있

읽어보기

가정 내 어린이 위해사고 실태

집안은 부모들이 안전한 공간이라고 생각해서 마음을 놓는 경우가 많은데, 의외로 어린이 사고가 많이 발생하므로 주의가 요구된다.

한국소비자원 소비자 위해감시 시스템(CISS)에 접수된 어린이 관련 위해사고는 2007년 5천 4백 31건→2008년 9천 4백 21건→2009년 1만 1천 4백 27건으로 해마다 증가하고 있으며, 2009년의 경우 집에서 일어난 사고가 전체 사고의 63.3%로 조사되어 더 이상 집이 안전지대가 아닌 것으로 나타났다.

연령별 위해 발생 장소 현황

(단위: 건 %)

구분	거실	방・침실	계단	주방	화장실 및 욕실	현관	베란다	기타 가정 내	계
1세 미만	37 (26.3)	65 (46.1)	–	14 (9.9)	1 (0.7)	–	–	24 (17.0)	141 (100.0)
1~3세	381 (35.4)	352 (32.7)	12 (1.1)	75 (7.0)	48 (4.5)	12 (1.1)	7 (0.6)	190 (17.6)	1,077 (100.0)
4~6세	111 (32.0)	111 (32.0)	12 (3.4)	22 (6.3)	21 (6.1)	7 (2.0)	4 (1.2)	59 (17.0)	347 (100.0)
7~14세	58 (24.2)	57 (23.8)	3 (1.2)	28 (11.7)	14 (5.8)	10 (4.1)	3 (1.3)	67 (27.9)	240 (100.0)
계	587 (32.5)	585 (32.4)	27 (1.5)	139 (7.7)	84 (4.7)	29 (1.6)	14 (0.8)	340 (18.8)	1,805 (100.0)

출처: 소비자시대, 2010년 5월호, 24쪽.

2) 국제교역의 완전 자유화, 개방화에 의해 과거와 같은 생산자 중심적인 폐쇄적인 보호정책은 용납되지 않게 되었으며, 또한 관련 학문 및 산업의 발달로 날로 급증하는 국내 생산품 및 수입품의 안전을 제고하고, 통상 마찰을 피하기 위해서는 각종 기준・규격의 과학화가 시급히 요구된다.

고, 생활용품 안전 위기 영역에는 일상생활에서 사용하는 공산품으로 인해 발생하는 안전사고 위기가 포함된다. 그리고 생활건강 안전 위기 영역에는 보건 안전 위기, 의·약품 안전 위기 등이 있다.

넷째, 소비자 생활 안전의 책임 주체가 사회이고 안전 위기 발생이 중범위나 광범위인 가정 밖에서 발생하는 경우로서 생활시설 안전 위기, 생활환경 안전 위기, 생활기반 안전 위기 등이 해당된다. 생활시설 안전 위기 영역에는 공공시설, 다중이용시설, 놀이시설 안전 위기 등이 있고, 생활환경 안전 위기 영역에는 환경 호르몬, 식수 오염 등이 있으며, 생활기반 안전 위기 영역에는 금융사고, 전력사고, 공중보건 마비, 에너지 부족 등이 있다.

연습 문제

1. 소비자기본법에서 제시하고 있는 소비자의 8대 기본권을 살펴보고, 이 중에서 소비자의 안전권이 무엇인지 토의해 봅시다.
2. 정부가 안전관리 서비스 제공에 개입하는 이유를 시장실패(market failure)와 관련해 설명해 봅시다.
3. 소비자 생활 안전을 위협하는 위기의 분류를 생활 안전의 책임 주체와 발생 및 피해 영향 범위를 기준으로 하여 분류해 보고, 주요 내용을 설명해 봅시다.

Chapter 03 생활 안전 법 · 제도

제1절 소비자 안전 관련 법률

1 소비자기본법

1) 소비자 안전과 국가 책무

소비자기본법은 소비자의 권익을 증진하기 위해 소비자의 권리와 책무, 국가 · 지방자치단체 및 사업자의 책무, 소비자단체의 역할, 그리고 자유 시장 경제에서 소비자와 사업자 사이의 관계를 규정함으로써 소비자정책을 종합적으로 추진하기 위한 기본적인 사항을 규정하고 있다.[1] 소비자기본법에서는 소비자를 사업자가 제공하는 물품이나 용역, 그리고 시설물을 소비생활 또는 생산활동을 위해 사용하는 자라고 정의하고 있다.

소비자기본법에서는 소비자의 기본적 권리로 소비자 안전을 제시하고 있다. 즉 소비자는 물품 또는 용역으로 인한 생명 · 신체 또는 재산에 대한 위해로부터 보호받을 권리를 지닌다라고 명시하고 있는 동시에, 안전하고

1) 소비자기본법은 1980년 1월 4일 제정된 소비자보호법이 2006년 9월 27일 전부 개정되어 2007년 3월 28일부터 시행된 것으로서 현행 소비자기본법은 지난 2010년 3월 22일 일부 개정되었다.

쾌적한 소비생활 환경에서 소비할 권리를 제시하고 있다.

소비자의 생명·신체 또는 재산에 대한 위해를 방지하고 안전을 확보하기 위해 국가는 사업자가 소비자에게 제공하는 물품 등의 성분·함량·구조 등 안전에 관한 중요한 사항은 물론, 물품 등을 사용할 때의 지시 사항이나 경고 등 표시할 내용과 방법, 그리고 다양한 위해 방지를 위해 필요하다고 인정되는 사항에 관해 기준을 정해야 한다. 이에 대해 중앙행정기관의 장은 국가가 정한 기준을 사업자가 준수하는지 여부를 정기적으로 시험·검사하거나 조사하도록 하고 있다.

국가는 물품 등의 잘못된 소비 또는 과다한 소비로 인해 발생할 수 있는 소비자의 생명·신체 또는 재산에 대한 위해를 방지하기 위해 광고의 내용 및 방법에 관한 기준을 정하도록 하고 있다. 첫째, 용도·성분·성능·규격 또는 원산지 등을 광고하는 때에 허가 또는 공인된 내용만으로 광고를 제한할 필요가 있거나 특정 내용을 소비자에게 반드시 알릴 필요가 있는 경우다. 둘째, 소비자가 오해할 우려가 있는 특정 용어 또는 특정 표현의 사용을 제한할 필요가 있는 경우다. 셋째, 광고의 매체 또는 시간대에 대해 제한이 필요한 경우다.

이와 함께 소비자 안전을 위해 사업자 또한 안전하고 쾌적한 소비생활 환경을 조성하기 위해 물품 등을 제공하는 데 환경 친화적인 기술을 개발하고 자원을 재활용하기 위해 노력해야 한다.

2) 소비자정책 및 한국소비자원에서의 소비자 안전

공정거래위원회는 소비자의 권익 증진과 소비생활을 향상시키기 위한 기본적인 정책을 심의·의결하기 위해 소비자정책위원회를 두고, 소비자정책위원회의 심의·의결을 거쳐 소비자정책에 관한 기본 계획을 3년마다 수립하고 있다. 이 기본계획에는 소비자 안전과 관련하여 소비자정책의 목표를 설정하는 데 소비자 안전을 강화할 수 있는 내용을 포함해야 하는 한편, 어린이 위해 방지를 위한 연령별 안전 기준의 작성을 의무화하고 있다.

또한 소비자 권익을 증진하기 위한 시책의 효과적인 추진을 위해 설립된 한국소비자원은 소비자의 권익을 보호하기 위한 각종 제도와 정책을 연구하고 건의하는 업무를 위주로 수행한다. 그리고 한국소비자원은 소비자의 권익 증진을 위해 필요한 경우 물품 등의 규격·품질·안전성·환경성에 관한 시험·검사 및 가격 등을 포함한 거래 조건이나 거래 방법에 대한 조사·분석 기능과 소비자의 권익 증진·안전 및 소비생활의 향상을 위한 정보의 수집·제공 및 국제 협력 기능을 수행한다.

3) 소비자 안전의 주요 내용

소비자기본법에서 제시하는 소비자 안전의 기능은 다음 여섯 가지로 살펴볼 수 있다.

첫째, 안전 취약계층을 보호해야 한다. 국가 및 지방자치단체는 어린이·노약자 및 장애인 등 안전 취약계층에 대해 우선적으로 보호 시책을 강구하도록 하고 있다. 이를 위해 사업자는 어린이·노약자 및 장애인 등 안전 취약계층에 대해 물품 등을 판매·광고 또는 제공하는 경우에는 그 취약계층에게 생명·신체 또는 재산에 대한 위해가 발생하지 않도록 해야 하는 동시에 필요한 예방 조치를 취해야 한다.

둘째, 결함정보의 보고 기능이다. 사업자는 소비자에게 제공한 물품 등에 소비자의 생명·신체 또는 재산에 위해를 끼치거나 끼칠 우려가 있는 제조·설계 또는 표시 등의 중대한 결함이 있는 사실을 알게 된 때에는 그 결함 내용을 소관 중앙행정기관에 보고해야 한다. 결함 정보를 보고받은 중앙행정기관은 사업자가 보고한 결함 내용에 관해 국립 또는 공립의 시험·검사기관이나 한국소비자원 등에 시험·검사를 의뢰하고, 시험·검사의 결과 그 물품 등을 수거하거나 파기하는 것이 필요한 경우 수거·파기를 권고하거나 명령해야 한다. 이러한 결함 내용을 보고해야 하는 사업자로는 우선, 물품 등을 제조·수입 또는 제공하는 자와 물품에 성명·상호, 그 밖에 식별 가능한 기호 등을 부착함으로써 자신을 제조자로 표시한 자, 그리고 대규모 점포를 설치하여 운영하는 자와 그 밖에 소비자의 생명·신체 및 재산에 위해를 끼치거나 끼칠 우려가 있는 물품 등을 제조·수입·판매 또는 제공하는 자 등이다.

셋째, 위해 물품 등의 자진 수거 기능이다. 사업자는 소비자에게 제공한 물품 등의 결함으로 인해 소비자의 생명·신체 또는 재산에 위해를 끼치거나 끼칠 우려가 있는 경우에는 대통령령이 정하는 바에 따라 당해 물품 등의 수거·파기·수리·교환·환급 또는 제조·수입·판매·제공의 금지와 그 밖의 필요한 조치를 취해야 한다.

넷째, 수거 및 파기 권고 기능이다. 중앙행정기관의 장은 사업자가 제공한 물품 등의 결함으로 인해 소비자의 생명·신체 또는 재산에 위해를 끼치거나 끼칠 우려가 있다고 인정되는 경우, 그 사업자에 대해 당해 물품 등을 수거·파기·수리·교환·환급 또는 제조·수입·판매·제공의 금지와 그 밖의 필요한 조치를 권고할 수 있다. 이 경우 권고를 받은 사업자는 그 권고의 수락 여부를 소관 중앙행정기관의 장에게 알려야 한다. 이 권고를 수락한 사업자는 해당 물품 등을 자진 수거하거나 파기·수리·교환·환급을 하거나 제조·수입·판매·제공의 금지 등 필요한 조치를 해야 한다. 그리고 만일 권고를 받은 사업자가 정당한 사유 없이 그 권고를 따르지 않는 경우에는 사업자가 권고를 받은 사실을 공표할 수 있다.

다섯째, 수거·파기 등에 대한 명령 기능이다. 사업자가 제공한 물품 등의 결함으로 인해 소비자의 생명·신체 또는 재산에 위해를 끼치거나 끼칠 우려가 있는 경우 그 물품 등의 수거·파기·수리·교환·환급을 명하거나 제조·수입·판매 또는 제공의 금지를 명령할 수 있고, 그 물품 등과 관련된 시설을 개수하거나 그 밖의 필요한 조치를 하도록 명령할 수 있다. 만일, 사업자가 명령에 따르지 않는 경우에는 중앙행정기관이 직접 수거·파기 또는 제공 금지 등 필요한 조치를 할 수 있다.

여섯째, 위해정보의 수집 및 처리 기능이다. 한국소비자원의 소비자안전센터는 물품 등으로 인해 소비자의 생명·신체 또는 재산에 위해가 발생했거나 발생할 우려가 있는 사안에 대한 정보를 수집할 수 있다.[2] 더불어 공

2) 센터 소장은 수집한 위해정보를 분석하고 그 결과를 한국소비자원 원장에게 보고한 후 다음의 조치를 취한다. 즉 위해 방지 및 사고 예방을 위한 소비자 안전경보의 발령, 물품 등의 안전성에 관한 사실의 공표, 위해 물품 등을 제공하는 사업자에 대한 시정 권고, 국가 또는 지방자치단체에의 시정 조치·제도 개선 건의, 그 밖에 소비자 안전을 확보하기 위해 필요한 조치가 그것이다. 다만, 물품 등의 위해성이 판명되어 공표되기 전까지 사업자명·상품명·피해 정도·사건 경위에 관한 사항을 누설해서는 안 된다.

정거래위원회는 소비자안전센터가 위해정보를 효율적으로 수집할 수 있도록 하기 위해 필요한 경우에는 행정기관·병원·학교·소비자단체 등을 위해정보 제출기관으로 지정·운영할 수 있다.

2 식품안전기본법

1) 식품 안전과 국가 책무

식품안전기본법은 식품 안전에 관해 국민의 권리와 의무, 국가 및 지방자치단체의 책임을 명확히 밝히고, 식품안전정책의 수립·조정에 관한 사항을 규정하여 국민이 건강하고 안전하게 식생활을 영위하게 하는 데 목적이 있다.[3] 여기에서 식품이란 의약으로서 섭취하는 것을 제외한 모든 음식물을 말한다. 그리고 식품안전기본법에서 규정하고 있는 사업자는 식품·식품첨가물·기구·용기 또는 포장이나 농·수·축산물 등을 생산·채취·제조·가공·수입·운반·저장·조리 또는 판매를 업으로 하는 사람을 말한다.[4] 그리고 이들 식품을 섭취하거나 사용하는 사람을 소비자라고 정의한다.[5]

---

3) 식품안전기본법은 2008년 6월 13일에 제정되어 2008년 12월 14일부터 시행되었다.

4) 식품안전기본법(제2조 제2호)에서 밝히고 있는 사업자를 구체적으로 살펴보면 다음과 같다. ① 식품위생법에 따른 식품·식품첨가물·기구·용기 또는 포장, ② 농산물품질관리법에 따른 농산물, ③ 수산물품질관리법에 따른 수산물, ④ 축산법에 따른 축산물, ⑤ 비료관리법에 따른 비료, ⑥ 농약관리법에 따른 농약, ⑦ 사료관리법에 따른 사료, ⑧ 약사법(제85조)에 따른 동물용 의약품, ⑨ 식품의 안전성에 영향을 미칠 우려가 있는 농·수·축산업의 생산 자재, ⑩ 그 밖에 식품과 관련된 것으로서 대통령령으로 정하는 것 등이다.

5) 그리고 식품 안전과 관련된 법령으로는 식품위생법, 건강 기능식품에 관한 법률, 어린이 식생활안전관리 특별법, 전염병예방법, 국민건강증진법, 식품산업진흥법, 농산물품질관리법, 축산물가공처리법, 가축전염병예방법, 축산법, 사료관리법, 농약관리법, 약사법, 비료관리법, 인삼산업법, 양곡관리법, 친환경농업육성법, 수산물품질관리법, 보건범죄단속에 관한 특별조치법, 학교급식법, 학교보건법, 수도법, 먹는물관리법, 염관리법, 주세법, 대외무역법, 산업표준화법, 유전자변형생물체의 국가간 이동 등에 관한 법률, 그 밖에 식품 등의 안전과 관련되는 법률과 명령·조례 또는 규칙 중 식품 등의 안전과 관련된 규정을 말한다.

식품 안전과 관련된 위해성 평가는 식품 등에 존재하는 위해 요소가 인체의 건강을 해하거나 해할 우려가 있는지 여부와 그 정도를 과학적으로 평가하는 것을 말하며, 추적조사는 식품의 생산·판매 등의 과정에 관한 정보를 추적하여 조사하는 것을 의미한다.

2) 식품안전정책과 식품안전관리 기본계획

국가 및 지방자치단체는 국민이 건강하고 안전한 식생활을 영위할 수 있도록 식품안전정책을 수립하고 시행할 책무를 진다. 그리고 국가 및 지방자치단체는 식품안전정책을 수립·시행할 경우에는 과학적 합리성, 일관성, 투명성, 신속성 및 사전 예방의 원칙이 유지되도록 해야 한다. 더불어 국가 및 지방자치단체는 식품 등의 제조·가공·사용·조리·포장·보존 및 유통 등에 관한 기준과 식품 등의 성분에 관한 규격을 국제식품규격위원회의 식품 규격 등 국제적 기준에 맞게 제정 또는 개정하고 시행하도록 노력해야 한다.

그리고 국민은 국가나 지방자치단체의 식품안전정책 수립·시행에 참여하고 식품안전정책에 대한 정보에 관해 알 권리를 지닌다. 사업자는 국민의 건강에 유익하고 안전한 식품을 생산·판매해야 하고, 취급하는 식품의 위해 여부에 대해 항상 확인하고 검사할 책무를 진다.

식품안전관리 기본계획의 주요 내용을 살펴보면 다음과 같다.

첫째, 식품 안전과 관련된 중앙행정기관은 3년마다 소관 식품에 관한 안전관리계획을 수립하여 국무총리에게 제출해야 한다.

둘째, 국무총리는 제출받은 관계 중앙행정기관의 식품 등에 관한 안전관리계획을 종합하여 식품안전정책위원회의 심의를 거쳐 식품안전관리 기본계획을 수립한 후 관계 중앙행정기관의 장에게 통보해야 한다. 이러한 식품안전 기본계획에는 포함되는 사항은 다음과 같다. 식생활의 변화와 전망, 식품안전정책의 목표 및 기본 방향, 식품안전 법령 등의 정비 등 제도 개선에 관한 사항, 사업자에 대한 지원 등 식품 등의 안전성 확보를 위한 지원 방법에 관한 사항, 식품 등의 안전에 관한 연구 및 기술 개발에 관한 사항, 식품 등의 안전을 위한 국제 협력에 관한 사항, 그 밖에 식품 등의 안전성 확보를 위해 필요한 사항이 그것이다.

셋째, 관계 중앙행정기관의 장 및 지방자치단체의 장은 기본계획을 기초로 하여 매년 식품안전관리 시행계획을 수립·시행해야 한다.

식품안전정책을 종합·조정하기 위한 기구로는 국무총리 소속의 식품안전정책위원회가 있다. 여기서는 기본계획에 관한 사항, 식품 등의 안전 관련 주요 정책에 관한 사항, 국민 건강에 중대한 영향을 미칠 수 있는 식품안전 법령 및 식품의 안전에 관한 기준·규격의 제정·개정에 관한 사항, 국민 건강에 중대한 영향을 미칠 수 있는 식품에 대한 위해성평가에 관한 사항, 중대한 식품 안전사고에 대한 종합 대응 방안 등을 다룬다. 식품안전정책위원회는 국무총리를 위원장으로 하고, 위원에는 기획재정부 장관·교육과학기술부 장관·법무부 장관·농림수산식품부 장관·보건복지부 장관·환경부 장관·식품의약품안전청장 및 국무총리실장과 식품 안전에 관한 학식과 경험이 풍부한 자로 구성된다.

3) 식품안전관리 기능

정부의 식품안전관리 기능은 다음과 같이 열세 가지로 구분하여 살펴볼 수 있다.

첫째, 긴급대응 기능이다. 정부는 식품으로 인해 국민 건강에 중대한 위해가 발생하거나 발생할 우려가 있는 경우 국민에 대한 피해를 사전에 예방하거나 최소화하기 위해 긴급히 대응할 수 있는 체계를 구축·운영해야 한다. 관계 중앙행정기관은 생산·판매 등이 되고 있는 식품이 유해물질을 함유한 것으로 알려지거나 그 밖의 사유로 위해 우려가 제기되고 그로 인해 국민 불특정 다수의 건강에 중대한 위해가 발생하거나 발생할 우려가 있다고 판단되면 긴급 대응 방안[6]을 마련하여 조치를 해야 한다.

6) 긴급대응 방안에는 대음 내용이 포함되어야 한다. ① 해당 식품의 종류, ② 해당 식품으로 인해 인체에 미치는 위해의 종류 및 정도, ③ 생산·판매 등의 금지가 필요한 경우 이에 관한 사항, ④ 추적조사가 필요한 경우 이에 관한 사항, ⑤ 소비자에 대한 긴급대응 대처 요령 등의 교육·홍보에 관한 사항, ⑥ 그 밖에 식품의 위해 방지 및 확산을 막기 위해 필요한 사항 등이 그것이다.

둘째, 생산·판매 등의 금지 기능이다. 관계 행정기관은 긴급대응이 필요하다고 판단되는 식품에 대해 그 위해 여부가 확인되기 전까지 해당 식품의 생산·판매 등을 금지할 수 있다. 이에 따라 사업자는 생산·판매 등이 금지된 식품의 생산·판매 등을 해서는 안 된다. 다만, 생산·판매 등을 금지하고자 하는 관계 행정기관은 미리 이해관계인의 의견을 들어야 한다. 또한 해당 식품으로부터 국민 건강에 위해가 발생하지 않았거나 발생할 우려가 없어졌다고 인정하는 경우에는 해당 금지의 전부 또는 일부를 즉시 해제해야 한다. 이와 함께 사업자 역시 금지 조치에 대해 이의가 있는 경우에는 관계 행정기관의 장에게 해당 금지의 전부 또는 일부의 해제를 요청하는 것이 가능하다.

셋째, 검사명령 기능이다. 행정기관은 식품의 생산·판매 등을 하는 사업자에 대해 검사기관에서 검사를 받을 것을 명령할 수 있다.[7] 그리고 검사명령을 받은 사업자는 검사 기한 내에 검사를 받아야 하며, 검사기관은 검사 결과를 사업자 및 관계 행정기관의 장에게 통보해야 한다.

넷째, 추적조사 기능이다. 관계 중앙행정기관은 식품의 생산·판매 등의 이력을 추적하기 위한 시책을 수립·시행해야 한다. 관계 행정기관은 국민 건강에 중대한 위해가 발생하거나 발생할 우려가 있는 식품에 대해 추적조사를 실시해야 하며, 이 경우 관련 행정기관이 있는 경우에는 합동조사 등의 방법을 통해 함께 추적조사를 실시한다. 그리고 사업자는 식품의 생산·판매 등의 과정을 확인할 수 있도록 필요한 사항을 기록·보관하고, 그 기록의 열람 또는 제출에 응해야 한다.

다섯째, 회수 기능이다. 사업자는 생산·판매 등을 한 식품이 법령에서 정하고 있는 식품 안전에 관한 기준·규격 등에 맞지 않아 국민 건강에 위해가 발생하거나 발생할 우려가 있는 경우에는 해당 식품을 지체없이 회수해야 한다. 그리고 사업자는 식품을 회수하는 경우 소비자에게 회수 사유, 회수 계획 및 회수 현황 등을 공개해야 한다.

---

7) 검사 대상이 되는 식품에는 ① 긴급 대응이 필요하다고 판단되는 식품, ② 국내외에서 위해 발생의 우려가 제기되었거나 제기된 식품, ③ 그 밖에 국민 건강에 중대한 위해가 발생하거나 발생할 우려가 있는 식품 등이 그것이다.

여섯째, 위해성 평가 기능이다. 관계 중앙행정기관은 식품의 안전에 관한 기준·규격을 제정 또는 개정하거나 식품이 국민 건강에 위해를 발생시키는지의 여부를 판단하기 위해 사전에 위해성 평가를 실시하지만, 긴급 대응이 필요한 경우에는 사후에 위해성 평가를 할 수 있다. 다만, 식품의 안전에 관한 기준·규격 또는 위해의 내용으로 보아 위해성 평가를 실시할 필요가 없는 것이 분명한 경우이거나 국민 건강에 위해를 발생시키는 것이 확실한 경우에는 위해성 평가를 하지 않을 수도 있다.

일곱째, 신종 식품의 안전관리 기능이다. 관계 중앙행정기관은 유전자 재조합 기술을 활용하여 생산된 농·수·축산물, 그 밖에 식용으로 사용하지 않던 것을 식품으로 생산·판매 등을 하도록 허용하는 경우에는 국민 건강에 위해가 발생하지 않도록 안전관리 대책을 수립·시행해야 한다.

여덟째, 식품 위해 요소 중점 관리 기준의 설정 기능이다. 관계 중앙행정기관은 식품의 생산·판매 등의 과정에서 식품의 위해 요소를 사전에 방지하기 위해 중점적으로 관리하도록 하는 제도를 도입·시행해야 하고, 해당 제도를 적용하는 사업자에 대해 기술 및 자금 등을 지원할 수 있다.

아홉째, 정보공개 기능이다. 정부는 식품안전 정보의 관리와 공개를 위해 종합적인 식품안전 정보관리 체계를 구축·운영해야 하며, 관계 중앙행정기관의 장은 식품안전정책을 수립하는 경우 사업자, 소비자 등 이해당사자에게 정보를 제공해야 한다.

열 번째, 소비자 및 사업자의 의견 수렴 기능이다. 관계 중앙행정기관의 장은 소비자 및 사업자의 의견을 수렴하여 식품 안전에 관한 기준·규격을 제정하거나 개정해야 하고, 제정하거나 개정할 때는 그 사유 및 과학적 근거를 구체적으로 공개해야 한다. 더불어 소비자의 선택권을 보장하기 위해 식품에 대한 표시 기준을 마련해야 한다.

열한 번째, 소비자 및 사업자 등에 대한 지원 기능이다. 관계 행정기관은 소비자의 건전하고 자주적이며 책임 있는 식품 등의 안전활동을 지원·육성하기 위한 정책을 마련해야 하며, 사업자에 대해 공동검사시설 등 식품의 안전성 확보를 위한 시설 투자 등에 소요되는 비용과 생산 기술을 지원할 수 있다. 또한 국제적 수준의 식품안전관리 기술 확보와 국민의 식생활 향상을 위해 식품 관련 연구기관 또는 단체에 관련 연구에 필요한 재정적 지원을 할 수 있다.

열두 번째, 소비자 참여 기능이다. 관계 행정기관은 식품 안전에 관한 각종 위원회에 소비자를 참여시키도록 노력해야 하며, 일정 수 이상의 소비자가 요청 사유·요청 범위 및 소비자의 신분을 확인할 수 있는 증명서 구비 등 요건을 갖추어 식품에 대한 시험·분석 및 시료 채취를 요청하는 경우 이에 응해야 한다.[8)]

열세 번째, 신고인 보호 기능이다. 사업자는 인체에 유해한 식품이나 사업자의 식품 안전 법령 등의 위반행위를 관계 행정기관에 신고하거나 그에 관한 자료를 제출한 신고인에 대해 불이익한 처우를 해서는 안 된다.

3 제품안전기본법

1) 제품 안전과 국가 책무

제품안전기본법은 제품의 안전성 확보를 위한 기본적인 사항을 규정함으로써 국민의 생명을 보호하고, 건강과 재산에 대한 피해를 예방하여 국민의 삶의 질 향상과 국민경제의 발전에 이바지하는 데 목적을 두고 있다.[9)] 이를 위해 제품의 안전성을 확보하고, 제품으로 인해 위해가 발생하는 경우 그 피해를 최소한으로 줄이는 것이 국가 및 지방자치단체의 기본적 의무라는 점을 확인한다. 또한 모든 국민과 국가·지방자치단체가 제품의 생산·조립·가공이나 수입·판매·대여 또는 사용과 관련된 행위를 하는 때에는 안전을 우선적으로 고려함으로써 국민이 제품으로부터 안전한 사회에

8) 다만, ① 시험·분석·연구기관이 소비자가 요청한 수준의 시험·분석 등을 할 수 있는 능력이 없는 경우, ② 시험·분석 등의 요청 건수가 과도하여 해당 시험·분석·연구기관의 업무에 중대한 지장을 초래하는 경우, ③ 동일한 소비자가 동일한 목적으로 시험·분석 등을 반복적으로 요청하는 경우, ④ 특정한 사업자를 이롭게 할 목적으로 시험·분석 등을 요청하는 경우 등 공익적 목적에 반하는 경우에는 응하지 않을 수 있다.

9) 제품안전기본법은 2010년 2월 4일에 제정되어 2011년 2월 5일부터 시행되고 있다.

서 생활할 수 있도록 하는 것을 기본 이념으로 삼고 있다.

여기서의 제품은 소비자가 최종으로 사용하는 물품 또는 그 부분품이나 부속품을 말하고, 사업자는 제품을 생산·조립·가공하거나 또는 수입·판매·대여하는 사람이라고 정의한다. 그리고 안전성 조사는 제품과 관련된 생명·신체 또는 재산상 위해를 방지하기 위해 제품의 제조·설계 또는 제품상 표시 등의 결함 여부에 관해 검증·검사 또는 평가하는 일체의 활동을 의미한다.

제품 안전과 관련하여 국가 및 지방자치단체는 국민이 제품을 안전하게 사용할 수 있도록 제품 안전정책을 수립하고 시행할 책무를 지며, 제품 안전정책을 수립·시행할 때 소비자의 생명·신체 또는 재산에 대한 위해 방지를 우선적으로 고려해야 하고 특히, 어린이·노약자·장애인 등 안전 취약계층을 배려해야 한다. 또한 국가는 제품의 안전성을 검증하기 위한 제품의 제조 및 사용 등에 관한 기준 또는 규격을 국제 기준에 부합하도록 제정하거나 개정하고 시행하도록 노력해야 한다. 그리고 사업자는 안전한 제품을 제조 또는 유통해야 하고, 제조 또는 유통되는 제품의 안전성을 확인할 책무를 진다.

2) 제품 안전관리에 관한 종합계획

정부는 3년마다 제품 안전관리에 관한 종합계획을 수립해야 하며 종합계획에는 다음 사항이 포함되어야 한다. ① 제품 안전정책의 목표 및 기본 방향, ② 제품 안전을 확보하기 위한 기반 조성에 관한 사항, ③ 제품사고의 발생 방지 및 대책에 관한 사항, ④ 수입된 제품 및 새로운 종류의 제품의 안전관리에 관한 사항, ⑤ 제품 안전에 관한 연구 및 기술 개발에 관한 사항, ⑥ 제품 안전에 관한 규제의 합리화에 관한 사항, ⑦ 제품 안전에 관한 정보의 공유 체계에 관한 사항, ⑧ 제품 안전과 관련하여 국제기구 또는 외국과의 협력에 관한 사항, ⑨ 어린이·노약자·장애인 등 안전 취약계층의 제품 사용에 따른 안전대책에 관한 사항 등이 그것이다. 중앙행정기관이 제품 안전관리에 관한 종합계획을 수립하는 경우에는 소비자정책위원회에 제출해야 하며, 종합계획의 수립을 위해 제품사고 또는 제품 불량에 관한 통계를 작성하여 관리하는 것이 필요하다.

3) 제품의 안전성 확보 기능

제품의 안전성을 확보하기 위한 여덟 가지 기능은 다음과 같다.

첫째, 안전성 조사 기능이다. 중앙행정기관에서는 시중에 유통되는 제품의 위해성 여부를 확인하기 위해 해당 제품에 대한 안전성 조사를 실시할 수 있다.[10] 안전성 조사를 한 경우에는 그 조사 내용과 결과를 보관하고, 해당 제품의 사업자가 열람할 수 있다.

둘째, 제품 수거 등의 권고 기능이다. 중앙행정기관은 시중에 유통되는 제품의 제조·설계 또는 제품상 표시 등의 결함으로 인해 소비자의 생명·신체 또는 재산에 위해를 끼치거나 끼칠 우려가 있는 경우에는 해당 제품의 사업자에 대해 수거 등을 권고할 수 있다. 이때 권고를 받은 사업자는 정당한 사유 없이 그 권고를 따르지 않는 경우 이 사실을 공표할 수 있다. 만일, 사업자가 권고에 따른 조치를 실시한 경우 조치 결과 등을 소관 중앙행정기관에 보고해야 한다.

셋째, 제품 수거 등의 명령 기능이다. 중앙행정기관이 제품 사업자에 대해 수거 등을 명령하고, 그 사실을 공표할 수 있는 경우는 다음과 같다. ① 안전성 조사를 실시한 결과 해당 제품의 위해성이 확인된 경우, ② 권고를 받은 사업자가 정당한 사유 없이 그 권고를 따르지 않는 경우, ③ 시중에 유통되는 제품의 제조·설계 또는 제품상 표시 등의 대통령령으로 정하는 중대한 결함으로 인해 소비자의 생명·신체 또는 재산에 위해를 끼치거나 끼칠 우려가 있다고 인정할 만한 상당한 이유가 있는 경우 등이 그것이다.

넷째, 사업자의 제품 수거 등의 의무다. 사업자는 시중에 유통되는 제품의 중대한 결함으로 인해 소비자의 생명·신체 또는 재산에 위해를 끼치거

---

10) 안전성 조사 대상은 다음과 같다. ① 품질 경영 및 공산품안전관리법 및 전기용품안전관리법에 따른 안전관리 대상 제품인 경우, ② 제품의 제조·설계 또는 제품상 표시 등의 결함으로 인해 소비자의 생명·신체 또는 재산에 위해를 끼치거나 끼칠 우려가 있는 경우, ③ 위해성이 있을 것으로 우려되어 외국 정부에서 수거·파기·수리·교환·환급·개선 조치 또는 제조·유통의 금지, 그 밖에 필요한 조치를 사업자에게 권고하거나 명령한 경우, ④ 그 밖에 제품 안전을 확보하기 위해 필요한 경우.

나 끼칠 우려가 있다는 사실을 알게 된 때는 그 결함의 내용을 중앙행정기관에 즉시 보고하고 해당 제품을 수거해야 한다.

다섯째, 내부자 신고 기능이다. 사업자가 제품의 중대한 결함으로 인해 소비자의 생명·신체 또는 재산에 위해를 끼칠 우려가 있다는 사실을 알고 있음에도 그 결함의 내용을 숨기고 있는 경우 해당 사업자의 고용인은 그 사실을 중앙행정기관에 신고할 수 있다. 그리고 사업자는 신고를 한 고용인에 대해 불리한 처우를 해서는 안 된다. 그리고 신고를 한 이유로 신분상 불이익을 당했을 때는 소관 행정기관에 불이익처분의 원상회복이나 그 밖에 필요한 조치를 요구할 수 있다.

여섯째, 제품 안전 정보망의 구축 및 운영 기능이다. 중앙행정기관은 제품 안전정책의 수립·집행과 제품사고의 예방을 위해 정보를 수집·제공하는 제품 안전 정보망을 구축하여 운영할 수 있다.

일곱째, 제품 안전에 관한 교육훈련 및 홍보 기능이다. 중앙행정기관은 사업자와 그 고용인 및 소비자의 제품 안전에 대한 이해도를 높이고 제조·유통 또는 사용 과정에서 제품 안전을 자발적으로 실천할 수 있도록 사업자와 그 고용인에 대한 교육훈련과 소비자에 대한 홍보를 할 수 있다.

4 제조물책임법

1) 제조물 책임의 의의

제조물책임법은 제조물 결함으로 인해 발생한 손해에 대한 제조업자 등의 손해배상 책임을 규정함으로써 피해자를 보호하고 국민 생활의 안전 향상과 국민경제의 건전한 발전에 기여하는 것을 목적으로 하고 있다.[11] 이때 제조물은 다른 동산이나 부동산의 일부를 구성하는 경우를 포함한 제조 또는 가공된 동산으로서, 결함은 당해 제조물에 제조·설계 또는 표시상의 결함이나 기타 통상적으로 기대할 수 있는 안전성이 결여되어 있는 것을

11) 제조물책임법은 2000년 1월 12일에 제정되어 2002년 7월 1일부터 시행되었다.

의미한다.[12] 이와 함께 제조업자는 제조물의 제조·가공 또는 수입을 업으로 하는 자, 제조물에 성명·상호·상표 기타 식별 가능한 기호 등을 사용하여 자신을 가목의 자로 표시한 자 또는 가목의 자로 오인시킬 수 있는 표시를 한 자를 말한다.

제조물 책임이란 제조업자가 제조물의 결함으로 인해 생명·신체 또는 재산에 손해를 입은 사람에게 손해를 배상해야 하는 것을 말한다. 그리고 제조업자를 알 수 없는 경우 제조물을 영리 목적으로 판매·대여 등의 방법에 의해 공급한 사람은 제조물의 제조업자 또는 제조물을 자신에게 공급한 자를 알거나 알 수 있었음에도 불구하고 상당한 기간 내에 그 제조업자 또는 공급한 자를 피해자 또는 그 법정대리인에게 알려 주지 않은 경우에는 손해배상을 해야 한다.

다만, 손해배상 책임이 있는 사람이 다음 사실을 입증한 경우에는 손해배상 책임을 면한다. ① 제조업자가 당해 제조물을 공급하지 않았다는 사실, ② 제조업자가 당해 제조물을 공급한 때의 과학·기술 수준으로는 결함의 존재를 발견할 수 없었다는 사실, ③ 제조물의 결함이 제조업자가 당해 제조물을 공급할 당시의 법령이 정하는 기준을 준수함으로써 발생한 사실, ④ 원재료 또는 부품의 경우에는 당해 원재료 또는 부품을 사용한 제조물 제조업자의 설계 또는 제작에 관한 지시로 인해 결함이 발생했다는 사실의 경우가 그것이다. 하지만 손해배상 책임이 있는 사람이 제조물을 공급한 후에 당해 제조물에 결함이 존재한다는 사실을 알거나 알 수 있었음에도 그 결함에 의한 손해의 발생을 방지하기 위한 적절한 조치를 취하지 않은 경우에는 면책을 주장할 수 없다.

---

12) 여기서 결함은 제조상의 결함, 설계상의 결함, 표시상의 결함으로 구분한다. 첫째, 제조상의 결함은 제조업자의 제조물에 대한 제조·가공상의 주의 의무의 이행 여부에 불구하고 제조물이 원래 의도한 설계와 다르게 제조·가공됨으로써 안전하지 못하게 된 경우를 말한다. 둘째, 설계상의 결함은 제조업자가 합리적인 대체 설계를 채용했더라면 피해나 위험을 줄이거나 피할 수 있었음에도 대체설계를 채용하지 아니하여 당해 제조물이 안전하지 못하게 된 경우를 말한다. 셋째, 표시상의 결함은 제조업자가 합리적인 설명·지시·경고 기타의 표시를 했더라면 당해 제조물에 의해 발생될 수 있는 피해나 위험을 줄이거나 피할 수 있었음에도 이를 하지 아니한 경우를 말한다.

알아봅시다

표시 · 광고의 공정화에 관한 법률

이 법은 상품 또는 용역에 관한 표시·광고에 있어서 소비자를 속이거나 소비자로 하여금 잘못 알게 하는 부당한 표시·광고를 방지하고 소비자에게 바르고 유용한 정보의 제공을 촉진함으로써 공정한 거래 질서를 확립하고 소비자를 보호하는 것을 목적으로 한다. 이와 관련하여 표시·광고의 공정화에 관한 법률 제4조에서는 중요 정보의 고시 및 통합 공고에 관하여 공정거래위원회로 하여금 상품 등이나 거래 분야의 성질에 비추어 소비자의 보호 또는 공정한 거래 질서의 유지를 위해 다음 사항을 표시·광고에 포함해야 한다.

1. 표시·광고를 하지 아니하여 소비자의 피해가 자주 발생하고 있는 사항
2. 표시·광고를 하지 아니할 경우에는 다음 각 목의 어느 하나에 해당하는 사정이 생길 우려가 있는 사항

가. 소비자가 상품 등의 중대한 결함 또는 기능상의 한계 등을 정확히 알지 못하여 소비자의 구매 선택에 결정적인 영향을 미치게 되는 경우

나. 소비자의 생명·신체상의 위해가 발생할 가능성이 있는 경우

다. 그 밖에 소비자의 합리적인 선택을 현저히 그르칠 가능성이 있거나 공정한 거래 질서를 현저히 저해하는 경우 등이 그것이다.

5 분야별 안전 관련법

현행 소비자 안전에 관한 법체계는 일반법 체계가 아니라 개별법 체계로 구성되어 있다. 현행 소비자의 안전을 추구하는 목적을 지니는 법률은 소비자기본법, 전기용품의 안전을 규율하는 전기용품안전관리법, 일반적인 공산품의 안전을 규율하는 품질 경영 및 공산품안전관리법, 고압가스 용기 등의 안전을 규율하는 고압가스안전관리법, 일반식품의 위생을 관리하는 식품위생법 등 제품 안전을 규율하는 법률이 있고, 소방시설의 안전을 목적으로 하는 소방시설 설치 유지 및 안전관리에 관한 법률, 원자력 시설의 안전을 위한 원자력법, 유원시설의 안전을 위한 관광진흥법 등 시설의 안전을 규율하는 시설 안전에 관한 법률로 구분할 수 있다.

소비자의 안전과 관련된 법은 앞에서 살펴본 법률 외에도 다양하게 존재

하고 각 법률은 특수한 제도를 가지고 제품의 안전성을 확보하거나 서비스 시설의 안전을 확보하고 있다.

1) 식품·의약품 안전 관련법

(1) 식품안전기본법

식품의 안전에 관한 국민의 권리·의무와 국가 및 지방자치단체의 책임을 명확히 하고, 식품 안전정책의 수립·조정 등에 관한 기본적인 사항을 규정함으로써 국민이 건강하고 안전하게 식생활을 영위할 수 있도록 하는 식품 안전에 관한 기본법이다.

(2) 식품위생법

식품으로 인해 생기는 위생상의 위해를 방지하고 식품 영양의 질적 향상을 도모하여 식품에 관한 올바른 정보를 제공하여 국민보건의 증진에 이바지함을 목적으로 하는 법이다. 식품, 식품 첨가물, 화학적 합성물, 용기 및 포장지에 표시 제도, 위해평가, 안전성 평가, 출입·검사·수거, 재검사를 통해 국민의 생명과 신체 등의 안전성을 실현하고 있는 법률이다.

(3) 건강기능식품에 관한 법률

건강기능식품의 안정성 확보 및 품질 향상과 건전한 유통·판매를 도모함으로써 국민의 건강 증진과 소비자 보호에 이바지함을 목적으로 하는 법이다. 이 법은 건강기능식품의 용기·포장에는 건강기능식품이라는 문자 또는 건강기능식품임을 나타내는 도형, 기능 성분 또는 영양소 및 그 영양권장량에 대한 비율(영양권장량이 설정된 것에 한한다), 섭취량 및 섭취 방법, 섭취 시 주의 사항, 유통 기한 및 보관 방법, 질병의 예방 및 치료를 위한 의약품이 아니라는 내용의 표현, 그 밖에 식품의약품안전청장이 정하는 사항을 표시하도록 하고 있다.

(4) 농산물품질관리법

농산물의 적정한 품질관리를 통해 농산물의 상품성을 높이고 공정한 거래를 유도함으로써 농업인의 소득 증대와 소비자 보호에 이바지함을 목적으로 하는 법이다. 이 법은 농산물의 상품성 제고, 유통 능률 향상 및 공정한 거래의 실현을 위해 농산물의 규격을 표준화하고 있고, 품질 인증 및 표시 제도를 통해 소비자의 안전성을 확보하도록 정하고 있다.

(5) **수산물품질관리법**

수산물에 관한 적정한 품질관리를 통해 수산물의 상품성과 안전성을 높이고 수산물 가공 산업을 육성하여 어업인의 소득 증대와 소비자 보호에 이바지하는 것을 목적으로 하는 법이다. 이 법은 수산물의 안정성을 확보하기 위해 품질 인증, 수산물 이력 추적관리, 표시 제도를 통해 소비자의 안전 실현을 위한 제도를 정하고 있다.

(6) **축산물가공처리법**

축산물의 위생적인 관리와 그 품질의 향상을 도모하기 위해 가축의 사육·도살·처리와 축산물의 가공·유통 및 검사에 관해 필요한 사항을 정함으로써 축산업의 건전한 발전과 공중위생의 향상에 이바지함을 목적으로 하는 법이다. 이 법률은 가축의 도살·처리, 집유, 축산물의 가공·포장 및 보관에 대한 적절한 축산물의 위생적인 안전관리를 통해 국민의 생명과 신체 등의 안전성을 확보하고 있다.

(7) **약사법**

의약품 등의 제조 및 수입과 관련하여 의약품의 제조에 관한 허가, 시판 후 사후관리, 위해의약품의 회수 등을 규정하여 의약품 제조에 대한 부분에 대해 일반적인 제품안전법과 마찬가지로 규율하는 법이다. 이 법은 약사 및 한약사의 자격·면허, 조제 등의 규율과 함께 의약품의 안전을 확보하고자 하는 것이고, 의약품의 안전만을 규율하는 법은 아니다.

(8) **화장품법**

화장품의 제조·수입 및 판매 등에 관한 사항을 규정함으로써 국민보건 향상과 화장품 산업의 발전에 기여함을 목적으로 하는 법이다. 이 법은 화장품의 제조 및 수입, 안전성 심사, 제조업자 및 수입자의 의무, 화장품의 취급 기준이나 표시·광고, 화장품의 검사 및 폐기 등을 정하고 있다.

2) 제품 안전 관련법

(1) 품질경영 및 공산품안전관리법

이 법은 기업·공공기관·단체 등의 품질 경영의 조성·지원에 관한 사항과 공산품의 안전관리에 관한 사항을 정함으로써 기업·공공기관·단체 등의 품질경쟁력을 강화하고 소비자의 이익과 안전을 도모하는 법이다. 이 법의 적용 대상은 공업적으로 생산된 제품으로 소비자가 별도의 가공(단순한 조립 제외) 없이 사용할 수 있는 최종 제품인 공산품을 말하며, 섬유·화학·금속·생활용품·기계 등의 공산품이 포함된다.

(2) 전기용품안전관리법

이 법의 목적은 전기용품의 생산·조립·가공, 판매 및 사용을 함에 있어서 안전관리에 관한 사항을 규정하여 화재·감전 등의 위험 및 장해의 발생을 방지함에 있다. 전기용품은 전기사업법에 의한 전기설비, 즉 발전·송전·변전·배전 또는 전기 사용을 위해 설치하는 기계·기구·댐·수로·저수지·전선로·보안통신 선로 기타의 설비를 대상으로 한다.

(3) 자동차관리법

이 법은 자동차의 등록, 안전 기준, 자기 인증, 제작 결함 시정, 점검, 정비, 검사 및 자동차 관리사업 등에 관한 사항을 정해 자동차를 효율적으로 관리하고 자동차의 성능 및 안전을 확보하기 위한 법이다. 자동차의 구조 및 안전장치, 자동차를 제작, 조립, 수입하려고 하는 자, 자동차 부품의 자기 인증, 자동차 제작 결함의 시정, 자동차의 점검 및 검사 등을 통해 자동차 부품의 안전성을 확보하고 있는 법률이다.

(4) 승강기시설안전관리법

승강기의 설치 및 보수 등에 관한 사항을 정해 승강기를 효율적으로 관리함으로써 승강기 시설의 안전성을 확보하고 승강기 이용자를 보호하고자 제정된 법이다. 승강기란 건축물이나 고정된 시설물에 설치되어 일정한 경로에 따라 사람이나 화물을 승강장으로 옮기는 데에 사용되는 시설로서 엘리베이터, 에스컬레이터, 휠체어리프트 등 행정안전부령으로 정하는 것을 말한다.

(5) **소방시설 설치 유지 및 안전관리에 관한 법률**

이 법은 화재, 재난·재해, 그 밖의 위급한 상황으로부터 국민의 생명·신체 및 재산을 보호하기 위해 소방시설 등의 설치·유지 및 소방 대상물의 안전관리에 관해 필요한 사항을 정함으로써 공공의 안전과 복리 증진에 이바지함을 목적으로 하는 법률이다. 이 법의 대상은 소방시설을 구성하는 소방용 기계·기구로서 '소방시설 설치 유지 및 안전관리에 관한 법률' 제2조 제1항 제4호와 동법 시행령 제6조에서 열거 방식으로 규정하고 있다.

(6) **고압가스안전관리법**

고압가스의 제조·저장·판매·운반·사용과 고압가스의 용기·냉동기·특정 설비 등의 제조와 검사 등에 관한 사항을 정함으로써 고압가스로 인한 위해를 방지하고 공공의 안전을 확보하려는 법이다. 적용 대상이 되는 제품은 고압가스를 충전하거나 저장 등의 목적으로 사용되는 용기, 저장탱크, 냉동기 등을 말한다.

(7) **액화석유가스의 안전관리 및 사업법**

이 법은 액화석유가스의 충전·저장·판매·사용 및 가스용품의 안전관리에 관한 사항을 정하는 법이다. 액화석유가스는 프로판이나 부탄을 주성분으로 한 가스를 액화한 것(기화된 것을 포함)을 의미한다.

3) 서비스 및 시설 안전 관련법

(1) **관광진흥법**

이 법은 관광 여건을 조성하고 관광자원을 개발하며 관광사업을 육성하여 관광 진흥에 이바지하는 것을 목적으로 하는 법률로 유원시설업을 포함하여 시설이나 기구로부터의 안전을 도모한다. 즉 관광진흥법에 의해 유원시설업은 유기시설이나 유기기구를 갖추어 이를 관광객에게 이용하게 하는 업(다른 영업을 경영하면서 관광객의 유치 또는 광고 등을 목적으로 유기시설이나 유기기구를 설치하여 이를 이용하게 하는 경우를 포함한다)으로 정의하고 유원시설업에 대한 허가 또는 신고라는 제도로 규제하고, 규제의 대상이 되는 유원시설업의 범위와 대상을 확정하고 있다.

(2) 어린이놀이시설 안전관리법

이 법은 어린이들이 안전하고 편안하게 놀이기구를 사용할 수 있도록 어린이 놀이시설의 설치·유지 및 보수 등에 관한 기본적인 사항을 정하고 어린이 놀이시설을 담당하는 중앙행정기관의 역할과 책무를 정해 어린이 놀이시설의 효율적인 안전관리 체계를 구축하여 어린이 놀이시설 이용에 따른 어린이 안전사고를 미연에 방지함을 목적으로 하는 법이다.

(3) 유해화학물질관리법

화학물질로 인한 국민 건강 및 환경상의 위해를 예방하고 유해화학물질을 적절하게 관리함으로써 모든 국민이 건강하고 쾌적한 환경에서 생활할 수 있게 함을 목적으로 하는 법률로 화학물질의 유해성 심사 및 위해성 평가, 유해화학물질의 안전관리, 취급 제한·금지 물질의 관리, 화학물질 사고의 대비 및 대응 등을 정하고 있다.

(4) 다중이용시설 등의 실내공기질관리법

다중이용시설과 신축되는 공동주택의 실내 공기질을 알맞게 유지하고 관리함으로써 그 시설을 이용하는 국민의 건강을 보호하고 환경상의 위해 예방을 목적으로 하는 법률로 오염물질, 환기 설비, 공기정화설비 등을 규정하고 있고, 적용 대상으로 지하 역사, 지하도 상가, 여객자동차 터미널의 대합실, 공항시설 중 여객 터미널, 항만시설 중 대합실, 도서관, 박물관 및 미술관, 의료기관, 실내 주차장, 철도 역사의 대합실 등의 실내 공기질 유지 기준 등을 정하고 있다.

〈표 3-1〉 소비자 안전 분야별 관련 법

안전 분야	법률	주요 내용
식품·의약품	식품안전기본법	식품 안전정책의 수립·조정 등에 관한 기본적인 사항 규정
	식품위생법	식품 위생상의 위해를 방지하고 식품 영양의 질적 향상 도모

안전	건강기능식품에 관한 법률	건강기능식품의 안정성 확보 및 품질 향상과 건전한 유통·판매를 도모
	농산물 품질관리법	농산물의 적정한 품질관리를 통해 농산물의 상품성을 높이고 공정한 거래를 유도함으로써 농업인의 소득 증대와 소비자 보호에 이바지
	수산물 품질관리법	수산물의 상품성과 안전성을 높이고 소비자 보호에 이바지
	축산물 가공처리법	축산물의 위생적인 관리와 그 품질의 향상을 도모하여 공중위생의 향상에 이바지
	약사법	의약품 등의 제조 및 수입과 관련하여 의약품의 제조에 관한 허가, 시판 후 사후관리, 위해 의약품의 회수 등을 규정
	화장품법	화장품의 제조·수입 및 판매 등에 관한 사항을 규정하고 화장품의 규격 기준, 용기 등의 기재 사항에 관해 안전성 검사, 표시제도, 보고 및 검사를 통해 소비자의 안전 확보
제품 안전	품질경영 및 공산품 안전관리법	기업·공공기관·단체 등의 공산품 안전관리에 관한 사항을 정함으로써 소비자의 이익과 안전을 도모
	전기용품안전 관리법	전기용품을 생산·조립·가공, 판매 및 사용할 때의 안전관리에 관한 사항을 규정하여 화재·감전 등의 위험 및 장해의 발생을 방지
	자동차관리법	자동차의 등록, 안전 기준, 자기 인증, 제작 결함 시정, 점검, 정비, 검사 및 자동차 관리사업 등에 관한 사항을 정해 자동차의 성능 및 안전을 확보
	승강기시설 안전관리법	승강기시설의 안전성을 확보하고 승강기 이용자를 보호하고자 제정
	소방시설 설치 유지 및 안전관리에 관한 법률	화재, 재난·재해 그 밖의 위급한 상황으로부터 국민의 생명·신체 및 재산을 보호하기 위해 소방시설 등의 설치·유지 및 소방 대상물의 안전관리에 관한 필요 사항을 규정함으로써 공공의 안전과 복리 증진에 이바지
	고압가스안전 관리법	고압가스로 인한 위해를 방지하고 공공의 안전을 확보
	액화석유가스의 안전관리 및 사업법	액화석유가스의 충전·저장·판매·사용 및 가스용품의 안전관리에 관한 사항을 규정
서비스 및 시설 안전	관광진흥법	유원시설업을 포함하여 시설이나 기구로부터의 안전을 도모
	어린이놀이시설 안전관리법	어린이들이 안전하고 편안하게 놀이기구를 사용할 수 있도록 어린이놀이시설의 설치·유지 및 보수 등에 관한 기본적 사항 규정

	유해화학물질 관리법	화학물질로 인한 국민 건강 및 환경상의 위해를 예방하고 유해화학물질을 적절하게 관리함으로써 모든 국민이 건강하고 쾌적한 환경에서의 생활을 도모
	다중이용시설 등의 실내공기질관리법	다중이용시설과 신축되는 공동주택의 실내 공기질을 알맞게 유지하고 관리함으로써 그 시설을 이용하는 국민의 건강을 보호하고 환경상의 위해 예방 목적

제 2 절 소비자 안전관리 제도

1 사전 예방 및 조치

1) 안전 기준의 제정

안전성 확보의 수준에 관해서는 어느 정도로 안전한 경우에 충분히 안전하다고 판단하여 국가가 시장 진입을 허용해 줄 것인가에 관한 문제로서 실질적이고 현실적인 문제라고 할 수 있다. 안전 기준을 어느 정도로 확정할 것인가에 관한 문제는 특정 제품의 안전 기준을 정할 때 민주성만으로 확정되는 것은 아니다. 즉 공청회를 거치거나 기업이나 소비자의 의견을 수렴하는 것만으로 안전 기준이 정당하고 타당하게 설정되었다고 할 수 없다.

우선, 안전 기준의 설정은 안전에 대한 중요한 문제를 심의하는 위원회가 수행해야 하며, 법률에 근거하여 안전 기준을 설정하는 것은 헌법에 반하지 않아야 하고, 안전을 목적으로 하는 법률을 집행하는 행정의 근본적인 목적을 실현하는 기준이 되어야 한다. 특히 아동, 임산부, 노인, 장애우 등 위험에 쉽게 노출될 수 있는 집단에 대해 기준 설정 시 어느 정도를 고려해야 하는지가 문제될 수 있다. 즉 법률상 허용 기준치를 해당 관련 법률의 목적에 일치하게 그리고 헌법이 요구하는 국민의 생명·신체에 대한 보호 요청에 합치하도록 정해야 한다. 그러나 안전 기준이 지나치게 엄격한 경우에는 생산되는 제품이 안전 기준을 충족할 정도의 기술력을 지니지 못한 경우나, 기술력이 있어도 제품의 가격이 현저하게 높게 될 가능성이 있어 시정에서 경쟁력을 상실할 수 있다. 이러한 경우에는 사업자의 영업 자유를 사실상 말살하는 조치로 헌법상 비례의 원칙에 반할 수도 있다. 이에 반해, 안전 기준을 지나치게 낮게 정하면 개발도상국의 저렴한 식품이 국내 시장으로 유입되어 국내 사업자가 시장경쟁력을 상실하게 되고 소비자의 안전 또한 위협받게 된다. 따라서 제품의 안전 기준을 정할 때에는 국내의 기술력이나 시장에 관한 지속적인 파악과 현황을 고려하여 산업정책과 경제정책을 고려하여 정하는 것이 필요하다.

다음으로, 안전 기준을 설정할 때 인간의 인식 능력의 한계로 인한 부분은 모든 국민이 감수해야 하는 위험이기 때문에 인간의 인식 수준을 넘어서는 부분까지 고려하여 안전 기준을 설정할 수는 없다. 이러한 인간 인식 수준을 넘어서는 안전 기준을 설정하게 되면 더 이상의 새로운 제품은 시장에서 존재할 수 없고 더 이상의 산업 발전 또한 기대하기 어려워지게 된다. 다만, 제품의 안전 인증 기준을 설정할 때는 인간이 인식하고 있는 부분의 위해성이나 리스크는 고려하는 것이 필요하다.

셋째, 안전 기준의 한계를 정하는 경우, 흔히 객관적 척도와 평균 형태에 목표를 둔다는 점을 유의해야 한다. 특별 민감 집단에 대해서는 고려되지 않는 경향이 있으나, 유아·임산부·노인과 같은 전형적 위험가능성 집단(risikogruppen)에 대해서만 고려한다. 예를 들면, 식품위생법의 경우, 첨가물의 허용 한계치를 확정하는 경우 기준을 평균인에 맞추고 있다. 식품위생법상 허용 기준의 확정 시에는 대상 소비자를 고려하여 결정하지만, 대부분의 경우 소비자가 유아에서 성인에 이르기까지 그 폭과 대상이 넓은 경우에는 성인을 기준으로 허용 기준과 안전 사항을 결정하게 된다. 하지만 사용자의 폭이 다양하고 위험집단에서도 충분히 사용할 가능성이 있는 식품의 경우, 성인에게는 위해하지 않다는 근거를 들어 성인을 기준으로 한계치를 확정할 수 있는가 하는 문제가 제기된다. 따라서 일반적으로 위험성이 있는 집단에 대한 좀 더 세심한 고려가 필요하다.

2) 위해정보 수집 제도(위해정보 감시시스템)

소비자의 안전을 지키기 위해 한국소비자원은 소비자기본법에 근거하여 소비자 위해 정보제도를 운영하고 있다. 소비자 위해정보란 소비자가 물품이나 서비스를 이용하는 과정에서 생명, 신체 또는 재산상 위해를 당했거나 당할 우려가 있는 사안에 관한 정보이고, 소비자 위해정보 제도는 소비자 위해정보를 수집하여 그 원인을 분석하고 사고의 재발 방지 대책을 마련하기 위한 일련의 과정이다.

한국소비자원은 위해정보 제출기관(병원, 소방서), 소비자 상담·피해구제 사례, 핫라인 등으로부터 소비자 위해정보를 수집하고 이를 소비자 위해감시 시스템(Consumer Injury Surveillance System: CISS)을 통해 통합 관리·활용함으로써, 사업자 시정 권고, 리콜 건의·권고, 제도 개선 건의, 소비자정보 제공 등 소비자 안전 확보를 위한 대책을 강구해 나가고 있다.

위해정보 제출기관: 소비자기본법 제52조 및 동법 시행령 제39조에 의해 한국소비자원으로의 위해정보 제출이 의무화된 기관(2010년 12월 현재 총 84개 기관: 병원 66개, 소방서 18개)

[그림 3-1] CISS의 위해정보 수집 채널 및 평가 체계도

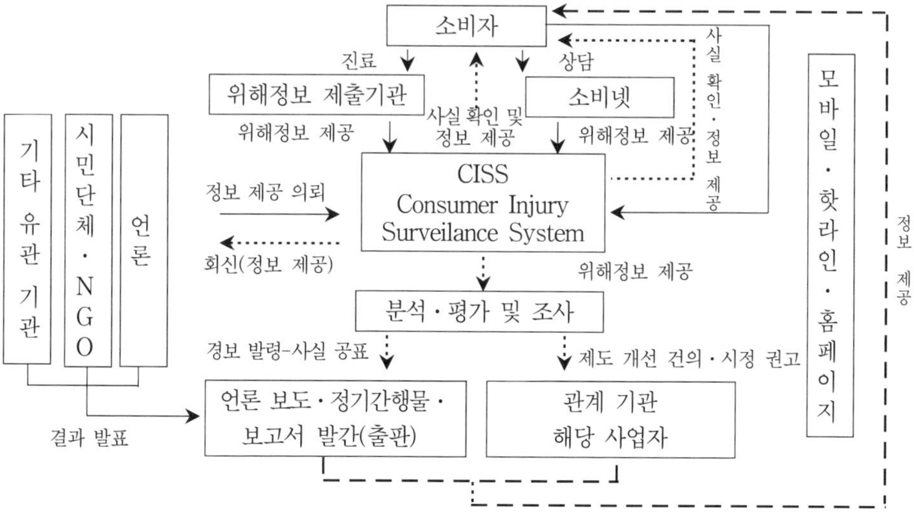

〈표 3-2〉 연도별 소비자 위해정보 건수

(단위: 건, %)

	2007년	2008년	2009년
위해정보 건수	26,330	35,425	39,171
전년 대비 증감률	77.5	34.5	10.6

2009년 한국소비자원 위해감시 시스템으로 수집된 소비자 위해정보는 총 39,171건으로서, 2008년(35,425건)에 대비해 10.6% 증가했다. 소비자 위해정보의 접수는 2005년 12,411건에서 2006년 17,639건, 2007년 26,330건으로 매해 계속해서 증가하는 추세로 이는 산업의 발달과 신기술 도입, 알려지지 않은 유해물질 등으로 인해 우리나라 소비자 위해 요인이 줄어들고 있지 않음을 의미한다.

한편 한국소비자원 소비자안전센터에서는 CISS 홈페이지(http://ciss.or.kr)를 운영하고 위해정보를 접수하여 피해 예방을 위한 정보 및 통계를 제공하고 있다.

3) 리콜 제도

리콜 제도란 소비자의 생명·신체 및 재산상의 침해를 야기하거나 침해의 우려가 있는 결함이 발견된 경우, 사업자가 스스로 정부의 강제명령에 의해 소비자에게 결함 내용을 알리고 수거·파기·수리·교환·환불 등의 조치를 취함으로써 결함 제품으로 인해 야기되는 위험을 방지하기 위한 제도를 말한다.

리콜은 사전적 리콜과 사후적 리콜로 나뉜다. 사전적 리콜은 결함 제품으로 인해 소비자에게 생명 또는 신체, 재산 등의 침해가 발생하기 전에 실시하는 리콜을 말한다. 이는 제품이 시중에 유통되기 전에 제조업자나 도매업자의 수중에 머물러 있는 단계에서 실시되는 경우가 많기 때문에 사후에 취하는 리콜보다 적은 비용으로 효율적으로 실시 가능하다는 점에서 유용하다. 사후적 리콜은 사업자가 만든 제품의 사용으로 인해 국민에게 생명 또는 신체, 재산상의 피해가 발생한 후에 시행되는 리콜로서 소비자의 피해 확산을 방지하기 위한 제도다.

〈표 3-3〉 품목별 리콜 관련 현황

<table>
<tr><th colspan="2">품목</th><th>근거 법률</th><th>주관 부처</th><th>리콜 요건</th><th>도입</th></tr>
<tr><td colspan="2">모든 물품 및 용역</td><td>소비자기본법
-제48조(자발적 리콜)
-제49조(리콜 권유)
-제50조(리콜명령)</td><td>중앙행정기관
시·도지사</td><td>• 소비자의 생명·신체 및 재산상의 안전에 현저한 위해를 끼치거나 끼칠 우려가 있는 경우</td><td>2001.2</td></tr>
<tr><td colspan="2" rowspan="2">자동차</td><td>자동차관리법
-제31조 제1항(자발적 리콜)
-제31조 제2항(리콜 명령)</td><td>국토해양부</td><td>• 안전 기준에 부적합하거나 안전 운행에 지장을 주는 결함이 다수의 자동차에 발생하거나 발생할 우려가 있는 경우</td><td>1992.9</td></tr>
<tr><td>대기환경보전법
-제51조 제5항(자발적 리콜)
-제51조 제6항(리콜 명령)</td><td>환경부</td><td>• 배출가스 관련 부품에 대한 결함 확인 검사 결과 제작차 배출 허용 기준을 위반했을 경우</td><td>1991.2</td></tr>
<tr><td colspan="2">식품</td><td>식품위생법[1)]
-제45조(자발적 리콜)
-제72조(리콜명령)</td><td>식약청
시·도지사
시장·군수·구청장</td><td>• 식품 위생상 위해가 발생했거나 발생할 우려가 있다고 인정되는 때</td><td>1996.12</td></tr>
<tr><td colspan="2">의약품</td><td>약사법
-제39조(자발적 리콜)
-제71조(리콜명령)</td><td>식약청
시·도지사
시장·군수·구청장</td><td>• 관련 법령을 위반하여 안전성·유효성에 문제가 있는 경우</td><td></td></tr>
<tr><td colspan="2">축산물</td><td>축산물가공처리법[2)]
-제31조의 2(자발적 리콜)
-제36조(리콜명령)</td><td>농림수산식품부
시·도지사</td><td>• 공중위생상 위해가 발생했거나 발생할 우려가 있는 축산물</td><td>2000.3</td></tr>
<tr><td rowspan="2">대상 공산품</td><td>안전검사 대상 공산품</td><td>품질 경영 및 공산품안전관리법
-제29조(리콜 권고)
-제31조(리콜명령)</td><td>지식경제부
시·도지사</td><td>• 안전검사 기준에 부적합하거나 안전검사 표시 등이 없는 안전검사 대상 공산품</td><td>2001.4</td></tr>
<tr><td>안전 인증 대상 전기용품</td><td>전기용품안전관리법
-제15조의 3(리콜 권고)
-제19조(리콜명령</td><td>지식경제부
시·도지사</td><td>• 안전 인증 대상 전기용품이 기술 기준에 부적합하거나 안전 인증 승인 표시 규정을 위반한 경우로 개선·파기·수거명령만으로는 위해 방지가 어려운 경우</td><td>2000.7</td></tr>
</table>

주: 1) 식품 리콜의 세부 절차는 '식품 등 회수 및 공표에 관한 규칙'에 명시
2) 축산물 리콜의 세부 절차는 '위해 축산물의 회수 절차 등에 관한 규칙'에 명시

또한 사업자가 자발적으로 실시하는 자발적 리콜과 행정부의 명령에 의해 제조, 판매 금지 및 결함 사실의 공표 등의 절차가 이행되는 강제적 리콜이 있다. 예컨대, 리콜 제도에 관련하여 규정하고 있는 법률로는 '소비자기본법', '식품위생법', '약사법', '자동차관리법', '품질경영 및 공산품안전관리법' 등에서 규정하고 있다. 이러한 법률에 의한 리콜 제도는 사업자에 의해 만들어지는 제품의 리스크 또는 위험으로부터 소비자의 안전을 확보하기 위한 제도라고 보아야 한다.

개별 법률에 의한 리콜 제도는 소비자의 안전을 확보하기 위한 사전 예방 또는 안전 규제 수단이다. 현재 우리나라 리콜 제도는 자동차, 식품, 의약품 등 각 품목별로 리콜에 관한 별도의 법률을 두고 있으며(개별법에 도입), 개별법이 적용되지 않는 물품과 용역에 대해서는 일반법인 소비자기본법(제48조, 제50조)에 근거하여 실시하고 있다.

우리나라에서 최초로 리콜 제도가 도입된 것은 1991년 2월이며, 이어서 '자동차관리법'상에 리콜 규정이 도입되었고(1992. 9), '식품위생법'에 리콜 조항 마련(1995), '소비자보호법'에 리콜제도 도입(1996), '품질경영촉진법'에 포함(1997. 12), '전기용품안전관리법'에 리콜 조항 명시(1999. 9), '축산물가공안전처리법'에 리콜 조항 신설(1999. 2) 등으로 이어졌다.

최근의 리콜 실적을 보면 증가했다가 다시 감소하고 있으며, 주로 사업자의 자발적 리콜이 많아 전체의 93.0%에 이른다.

〈표 3-4〉 최근의 리콜 실적

(단위: 건수)

구분	2000년	2001년	2002년	2003년	2004년	2005년	2006년	2007년(상)
자발적 리콜	40	60	87	69	167	181	125	104
리콜명령	1	6	16	5	1	13	9	5
합계	41 (△16.3)	66 (61.0)	103 (56.1)	74 (△28.2)	168 (127.0)	194 (15.4)	134 (△30.9)	109 (△53) (상)

주: ( ) 내는 전년 대비 증감률(%).

[사례] 리콜 사례—자동차
2008년 1월, (주)르노삼성의 SM5 LPLi, SM5 임프레션의 주행 시 시동 꺼짐 현상의 발생으로 해당 차량 68,037대에 무상으로 수리해 주는 리콜을 실시한 경우

[사례] 리콜 사례—식품
2008년 3월, (주)농심의 노래방 새우깡에서 생쥐 머리로 추정되는 이물질이 검출되어 부적합 판정되었기에 긴급 회수한 경우(식품위생법 제56조)

[사례] 리콜 사례—공산품
2008년 3월, LG전자가 최근 두 차례의 사고를 일으킨 Z시리즈 노트북 배터리팩에 해당 상품에 대한 점검 서비스를 실시한다고 밝혀 자발적 리콜을 실시한 경우

〈표 3-5〉 리콜의 방법

환급	-물품의 구입가 환급은 결함 물품의 수리 또는 재사용이 불가능할 때 주로 채택(영수증 등 입증 서류 필요)
교환	-결함이 없는 동종의 물품으로 바꿔 주는 것이 우선이지만 불가능할 경우 동등한 다른 물품으로의 교환도 가능
수리 또는 보완	-물품 수리가 가능한 상황으로는 결함의 원인이 명확한 경우, 사업자의 상세한 설명과 간단한 조작, 보완으로 수리가 가능한 경우
파기	-판매가 금지되거나 회수된 물품에 대해 위해 요인의 제거와 보관 비용의 손실을 줄이기 위한 목적으로 사용

한편, 소비자기본법에서도 일반적인 리콜에 대해 다음과 같은 사항을 명시하고 있다.

리콜 절차를 보면 물품의 결함정보 및 위해정보가 수집되면 위해성을 평가하고 이에 따른 시정조치계획서를 제출, 리콜 통지 및 공표, 리콜 시행, 리콜 감독의 절차로 진행된다.

① 결함정보 수집: 주 수집원은 병원, 이외에 소비자 상담 등을 통해서도 수집됨.

〈표 3-6〉 소비자기본법상의 리콜 제도

구분	주요 내용	대상	위반 시 벌칙
자발적 리콜	사업자가 자신의 결함 제품에 대해 스스로 수거, 파기 또는 수리·교환·환불 등의 시정 조치	사업자(제조·수입·제공·유통업자)	없음
리콜 권고	시·도지사가 사업자에게 위해 발생 또는 발생 우려가 있는 제품에 대한 리콜을 권고	시·도지사가 사업자에게 권고	언론 공표 (시·도지사)
리콜명령 (일반)	시·도지사가 결함이 확인된 제품에 대해, 해당 사업자에게 공식 절차를 거쳐 리콜을 명령	시·도지사가 위해성 평가 및 청문 절차를 거쳐 사업자에게 명령	3년 이하 징역/5천만 원 이하 벌금
리콜명령 (긴급)	소비자 안전에 현저하고 긴급한 위해 우려가 있는 제품에 대해, 시·도지사가 사업자에게 공식 절차 없이 바로 리콜을 명령	시·도지사가 위해성 평가 및 청문 절차 없이 사업자에게 명령	〃
결함정보 보고 의무	사업자가 제품의 중대한 결함 사실을 안 날로부터 5일 이내 시·도지사에게 보고	사업자(제조·수입·제공·유통업자)	3천만 원 이하 과태료

② 결함 여부 평가: 공인된 독립시험기관에 의뢰하는 경우가 대다수임.

③ 시정조치 계획서의 제출: 해당 사업자가 리콜 실시 계획서를 작성하여 관할 시·도지사에게 보고함.

④ 리콜 통지 및 공표: 해당 물품 구입자에게 개별적으로 리콜 사실 우편 통보, 언론에 리콜 사실 공표.

⑤ 리콜 시행: 사업자는 리콜 실시 계획에 따라 소비자에게 결함 물품에 대한 수리·교환·환급 등의 조치를 취함.

⑥ 리콜 감독: 사업자의 리콜 결과 보고와 중간보고는 정부에서 사업자의 리콜 완수 여부를 평가하고 미흡할 경우 사업자에게 보완 조치를 요구하는 데 활용함.

[그림 3-2] 결함 제품에 대한 리콜 절차도

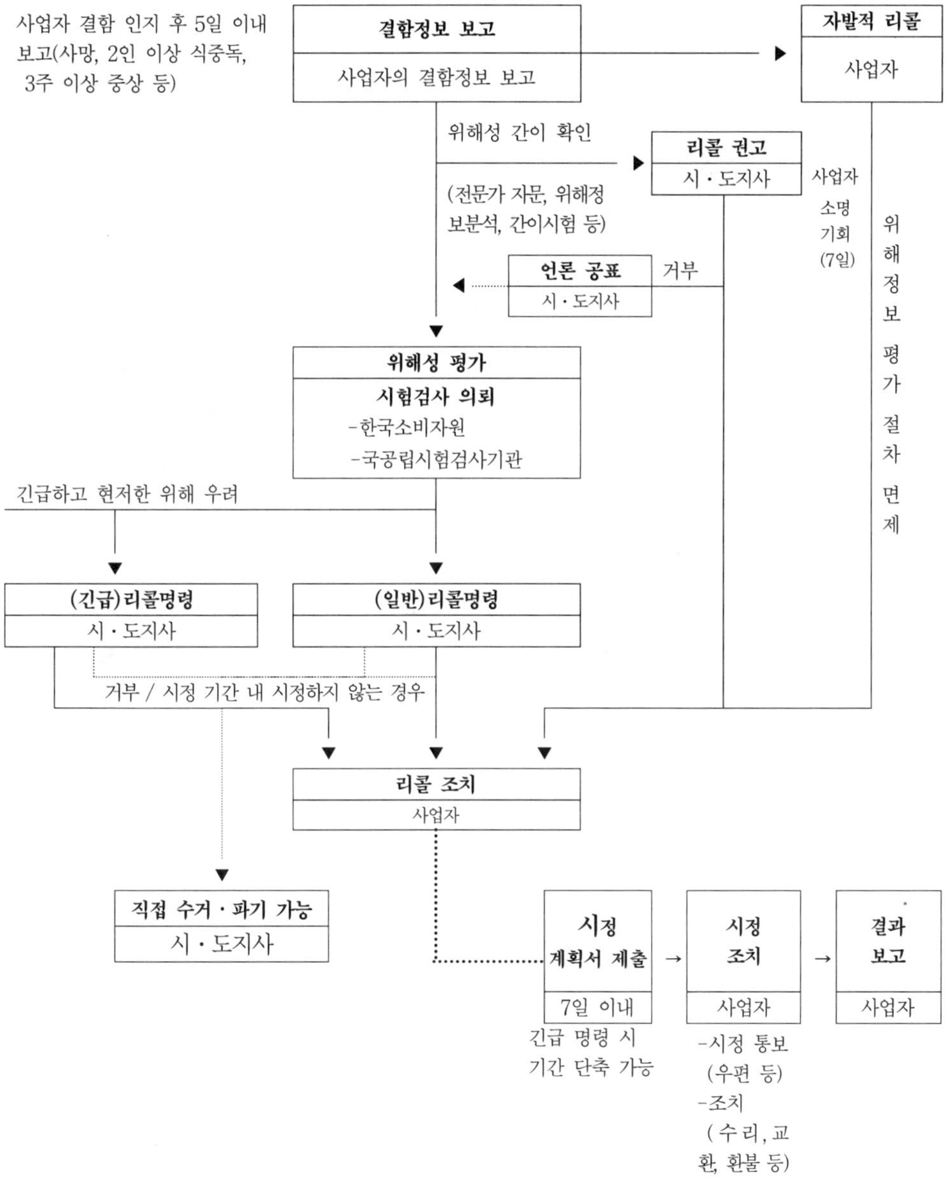

2 사후구제 제도

1) 분쟁조정 제도

소비자분쟁조정위원회는 소비자기본법 제60조에 근거하여 한국소비자원 내에 설치되어 있으며, 소비자 분쟁에 대한 조정 결정, 소비자분쟁조정규칙의 제정, 개폐 기타 소비자분쟁조정위원장이 부의하는 사항을 심의·의결하는 소비자기본법상 독립적 분쟁 조정기구다.

소비자분쟁조정위원회는 위원장 1인을 포함한 50인 이내의 위원으로 구성되고 위원장을 포함한 2인은 상임으로 하고 나머지는 비상임으로 위촉하며 위원은 한국소비자원장의 제청으로 공정거래위원장이 임명 또는 위촉하고 위원장은 상임위원 중에서 공정거래위원장이 임명하고 있다.

분쟁조정 신청 절차는 소비자와 사업자 사이에 발생한 분쟁에 대해 국가 및 지방자치단체에 설치된 기구에서 소비자 분쟁이 해결되지 않거나 소비자단체, 소비자원의 합의 권고에 의해서도 당사자 간에 원만한 합의에 이르지 못한 소비자 피해사건의 경우, 당사자나 국가 및 지방자치단체, 소비자단체의 장, 한국소비자원장이 소비자분쟁조정위원회로 분쟁 조정을 신청할 수 있다.

분쟁조정위원회는 분쟁 조정 신청사건에 대해 분쟁 조정을 위해 필요한 경우 소비자분쟁조정위원회에서 구성한 분야별 전문위원회의 의견을 청취할 수 있으며, 조정 절차에 앞서 양 당사자 등 이해관계인, 소비자단체 또는 관계 기관의 의견을 들을 수 있으며, 분쟁조정위원장은 분쟁 조정 업무의 효율적 수행을 위해 소비자기본법에 따라 10일 이내의 기간을 정해 분쟁 당사자에게 보상 방법에 대한 합의를 권고할 수 있다.

조정 결정은 신청을 받은 날로부터 30일 이내에 마쳐야 하나, 부득이한 사정으로 30일 이내의 기간에 분쟁 조정을 마칠 수 없는 경우에는 그 사유와 기한을 명시하여 당사자 및 그 대리인에게 통지하고 그 기한을 연장할 수 있도록 되어 있다.

조정 결정이 내려진 뒤에는 즉시 당사자에게 그 분쟁 조정 내용을 통지해야 하며, 당사자는 통지를 받은 날로부터 15일 이내에 분쟁 조정 내용에 대한 수락 여부를 조정위원회에 통보해야 하고, 15일 이내에 의사 표시가 없는 경우에는 수락한 것으로 본다. 양 당사자가 분쟁 조정의 내용을 수락하거나 수락한 것으로 보는 때에는 그 분쟁 조정의 내용은 소비자기본법에 근거하여 재판상 화해와 동일한 효력을 가지고 있다.

분쟁 조정이 성립한 후 일방 당사자가 이행을 거부하는 경우에는 타방 당사자는 소비자분쟁조정위원회의 조정조서 관할 법원(서울중앙지법)으로부터 대법원 규칙(각종 분쟁조정위원회 등의 조정조서 등에 대한 집행문 부여에 관한 규칙) 제1768호(2002. 6. 28)에 의거 집행문을 부여받아 일방 당사자의 재산을 강제집행할 수 있다. 집행문을 부여받기 위해서는 분쟁조정위원회에서 송달 증명원을 발급받아 서울중앙지방법원에 조정결정서, 조정조서 정본을 첨부하여 조정조서에 대한 집행문 부여 신청을 하여 집행문

알아봅시다

재판상 화해와 동일한 효력이란?

분쟁 조정이 성립되어 분쟁조정조서가 작성되는 경우, 그 분쟁조정조서는 확정 판결과 동일한 효력이 있다. 따라서 분쟁은 종료되며, 분쟁조정조서에 의해 강제집행도 가능하다. 그리고 분쟁조정조서의 내용에 대해서는 재심의 소에 의하지 아니하면 그 무효를 주장할 수 없다.

소비자분쟁과 밀접하게 관련 있는 분쟁 조정 중 재판상 화해의 효력이 인정되는 분쟁 조정은 소비자분쟁조정위원회와 금융감독원의 분쟁 조정 두 곳이 있다.

일반적인 화해(합의)와 재판상 화해의 차이

일반적인 화해의 경우에는 화해 후 사업자가 합의한 내용대로 이행하지 아니하면 소비자는 다시 재판을 통해 그 합의 사실 및 그 내용을 확인하고 그 재판의 결과를 가지고 강제집행을 실시할 수 있으나, 재판상 화해의 경우에는 사업자가 분쟁 조정의 내용대로 이행하지 않을 경우, 바로 분쟁조정조서를 근거로 법원에 강제집행을 신청할 수 있다.

을 부여받아 강제집행할 수 있다.

소비자분쟁조정위원회의 조정 결정에 대해 양 당사자 중 일방이 이를 수락하지 않을 경우에는 조정이 불성립되며 이러한 경우에는 민사소송만으로 해결이 가능하다. 특히 사업자의 과실이 명백함에도 불구하고 조정을 거부하는 경우, 소비자는 시간과 비용의 부담 때문에 소(訴) 제기를 꺼리게 되며 마찬가지로 변호사들도 소비자 분쟁의 복잡성 및 소송가액의 적음을 이유로 소송 수행을 꺼리고 있다. 이런 이유로 소비자분쟁조정위원회에서는 소비자들이 양질의 법률 서비스를 제공받을 수 있는 방안의 일환으로 소비자를 위한 소송 지원 제도를 도입하여 소비자문제에 관심을 가지고 있는 변호사를 중심으로 1994년 5월 '소송지원변호인단'을 구성하여 소송 지원 제도를 운영하고 있다.

소송 지원 제도는 피청구인(사업자)이 수락을 거부하여 불성립된 사건 중, 분쟁 조정 결정가액이 1,000만 원 이상이면서 승소 가능성이 높고 법률 전문가의 조력이 필요한 사건에 대해 소송지원 변호사단(30명)의 변호인으로 하여금 소송을 지원하는 제도다.

또한 대한법률구조공단과의 업무 협약을 체결하여 조정이 불성립된 건에 대해 소비자가 법률구조를 원할 경우 대한법률구조공단에 법률구조를 신청할 수 있도록 하고 있다.

한편 2006년 개정된 소비자기본법은 종래 소비자 보호 위주의 소비자정책에서 탈피하여 소비자 권익을 증진함으로써 소비자의 주권을 강화한다는 측면에서 소비자 권익 증진에 관한 다양한 방안들을 입법에 반영했다. 그 중에서 주목할 내용으로 집단분쟁 조정제도가 있다. 집단분쟁 조정제도는 소송의 목적을 소비자 권익 침해 행위의 금지·중지에 한정하여 금전적 손해배상을 배제하고 있는 소비자단체 소송제도와는 달리 소액 다수의 피해 발생으로 인한 소비자 분쟁을 일괄적으로 해결하여 금전적 구제를 할 수 있는 제도라는 점에서 의의가 있다. 즉 소비자의 비용 부담, 절차 지연, 감정 대립 등 소송으로 인한 부작용을 방지하고, 소비자문제를 일괄적·효율적으로 해결할 수 있는 유용한 제도라는 것이다.

집단분쟁 조정제도의 법적 근거는 소비자기본법 제68조[13]이며, 다수의 소비자에게 같거나 비슷한 유형의 피해가 발생한 경우, 한국소비자원 내에 설치된 소비자분쟁조정위원회(이하 "조정위원회"라 한다)에서 일괄적으로 분쟁 조정을 할 수 있는 제도를 말한다.

집단분쟁 조정의 대상이 되는 사건은 물품 등으로 인한 피해가 같거나 비슷한 유형으로 발생한 소비자의 수가 50인 이상이고 사건의 중요한 쟁점이 사실상 또는 법률상 공통되어야 하는 요건을 모두 갖춘 사건을 말한다(시행령 제56조 제1항). 이러한 사건을 의뢰하거나 신청할 수 있는 신청인은 국가, 지방자치단체, 한국소비자원 또는 소비자단체, 사업자이며 조정위원회에 서면으로 의뢰 또는 신청하도록 하고 있다(법 제68조 제1항). 이때 가장 중요한 것은 집단분쟁의 요건을 갖춘 사건의 판단으로, 이는 피해의 동일성과 다수성이라 할 수 있다. 피해의 동일성은 물품 등으로 인한 피해가 같거나 비슷한 유형이거나 또는 사건의 중요한 쟁점이 사실상 법률상으로 공통될 것이어야 한다는 것이다. 즉 동일한 사업자와 비슷한 시기에 계약을 체결하고 유사한 피해를 입었다면 이는 집단분쟁 조정의 대상이 될 수 있다는 것이다. 다수성의 경우는 50인 이상으로 규정하고 있으며, 당해 사건과 관련하여 피해 보상에 관해 합의가 이뤄진 소비자, 다른 분쟁 조정기구에서 분쟁 조정 중인 소비자, 법원에 소를 제기한 소비자를 제외[14]하고 50인이 되어야 한다.

---

13) 소비자기본법 제68조(분쟁 조정의 특례)와 소비자기본법 시행령 제56조(집단분쟁 조정의 신청 대상), 제57조(집단분쟁 조정의 신청 등), 제58조(집단분쟁 조정의 신청 등), 제59조(집단분쟁 조정절차에 대한 참가 신청), 제60조(당사자가 아닌 자에 대한 보상계획), 제61조(집단분쟁조정절차의 진행), 제62조(집단분쟁 조정절차를 위한 운영세칙) 등에서 집단분쟁 조정의 신청과 진행 절차 등을 규정하고 있으며, 소비자 분쟁조정 규칙 제6장(제35조에서 42조)에서 세부 사항을 명시하고 있다.

14) 집단 분쟁조정 신청이 제한되는 경우를 상세히 살펴보면, 소비자단체협의회의 자율적 분쟁조정, 한국소비자원 원장의 피해 보상에 대한 합의 권고, 그 밖의 방법으로 사업자와 분쟁 해결이나 피해 보상에 대한 합의가 이뤄진 소비자가 해당되며, '금융분쟁조정위원회', '의료심사조정위원회', '환경분쟁조정위원회', '컴퓨터프로그램보호위원회', '통신위원회', '개인정보분쟁조정위원회' 등 법령에 따라 설치된 분쟁조정기구에서 분쟁 조정이 진행중이 소비자와 해당 물품으로 인한 피해에 관해 법원에 소를 제기한 소비자가 해당된다.

한편, 집단분쟁 조정 신청의 단계에서 공동의 이익을 대표할 수 있는 대표 당사자 1인 또는 수인을 선임하도록 하고 있으며 소비자 스스로 선임하지 못할 경우에는 위원회의 결정으로 대표 당사자를 선임할 수 있도록 하고 있다(법 제68조 제4항).

집단분쟁 조정은 집단분쟁 조정을 의뢰 또는 신청받은 조정위원회가 위원회의 의결로 집단분쟁 조정의 절차를 개시할 수 있고 조정위원회가 14일 이상 그 절차의 개시를 공고함으로써 그 절차를 개시하도록 하고 있다(법 제68조 제2항). 한편, 집단분쟁 조정절차의 개시 공고는 한국소비자원 홈페이지 및 전국을 보급지역으로 하는 일간신문에 게재하는 방법으로 하고 있으며(시행령 제58조), 당해 집단분쟁 조정 사건에 추가로 포함되고자 하는 소비자 또는 사업자는 집단분쟁 조정 개시 공고 기간 내에 서면으로 참가신청을 함으로써 조정의 당사자에 추가로 포함될 수 있다(법 제68조 3항, 시행령 제59조).

조정위원회는 집단분쟁 조정절차 개시 공고가 종료한 날로부터 30일 이내에 그 분쟁 조정을 마쳐야 하고, 부득이한 사정이 있는 경우에는 조정 기한을 연장할 수 있도록 하고 있다(법 제68조 제7항, 제66조).

조정 결정된 내용은 즉시 당사자에게 통보되며 당사자가 통보를 받은 날로부터 15일 이내에 분쟁 조정의 내용에 대한 수락 여부를 조정위원회에 통보해야 하고 이 경우 15일 이내에 의사 표시가 없는 때에는 수락한 것으로 본다(법 제67조 제1항, 제2항).

조정이 성립된 경우 그 조정 내용은 "재판상 화해"와 동일한 효력이 있으며(법 제67조 제4항), 이는 민사소송법상의 확정 판결과 동일한 효력이 발생하는 것으로 본다. 미국의 경우 집단소송의 대부분이 화해로 종결되고 있는 점을 고려한다면 집단분쟁 조정제도는 사실상 소비자집단 소송제도만큼의 효력을 가진다고 볼 수 있다. 조정이 성립된 후 당사자 일방이 이를 이행하지 않는 경우에는 법원(서울중앙지방법원)으로부터 집행문을 부여받아 강제집행을 할 수 있다.

조정위원회는 사업자가 조정위원회의 집단분쟁조정의 내용을 수락한 경우에 집단분쟁 조정의 당사자가 아닌 자로서 피해를 입은 소비자에 대한

〈표 3-7〉 집단분쟁 조정절차

피해구제 신청	• 소비자는 국가, 지자체, 한국소비자원, 소비자단체, 사업자에게 피해구제를 신청
⇩	
피해구제 절차 중지	• 집단분쟁 조정 신청 요건에 해당하는 경우 - 소비자 피해의 중요한 쟁점이 법률상 또는 사실상 공통되고, 피해 소비자의 수가 50인 이상인 경우
⇩	
집단분쟁 조정 신청	• 국가, 지자체, 한국소비자원, 소비자단체, 사업자가 소비자분쟁조정위원회에 집단분쟁 조정을 신청
⇩	
집단분쟁 조정 개시 결정 및 공고	• 소비자분쟁조정위원회 의결로 집단분쟁 조정 개시 결정 • 집단분쟁 조정 개시 공고 • 당사자로 참여할 피해자 및 사업자 추가 신청·접수
⇩	
집단분쟁 조정 실시	• 집단분쟁 조정 의결 절차: 일반 분쟁 조정사건과 동일 • 특칙 -집단분쟁 조정 당사자인 소비자 중 일부 소비자가 법원에 소를 제기하더라도 분쟁 조정 절차를 중지하지 아니하고, 소를 제기한 소비자만 집단분쟁 조정 절차에서 제외 -집단분쟁 조정은 원칙적으로 절차 개시 공고를 종료한 날로부터 30일 이내에 종료
⇩	
효력 및 사후 절차	• 효력: 일반 분쟁 조정사건과 동일 -분쟁 당사자가 조정 결정을 명시적으로 거부하지 않는 한 재판상 화해와 같은 효력 발생 • 사후 절차 -사업자가 조정 결과를 수락한 경우 당사자 아닌 피해를 입은 소비자에 대한 보상계획서를 작성하여 소비자분쟁조정위원회에 제출하도록 권고

보상계획서를 작성하여 조정위원회에 제출하도록 권고할 수 있다(법 제68조 제5항). 보상계획서 제출을 권고받은 사업자는 그 권고를 받은 날부터 15일 이내에 권고의 수락 여부를 통지해야 한다(시행령 제60조).

한편, 피해구제 또는 분쟁 조정 절차 진행중에 당사자가 법원에 소를 제기한 경우 절차를 중지하는 데에 반해서 집단분쟁 조정의 경우, 집단 분쟁 조정의 당사자인 다수의 소비자 중 일부의 소비자가 법원에 소를 제기한 경우에는 그 절차를 중지하지 않고 소를 제기한 일부의 소비자를 그 절차에서 제외하도록 하고 있다(법 제68조 제6항).

2007년 3월 소비자기본법 시행 이후부터 2009년 말까지 한국소비자원 소비자분쟁조정위원회에 접수된 집단 분쟁조정 사건은 76건이며, 품목별로 보면 <표 3-8>과 같이 토지·건물이 가장 많은 14건으로 나타났다.

〈표 3-8〉 집단 분쟁조정 신청 건수 현황

구분	토지 건물	정보 통신	의료	차량및 용품	생활문 화용품	상조	회원권	공연	항공 운송	농업	법률	계
2007년	6	-	-	1	3	-	-	-	-	1	-	11
2008년	20	9	-	-	1	-	-	-	-	-	1	31
2009년	14	5	4	4	1	2	2	1	1	-	-	34

출처: 한국소비자원, 『2009 소비자 피해구제 연보 및 사례집』.

집단분쟁 조정의 대표적인 신청 사례를 살펴보면 사회적으로 이슈가 되었던 석면 검출 제품, 주상복합 아파트, 렌탈 정수기 사건을 들 수 있으며, 구체적인 내용은 아래와 같다.

♧ 집단분쟁 조정 신청 사례

① 소비자들이 사업자가 제조 판매한 제품을 자녀에게 사용했거나 사용하던 중 이 제품에서 발암물질인 석면이 검출되었다는 사실을 알고 안전한 제품으로의 교환, 환급 외에 이미 발생한 부작용, 관련 질병 발생 가능성, 정신적 고통 등에 대한 손해배상을 요구한 경우

② 주상복합아파트를 분양받은 소비자들이 분양 광고 및 계약 내용과 달리 상당수의 가구에서 호수 조망권이 보장되지 않고, 어린이 놀이터와 개별 실내 환기 시스템이 설치되지 않았으며, 발코니 창이 여닫이로 시공되어 주거 안전성에 문제가 있다며 하자 보수 및 손해배상을 요구한 경우

③ 소비자들이 ○○회사와 정수기, 연수기, 비데, 공기청정기 등의 렌털 계약을 체결하

> 고 사용하던 중 2003. 9. 23. 같은 회사의 부도 및 같은 해 12. 17. 파산으로 적절한 관리 서비스를 받지 못했음에도 2007. 6. 22. ○○회사로부터 렌털 계정 및 체납 렌털료 채권을 양수한 사업자인 △△회사가 2007. 9. '채권 양도 통지 및 신용기록 정보 등재 예정통보서'를 보내 렌털 제품의 손실로 인한 손해배상 및 체납 렌털료의 지급을 요구한 것에 대하여, 소비자들이 ○○회사 파산 이후 렌털 제품의 손실료 및 렌털료 부존재 확인 요구한 경우

3 소송을 통한 권리구제 방법

소송을 통한 권리구제에는 간단하고 신속한 판결 절차인 소액사건 심판, 지급명령(독촉 절차)과 중립적인 법원이 개입해서 분쟁 당사자의 합의를 이끌어내는 민사조정, 정식 재판절차인 민사소송이 있다.

1) 소액사건 심판

소액사건 심판은 분쟁 금액이 2,000만 원 이하인 소액 사건을 저렴한 비용으로 신속하게 처리하기 위한 간이소송 제도으로 먼저, 소액사건 심판을 원하는 소비자 또는 소비자의 배우자·직계혈족·형제자매는 서면이나 말로 소액사건 심판을 제기할 수 있다. 말로 하는 경우에는 법원의 담당 공무원에게 진술하면, 담당 공무원이 제소조서를 작성하고 기명 날인함으로써 소(訴)가 제기된다.

소송이 제기되면 법원은 사업자에게 소비자의 청구한대로 이행할 것을 권고할 수 있다. 그리고 이행의 권고를 받은 사업자가 2주 이내에 이의신청을 하면, 소액사건 심판 절차가 진행된다. 사업자가 ① 이행 권고를 받은 날로부터 2주 이내에 이의신청을 하지 않은 경우, ② 이의신청에 대한 각하 결정이 확정된 경우, 또는 ③ 이의신청이 취하된 경우 이행권고 결정은 확정 판결과 같은 효력을 가지게 된다. 한편, 변론은 보통 1회로 진행되며, 변론 기일에 판사는 소송 당사자와 관계자를 심문한다. 이때 판사가 상당하다고 인정하는 경우 서면을 대신 제출하게 할 수 있다. 그리고 변론이 끝나면 판결이 즉시 선고될 수 있다.

2) 지급명령(독촉절차)

지급명령(독촉절차)은 분쟁이 있는 사건을 저렴한 비용으로 신속하게 처리하기 위해 지급 청구에 대한 변론이나 판결 없이 곧바로 지급명령을 내리는 방식의 간이소송 제도다.

소비자가 지급명령을 신청하려면 지급명령신청서를 작성해서 사업자의 주소지 · 사무소 · 영업소 · 의무이행지 · 불법행위지를 관할하는 법원에 제출한다.

법원은 분쟁 당사자(소비자와 사업자)의 출석 없이 지급명령서를 심사해서 소비자의 청구가 적합하다고 판단되면 지급명령을 내린다. 사업자는 법원의 지급명령을 받은 날을 기준으로 2주일 이내에 이의신청을 할 수 있다.

사업자가 이 기간 내에 ① 이의신청을 하지 않거나, ② 이의신청이 각하되거나, ③ 이의신청이 취하된 경우에는 지급명령의 내용대로 소비자에게 이행을 해야 한다. 만약 사업자가 지급명령의 내용대로 이행되지 않을 경우 소비자는 법원에 강제집행을 신청해서 지급받을 수 있다.

그러나 사업자가 지급명령에 대해 이의신청을 하면 지급명령은 효력을 잃게 되고, 일반 민사재판이 진행된다. 다만 금액이 2,000만 원 이하이면 소액사건 심판으로 진행된다.

> ♧ 지급명령 제도는 소비자보다는 사업자들이 자주 이용하고 있다. 만약에 소비자가 지급명령을 받게 되는 경우, 소비자가 사업자에게 대금을 지급할 이유가 없으면 반드시 지급명령을 받은 날로부터 2주일 이내에 법원에 이의신청을 해야 한다.
>
> ♧ 또한 사업자들이 지급명령과 유사하게 만든 문서를 소비자에게 보내는 경우가 종종 있다. 이러한 경우에는 법원 민원실이나 한국소비자원에 상담을 하여 필요한 조치를 취해야 한다.

3) 제조물책임 제도

제조물 책임이란 제조자가 제조물의 결함으로 인해 생명, 신체 또는 재산상 손해 발생 시 손해를 입은 자에게 과실 여부와 상관없이 그 손해를 배상해야 한다는 것이다(제조물책임법 제3조).

결함이 있는 제조물에 관한 민사적인 책임의 발전을 보면 먼저 매수인의 책임 원칙에서 매도인 책임 원칙, 제조자 책임 원칙으로 발전해 온 것을 알 수 있다.

먼저, 매수인 책임 원칙을 보면 산업화 이전에는 제조업자가 미리 제품을 제작하여 판매하는 것이 아니라, 소비자의 주문에 따라 제품을 제작하는 경우가 많았으며, 제품 자체가 단순할 뿐만 아니라 소비자도 제조물의 이상 유무를 충분히 확인할 수 있는 제조물에 관한 지식을 보유하고 있었다. 따라서 이 시대에는 소비자에게 제조물의 이상 유무를 확인하지 않은 잘못을 물었는데, 이를 소위 '매수인(소비자) 책임 원칙'이라고 규정하고 있다.

다음으로, 매도인 책임 원칙은 산업이 발달하고 제조와 판매가 분리되면서부터 소비자는 제조업자로부터 직접 제조물을 구입하는 대신에 시장에서 판매자를 통해 제품을 구입하게 되었으며, 이때부터는 복잡한 제조물이 나타나기 시작하여 소비자로서는 제조물의 이상 유무를 확인하기 어렵게 되었다.

따라서 매도인(판매자)은 소비자가 매도인(판매자)의 권유에 따라 제조물을 구입하게 됨에 따라, 제조업자로부터 제조물을 구입할 때 제조물의 이상 유무를 확인하여 소비자에게 제공할 의무를 부담하게 되었으며, 이에 제조물의 하자에 대해 매도인(판매자)이 소비자에게 책임을 지게 된다는 '매도인(판매자) 책임 원칙'이 대두하게 된 것이다.

마지막으로, 제조업자 책임 원칙은 현대의 고도 과학을 응용한 제조물을 대량 생산·소비하는 구조 하에서는 제조물의 외견상 그 결함이 있는지 여부가 불확실하며, 제조물의 매도인이라 할지라도 보통의 경우에는 일반 소비자나 마찬가지로 제조물의 결함에 대한 정확한 정보도 알 수 없고, 또한 현대 사회의 매도인은 수천, 수만 가지 제조물을 같이 다루는 경우가 허다하여 그 제조물의 결함을 일일이 검사한다는 것이 사실상 불가능하다. 따라서 대부분의 경우에 제품의 이상 유무는 제조업자에게 전적으로 의존할 수밖에 없게 되었고, 결함 제조물에 대한 책임은 매도인 대신에 제조업자가 져야 한다는 주장에 대한 설득력이 증대되었다.

최근 제기되고 있는 급발진사고를 제조물 책임과 관련해서 보면, 최근의

[그림 3-3] 결함 제조물에 관한 민사 책임의 발전

매수인 책임 원칙 → 매도인 책임 원칙 → 제조자 책임 원칙

자동차는 전자화·다기능화에 따른 여러 사양을 장착하고 있어 결함이 발생하더라도 정확한 원인 규명이 어렵다. 자동차 급발진사고로 추정되는 사고에 대해 자동차 제조회사는 사고 차량들을 점검해도 아무 이상이 없으며 따라서 이는 운전자의 조작 미숙 때문이라는 일관된 입장을 유지하고 있는 반면, 일부 학자들은 "급발진은 차량의 결함 때문에 생기는 것이며, 전자 엔진 제어장치 도입 이후 급발진이 증가하고 있다"고 주장하여 상반된 의견을 내고 있으며 이때 이들 학자들의 주장을 뒷받침하는 것이 제조물 책임 원칙이라 볼 수 있다.

〈표 3-9〉 리콜 제도와 제조물책임 제도의 차이

	리콜 제도	제조물책임 제도
개념	결함 제품을 모두 회수하여 소비자가 생명·신체·재산상의 위해를 입지 않도록 미연에 방지하기 위한 사전적 피해 예방 제도	소비자가 사용한 물품의 결함으로 인해 생명·신체·재산상의 손해를 입었을 때 해당 사업자가 그에 대한 책임을 지고 손해배상을 해주는 사후적 피해구제 제도
시점	소비자 위해의 사전 예방	소비자 피해의 사후 보상
대상	결함 제품 전체	개별 결함 제품
조치	대상 제품 전체를 대상으로 수거, 파기 또는 수리, 교환, 환급 등	피해 개별 소비자에 대한 보상
관련 법률	'소비자기본법' 및 품목별 관련 법률	'제조물책임법'

4) 소비자단체 소송제도

2006년 개정된 소비자기본법에서 집단분쟁 조정제도와 함께 새로이 도

입된 제도로 소비자단체 소송제도가 있다. 소비자기본법 개정 당시 소비자단체들은 은 소비자단체 소송제도 및 집단 소송제도의 도입을 주장해 왔고 이는 그 당시 가장 큰 쟁점 사항이었다. 그러나 많은 논란 끝에 시만단체들의 반대에도 불구하고 소송의 대상으로서 손해배상의 청구는 배제하는 대신 사업자의 위법행위에 대한 금지·중지 청구만 할 수 있는 정부안이 채택되어 소비자단체 소송제도가 도입되었다(소비자기본법 제70조~76조).

소비자단체 소송제도란 일정한 요건을 갖춘 소비자단체, 사업자단체, 비영리단체가 다수의 소비자의 생명·신체·재산 등 권익을 침해하는 사업자의 위법행위에 대해 법원에 그 행위의 금지·중지를 청구하는 제도다. 이 제도에 따라 직접적인 피해 당사자 이외에도 공익적인 활동을 하는 단체가 위법 사업자를 대상으로 소송을 제기할 수 있게 되었다. 소비자 피해는 통상 소액이라 개별 소비자가 많은 시간과 비용이 소요되고 법률적인 지식이 요구되는 소송을 제기하기는 현실적으로 어렵기 때문에 조직력과 전문성을 갖춘 소비자단체들이 좀 더 적극적으로 소송을 제기할 수 있는 이점이 있다.

소비자기본법에서는 단체소송을 제기할 수 있는 단체를 ① 공정거래위원회에 등록된 단체, ② 대한상공회의소, 중소기업협동조합중앙회 및 대통령령이 정하는 전국 단위 경제단체, ③ 3년 이상의 소비자 권익 증진 활동 실적이 있고 구성원이 5,000명 이상인 비영리 민간단체 등의 세 가지로 규정하고 있다. 소송 제도의 운영에서는 소송허가제가 도입되어 소송을 제기하고자 하는 단체는 위법 사업자의 주된 사무소 또는 영업소가 소재하는 지방법원에 소송허가신청서를 제출하고, 법원은 소송 내용의 공익상의 필요성 여부, 소송허가신청서의 흠결 여부, 소송 제기 단체가 해당 사업자에게 위법행위 중지를 요청(서면)한 지 14일이 경과되었는지 등의 허가 요건을 충족하면 소송을 허가하도록 하고 있다.

소송의 여건이 되는 사업자의 위법행위는 소비자기본법 제20조의 구정을 위반하여 소비자의 권익을 침해하는 행위로 구체적으로 보면 국가가 정한 위해 방지 기준, 표시 기준, 광고 기준, 개인정보 보호 기준 및 부당거래 행위고시 등을 위반한 경우 등이다.

알아봅시다

소비자 집단소송제도

단일 가해자에 의한 다수의 피해자가 발생하는 소비자 소송이나 환경소송 등의 경우로서, 예를 들면 결함 상품의 판매 또는 기만적인 상술로 피해를 입는 소비자가 다수인 경우, 이해관계가 있는 집단(class) 가운데 한 명 또는 몇 명의 소수자가 다른 사람들을 대표해서 소송을 제기하는 제도로서, 법원에서도 집단소송의 요건과 대표자로서 자격이 인정되면 그 집단의 대표와 소송을 제기시켜 그 판결의 효력이 대표자뿐 아니라 집단의 다른 사람들 전원에게도 영향을 미치게 하는 제도다.

연습 문제

1. 소비자기본법에서 제시하고 있는 소비자 안전의 여섯 가지 기능을 토의해 봅시다.
2. 식품안전기본법에서 제시하고 있는 정부의 식품안전관리와 관련된 열세 가지 기능을 설명해 봅시다.
3. 제품안전기본법의 목적을 살펴보고 제품의 안전성을 확보하기 위한 여덟 가지 기능이 무엇인지 설명해 봅시다.
4. 소비자 안전관리 제도를 사전 예방 및 조치 제도와 사후 구제 제도로 구분하여 그 내용을 살펴보고, 리콜 제도와 분쟁조정 제도, 소비자단체 소송제도를 설명해 봅시다.
5. 소비자 안전에서 사후 구제 제도로서 최근 개정된 소비자기본법에 새로 도입된 집단분쟁 조정제도와 소비자단체 소송제도의 내용을 알아보고 그 차이점과 한계점을 생각해 봅시다.

P·a·r·t

02

국내외 국민 생활 안전관리 체계

Chapter 04 식품 안전관리 체계

제1절 식품 안전관리의 문제점

안전한 식품을 먹는 것은 인간의 기본적 권리다. 우리나라 식품위생법에서도 식품으로 인한 위생상의 위해를 방지하고 식품 영양의 질적 향상을 도모함으로써 국민 건강의 증진에 이바지함을 목적으로 하고 있다(식품위생법 제1조). 그러나 화학조미료 논쟁(1985), 우지 파동(1989), 수입밀 농약

[그림 4-1] 대표적인 식품 부작용 사례: 멜라민 분유사건

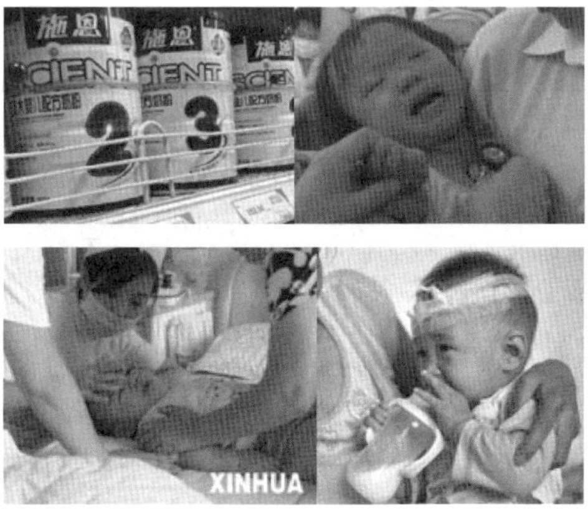

오염(1992), 화학조미료 MSG(1993), 속칭 '고름우유' 사건(1995), 분유 속 DOP 검출(1996), GMO 두부 사건(1999), 납 꽃게 사건(2000), 중국산 찐쌀 이산화황 검출(2004), 김치 속 납·기생충알 검출(2005), 속칭 '생쥐깡' 사건(2008), 속칭 '칼참치' 사건(2008), 광우병 파동(2008), 멜라민 분유 사건(2008) 등 과거부터 현재에 이르기까지 매년 크고 작은 식품안전사고가 끊임없이 발생하고 있다.

식품은 인간의 생존과 직결되는 것이기 때문에 식품과 관련된 사건·사고가 발생하면 소비자는 사회에 대한 불신감과 생활환경에 대한 불안감을 느끼게 되고, 이를 극복하기 위해 식품의 재배환경, 유통 과정 등의 정보 공개를 요구하는 등 소비자 스스로 자신이 구매한 식품의 안전성을 확인하려는 적극적인 행동을 보이게 되었다. 이러한 소비자들의 니즈(needs)는 식품 생산 농가 및 식품 제조 회사, 정부의 식품 수출입 계획과 상호작용하면서 쇠고기 이력추적제, HACCP 인증 제도, GMO 표시 제도와 같은 식품 안전 확보를 위한 시스템을 구축하는 계기를 마련했다.

그러나 이와 같은 노력에도 불구하고 매년 식품과 관련한 안전사고는 빈번히 일어나고 있다. 식품안전사고는 식품의 생산·제조·유통 과정의 비위생적 환경이나 관련자의 비윤리적 행위 등 전통적 원인에 의해 발생하기도 하지만 생명과학 기술의 발전으로 유전자 변형식품의 증가, 바이러스나 세균의 내성 강화 등 전혀 예상하지 못했던 새로운 원인에 의해 발생하기도 한다.

이러한 식품안전사고는 비단 우리나라만의 일은 아니다. 세계 어느 국가이건 안전식품을 국민에게 공급하기 위해 정부가 나서서 제도를 마련하고, 판매되고 있는 식품을 감시·검사하여 식품에 의한 사고를 미연에 방지하고자 노력하고 있다. 또한 최근 식품 관련 사건·사고들이 수출입 식품류에서 발생하는 경우가 점점 더 많아지면서 전 세계적으로 자국뿐 아니라 수입되는 모든 식품의 원료에서부터 포장에 이르는 식품공급 사슬(Food Supply Chain) 전체에 대한 관리의 중요성이 대두되고 있다. 특히 우리나라는 세계 5위의 식품 수입국으로 총 섭취 열량의 50%를 수입식품에 의존하고 있고, 앞으로도 우리나라의 수입식품 시장은 더욱 확대될 것으로

〈표 4-1〉 연도별 식품안전사고

발생 연도	사건명	발생 연도	사건명
1985	화학간장사건	1997	수입쇠고기 병원성 대장균 오염
1985	화학조미료 논쟁	1998	통조림 포르말린
1988~89	포장랩 유해 논쟁	1998	내분비 장애물질
1989	우지 파동	1999	유전자 변형
1989	수입 자몽 농약 파동	2000	꽃게 납검출 사건
1990	인공감미료 사카린 파동	2001	전지분유 클로스트리듐 검출
1992	수입밀 농약 오염	2001	비아그라 유사물질 함유식품
1993	콩나물 농약 오염	2002	생식제품 바실러스 세레우스 검출
1993	라면 수프 농약 오염	2002	톱밥 물들인 고춧가루
1994	포장재 톨루엔 오염사건	2004	튀김식품 아크릴아마이드 파동
1995	통조림 납 오염	2004	육제품의 아질산염 유해 논란
1995	접착제 당면	2004	중국산 찐쌀 이산화황 검출
1995	인공감미료 스테비오사이드사건	2004	속칭 '쓰레기 만두' 사건
1995	속칭 '고름우유' 사건	2005	수단 색소 소스류 사건
1995	우유항생물질사건	2005	장어 등 말라카이트그린 검출
1996	해초무침 유색색소; 청색 1호, 황색 4호 검출	2005	김치 속 납, 기생충 알 검출
1996	산분해 간장	2006	음료 중 벤젠 검출
1996	농약 콩나물	2008	속칭 '생쥐깡' 사건
1996	분유 DOP 검출	2008	광우병 파동
1997	조류독감	2008	멜라민 분유 파동

출처: 이철호(2000); 최성락(2006)의 보완 후 자료 정리.

예상되고 있어,[1] 식품안전 문제는 한 국가 내의 독자적인 안전 체계만으로

1) 2007년 말 식품시장 규모를 31조 원이라 추정할 때 수입식품 시장 규모는 약 8조 원이

해결하기 어려운 국제문제가 되어가고 있다.

제 2 절 국내외의 식품 안전관리 체계

1 우리나라의 식품 안전관리 체계와 정책

1) 식품 안전관리 체계

우리나라는 식·의약품 안전문제에 능동적으로 대처하기 위해 1996년 4월 보건복지부 소속기관으로 '식품의약품안전본부'를 발족했고, 서울과 부산 등의 5개 광역시에 6개의 지방식품의약품청을 설치했다. 이후 '식품의약품안전본부'는 1998년 2월 정부조직법을 개정하면서 '식품의약품안전청'으로 승격되었다.

'식품의약품안전본부'가 '식품의약품안전청(이하 식약청)'으로 승격되면서 보건복지부가 관장하던 식품정책국, 약정국, 의정국의 집행 업무가 식약청으로 이관되었고, 식약청은 "예방 중심적인 식품·의약품 체계의 구축·운영을 통해 국민의 기대에 부응하고, 관련 산업의 경쟁력 향상에 기여"한다는 설립 목적에 따라 시대적 요구를 담아 조직을 개편하면서 현재는 본청에 5개국과 기획조정관을 두고 있다.

또한 식품의약품안전평가원은 1987년 국립보건안전연구원에서 시작되어 1996년 국립독성연구소로 명칭을 변경한 뒤, 2009년에 식품의약품안전평가원으로 명칭 및 조직을 확대 변경하여 "식품, 의약품, 의료기기 등의 과학적 시험, 연구, 평가를 통해 안전성을 확보하고 보건산업 경쟁력을 촉진하여 국민 건강을 보호하고 증진시킨다"는 목표를 추진하고 있다.

라 볼 수 있다. 이 중 중국산은 2005년 대비 2007년 4배 증가했고, 2015년에는 2007년 대비 2배 증가할 것으로 예상하고 있다(정기혜 외, 2009).

(1) 본청

식품의약품안전청의 조직

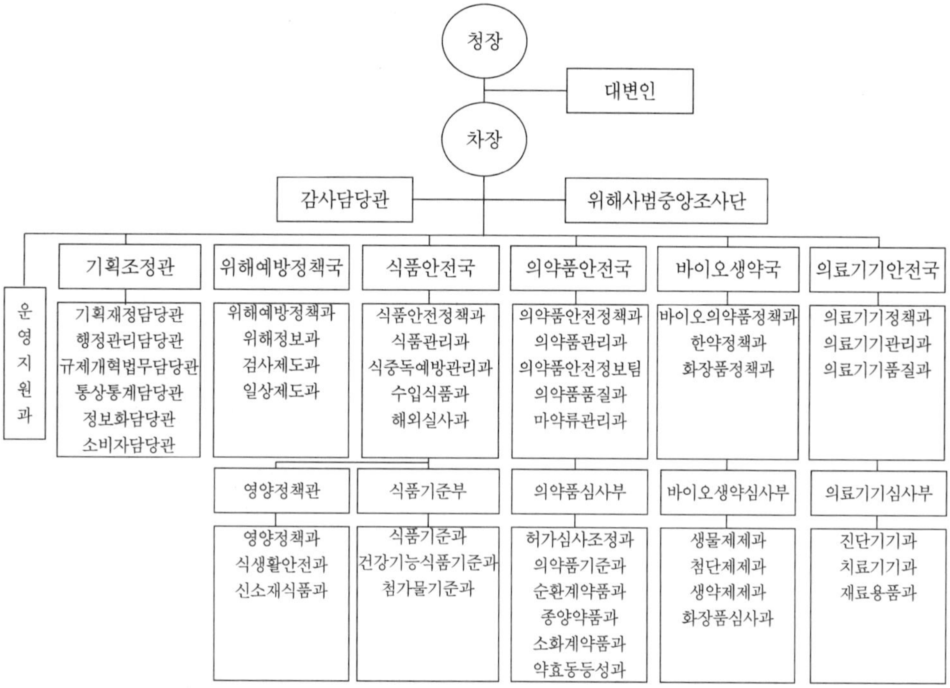

출처: http://www.kfda.go.kr/index.kfda?mid=113(2011.3.20).

(2) 지방청

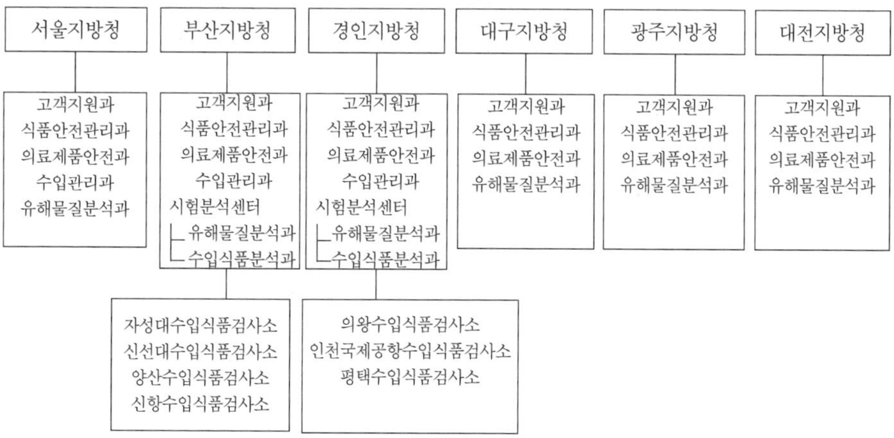

(3) 평가원

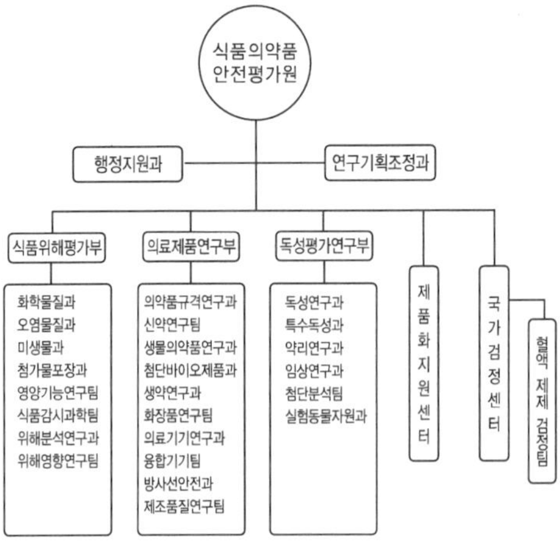

1987. 12. 05	국립보건안전연구원 신설(대통령령 제12297호)
1996. 02. 28	식품의약품안전본부 독성연구소로 개편
1998. 02. 28	식품의약품안전청 소속 국립독성연구소로 분리
2002. 05. 27	국립독성연구원으로 명칭 변경(대통령령 제17615호)
2004. 01. 09	독성연구부, 유효성연구부, 위해성연구부로 조직 개편 (대통령령 제17615호)
2004. 05. 24	생명공학지원과 신설(대통령령 제18399호)
2005. 09. 30	인체노출평가팀 응용통계팀 신설 및 팀제 변경으로 인한 조직 명칭 변경(대통령령 제19060호)
2007. 10. 15	국립독성과학원으로 명칭 변경(대통령령 제20273호)
2009. 04. 30	식품의약품안전평가원으로 확대 개편 (보건복지가족부령 제106호)
2009. 11. 09	혈액제제검정팀 신설(보건복지가족부령 제138호)

우리나라의 식품안전관리는 안전관리의 기본이 되는 안전의 기준은 식약청이 전담하되 품목별 생산 및 유통관리는 단계별로 소관 부처가 관리하고 있으며, 그 세부적인 내용은 다음과 같다.

먼저 농산식품의 경우 재배 및 사육은 농림부가 관리하며 그 외 1차 생산품의 수입 및 농산물 가공 및 가공식품 수입, 유통, 소비 등은 식약청이 담당한다. 축산품은 1차 국내 생산품 및 1차 국외 생산품의 수입 및 2차 국내 가공식품과 가공식품 수입, 유통은 농림부가 관장하고 있으며, 식당 및 백화점 등 최종 판매 단계의 식품 안전은 식약청이 담당하고 있다. 수산식품은 1차 생산품의 재배 및 사육은 해양수산부에서 관리하고 있었으나 농림부와 해양수산부의 통합으로 현재 농림수산부에서 관장하고 있다. 그 외 2차 생산품과 유통, 소비 단계에서는 식약청이 관리하고 있다. 그 외 먹는 샘물은 환경부에서, 천일염은 산자부 등 부처별 특성에 따라 관리되고 있다.

우리나라의 품목별 식품안전 관리 체계를 살펴보면 <표 4-2>와 같다. 관리 대상은 일반식품, 건강기능식품, 축산식품, 수산물, 먹는 샘물, 주류, 식용 천일염으로 구분되며, 일반식품 · 건강기능식품은 식품의약품안전청에서, 축산식품 · 수산물 · 식용 천일염은 농림수산식품부에서, 먹는 샘물은 환경부, 주류는 국세청에서 관리한다.

〈표 4-2〉 품목별 식품 안전관리 체계

대상	관리기관	해당 부서 관리 현황	관련 법규	비고
일반 식품	식품의약품안전청	• 식품 기준·규격 설정 • 식품업체 지도·단속 등 사후관리	식품위생법	식품안전관리 전담기관
건강기능식품	식품의약품안전청	• 건강기능식품 • 건강기능식품 기능성 표시·광고	건강기능식품에 관한 법률	식품안전관리 전담기관
축산 식품	농림수산식품부	• 식육 및 식육가공품 • 원유 및 유가공품, 알가공품	축산물 가공처리법 식품위생법	수의과학검역원과 식약청 담당
수산물	농림수산식품부	• 수입수산물 검사(절단, 가열, 숙성, 건조 또는 염장수산동·식물)	행정 권한의 위임 및 위탁에 관한 규정	가공수산물 관리는 식약청 담당
먹는 샘물	환경부	• 먹는 물(먹는 샘물), 수처리제, 정수기	먹는 물 관리법	수입 먹는 샘물 관리는 환경부 담당
주류	국세청	• 주유의 기준·규격 등 주원료 성분 및 원재료의 배합 기준 • 제조·판매업체 사후관리	주세법	수입 주류 검사는 식약청 담당
식용 천일염	농림수산식품부	• 식용천일염 제조업체 인허가 • 품질 기준은 식약청	염관리법 (식품위생법)	수입 식용 천일염 검사는 식약청 담당

출처: 정기혜 외(2009: 109).

2) 식품 안전정책

우리나라는 2002년부터 매년 5월 14일을 식품 안전의 날로 제정하여 식품 안전에 대한 국민들의 관심을 높이고 있으며, 2006년 6월 13일에는 식품안전기본법을 제정했다. 식품안전기본법의 목적은 수입식품의 증가 등으로 새로운 위해식품이 출현할 가능성이 높아지고 국민들의 식품 안전에 대한 불안도 커짐에 따라 식품 안전관리의 기본계획을 수립하고 체계적으로 이를 시행함으로써 위해식품의 출현에 신속히 대응, 나아가 식품 안전관리에 소비자의 참여를 촉진함으로써 국민들의 건강하고 안전한 식생활을 보장하려 함이다.

우리나라의 식품 안전정책의 변화를 시대별로 살펴보면 다음과 같다.[2]

1900년부터 존재하던 식품 관련 위생 법규를 통합하면서 1962년 1월 20일 식품위생법이 제정되었으며, 식품위생법에는 기준·규격 마련, 위해식품 판매 금지 등 오늘날 식품위생법의 근간이 되는 내용을 규정하고 있다. 1970년대는 우리나라 경제가 성장하기 시작했던 시기로 식품업계에서 앞다투어 제품을 출시하기 시작했으며, 이에 따라 식품 안전 관련 제도도 정착하기 시작했다. 식품위생법에 과대 광고 금지 조항 신설과 영업시설의 위생 등급을 신설하여 위생 수준을 차등적으로 평가할 수 있도록 했고 자가품질검사 제도를 도입했다.

1980년대는 식품 위생 수준 개선에 따라 다양화와 품질 향상을 유도했던 시기로 식품 안전에 대한 정부정책을 합리적으로 정착시킨 시기이며, 식품 제조업 시설 기준 강화, 법 위반에 따른 벌칙의 상향 조정으로 안전에 대한 책임 의식을 고취시켰다. 1990년대는 유전자 변형식품의 안전관리를 강화하는 조항을 신설하고, 건강기능식품의 안전성과 기능성을 평가하도록 하는 제도를 도입했다. 또한 1998년에는 식품 안전을 전담하는 기관인 식약청이 출범하여 식약청장이 식품위생법상 안전 업무를 수행하도록 했다.

2000년대는 식품에 대한 국민의 관심이 증가함에 따라 식품 안전사고의 예방을 위한 새로운 도약이 시작되었다. 소비자와 함께 하는 식품 안전을 실현하기 위해 국민 참관인을 선발하여, 식품정책 업무에 참여시키는 기반을 마련했고, 20인 이상 소비자가 위생검사를 요청할 경우 위생 점검을 실시하도록 하는 등 다양한 정책을 마련했다.

알 권리 확보를 위한 표시제도를 강화하여 식품의 영양 표시와 원산지 표시 제도를 도입·시행함으로써 소비자의 식품선택권을 확대시켰으며, 식품위생법을 국민들이 알기 쉽도록 "알기 쉬운 법령"으로 전부 개정했다. 특히 식품 안전에 대한 관심이 높아진 만큼 전문적인 안전관리를 위해 식품

2) 식품의약품안전청(2010) 참조.

위생법뿐 아니라 안전에 관한 법률이 세분화되어 건강기능식품에 관한 법률, 어린이 식생활안전관리특별법이 제정·시행되었다.

2006년에는 식품안전기본법의 제정(2006. 6. 13 제정, 2008. 12. 14 시행, 법률 제9121호)으로 부처별로 분산되어 있던 식품 안전 관련 업무를 총괄할 수 있는 제도적 기반이 마련되었다. 또한 국무총리 소속 식품 안전정책위원회를 설치·운영하고 있으며, 이는 국무총리가 위원장, 위원은 식품안전 관리를 담당하는 관계 부처 장관(식약청 포함 7개 부서)과 민간 전문가들로 구성되어 있다(식품의약품안전청, 2010).

식품 표시 및 인증 제도는 식품의 원료, 성분에 관련된 정보를 소비자에게 제공하는 제도로서 소비자의 합리적인 식품 구매를 위해 만들어진 제도다. <표 4-3>은 식품 관련 국가 인증 제도에 대한 내용이다. 대표적인 식품 관련 인증 제도는 GAP(우수농산물 관리제도), HACCP(위해요소 중점관리 기준), 이력추적 관리제도, 친환경농산물 인증 제도, 유기가공식품 인증 제도가 있다.

우리나라의 식품산업 현황을 살펴보면 2007년도 식품산업 총생산은 33.1조 원으로 국내총생산(901.1조 원)의 3.67%, 제조업 총생산(223.3.조 원)의 14.82%를 차지하고 2006년 대비 1.4% 증가했다. 그러나 아직도 식품제조업은 20인 이하 사업체 비중이 88%이고 매출액 10억 미만의 업체 비중이 88%로 일부 대기업을 제외하면 영세한 업체가 대부분인 실정이다. 음식점업의 90% 이상이 종사자 4인 이하 업체이고 개인 사업체 비중이 99%를 차지하며, 외식업체 수는 72명당 1개로 일본 140명당 1개, 미국 416명당 1개에 비해 매우 많은 편이다.

최근 식품 관련 기업은 소비자들의 높아진 식품 안전 의식과 식품 안전의 중요성에 부응하여 식품 안전관리 시스템 구축 및 안전 위주로 기업을 운영하고 있으며, 자체적으로 연구센터를 설립하여 안전한 식품의 생산 및 소비자들이 안심할 수 있도록 노력하고 있다. 예를 들면 CJ 식품안전센터, ㈜농심 개발본부분석센터, 대상주식회사 식품안전센터, 샘표식품㈜ 식품안전연구센터, 삼성에버랜드㈜ 식품연구소, ㈜풀무원홀딩스 식품안전센터 등 식품업체에서는 식품 안전을 위한 독립적인 부서를 설립하여 식품

〈표 4-3〉 식품 관련 국가 인증 제도

식품안전 국가 인증 제도		법규	내용	담당
농산물	GAP(우수농산물 관리 제도)	농산물품질 관리법	• 농산물 생산에서 수확 후 포장 단계까지 농약·중금속·미생물 등 위해 요소 관리 • 적용 대상: 105품목(채소, 작물, 과수, 버섯) • 인증기관: 39개소(민간기관)	농림수산 식품부
	친환경농산물 인증 제도	농산물품질 관리법	• 안전한 농산물 공급을 위해 화학비료, 항생·항균제 등 화학자재를 사용하지 않거나 또는 최소화하여 생산한 농산물을 의미 • 인증 종류: 유기, 무농약, 저농약 농산물 • 인증기관: 52개소(민간기관)	농림수산 식품부
가공식품	HACCP (축산물 위해요소 중점관리 기준)	축산물가공 처리법	• 위해요소분석(Hazard Analysis)과 중요 관리점(Critical Control Point)의 약자 • 위해 방지를 위한 사전 예방적 관리 체계 • 의무 적용 대상: 도축장 • 지정 현황: 제조 가공(863), 보관 판매(104), 농장(456), 사료(76) • 지정기관: 축산물 위해요소 중점관리 기준원	농림수산 식품부
	HACCP(식품 위해요소 중점 관리 기준)	식품위생법	• 기준 규격 보유: 어묵류 등 23개 품목 • 의무 적용 대상: 어묵류 등 7개 항목 • 지정 현황: 제조 가공(539), 집단 급식(36) • 지정기관: 식품의약품안전청	식품의약 품안전청
	유기 가공식품 인증	식품산업 진흥법	• 유기농산물을 주원료로 하여 가공된 식품 • 인증기관: 정부출연기관 1개소, 민간 1개소	농림수산 식품부
	GMP 우수건강기능식품 제조 기준	건강기능식품에 관한 법률	• 우수 건강기능식품 제조 및 품질관리 기준(Good Manufacturing Practices) • 지정 업소: 114업소 • 지정기관: 식품의약품안전청	식품의약 품안전청
공통	농산물이력추적 관리 제도	농산물품질 관리법	• 생산부터 판매까지 각 단계별 정보를 기록·관리 • 인증기관: 농산물품질관리원	농림수산 식품부
	소 및 쇠고기 이력추적관리 제도	소 및 쇠고기 이력 추적에 관한 법률	• 개체 식별 번호 표시 • 가축의 식별 번호를 가공, 판매까지 표시	농림수산 식품부
	식품이력추적 관리 제도	식품위생법	• 식품의 이력 추적	식품의약 품안전청
	건강기능식품 이력추적관리 제도	건강식품에 관한 법률	• 건강기능식품의 이력 추적	식품의약 품안전청

출처: 최창호 외(2009: 160-161).

읽어보기 유기가공식품 표시 혼란스러워

소비자의 선택을 돕기 위한 유기식품(유기농식품) 관련 마크와 표시가, 오히려 소비자의 제품 선택에 혼란을 주고 있는 것으로 나타났다. 한국소비자원이 시장에서 유통 중인 유기식품을 조사한 결과, 업체별로 제각각 다른 마크와 방식으로 표시하고 있는 경우가 많았다.

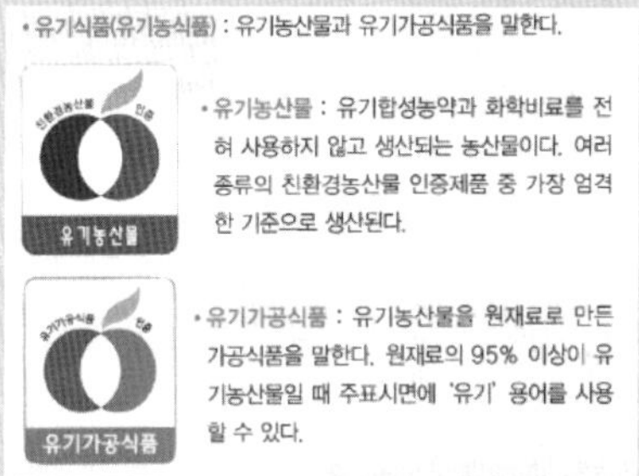

유기가공식품 인증 제도에 따라, 가공식품에 '유기' 표시를 하기 위해서는 기준에 따라 인증을 받아야 한다. 그러나 이 인증 제도는 현재 식품위생법의 '유기가공식품 세부 표시 기준'과 함께 운영되고 있어서 실제로는 인증을 받지 않은 유기가공식품이 더 많이 유통되고 있다. 한국소비자원이 '유기' 또는 '유기농'으로 표시하거나 그 외의 친환경 농산물 사용을 표시하여 판매하는 과자 15종을 구입하여 조사한 결과, 국내 유기 가공식품 인증을 받은 제품은 3개에 불과했다.

음료, 과자 등 여러 종류의 유기가공식품 중에는 유기가공식품 인증 마크가 아니라 원재료가 받은 유기 인증 마크를 표시하고 있는 제품도 많았다. 소비자는 원재료가 받은 유기 인증 마크를 보고 유기가공식품 인증 제품으로 오인할 위험이 있다.

유기농 제품임을 암시하는 업체 자체 마크를 사용하는 제품도 많았다. 이런 경우 소비자는 유기가공식품 인증 제품으로 오인할 가능성이 커서 주의가 요구된다.

원재료가 받은 해외 유기 인증 마크를 가공식품에 그대로 표시한 사례

소비자에게 혼란을 주는 업체 자체 마크 사례

출처: 소비자시대, 2010년 12월호, 12-13쪽.

안전 활동을 지원하고 있다. 또한 전 세계적으로 식품 안전에 대한 중요성이 강조되고 있는 시점에서 우리나라 식품업체는 소비자들의 신뢰를 얻기 위해 식품 안전관리의 국제적 수준의 시스템 및 인프라 구축에 노력하고 있으며, 아워홈은 국제 인정 기구인 호주 JAS-ANZ로부터 세계 최초로 식품 안전 시스템 인증 FSSC 22000(Food Safety System Certification)을 획득하기도 했다.

2 외국의 식품 안전관리 체계

1) 미국의 식품 안전관리 체계

미국의 식품 안전관리는 농무부와 보건부의 식약청으로 이원화되어 있다. 미국의 식품 안전관리는 식품의 성격에 따라 보건부 산하 식약품의약국(FDA)과 질병 통제 및 방역센터(CDC), 농무부 산하 식품안전검사청(FSIS)과 동식물방역청(APHIS), 환경보호청(EPA), 상무부 국립수산청(NMFS) 등 7개 부처, 12개 기관에서 분산하여 관리하고 있다.

축산식품은 농무부 산하의 식품안전검사국(Food Safety and Inspection Service) 및 동식물방역청(Animal and Plant Health Inspection Service)에서 담당한다. 이 중 식품안전국은 미 농무부 산하의 식품안전 관리기관으로 최대의 예산과 인원을 보유하고 있으며, HACCP 제도를 주도적으로 시행하고 있다. 동식물방역청은 미국의 식물 및 동물 질병을 예방하는 기능을 담당하며 동물 수의국에서는 미국 축산물의 위생 품질을 보증하기 위해 NAHM(National Animal Health Monitoring System)을 운영하여 미국 내 동물의 질병의 수준을 측정하고, 축산 농가들에 대한 해외 질병에 대한 경보를 발령, 새로운 질병 징후에 대한 정보를 수집하고 있다.

일반식품은 보건부의 식품의약국(Food and Drug Administration: FDA)에서 담당한다. FDA는 수입식품의 안전성 확보, 식품 회수 모니터링, 식품 안전 연구 수행 및 식품업계 및 소비자 교육 실시 등의 업무를 수행한다.

수산식품은 상무부 소속 해양대기청에 속한 국립수산청에서 담당하며, 수산물의 안전성 검사 및 품질관리를 담당한다.

그 외 환경보호청에서는 식수의 안전 기준 설정, 독성물질 및 폐기물의 관리, 주(州)의 식품품질 관리 지원, 잔류 농약 허용치 설정 등의 업무를 담당한다.

2) 일본의 식품 안전관리 체계

일본 내각은 1998년 개혁기본법을 제정하면서, 농림수산성은 식품행정에서 후생성과 협조 관계를 유지하고, 후생성은 약사행정, 공중위생행정, 식품위생행정 및 수도행정을 담당하는 것으로 식품행정 업무를 분담했다. 그러나 2001년 광우병(Bovine Spongiform Encephalopathy: BSE)의 발생으로 2003년 국회에서 식품안전기본법을 채택했다. 그 결과 농림수산성과 후생노동성은 식품 안전정책을 수립하는 '위험관리' 기능을 담당하고 식품안전위원회는 독립기관으로 '위험평가'를 담당하게 되었다. 후생노동성은 '의약국'과 '식품보건부'를 '의약식품국'으로 통합하고 그 산하에 '식품안전부'를 두는 것으로 식품안전 관리 체계를 개편하고, 농림수산성은 식량청을 식량부로 축소하고 소비안전국을 신설했다. 또한 일본의 식품 안전관리는 단계별로 다원적으로 추진되고 있다. 생산 단계는 농림수산성에서 관리하며, 유통 · 가공 · 판매 단계는 후생노동성에서 관리한다.

일본의 식품 안전관리 부처별 업무를 살펴보면 다음과 같다.

먼저 식품안전위원회에서는 ① 식품 중 미생물과 화학물질 등이 사람의 건강에 미치는 영향에 대해 과학적 평가를 실시하고, ② 위험평과 결과에 기초하여 시책을 권고하며, ③ 위험정보를 교환하는 업무를 담당한다.

농림수산성 소비안전국에서는 ① 소비자 보호, ② 표시 · 규격, ③ 물가대책, ④ 식품 안전, ⑤ 농림수산물의 생산 단계에서의 위험관리, ⑥ 토양오염 방지, ⑥ 위험정보 교환 업무를 담당한다.

후생노동성의 식품안전부에서는 ① 식품위생법에 근거하여 식품의 안전성 확보를 통한 국민 건강 보호 업무, ② 식품안전위원회가 실시한 위험평가에 근거하여 식품제조업자 등이 준수해야 하는 식품, 식품첨가물, 잔류 농약 등의 규격 기준 설정, ③ 지자체 및 검역소를 통해 식품 제조시설의 위생관리 및 수입식품을 포함한 유통식품의 안전 확보를 위한 감시 지도 실시 등을 업무로 하고 있다.

알아봅시다

일본 소비자청 설립의 배경

일본은 국내 식품의 위장 표시, 과대광고 문제가 심각해지고, 중국산 식품의 안전문제에 대한 국민의 우려가 고조되면서 2009년 내각부 소속 소비자청을 설립했다. 소비자청은 식품 표시 등 소비자정책을 총괄하게 됨으로써 농림수산성 및 후생노동성의 표시 관련 업무가 이관되었다. 다음은 일본 소비자청 설립 배경에 대한 NHK 해설위원의 설명이다.

"시장경제는 생산자와 소비자 사이가 자유롭게 대등한 거래가 이루어져야 한다. 그러나 양측의 교섭력에는 뚜렷한 차이가 있고, 상품이 다양, 복잡화되어 가는 오늘날 소비자가 상품의 결함이나 성능 등에 관한 충분한 정보나 지식을 가지는 것이 그리 용이하지 않다. 이 때문에 소비자 보호를 위한 각양각색의 시책이 이루어져 왔다.

지금까지 일본의 소비자행정은 예를 들어 '농산물 규격·품질 표시'에 관해 농림수산성, 그 가공이나 첨가물에 대해서는 식품위생법에 근거해 '후생노동성' 소관으로 돼 있는 등 관할이 여러 부처에 걸쳐 있다. 이러한 종적 행정의 복잡성 때문에 최근 '가정용 기구 결함에 의한 사고나 식품의 허위 표시 등에 대해 대응이 늦고, 피해가 속출하는 등 심각한 수준에 이르렀다.

그래서 소비자행정의 창구 일원화를 꾀하고 대응 창구의 단일화가 시급하다고 판단, 2008년 후쿠다(福田赴夫) 내각에서 소비자청 창설을 제기하여 올 5월 국회를 통과해 9월 1일부로 발족됐다.

2008년 일어난 중국제 냉동만두사건에서 보건소와 자치단체 등에서 후생노동성에 이르기까지 연락 불충분으로 늑장을 부리는 바람에 피해 발생으로부터 1개월이 지나는 사이에 같은 제품으로 같은 피해가 속출했다. 결과적으로 제품 회수가 늦어지고 피해가 확산되었다. 또 쌀 오염사고가 일어났을 때도 농림수산성에서 내부고발이 있었는데도 이를 막지 못했음 물론, 조사 일정을 업자에게 누설시키는 등 업계와의 유착도 지적되었다.

소비자청은 내각부의 외곽청으로 202명 조직으로 구성되어 있다. 소비자청과는 별도로 내각부 내에 소비자위원회를 두어 소비자청을 견제하는 기능을 수행한다.

출처: 온타임즈, 2009년 9월 6일. "뜨거운 감자"로 떠오른 일본 '소비자청.'

2009년 설립된 일본 소비자청에서는 ① 식품위생법 규정의 식품, 첨가물 등의 표시 기준에 관한 사항, ② 식품위생법 규정의 허위 또는 과대 표시 및 식품 첨가물 등 단속, ③ 건강증진법에 규정한 특별용제 표시, 영양 표시 기준 및 식품으로 판매하는 물건에 관한 표시에 관련된 사항, ④ 농림물자의 품질에 관련된 표시 기준에 관한 사항, ⑤ 식품안전기본법에 규정한 기본적 사항의 책정과 식품의 안전성 확보에 관한 관계자 상호간 정보 및 의견 교환에 관한 사무 조종 등을 주요 업무로 한다.

3) 독일의 식품 안전관리 체계

독일은 광우병 사태 발생 이후 국민들의 신뢰를 회복하기 위해 2001년 대대적인 조직 개편에 착수했다. 그 결과, 연방보건부에서 담당하던 식품안전, 도축장 위생관리, 수입식품 검역, 소비자 보호 등 거의 모든 식품 안전 업무를 연방식품농림부로 이관하고, 연방식품농림부를 연방소비자보호식품농업부로 개편했다. 이는 연방소비자보호식품농업부에서 식품 안전 업무를 통합적으로 담당하는 것을 의미한다. 독일의 연방소비자보호식품안전청은 식물 보호, 동물약품, GMO, 표시 및 검사 등의 위험관리 업무를 담당한다.

4) 프랑스의 식품 안전관리 체계

프랑스 역시 BSE 사태 등으로 식품 안전에 대한 심각성이 제고되었다. 그 결과 1998년 '식품의 위생 안전성의 감시 및 검사의 강화에 관한 법률'이 제정되었으며 이 법률은 식품 위생에 관한 위험관리와 위험평가를 분리하는 것을 주요 내용으로 한다. 이에 1999년 독립된 위험평가기관으로서 식품위생안전청(AFSSA)이 설치되었고, 식품위생안전청이 실시한 위험평가에 따라 식품 안전관리와 구체적인 조치를 관련 행정 당국이 실시하는 체제가 구축되었다.

프랑스는 농수산식품부에서 식품 생산·유통·소비 전반의 안전관리를 주도하고 있으며, 농수산식품부는 농림수산업, 식품산업의 진흥 및 식품의 생산에서 유통, 소비에 이르는 식품 전반에 걸친 안전정책의 입안, 집행 및 감시 기능을 수행한다.

식품 안전관리는 농수산식품부 산하의 식품총국(DGAL)이 담당하고 식품총국은 농수축산식품 안전관리를 담당하는 식품부와 동물, 수산물 및 식물 검역을 담당하는 위생활동조정부, 동식물 방역 업무를 담당하는 원제품 위해·위생방지부로 구성되어 있다.

5) 캐나다의 식품 안전관리 체계

캐나다는 1997년 기존의 보건부, 농식품부, 수산해양부, 산업부 등 4개 부서에 산재되어 있던 식품 안전 관련 업무를 기능에 따라 부처별로 일원화했다. 식품위험(안전) 관리 업무는 식품검사청법에 근거하여 농식품부 산하의 식품검사청(CFIA)을 신설하여 식품검사, 감시 감독 및 검역 기능을 담당하게 하여 식품 위험관리를 일원하 했으며, 보건부에서는 식품의약품 법령에 근거하여 식품검사청이 실시한 식품검사의 유효성에 대한 평가뿐만 아니라 위험평가, 식품관련 법령의 제정, 식품 안전/영양에 관한 연구, 사전 조사 및 평가 업무를 실시하여 농약 및 동물약품의 등록 권한을 가짐으로써 식품위험관리와 위험평가 체제를 기능적으로 분리했다.

제 3 절 식품 안전관리 제도

1 생산 이력 검색 시스템

미국에서 제조한 햄버거용 쇠고기 패티에서 브라질산 오렌지 재배 시 살포하는 농약이 검출되었다면, 이것은 농약이 잔류하고 있는 브라질산 오렌지 가공 부산물을 소의 사료로 사용함으로써 발생한 사고로 볼 수 있다. 1992년 스페인에서는 올리브 오일에 아닐린 염료가 오염되는 사건이 발생했는데, 이는 공업용 염료를 담았던 용기가 재활용되는 과정에서 세척이 제대로 이루어지지 않았던 것으로 판명되었다(농수산물유통공사, 2005). 이러한 일련의 사건에서 나타난 바와 같이 위해가 발생할 수 있는 범위는 1차적인 원료의 생산·가공 단계뿐 아니라 사료나 용기를 비롯한 좀 더 폭넓은 범위에 대한 관리가 필요하다는 점을 시사한다.

생산이력(traceability) 검색 시스템이란 소비자에게 식품의 생산부터 소비까지 모든 생산·유통 단계에 대한 식품의 이력정보를 제공하는 것으로 우리나라를 비롯한 미국, 일본, 프랑스 등 많은 선진국에서 생산이력제를 도입하여 활용하고 있다.

1) 일본

일본의 생산이력제는 특히 검색 시스템을 갖추고 있다. 일본은 다양한 경로를 통해 소비자가 식품의 생산이력을 확인할 수 있도록 검색 시스템을 확립하는 사업을 정부 주도로 수행하고 있다.

일본의 농림수산성은 2000년 '유비쿼터스 식품 안전·안심 시스템 확립' 사업을 시행하면서 2001년에 이미 바코드와 RFID에 이르기까지 다양하고 자유롭게 생산 인력을 검색할 수 있는 시스템을 구축했다. 2001년에는 쇠고기, 야채 및 녹차 음료에 대한 생산이력 정보(생산자 성명, 품종, 성별 등) 모델 시스템의 실증시험을 실시했다. 쇠고기의 경우 소 1마리당 생산이력 정보를 매장 단말기를 이용해 소비자가 스스로 검색할 수 있을 뿐만 아니라, 가정에서 인터넷으로 검색할 수 있도록 했다. 쇠고기뿐만 아니라 토마토 역시 매장 단말기에서 생산 이력을 검색할 수 있도록 했고, 전농 직판(주) 편의점에서 판매하는 녹차 음료에 대해서도 생산이력 시스템을 도입하여 실증시험을 실시했다. 또한 (재)식품산업센터 주관으로 (주)전농, 큐피, 익스테이션 군마(群馬)공장에서, HACCP을 이용한 업무용 액란의 제조 공정 정도 등을 빵, 아이스크림, 과자 제조업 등에 제공하기 위한 모델 시스템의 실증시험을 실시했으며, 농산규범기준연구회가 개발한 시스템은 휴대전화를 이용해 생산 단계, 집하 출하 단계의 정보를 입력, 관리하고 최종 소비자는 매장에서 휴대전화를 통해 제품과 관련된 정보를 볼 수 있도록 했다.

이러한 시스템은 이미 2005년부터 일본의 JUSCO 매장에서 실제로 활용되고 있는데 제품 포장에 인쇄된 2차원 바코드를 소비자가 휴대전화에 입력하면 생산 단계의 농약 사용에서부터 유통, 포장까지의 모든 단계를 파악할 수 있다.

이와같이 일본의 경우는 안전식품 확보를 위한 소비자 주권 확립을 위한 객관적 조건과 주체적 조건이 모두 확립되어 있다고 할 수 있다.[3]

2) 한국

우리나라 정부는 지난 2004년부터 식품 자재 반입부터 생산·유통·소비에 이르는 전 과정의 이력을 추적하는 RFID(무인 인식)사업을 추진하고 있다. 특히 2007년부터 시행중인 '안심안전 u먹거리 구축사업'은 빵류 및 케이크류 등에 RFID 태그(tag)를 부착해 제조부터 유통까지의 이력을 RFID 리더기를 활용해 추적하는 것으로, 소비자는 매장에서 키오스크나 스마트 선반,[4] 휴대폰 단말기 등을 통해 이력정보를 확인할 수 있다.

농업 분야의 생산·유통 등 전 단계에 u-IT(유비쿼터스 IT)를 적용하는 다양한 u농가(u-Farm) 사업도 추진중이며, 2007년 추진한 'u-포크 안전·안심 시스템'은 돼지 콜레라 등 전염병 예방 및 발생 시 즉각 대응하기 위한 것으로, 돼지 귀에 RFID 태그를 부착해 급이량(給餌量) 및 횟수, 체중 등을 모니터링하고 유비쿼터스센서네트워크(USN)를 이용해 온도·습도·이산화탄소 등을 제어해 최적의 성장환경을 조성하는 등 여타 선진국에 못

---

3) 소비자 주권이란 광범위한 소비자문제의 궁극적인 해결과 소비자 복지에 기여하는 것으로 시장에서의 공정한 경쟁 유지라는 객관적 조건과 소비자 주권 의식과 선택 능력 제고라는 주체적인 조건이 모두 확립되어야 한다(이기춘, 2000). 다시 말해 객관적 조건이란 소비자 주권을 실현하기 위해 시장의 시스템이 효율적으로 갖추어져야 함을 말하며, 주체적 조건이란 소비자 자신이 올바른 의식을 가지고 소비자의 권리와 책임을 다해야 하는 것이다.

4) 스마트 선반(Smart Shelf)은 유통매장에서 제품을 진열하는 선반에 RFID 리더기와 LCD 모니터를 장착한 것으로 선반에서 제품을 꺼낼 때 해당 제품의 RFID 태그(tag)를 인식해 이력추적 정보를 제공하는 것으로 식품이력 추적관리 제도 시범사업 대상으로 2008년 7월 남양유업의 '명품 유기농' 외 11개 제품과 매일유업의 '3년 정성 유기농 맘마밀' 외 11개 제품 등을 대상으로 하고 있다.

지않은 우수한 시스템을 갖추고 있다.

알아봅시다

소비자 주권과 생산이력제

소비자의 요구와 정부 주도 하에 구축된 생산이력제 자체로만 보면 우리나라의 시스템은 선진국 못지않다. 그러나 국내 소비자들 중 컴퓨터나 휴대폰 단말기를 통해 일일이 생산 이력을 확인하며 제품을 구매하는 소비자는 그다지 많지 않다. 앞에서 언급한 팜투테이블을 통해 농수산물의 이력을 추적하기 위해서는 PC에서 이력추적 관리시스템이 작동하는 서버 접속하여 식품코드 12자리를 입력해야 한다. 따라서 소비자는 식품 이력을 알기 위해 매우 번거로운 과정을 거쳐야 하며, 중년 이상의 주부는 PC를 다루는 기술이 부족하므로 포기할 수밖에 없는 상황이다. 또한 대형 마트를 중심으로 생산 이력을 확인할 수 있는 컴퓨터가 설치되어 있음에도 불구하고 실제 활용하는 소비자는 2~3%에 불과하다(한국일보, 2010). 또한 생산 이력 확인 가능한 제품도 쇠고기, 케이크 및 빵류, 영유아 식품 등 한정적이다.

이에 반해 일본의 경우, 생산이력 검역 시스템이 JUSCO와 같은 대형 할인매장에서부터 일반 편의점에 이르기까지 확대되어 있으며, 대상 상품도 쇠고기, 야채 및 녹차 음료, 빵, 아이스크림, 과자 제조업에 이르기까지 다양하게 적용하도록 하고 있다. 또한 소비자들의 생산이력 검역 시스템 활용도가 매우 높다. 이것은 소비자들이 스스로 자신이 구매하는 제품에 대한 정보를 구하고자 하는 노력하고 있다 할 수 있다. 또한 일본 내 유비쿼터스 IC센터의 조사에 따르면 일본 소비자의 절반 이상이 안전한 식품을 위해 10% 이상 가격을 더 지불할 용의가 있는 것으로 나타났다고 한다(디지털 타임스, 2008). 이것은 소비자들 자체가 안전한 식품을 확보하기 위해 주체적으로 노력하고 있다는 것을 증명하는 사례라 할 수 있다.

2 긴급경보 시스템

다국적 또는 초국적 기업의 등장과 무역의 증대로 인해 식품안전사고의 세계화가 가속화되고 있다. 2008년 발생한 멜라민 파동의 경우 중국, 영국, 미국, 한국 등 전 세계 많은 국가에서 멜라민의 위험에 노출되었다. 식품안전사고의 세계화는 국가 간 식품안전사고에 초기 대응하기 위한 네트워크 마련의 필요성을 대두시켰다.

이에 유럽연합(EU)과 미국의 경우 식품 분야에 긴급경보 시스템을 두어 회원국 내에 식품안전사고가 발생할 경우 신속하게 해당 정보를 회원국들에게 전송하고 제3국에서도 동일한 피해가 일어나지 않도록 조치하고 있다.

1) 유럽

유럽연합의 식품·사료 긴급경보 시스템(The Rapid Alert System for Food and Feeds: RASFF)은 식품·사료 긴급경보 시스템에 가입한 회원국의 상호 협력을 통해 식품·사료로 인해 발생하는 건강·보건상의 문제에 대해 좀 더 신속하게 대응할 수 있도록 하고 있다.

유럽연합은 2002년 1월 Regulation(EC) N° 178/2002를 통해 식품·사료 긴급 경보 시스템의 법적 근거를 마련했으며, 이 중 규제 제50조는 긴급경보 시스템의 설립, 성격과 범위에 대해 규정하고 있다. 이에 따라 회원국, 유럽연합 진행위원회, 집행위원회, 유럽식품안전청(European Food Safety Authority: EFSA) 등이 네트워크를 구축하고, 집행위원회가 시스템을 관리한다. 또한 규제 제50조 제2항은 네트워크에 참여하는 회원국이 인체에 직·간접적으로 유해한 영향을 줄 수 있는 위험의 존재에 대한 정보를 획득할 경우 이를 집행위원회에 신속하게 통보하도록 규정하고 있어 위험을 통보받은 집행위원회는 이 정보를 네트워크 내 회원국에 신속하게 전파하여 초기 대응을 강화하고 있다. 이와 함께 유럽식품안전청으로 하여금 과학적·기술적 정보를 추가적으로 제시하여 회원국들이 신속하고 적절히 조치를 취할 수 있도록 지원하는 의무를 부과했다. 그리고 규제 제50조 제3항은 식품·사료 긴급경보 시스템 통보에 필요한 추가적인 기준을 제시하고 있다. 이에 의거하여 회원국들은 유럽연합의 다른 법안을 침해하지 않는 범위 내에서 집행위원회에 일정 정보를 즉각 통보해야 한다.

식품·사료 위해 요소 통보 과정은 다음과 같다. 우선 식품·사료 등에서 위해 가능성이 발견되면 이를 최초로 발견한 회원국이 이를 집행위원회에 통보하고 집행위원회는 위험성을 평가하는 한편, 매체 등을 통해 정보를 전파하며 상황 추이를 반영하여 사태의 심각성과 통보 내용을 정밀화하고 즉각 네트워크 내 회원국에 전파하고 필요한 조치를 시행하면서 유럽식품 안전청 및 회원국들과의 피드백을 통해 시의적절한 대응이 이루어질 수 있도록 한다. 이때 식품·사료 긴급경보 시스템은 ① 경보 특보, ② 정보 통보, ③ 국경 반송의 세 가지 형태로 정보를 제공하여 네트워크 회원국들의 안전성 관리를 지원한다.

첫째, 경보통보(alert notification)는 시장에 출하된 식품·사료에서 위해요소가 발견되어 즉각적인 대응이 필요할 때, 문제를 감지하거나 리콜 등 관련 조치를 최초로 실시한 회원국이 경보를 발효한다. 경보 통보의 목적은 네트워크 내 모든 회원국에 정보를 제공함으로써 해당 제품이 시장에 출하되었는지 확인하도록 하여 필요한 조치를 강구하도록 하는 것으로 소비자들은 경보 통보 대상이 된 제품이 회수되었거나 현재 시장에서 회수 중이라는 점에 확신을 가질 수 있다. 회원국들이 독자적인 방식으로 회수 조치 등을 실시할 수 있고, 필요한 경우 대중 매체를 통해 상세한 정보를 제공할 수 있다.

둘째, 정보통보(information notification)는 시장에 출하된 식품이나 사료에서 문제점을 발견했지만 다른 회원국들이 즉각적인 조치를 취할 필요는 없다고 판단한 경우, 문제가 된 식품이나 사료가 다른 회원국 시장에 출하되지 않았거나 시장 재고가 없을 경우, 또는 리스크의 속성상 즉각적인 조치가 필요하지 않은 경우에 정보통보 조치를 취한다.

셋째, 국경 반송(border rejection)은 식품·사료 적송품이 역외 국경(external borders of the EU) 검역 과정에서 문제가 발견된 경우 발효되며, 이 조치는 유럽연합의 모든 역외 국경 검역소로 전파되어 통제를 강화하고 반송 대상 물품이 다른 검역소를 통해 재반입되는 것을 방지한다.

식품·사료 긴급경보 시스템은 회원 국가 간에만 정보를 공유하는 것이 아니라 발견한 상품·사료가 원산국외 다른 제3국들에 유통되었는지 여부를 통보하여 제3국의 피해 예방을 위한 조치를 취하며, 원산국(third countries of orgin)에 통보함으로써 발견된 문제의 재발을 방지하는 노력을 기울이고 있다. 이때는 제3국가에 집행위원회 교섭단(Commission Delegation)을 통해 통보한다.

2) 국제연합식량농업기구(FAO)

국제연합식량농업기구(Food and Agriculture Organization of the United Nations: FAO)는 식품 사슬(food chain)과 식품 안전에 대한 위협이 사실상 전 세계적으로 빈번히 발생하는 상황에서 생산으로부터 소비에 이르는 일련의 과정에 대한 안전의 취약성을 평가하고 잠재적인 위협 요인을 해결하기 위한 지침과 조언을 제공하는 독보적인 위치를 점하고 있는 국제기구다.

FAO에서는 식품 사슬의 전 과정에서 발생한 위기를 예방하고 관리하기 위해 좀 더 종합적이고 상호 협력적이며 합리적인 방법을 확보하기 위해 EMPRES Food Safety 프로그램을 개발했다.

EMPRES Food Safety 프로그램의 목적은 식품안전 위험 요소를 예방하고 관리하는 것으로 이 목적을 달성하기 위한 핵심은 지역, 국가 또는 국제적 규모로 발생한 다양한 식품 안전 위기 사태를 조기에 감지하여 경보를 발령하고 신속히 대응하는 데 있다. 따라서 FAO는 이 프로그램을 통해 개별 국가의 식품 안전 위험 요소의 발생을 확인할 수 있는 국제 프로그램을 개발하고, 식품 안전 위험 발생을 예방하기 위해서 개별 국가들이 어떤 위해 요소를 유의해야 하는지에 대한 지침을 제공하며, 시의 적절하게 대응할 수 있는 준비를 촉진하는 것을 1차적 목표로 삼는다.

FAO의 영양 소비자보호과(Nutrition and Consumer Protection Division) 내에 설립된 “EMPRES Food Safety 프로그램”의 주요 임무는 다음과 같다.

첫째, 식품 공급의 안전성 및 건전성과 관련하여 인류 건강의 잠재적 또는 급박한 위협의 원인을 확인하고 그러한 위험이 실제로 발생할 가능성과 그 영향을 평가한다.

둘째, 평가 과정에서 확인된 위험 요소들을 결정하고 이 위험 요소를 관리하기 위해 요구되는 특정 행동과 조언을 요청한다.

셋째, 성공적인 위기 대응에 필요한 다양한 정보를 중요한 이해관계자들에게 제공하기 위해 이해관계자 간의 정보 교환을 지원한다.

넷째, 위험 경감, 야외평가, 국가와 지역 수준의 제어 및 확산 방지, 검출 및 동정, 사전 준비와 우발사고 대응책 등의 제어 수단을 위한 전략을 개발하고 이행한다.

다섯째, FAO/WHO의 국제식품안전당국자네트워크(INFOSAN) 등과 지역 식품 안전 부처, 거점센터 등과의 관계를 유지하고 발전시킨다.

3) 한국

우리나라는 2003년 중국, 2006년 칠레에 이어 2009년 베트남과 식품 안전 협력 약정을 체결했다. 또한 2009년 11월 23일 '제3차 한·중·일 보건장관회의'에서 각국의 보건 장관이 식품 안전에 대해 논의한 뒤 '한중일 식품 안전에 관한 협력각서'에 서명했다. '한중일 식품 안전에 관한 협력각서'의 내용은 식품 안전에 대한 정보 교환, 문제 발생 시 신속 통보, 재발 방지 조치 등에 합의, 식품 유통에 문제가 있을 경우 신속하게 협의할 수 있는 채널을 구축한다는 내용이다. 그러나 우리나라에서는 매년 많은 식품안전사고가 발생하고 있으며, 많은 경우 외국과의 교역에서 비롯되고 있어 유럽의 긴급경보시스템이나 FAO의 EMPRES Food Safety와 같은 강력한 시스템의 구축이 요구된다.

3 모니터링 제도

모니터링 제도는 식품에 질병을 일으키는 물질이 함유되어 있는지, 잔류농약, 중금속, 기타 유해물질들의 허용 한계치가 지켜졌는지, 제품의 혼합이나 표시 사항이 식품법에 준하는지 등을 지속적으로 주시, 관찰하는 제도다. 독일의 지속적 사전 모니터링 검사, 호주와 뉴질랜드의 식중독 방지를 위한 모니터링 제도 등이 대표적인 사례라 할 수 있다.

1) 독일

독일에서는 지속적인 사전 모니터링 제도에 따라 장바구니 모니터링 프로젝트 모니터링을 실시하고 있따. 장바구니 모니터링이 전체의 60%, 프로젝트 모니터링이 40%를 차지하며 1년간의 검사 결과는 다음해의 1/4분기까지 수집하고 분석하여 2/4분기에 전년도 보고를 실시한다.

먼저, 장바구니 모니터링(market basket monitoring)을 살펴보면, 영·유아 식품을 포함한 모든 식품 또는 식품군 중 대표적인 장바구니 식품 15~20종을 국민 영양 섭취 조사 결과를 반영하여 식품을 선정하고 그에 따른 식이를 통한 위해 원인 물질의 섭취량을 측정하여 50여 곳에 달하는 모든 주정부 검사기관에서 검체 채취와 분석을 실시한 후 소비자 보호 및 식품안전연방청에 결과를 보고한다. 검사 항목으로는 현재 잔류 농약, 유기오염물질(PCBs, Dioxins, Polycyclic aromatic compounds), 중금속, Nitrite, Nitrate, 항생제 등이 있다.

프로젝트 모니터링(project monitoring)은 위해 조기 감지를 위해 위급상황이나 필요 상황에 따라 이슈가 되는 특별한 물질들을 연구하는 것으로 모두 주정부에서 실시할 수 있고 특별히 선정된 곳에서만 실시할 수도 있다. 검사 항목은 곰팡이 독소, 아크릴아마이드, 3-MCPD, Migration substance 등이 있다. 검사 대상은 장바구니 모니터링의 경우에는 국내산, 수입산을 망라한 유통식품에 대한 검사를 실시하고, 프로젝트 모니터링의 경우에는 검사 항목에 따른 검사식품을 지정하여 위해 가능식품 위주의 모니터링을 실시한다.

독일연방에서 담당하고 있는 지속적 사전 모니터링 제도와 별개로 독일의 16개 주정부 및 특별시에서는 식품 및 사료에 대한 일반검사 업무도 진행하고 있다. 독일 내 근거 법률로는 2005년 9월 1일에 '식품사료법'이 공표되었으며, 이와 더불어 EG규칙 No.882/2004이 2006년 1월 1일부터 근거 법령으로 적용되고 있다. 검사 대상은 식품 및 사료 외에 화장품, 포장재류, 섬유류, 장난감 등이 포함되며, 식품의 생산·저장·운반·판매까지 단계별로 관리하고, 1년에 최소한 2번 식품 생산 및 가공업체를 대상으로 검사를 실시한다. 또한 소비자의 신고로 문제가 있는 업체로 알려질 경우에는 업체의 검사 체계 자체를 검사 대상으로 철저히 검토하고 생산 또는 가공된 제품을 채취하여 국가 공인 분석기관의 전문가에게 분석을 의뢰한다.

2) 호주 · 뉴질랜드

호주와 뉴질랜드는 급식업체의 상황을 평가하기 위해 일정한 자격 요건을 갖춘 전문 모니터링 요원을 배출하고 있는데, 식품위생 감사요원 최종 승인에 대한 책임은 해당 정부 보건기관에 있지만, 승인 과정은 공식적으로 인증을 받은 자격 인증기구에 위임하고 있다.[5]

모니터링 전문요원의 역할은 식품위생 프로그램에 대한 감사를 수행하고, 요구되는 기준 사항과 급식업체의 상황이 일치하는가를 평가하고, 감사 결과를 해당 정부기관에 보고한다. 그러면 보고를 받은 해당 정부기관에서는 적절한 조치를 취해야 한다. 호주의 경우에는 식품위생 감사요원의 범주를 제1 감사요원(first-party auditor), 제2 감사요원(second-party auditor) 및 제3 감사요원(third-party auditor) 등의 세 가지로 분류하고 있으며, 외부 감사 업무를 맡고 있는 제2, 3 감사요원을 associate food safety auditor, food safety auditor 및 senior food safety auditor 등 3단계 수준으로 나누어 이에 따른 적합한 기준을 마련하고 있다. 모니터 요원의 자격요건은 첫째로 교육 훈련 과정 이수, 둘째로 실무 경험, 그리고 셋째로 실제 감사 경력으로 요약해 볼 수 있다. 또한 요원 승인 시 적용되는 기준은 국제적으로 인정된 것에 준하도록 하고, 2년에 1회씩의 재평가 과정을 포함하고 있다.

모니터링 시스템 운영 방법으로 호주에서 급식업을 대상으로 위생관리를 평가하는 방법은 내부감사와 현장 실사의 방법을 접목한 감사(auditing) 방법을 채용하고 있다. 국가적인 식품위생 감사 시스템은 위험 정도에 따라 고위험, 중위험, 저위험으로 구분되는데, 관리, 감사 시스템은 국제 표준화 규격의 감사 절차에 준해 개발되어 있다.

---

5) 국제적인 승인기구의 일원인 JAS-ANZ(Joint Accreditation System of Australia and New Zealand)가 국제적인 승인 기준인 EN 45013 General criteria for certification bodies operating certification of personnel에서 제시한 요건에 의해 승인된 The Quality Society of Australia(QSA)라는 기관에 위임하여 실제적인 감사요원의 자격 승인 및 등록이 이루어지고 있으며, 이 기관에서 감사요원 훈련 프로그램의 적합성 승인에도 책임을 지고 있다.

3) 한국

우리나라의 식품위생법 제32조에 의하면 관계 공무원과 그 밖에 식품위생에 관한 지도 등을 하기 위해 식품의약품안전청장, 특별시·광역시·도·특별자치도 또는 시·군·구에 식품위생감시원을 둘 수 있도록 하고 있다. 또한 동법 제33조에서는 식품의약품안전청장, 시·도지사 또는 시장·군수·구청장은 식품위생관리를 위해 등록된 소비자단체의 임원 중 해당 단체의 장이 추천한 자나 식품위생에 관한 지식이 있는 자를 소비자위생감시원으로 위촉할 수 있다는 조항을 두고 있다. '소비자위생감시원'의 역할은 식품접객업을 하는 자에 대한 위생관리 상태 점검, 유통 중인 식품 등이 표시 기준에 맞지 아니하거나 허위 표시 또는 과대 광고 금지 규정을 위반한 경우 관할 행정관청에 신고하거나 그에 관한 자료 제공, 식품위생감시원이 하는 식품 등에 대한 수거 및 검사를 지원할 수 있도록 하고 있다.

이에 따라 한국소비자원과 민간소비자단체 등에서 특정 제품을 대상으로 상품 테스트를 실시하고 있으나 이는 매우 제한적이다. 또한 모니터링 요원은 연 2회 자체 교육을 이수해야 하지만 호주·뉴질랜드처럼 특정 감시교육을 이수하는 등의 기준이 마련되어 있지 않아 현실적으로 식품안전 모니터링 제도는 법적 근거는 마련되어 있지만 현실적으로 매우 제한적으로 다루어지고 있다.

알아봅시다

식품안전 모니터링 제도

안전사고는 사전에 예방하여 사고를 경험하지 않는 것이 최선의 방법일 것이다. 식품안전 모니터링 제도는 식품안전사고를 사전에 예방할 수 있는 제도다. 현재 우리나라는 법적 근거와 제도가 마련되어 있지만 식품 위해를 모니터링하기 위해서는 많은 지식이 축적된 '전문 모니터 요원'과 '식품위생감시원'을 양성하는 프로그램을 마련하여 정기적으로 교육 및 연수를 시행 전문 모니터 요원과 식품위생감시원 제도가 체계적으로 정비된다면 제조식품뿐만 아니라 일반 요식업체 및 즉석 식품의 식품 안전 수준도 높아질 수 있을 것이다.

4 식품 인증 제도

1) 미국

식품의약국(Food and Drug Administration: FDA)의 식품 인증 제도(Generally Recognized As Safe: GRAS)는 일반적으로 안전하다고 인정된 물질에 대한 목록을 만들고 여기에 포함된 물질의 사용에 대해서는 큰 규제를 받지 않도록 하는 제도다. 식품안전 검수 과정을 단축시키고 식품 안전관리의 효율성을 높여줄 수 있다. FDA는 최종적으로 결정된 물질은 물론 현재 검사가 진행중인 모든 GRAS Notice 목록과 FDA 통보 내용을 web에 공개함으로써 소비자가 안전한 식품을 쉽게 찾아보고 선택할 수 있도록 돕고 있다.

2) 한국

우리나라에도 친환경 농산물 인증 제도, 우수농수산물 인증 제도, GMO 마크, KS마크 등 식품의 품질과 안전성을 입증해 주는 다양한 인증 제도와 라벨(label) 제도가 있다. 우리나라에 적용되고 있는 인증 제도는 <표 4-4>

〈표 4-4〉 한국의 식품 인증 제도

인증 마크	제도	개념	적용 식품	예 및 기타
K P G I	농식품 지리적 표시제	농수산물 및 가공품의 명성·품질 기타 특징이 본질적으로 특정 지역에 기인하는 경우 그 특정 지역에서 생산된 특산품임을 표시하는 것	농산물 및 이를 이용한 가공식품	이천쌀 여주쌀 나주배 순창고추장 등
우수농산물인증	우수농산물 인증 제도	농산물우수관리 제도는 농장에서 식탁까지 농산물의 안전을 확보하기 위해 생산 단계부터	원료농산물	

		수확 후 포장 단계까지 토양·수질 등 농업환경 및 농산물에 잔류할 수 있는 농약, 중금속 또는 유해생물 등의 위해 요소를 관리하고 그 관리 사항을 소비자가 알 수 있게 하는 체계		
GMP	우수제조관리 기준	우수한 제품을 생산하기 위한 최소한의 시설 기준	건강기능식품 의약품 화장품	
친환경유기농산물	친환경농산물 인증 제도	환경을 보존하고 소비자에게 좀 더 안전한 농산물을 공급하기 위한 제로로 친환경 인증 표시는 합성농약, 화학비료, 항생·항균제 등 화학자재를 사용하지 않거나 이의 사용을 최소화한 농산물에 부여	원료 농산물	유기농산, 친환경 유기농산물, 무농약농산물, 저농약 농산물
	위해요소 중점관리	식품의 원재료부터 제조, 가공, 보존, 유통, 조리 단계를 거쳐 최종 소비자가 섭취하기 전까지 각 단계에서 발생할 우려가 있는 위해 요소를 규명하고, 이를 중점적으로 관리하기 위한 위생관리 체계	어육 가공품 냉동수산식품 냉동조리식품 빙과류-비가열음료 레토르트식품	
ISO 22000	식품안전경영 시스템	식품 공급 사슬상의 모든 조직에 대한 요구 사항을 구제적인 차원에서 조화시킨 것	식품 공급 사슬 관리상의 식품 전체	
	가공식품 KS 인증	가공식품에 대한 합리적인 식품 표준 규격을 제정·보급	가공식품	

와 같다. 소비자는 인증 마크와 라벨을 통해 다양한 정보를 얻을 수 있다. 그러나 인증 마크가 매우 다양하여 해당 마크가 담고 있는 정보를 효과적으로 인식하고 활용하기 위해서는 소비자가 좀 더 적극적으로 다양한 정보를 탐색하고 이를 숙지하려는 노력이 필요하다.

알아봅시다

미국의 GRAS 제도

미국의 GRAS 제도는 인증 마크나 라벨(label) 제도는 아니지만 효율성과 간편화의 측면에서 유사한 점이 있다. 우리나라의 경우 간단한 표시로써 다양한 정보를 제공함으로써 제한된 면적에 작은 크기의 글씨를 통해 정보를 제공해야만 하는 비효율적이고 명시적이지 못한 단점을 보완할 수 있다. 그러나 그로 인해 소비자는 예전보다 더욱 똑똑해져야 하며 알아야 할 정보가 더 많아지는 부담감을 갖게 되었다. 각각의 라벨이 적용되는 식품이나 레이블의 개념들에 대한 정보를 숙지해야만 해당 라벨이 의미하는 바를 이해할 수 있기 때문이다. 따라서 다양하게 산재되어 있는 식품 라벨이나 인증 제도를 통합할 필요가 있다. 라벨이나 인증 제도를 통합할 경우 소비자는 통합 라벨을 보유한 식품은 식품 위해 요소, 원료, 우수성 등을 보장 받을 수 있고 안심하고 구매하여 사용할 수 있을 것이다.

연습 문제

1. 우리나라의 식품 안전을 위한 다양한 인증 표시를 찾아보고, 실제 상품에 이런 표시들이 얼마나 잘 표시되고 있는지 조사해 봅시다.
2. 최근 국내외적으로 발생했던 식품안전사고 사례를 조사해 보고 그 문제점과 해결 방안에 대해 정리해 봅시다.
3. 다양한 식품 안전관리 제도 중에서 한 가지 제도를 골라 제도의 문제점 및 발전 방향을 생각해 봅시다.

Chapter 05

의약품 안전관리 체계

제 1 절 의약품 안전관리의 문제점

1 의약품 안전관리의 중요성

국민소득 및 교육 수준의 향상에 따라 인간 삶의 복지 향상에 대한 요구도 크게 향상되었다. 소비자는 사회·문화·경제적 차원에서 '좀 더 안전하고 편리한' 삶을 추구하고 있으며, 이는 안전에 대한 욕구의 향상에 따른 새로운 소비자문제의 발현과 소비자 불만의 가능성을 증가시키고 있다. 특히 의약품과 같이 소비자의 생명과 직결되는 제품에서는 그 관심과 주의의 정도가 일반 소비재에 비해 월등히 높을 수밖에 없으며, 따라서 의학 기술의 발달에도 불구하고 의약품에 대한 소비자 불만과 안전사고는 뿌리 뽑히지 않고 있는 것이 현실이다.

2009년 베이비파우더에서 시작된 탈크(Talc) 논쟁은 화장품과 의약품으로까지 번져 가장 높은 시장점유율을 자랑하는 모 제약회사의 잇몸약이 판매 중지되는 사태가 벌어지기도 했다. 그런데 결론은 해당 제품에 석면이 함유된 문제의 탈크가 사용되지 않은 것으로 밝혀지면서 소비자와 해당 업체 모두 심각한 혼란에 빠지지 않을 수 없었다. 선진국에서는 1960년대 후

반부터 탈크에 대한 위험성을 인지하기 시작하면서 다양한 연구들이 시도되었고, 1971년에 난소암의 75%가 탈크 미립자에 의해 발생한다는 것을 발견했다. 또한 1993년 미국 국립 독물학(중독학) 프로그램(US National Toxicology Program) 보고서에 따르면 석면을 제거한 순수 탈크 원료만을 가지고 쥐를 대상으로 하루 6시간, 일주일에 5일, 113주 동안 탈크를 흡입하게 한 결과 심각한 종양 및 암이 발견되었다고 보고하고 있다. 이미 선진국에서는 그 위험성을 인식하고 20년 넘게 석면이 든 탈크 제품을 규제해 오고 있었으나 우리는 탈크에 대한 검사 기준조차 없는 실정이었다. 2004년에는 PPA 성분이 함유된 감기약이 뇌졸중을 일으킬 수 있다는 내용이 보도되면서 소비자들은 극심한 불안과 혼란을 겪었다. PPA 성분이 함유된 감기약의 판매·제조가 중단되었고, 제약회사에서는 대체 감기약을 신속히 생산해 판매하기 시작했다.

이러한 사건을 계기로 의약품에 대한 소비자 인식과 관여도는 매우 증가했으나 의약품의 상업화와 대중매체 및 판촉활동 등으로 말미암아 의약품에 대한 소비자의 의존도도 함께 증가했고, 이는 의약품 수요를 부추겨 일반 소비자들로 하여금 자가 판단에 의한 일반의약품 이용을 가져오고 있다. 의약품을 효능에 맞지 않게 사용하거나 전문가의 지시 없이 사용할 경우 심각한 부작용을 가져올 수 있다. 일반의약품 사용으로 인한 상병(傷病, illness)의 70~90%가 자가 치료에 의해 이루어지며, 개인의 주관적인 판단에 의한 의약품 오·남용의 문제가 심각하다고 보고되고 있다.

우리나라는 2000년 7월 의약 분업이 시행되면서 의사에 의한 처방과 약사에 의한 조제를 명확히 구분하고 있다. 그러나 소비자가 직접 약국에서 구입할 수 있는 일반의약품의 경우에도 전문의약품에 비해 약물의 민감도나 위험성이 다소 낮을 뿐 완전히 완벽한 것이라고는 할 수 없다. 따라서 의사나 약사와 같이 전문 의료인에 의해 추천되지 않고 소비자가 스스로 선택하게 되는 일반의약품의 경우는 소비자가 알기 쉽게 정확한 표시를 통해 정보를 제공해 주는 것이 무엇보다 중요하다.

특히 우리나라는 항생제 오남용의 문제가 심각한데, 항생제는 감염 질환을 일으키는 세균을 죽이거나 활동을 못하게 하는 물질로 세포벽을 녹여버

리기도 하고 세포가 단백질을 만드는 것을 방해하기도 한다. 그런데 세균의 일부는 항생물질을 이겨내고 살아남아 습득된 내성에 관한 정보를 서로에게 전달한다. 이렇게 항생제는 새로운 항생제에 저항하는 유전정보를 추가할 뿐 아니라 다른 세균들과 짝짓기를 하면서 유전정보를 전달한다. 이들을 내성균이라 하는데, 내성균은 해당 항생제가 세균의 세포 내로 들어오는 것을 선택적으로 막고, 세포 내로 들어온 항생제를 퍼내는 경우도 있으며, 투여된 항생제를 파괴하거나 변형시키는 사례도 발견되곤 한다. 또 항생제의 가짜 표적을 대량으로 만들어 투여된 항생제를 소진시키기도 한다. 최근에는 여러 가지 항생제에 대한 복합 내성을 키움으로써 지금까지 만들어진 어떤 항생제도 듣지 않는 수퍼박테리아까지 출현했다. 항생제 내성률의 증가와 복합 내성균의 출현은 응급 현장에서 사람의 생명을 위협하기도 한다.

국내 항생제 처방률은 외국 평균의 2배에 이르고 국내 항생제 내성균 비율이 세계 최고 수준에 이르는 등 우리나라의 항생제 오남용 문제는 심각한 실정이다. 가톨릭대 의대 연구팀의 연구 결과에 따르면 축농증, 폐렴, 중이염 등을 앓고 있는 어린이 환자의 80% 정도에서 페니실린이 약효를 보이지 않는다는 결과도 있고, 식약청의 조사 결과를 보면 국내 감기 환자의 항생제 처방률이 55.75%(2008년 1분기 기준)로 10~40%대인 선진국보다 높다. 특히 7세 이하 어린이에 대한 항생제 사용은 일반 국민에 비해 2배가량 높은 것으로 나타나 소아 항생제 처방에 심각한 문제가 발견되었다.

최근 신약 연구가들은 "항생제 내성은 이미 인간의 효과적인 항생제 생산 능력을 넘어서고 있다"고 경고할 정도가 되었다. 항생제가 남용되면 감기나 독감은 물론 결핵이나 폐렴, 방광염, 기관지염, 중이염 등 일반적인 병의 치료마저 어려워진다. 따라서 항생제 사용에 대한 경각심을 갖고 좀 더 신중히 항생제를 사용하는 것이 중요하다.

항생제 남용은 경제적으로도 불필요한 비용을 초래하여, 환자 1인당 항생제 내성균에 의한 비용이 비감염자의 1.3배에 달한다. 외국에서는 이러한 비용 손실을 막기 위해 MRSA, VRE 등에 대한 조사가 활발히 이루어지고 있으나 우리나라는 상대적으로 이러한 노력이 부족한 실정이다. 따라서 일반 소비자들에게 올바른 항생제 사용에 대한 교육을 실시하고 항생제에 대한 인식을 높이는 것이 중요하다.

이와 같은 올바른 항생제 사용의 필요성에 대해 사회적 관심이 증가하면서 식품의약품안전청은 2008년 12월 16일 항생제의 잘못된 사용을 줄이기 위해「어린이 항생제 복용법」소책자를 발간했다. 이에 따르면, 5세 미만의 아동은 평균 1년에 10회 감기에 걸리지만 이 중 80~90%는 항생제를 먹어도 아무 효과가 없다. 항생제가 필요한 경우는 10~20%를 차지하는 일부 세균성 감염증뿐이다. 아이가 열이 난다고 해도 호흡 곤란·기침·구토·설사 등의 증상이 없으면 약 없이도 나을 수 있다. 기침이나 콧물도 세균성 질환과 관계 있는 경우는 드물다. 이 책자는 항생제를 쓸 때도 먼저 세균 배양검사를 해 정확한 병원균을 알아내야 한다고 지적하면서 무조건 항생제를 처방해 달라고 요구하면 오히려 항생제에 대한 내성만 생기고, 내성이 생기면 정말 필요할 때 약효가 떨어질 수 있음을 설명한다.

정확한 항생제 복용을 위해 외국의 경우 처방약은 3일을 복용하더라도 항생제가 10일치 필요하다면 의사를 다시 찾을 필요가 없도록 10일치를 처방하기도 한다. 그러나 우리나라는 2~3일씩만의 처방전을 발급하기 때문에 증상이 호전된 것 같으면 환자들이 병원을 찾지 않아 내성균을 키울 수도 있다. 항생제의 내성률을 줄이기 위해서는 의사, 환자, 약사, 정부 모두의 관심이 필요하다. 의사는 질환별로 적절한 항생제를 선택하고 사용 기간을 지켜야 한다. 약국에서는 환자에게 항생제 내성에 대해 경각심을 심어 주면서 약 먹는 방법을 좀 더 적극적으로 안내해야 한다. 환자는 염증을 빨리 없앨 욕심으로 의사에게 함부로 항생제 처방을 요구해서는 안 된다. 정부나 관련 단체는 의사와 약사들에게 최신 항생물질에 대한 교육을 지속적으로 제공해야 한다. 국민을 상대로 한 항생제 사용에 관한 캠페인도 필요하다.

최근 몇 년간 항생제 내성의 위험성에 대한 홍보가 과거에 비해 많아졌지만 아직도 일반 소비자들의 항생제에 대한 지식은 부족한 실정이다. 특히 의약품에서는 표시 제도를 적극 활용하여 소비자에게 정보를 제공할 필요가 있다.

2 의약품 표시 제도

1) 표시 제도의 의의

표시 제도란 상품이나 서비스의 가격 및 품질에 관한 기본적인 정보를 생산자나 공급자가 상품의 포장이나 용기에 표시하도록 하는 제도다. 주로 품질 및 성분, 효능 및 성능, 제조 일자 및 유효 기간, 사용 방법, 수리 보증, 서비스 상품의 경우 약관 등의 표시를 의무화하고 있는데, 소비자의 정보 수요에 따라 무수히 많은 형태가 있을 수 있다. 표시 제도는 일정한 표시를 의무화함으로써 근본적으로 그것이 없을 경우에 발생하게 되는 많은 정보 비용을 감소시키기 위한 것이다. 그러므로 어떤 사항을 표시하게 하느냐는 대단히 중요한 문제라고 할 수 있다. 제한된 공간에 가장 유용한 정보를 최대한 많이 제공하기 위해서는 각각의 상품과 관련하여 소비자의 안전에 가장 중요한 영향을 미치는 사항을 표시하도록 해야 한다.

구체적으로 우리나라 공정거래 지침을 보면 표시는 사업자가 자기가 공급하는 상품 또는 용역의 품질, 규격, 기타의 거래 조건에 관한 사항에 대해 소비자가 알 수 있도록 해당 상품이나 이의 용기, 포장 또는 사업장 등에 설치된 표시판에 부착하여 기재한 문자나 도형 및 포장 그 자체를 말한다. 표시는 소비자가 상품을 구매하고 사용하고 보존할 때 매우 중요한 정보 원천이라고 할 수 있다. 구체적으로 표시는 소비자가 상품이나 서비스의 내용과 거래 조건 등을 경험만으로 식별할 수 없을 경우에는 합리적인 구매가 불가능하게 되기 때문에 그 내용과 거래 조건에 대한 정보를 가지고 있는 자로부터 적정한 표시가 필요하다.

오늘날과 같이 고도로 기술화된 상품의 내용을 소비자 스스로의 지식과 정보만으로 식별하는 것은 거의 불가능하다. 특히 의약품의 경우 매우 전문적인 상품일 뿐 아니라 한번 복용으로 치명적인 부작용을 초래할 수 있는 상품이기 때문에 구입 단계에서부터 사용 단계 및 보관 등에서 소비자들의 세심한 주의가 필요하다. 따라서 소비자의 의약품 소비에서 표시된 정보의 내용은 안전하고 합리적인 소비자 생활을 영위하기 위해 없어서는 안 될 필수 사항이며, 이러한 표시 내용에 대한 소비자의 올바른 이해와 적절한 사용이 요구된다.

약사법 제2조에서는 의약품을 전문의약품과 일반의약품으로 구분하고 있다. 전문의약품은 '사람의 구조, 기능에 위해를 가할 우려가 있으며, 용법 또는 용량에 대한 전문적인 지식을 필요로 하는 의약품으로 의약품의 제형과 약리작용상 위해를 일으킬 우려가 있는 적응증을 갖는다고 지정하는 의약품'을 말하며 그 밖의 의약품을 일반의약품이라 정의한다.

일반의약품은 선택과 사용 주체의 관점에서 볼 때 의사의 처방 없이 직접 구입해서 사용하는 자가요법(self-mediation) 의약품이므로 일반 대중의 특별한 관심 대상이 되며, 상세하고 안전을 중시한 정보가 요구된다.

2) 의약품 표시 제도의 현황

구체적으로 일반 의약품에 대한 표시 규제를 살펴보면 약사법 제59조에는 의약품의 용기나 포장 또는 첨부 문서에 표시 사항을 기재할 경우 다른 문자, 기사, 그림 또는 도안보다 쉽게 볼 수 있는 부분에, 알기 쉽고 이해하기 쉬운 용어로 정확히 적어야 하며, 사용상의 주의 사항은 알아보기 쉽도록 명확하게 기재해야 한다고 명시하고 있다.

최근 식품의약품안전청에서는 의약품의 표시지침을 발표함으로써 소비자가 의약품을 올바르게 사용하고, 의약 전문가가 의약품을 바르게 투여할 수 있도록 의약품 정보를 이해하기 쉽게 정보를 제공하도록 하고 있다.

또한 식약청 "일반의약품 용기 포장 및 첨부문서 표시 기재 가이드라인"에서 제시한 첨부문서의 기재 항목을 살펴보면 '첨부문서 숙지 및 보관에 관한 사항'에서부터 '첨부문서 작성 또는 개정 연월'까지 18개의 항목을 순서대로 표시토록 명시하고 있는데, 이에 대한 구체적인 내용을 살펴보면 <표 5-1>과 같다.

최근 한국소비자원의 연구보고서(2008)에 따르면 시중에 유통 중인 일반의약품 33종 61개 제품을 대상으로 제품의 포장용기 55개, 직접용기 23개,

〈표 5-1〉 의약품 표시 사항

1. 첨부문서 숙지 및 보관에 관한 사항	10. 효능, 효과
2. 일반의약품 표시	11. 용법, 용량
3. 제품명	12. 사용상의 주의 사항
4. 중량 또는 용량이나 개수	13. 저장 방법
5. 주성분의 명칭, 분량 및 규격	14. 포장 단위
6. 방부제의 명칭 및 분량	15. 소비자의 상담 창구(전화 또는 이메일 주소 등)
7. 동물 유래 성분	16. 교환에 관한 문구와 방법
8. 성상	17. 제조업자 또는 수입자의 상호 및 주소
9. 제품의 특징	18. 첨부문서 작성 또는 개정 연월

첨부문서 46개 등 124개에 표시된 글자의 크기를 측정한 결과 12곳(99.2%)의 글자 크기가 8포인트보다 작은 것으로 확인되어 식약청에서 제시하는 지침에 미치지 못하는 것으로 나타났다. 또한 이 보고서에서는 일반약 대부분이 소비자가 이해하기 어려운 한자 용어를 그대로 사용하고 있는 것으로 나타났다. 조사 대상 61개 대상 제품 중 56개 제품인 91.8%가 포장용기 또는 첨부문서에 식약청이 정한 어려운 용어 241개 중 1개 이상의 용어를 사용하고 있는 것으로 나타났다.

제 2 절 국내외의 의약품 안전관리 체계

1 우리나라의 의약품 안전관리 체계와 정책

1) 의약품 안전관리 체계

우리나라의 의약품 안전관리는 식품의약품안전청에서 주도적으로 담당하고 있다. 식품의약품안전청은 식품, 의약품, 의료기기의 세 가지 핵심 영역에 대해 안전을 추구할 것을 조직의 비전으로 삼고 있어 이를 대변한다.

구체적으로는 식품의약품안전청의 의약품안전국에서 주된 의약품안전관리 정책을 추진하고 있으며, 이 밖에 보건복지부, 질병관리본부에서도 의약품 안전관리를 위해 중요한 역할을 담당하고 있다.

먼저 식약청의 의약품안전국은 의약품안전정책과, 의약품관리과, 의약품 품질과, 마약류관리과로 구성되어 있으며 해당 부서별 담당 업무는 <표 5-2>와 같다.

보건복지부에서는 의약품정책과를 두고 있으며, 의약품 정책과는 의약품 관련 정책에 관한 종합계획의 수립 및 조정하고 의약품 등 관련 법령을 수

〈표 5-2〉 식약청 의약품안전국 부서별 담당 업무

부서	담당 업무
의약품 안전 정책과	1. 의약품(한약·생약제제 및 생물의약품은 제외한다)의 안전관리에 관한 정책 개발 2. 의약품에 관한 법령 및 고시의 제정·개정 3. 의약품 허가 및 안전관리에 관한 종합계획의 수립 4. 희귀의약품의 지정 및 희귀의약품센터의 운영 5. 중앙약사심의위원회 운영 6. 대한약전 등 규격 기준의 제정·개정 7. 의약품 허가·특허 및 소비자정보 관리 8. 의약품의 제품별 위해요소 분석 및 안전관리 대안 검토 총괄 9. 그 밖에 국내 다른 과의 주관에 속하지 아니하는 사항
의약품 관리과	1. 의약품의 품질 관리 2. 약사감시계획의 수립·조정 3. 의약품의 기재 사항, 광고 및 판매 질서 준수에 대한 지도·단속 계획의 수립 및 조정 4. 의약품의 생산·수입 실적 등 통계에 관한 사항 5. 약사감시원의 임면 및 교육 6. 의약품의 재평가 및 재심사 총괄 7. 의약품 피해구제 제도의 운영 지원 8. 의약품 부작용 및 안전성 정보관리 9. 의약품 적정 사용 기준 종합계획 수립 10. 의약품의 회수·폐기에 관한 종합계획 수립 및 조정 11. 우수의약품 유통관리 기준(KGSP) 총괄 12. 의약품 제조업 및 판매업의 시설 기준 관리

의약품 품질과	1. 의약품의 제조 및 품질관리 기준(GMP) 관련 계획 수립 2. 의약품의 제조 및 품질관리 기준 제도 운영 3. 의약품의 제조 및 품질관리 기준 관련 교육 수립 및 운영 4. 의약품의 제조 및 품질관리 기준 관련 국제협력 업무 5. 의약품 제조업소 및 제조·수입 품목의 제조 및 품질관리 기준 평가 및 지도 6. 의약품 제조업소의 제조 및 품질관리 기준 변경 관리 7. 신고 대상 원료의약품 실태조사 8. 원료 의약품의 제조 및 품질관리 기준 평가 및 지도
마약류 관리과	1. 마약류 관련 법령 및 제도 검토 2. 마약류관리 기본계획의 수립·조정 및 제반 통계관리 3. 마약류 및 원료물질 관리 국제 협력 4. 마약류의 제조·수출입업 및 품목 허가 5. 마약류 수출입 승인 및 수급 관리 6. 마약류의 취급 승인·양도 승인 및 수입 허가 공인 증명 7. 원료물질의 수출입 승인 및 공인 증명 등 8. 마약류 원료 사용자·제조업자·수출입업자 및 품목에 대한 행정처분 9. 마약류의 품질관리 10. 마약류 감시원 임면 및 교육 11. 마약류 및 오남용 우려 의약품의 오남용 예방에 대한 홍보·교육 12. 마약류 관련 단체의 지도 및 감독 13. 신종·유사 마약류의 화학구조적 구분·확인 14. 오남용 우려 의약품의 지정(품목 허가나 신고를 한 의약품에 대한 사후 지정만 해당한다) 및 관리

출처: http://kfda.go.kr/index.kfda?mid=255&page=dept&dept=1470529

립한다. 또한 의약분업 제도를 수립·운영하며, 의약품 안전정책의 수립·조정, 약사 인력 제도에 관한 연구, 의약품 등에 대한 유통정책의 수립 및 조정, 중앙약사심의위원회 및 의료기기위원회를 운영한다.

그 밖에도 우리나라는 공중보건 위기에 대응하고 국민들의 질병 예방 및 정보 축적을 위해 질병관리본부를 두고 있다.

2) 의약품 안전관리정책

식품의약품안전청에서는 2011년을 선진국형 의약품 안전관리 체계 시스템 구축의 원년으로 삼겠다는 목표 아래 주요 추진정책을 발표했다. 발표 내용은 상대적으로 취약했던 우리나라 의약품 안전관리 체계를 선진화하고, 현대 사회의 다양한 변화와 요구를 즉각적으로 반영해 실효성 있는 정책을 추진하려는 의지를 담고 있다.

최근 의약품 안전과 관련된 대외 환경 변화 및 동향을 보면, 미국, EU, 일본 등 제약 강국을 포함한 세계 의약품 시장 규모가 2009년 기준으로 8,370억 달러(한화 약 1,068조 원)로 지난 6년간 8% 이상의 꾸준한 성장세를 보이고 있다.

국내 의약품 시장도 2009년 기준으로 약 143억 달러(18.2조) 규모로 지난 5년간 연평균 성장률 9.7%를 기록하는 등 꾸준히 높은 성장세를 보이고 있다. 그러나 아직 우리나라의 의약품 수출입 현황을 보면, 2009년 기준으로 수출은 14억 달러, 수입은 41억 달러로 수입이 수출을 훨씬 상회한다. 한편 삶의 질 향상, 라이프스타일의 변화에 따라 소비자·환자들의 의약품 안전과 품질에 대한 요구가 지속적으로 증가하고 있으며, 이에 따른 올바른 의약품 정보 제공이 중요한 과제로 대두되고 있다. 또한 의약품 안전정보의 전달 체계가 기존의 의약 전문인을 통한 간접적인 전달에서 소비자·환자에게 직접 전달되는 추세로 변화하고 있으며, 그에 따른 보건 당국의 규제 또한 사후 조치 위주에서 사전 예방적 시스템으로 전환해야 하는 국면을 맞고 있다.

20011년 식약청 의약품안전국 의약품안전정책과에서 발표한 2011년도 의약품안전관리정책의 방향을 살펴보면 식약청에서는 ① 새로운 의약품 허가 및 관리 체계 구축, ② 선진국형 의약품 안전관리 시스템 마련, ③ 소비자·환자에 대한 의약품 안전정보 제공 활성화, ④ 우수의약품 개발 지원 및 경쟁력 지원 체계 구축을 주요 추진전략으로 삼고 있다.

첫째, 새로운 의약품 허가 및 관리 체계 구축을 위해 사회적인 요구가 높은 희귀질환 치료제, 소아용 의약품, 항암제 등의 빠른 개발 및 출시를 지원할 예정이다. 기존보다 안전성·유효성 등이 현저히 개선된 의약품을 품목 허가 이전에 희귀 의약품으로 지정하여 허가 심사 요건을 완화하고, 소아 및 청소년에 대한 임상시험을 거친 소아용 의약품, 진행성 암치료제에 대한 우선 신속심사 등 인센티브를 제도화할 계획으로, 희귀 질환자들을 위한 의약품과 소아 등 취약계층을 위한 의약품 개발이 더욱 활성화될 전망이다. 또한 전문의약품 지원 활성화와 더불어 일반의약품의 개발 및 출시를 촉진하기 위해, 감기약, 해열진통제 등 약국에서 쉽게 접할 수 있는 일반의약품에 대한 별도의 허가 심사 기준을 마련할 예정이다.

둘째, 선진국형 의약품 안전관리 시스템 마련을 위해서는 매년 증가하는 국내 의약품 부작용 정보 및 해외 안전정보에 대해 자체적으로 수집·평가하고 조치하기 위한 자체 역량 강화를 추진해 나갈 예정이다. 이를 위해 미 FDA와 유럽 EMA 등 선진국 안전관리기관이 운영하고 있는 의약품 위해성 완화전략(Risk Evaluation & Mitigration Strategy: REMS)이 국내에 도입될 전망으로, REMS가 국내에 도입되면 허가심사 단계에서 예측되는 의약품 사용 피해에 대해 기업이 사전관리계획을 제출, 식약청이 검토하여 승인하는 절차를 거치게 되어 사전에 예상되는 의약품 부작용을 예방하는 데 효과적이다. 또한 국내 의약품에 대한 시판 후 부작용 정보를 수집·분석·평가하기 위한 전문기관인 '의약품안전정보관리원'을 설립 추진하고, 지역약물감시센터도 확충(15개→20개)하는 등 부작용 관리 인프라를 크게 확대해 나갈 계획이다.

셋째, 소비자·환자에 대한 의약품 안전정보 제공 활성화를 위해 의약품의 사용상 주의 사항, 용법 용량 등 의약품 사용 시 필요한 정보를 모바일·인터넷으로 제공하는 '온라인 의약도서관'을 개설하여 시범 운영할 예정이다. 또한 병용 금기·연령 금기·임부 금기 등 2,500개 의약품 성분에 대해 의약품 적정 사용 정보를 개발·제공하게 되며, 기업에 대해서도 의약품 개발에 도움을 주기 위한 허가심사 정보 공개를 대폭적으로 확대하여, 유형별로 정리한 의약품 허가심사 사례 및 생동성 시험 정보, 기준 규격에 대한 정보를 체계적으로 공개해 나갈 예정이다.

넷째, 우수의약품 개발 지원 및 경쟁력 지원 체계 구축을 위해 미국, 유럽 등 선진국의 우수제조 품질관리 기준(GMP)을 충족하기 위해 제약-IT 융합 생산·품질관리 시스템을 개발하여 보급하고, 항암제 사전 GMP 평가 시 제조 단위를 조정(3개→1개)하는 등 국내 GMP 기준을 합리적으로 개선해 나가기 위한 노력을 기울여 나갈 계획이다. 특히 우수한 국내 의약

[그림 5-1] 온라인 의약도서관 정보 제공

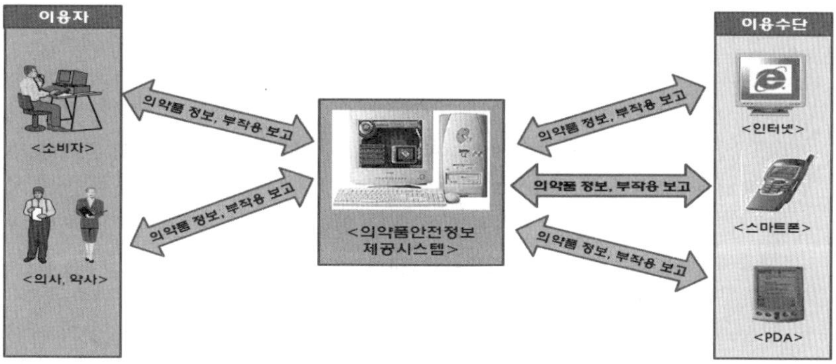

품의 해외 수출을 장려하기 위해 관계 부처와 함께 '민관협력 의약품 수출지원추진단'을 2011년 상반기에 발족하여, 수출 대상국 허가 정보 제공, 성공 모델 조기 창출 등 체계적인 수출업체 지원책을 마련할 예정이다.

2 외국의 의약품 안전관리 체계

1) 중국

중국의 의약품 관리 체계는 중국국가식품약품감독관리국(State Food and Drug Administration: SFDA)에 의해 총괄 관리·감독된다. SFDA는 국무위원의 구조조정계획에 의해 제10회 인민대의원회의 첫 번째 총회와 "정부 구조에 대한 국무위원 통지"(No.8.2003.)에서 찬성하여 식의약국은 의약국을 기본으로 설립되었다. 식의약국은 식품, 건강식품과 화장품의 안전관리의 전반적인 감시를 담당하는 국무위원의 직접 관할기관으로 했다.

중국국가식품약품감독관리국은 식품, 건강식품, 화장품, 의약품을 대상으로 총 14가지 임무를 규정하고 있으며, 해당 내용은 <표 5-3>과 같다.

〈표 5-3〉 중국국가식품약품감독관리국의 임무

① 식품의 안전한 관리, 건강식품 및 화장품의 법률과 규정을 마련하기 위한 관계 기관 조직화, 광범위한 감시 정책, 적업계획 및 그 것의 수행감시를 제도화하기 위해 관련된 기관을 조직화
② 법률에 따라 식품의 안전관리, 건강식품 및 화장품의 광범위한 감시를 수행하기 위해 관련 기관에 의해 수행되는 식품의 안전성, 건강식품 및 화장품의 조직화 및 통합 감시 체계
③ 식품, 건강식품 및 화장품의 여러 안전사고에 처벌을 부과하고 조직화 및 조사를 실행하기 위해 식품, 건강식품 그리고 전국적인 화장품 안전에 관한 특정 법 시행 캠페인 시행과 조화, 조직, 주의회에 의한 권한 위임, 식품, 건강식품과 화장품의 여러 안전사고에서 응급 구조작업을 실행하는 데 관련 기관들과 협동하고, 통합, 조직화
④ 광범위한 통합 테스트 및 식품, 건강식품과 화장품의 안전성을 위한 평가, 관련 기관들과 협력하여 식품, 건강식품과 화장품의 안전성을 위한 감독 정보의 제공에 관한 규정을 형식화 및 그것의 수행을 모니터링, 관련 기관으로부터 식품, 건강식품 및 화장품의 안전성 정보를 종합하여 국민에게 제공
⑤ 약 투여와 그 수행을 감시에 관한 법률 및 행정규정을 하기 위해 법률 또는 규정에 따른 한약재(전통 중국 의약)의 보호 시스템과 의약품에 대한 행정보호 시스템을 실시
⑥ 의료기기의 관에 관한 법률 및 규정과 그것의 수행을 위해 의료기기의 등록 및 규정을 담당한 적절한 국내 기준 마련, 의료기기의 전문적 기준 마련 및 개정, 제조 기준과 그 실행을 감시
⑦ 의약품 등록, 입안, 개정 및 의약품의 국내 기준 공표, 건강식품의 판매 승인에 대한 규정 마련, 처방약과 OTC 의약품에 관한 분류시스템 마련, ADR 시스템 제정과 향상, 의약품 재평가의 책임, 회수된 의약품 재검토 및 국내 주요 의약품 리스트 공식화
⑧ 의약 연구와 제조, 유통과 사용, 이행 감시에 대한 우수 기준 수정과 개정
⑨ 의약품품질과 제조사, 유통업자와 의료기관의 의료시설의 관리를 위해, 정기적으로 의약품과 의료기기에 관한 국내 품질고시를 공표, 법률에 따른 모방 및 저급의 약품과 의료기기 제조 및 판매의 불법행위 조사 및 처벌
⑩ 법에 의해 방사능 오염 의약품, 마약, 유통화학약품, 항정신제 및 기타 관리되는 의약품과 기기를 규제하기 위함.
⑪ 면허약사에 대한 자격검증 시스템 마련, 면허약사의 등록을 감시 및 감독
⑫ 식품, 건강식품과 화장품의 안전관리에 관한 국내 의약품 규제 감독 및 관리를 위한 감시
⑬ 외국 정부와 국제기관과 함께 의약품규제, 식품의 적절한 안전관리, 건강식품과 화장품의 교환과 협조
⑭ 주의회에 의해 정한 기타 업무

〈표 5-4〉 일본 의약식품국의 담당 업무

① 국민의 생명과 건강을 담당 ② 유효한 의약품 등을 신속히 제공 ③ 의약품 등의 안전성 추구 ④ 국민의 헌혈에 의한 안전한 혈액 제제 제공 ⑤ 약물 남용이 없는 사회를 목표

2) 일본

일본의 식품·의약품 안전관리 체계를 보면 구(舊)후생성 시절에는 의약품 안전관리는 '의약안전국'에서, 식품 안전관리는 '생활위생국'의 식품보건과에서 분리하여 담당했다. 이를 통해 일본에서는 전통적으로 의약품 안전이 식품 안전에 비해 강조되었음을 알 수 있다. 현재 일본 후생성 의약식품국에서는 의약품·의약부외품·화장품·의료기기의 유효성·안전성 확보 대책 외에 혈액사업, 마약·각성제 대책 등 국민의 생명·건강에 직결하는 모든 문제를 담당하고 있으며, 의약식품국의 담당 업무를 자세히 살펴보면 <표 5-4>와 같다.

① 국민의 생명과 건강을 담당

의약품/의료기기의 발전은 국민의 건강 위생을 급격히 향상시켜 왔는데 최근에 첨단 기술의 눈부신 발전에 따라 더욱 효과가 우수한 여러 가지 제품이 개발되고 있는 한편, 사용 방법이 어려운 것, 종종 심한 부작용을 일으키는 것도 늘어나고 있다. 이러한 상황 속에서 의약식품국은 의약품 등의 안전성 및 유효성을 확보하기 위해 위해실험에서부터 승인 심사, 시판 후에 이르기까지 종합적인 대응 노력을 추진하고 있다.

② 유효한 의약품 등을 신속히 제공

의약품 개발의 최종 단계에 있는 시험에 대해서는 1998년 4월부터 '의약품의 임상시험 실시 기준(신GCP)'을 전면 시행하여 의약품의 과학성 및 윤리성 확보를 도모하고 있다.

또 의약품의 승인 심사 체제에 대해서는 1997년 7월 승인 심사를 전문으로 하는 '의약품/의료기기심사센터'를 설치, 3년 계획으로 심사관을 증원하는 등 근본적인 체제 강화를 도모하고 있다.

나아가 우수한 의약품을 국민에게 신속하게 제공하기 위해 '일본-미국-EU 3국 의약품 승인심사조회 국제회의(ICH)' 등을 통해 의약품 등과 관련한 규제의 국제적인 조화를 도모하고 있다.

③ 의약품 등의 안전성 추구

의약품 등의 안전성을 확보하기 위해서는 부작용 등과 관련한 정보를 국내외에서 널리 수집하여 적절히 평가하는 동시에 신속히 대책을 강구하고, 이러한 정보를 의약 관계자 등에게 널리 제공할 필요가 있다. 이를 위해 일본의 의약식품국은 다양한 안전 대책 시스템을 구축하는 동시에 1995년 5월에 인터넷을 활용한 '의약품 정보 제공 시스템'을 운영하기 시작했다.

또한 병원의 여러 과에서 진료를 받음으로써 발생되는 중복 투약이나 약물의 상호작용을 배제하는 동시에 약사가 환자에게 충분한 복약 지도를 실시하도록 하고 있다.

④ 국민의 헌혈에 의한 안전한 혈액 제제 제공

헌혈 혈액으로 만들어진 수혈용 혈액 제제와 각종 혈장 분획 제제는 의료에서 없어서는 안 될 귀중한 의약품이다. 따라서 헌혈받은 혈액의 유효한 이용, 의료 현장에서 혈액 제제의 적정한 사용, 최신 과학 기술 도입 등을 위한 각종 시책을 추진하고, 일본 내에서의 혈액 제제의 자급 및 안전성 확보를 위해 노력하고 있다.

⑤ 약물 남용이 없는 사회를 목표로

일본은 각성제를 중심으로 한 약물 남용이 심각한 사회문제가 되었다. 이러한 상황에 대응하기 위해 1998년 5월에 책정된 '약물 남용 방지 5개년 전략'에 기초하여 약물 남용 근절 종합 추진계획을 실시했다. 정부기관을 중심으로 단속 강화, 계몽활동의 충실, 재남용 방지 대책 추진, 국제 협력 추진 등의 다양한 대응 노력을 전개하고 있다.

3) 미국

미국의 식품의약품 안전 업무는 미국 식품의약국(Food and Drug Administration: FDA)에서 담당한다. FDA의 기원은 19세기 설치된 미국 농무부의 화학과다. 미국 농무부 화학과가 설치된 1848년 미국에서는 불량 식품과 불량 의약품의 범람으로 사회적으로 큰 물의를 일으켰고, 국민의 체계적이고 포괄적인 식품관리 요구가 높아지고 있었다. 이러한 요구에 부응하기 위해 미국은 '수입의약품법'을 의회에서 체결하고 이를 다룰 전문적 기구인 화학과를 농무부 산하에 개설했다. 이후 1901년 화학국으로 승격되고 1931년 지금의 식품의약품안전관리국으로 개명된 후 몇 번의 개혁을 거쳐 1980년 미국 후생성 산하의 기구로 FDA가 창설되어 국민의 식품의약품 안전 업무를 담당하고 있다.

제 3 절 의약품 안전관리 제도

1 공급 중단 의약품 관리제도

공급 중단 의약품 관리제도(Drug Shortage Program)는 의약품 공급이 중단됨으로써 발생할 수 있는 국민보건의 긴급 상황에 대비하고, 시장에서 의약품의 생산·공급·유통이 원활하게 유지될 수 있도록 관리하는 제도다.

1) 한국

우리나라는 현재 의약품의 생산·공급 중단을 공식적으로 보고하는 체계가 없고 문제 상황이 발생했을 때 제약회사가 자율적으로 의료기관에 통보를 하고 있다. 시장에서의 의약품 공급 중단은 드물지 않게 발생하고 있으며, 진료에 꼭 필요한 의약품이 불가피하게 장기간 동안 공급이 부족한 경우도 있다.

2) 미국

미국의 공급 중단 의약품 관리제도는 시장에서 발생하는 의약품 공급 중단 상황을 파악하고 공급 중단 문제를 신속히 해결하고자 하는 목적에서 1999년부터 운영하고 있다. '의약품 공급 중단'이란 임상적으로 호환이 가능한 미국 식품의약국이 통제하는 모든 의약품이 현재 또는 장래에 이용자의 요구를 충족시킬 수 없는 상황을 말한다.

공급 중단 의약품 관리제도는 의학적으로 필요한 의약품의 부족이 공중보건상 심각한 결과를 야기할 수 있으므로 이를 우선적으로 예방하거나 완화하기 위한 제도다. 의약품 공급 중단의 가장 큰 원인은 제조상의 문제다. 제조상의 문제는 생산시설이나 과정에 문제가 발생하여 의약품을 생산·공급하기 어려운 경우로, 공급 중단 의약품 관리제도는 FDA가 운영하고 있는 FDA는 의약품의 공급 중단을 확인하고 그 원인을 파악한 후 규제기관으로서의 권한과 전문성을 이용하여 제약기업과 협조적·선제적으로 대응하여, 공급문제를 해결하고자 한다.

FDA는 제약기업으로부터 의약품 공급 중단에 관해 자발적인 보고를 받는 것 외에, 국민보건 차원에서 반드시 필요한 의약품의 시장 공급이 중단되는 경우 이를 파악할 수 있는 법적 규정을 마련하고 있다. 또한 FDA는 재난 또는 전염병 창궐 등 국민보건 차원의 비상사태에 대비하여 반드시 갖추어야 할 의약품의 목록을 데이터베이스로 관리하고 공급 상황을 모니터링하고 있다. 대상이 되는 의약품은 항암제, 유행성 인플루엔자 대비 항생제 및 항바이러스제, 인슐린제, 천식치료제, 수액제 등이다.

2 자발적 의약품 유해반응 신고

자발적 의약품 유해반응 신고는 의약품의 부작용에 관한 정보를 수집하여 의료인들로 하여금 신약의 적정 사용을 권고하고 상품 사용설명서에 누

락된 부작용에 대한 정보를 제공함으로써 의약품으로 인해 발생할 수 있는 심각한 신체적 유해반응을 미연에 방지하고자 시행된 제도다.

1) 한국

우리나라는 1985년 8월 19일 의약품의 유해반응에 관한 정보 수집 등을 규정하고 전국에 산재한 약국 217개소와 병원 159개소 등 총 376개소의 모니터링 기관을 지정하여 자발적으로 약물 유해 사례를 신고하도록 하여 미국과 유사한 모니터링 제도를 운영하기 시작했다.

1990년 8월 31일에는 전국 모니터기관을 920개소로 확대 지정했고, 유해 사례 보고 양식을 간소화하고, 세계보건기구(WHO), 미국, 일본 등으로부터 약물 유해 사례 발생 정보를 입수하여 정리하는 문헌정보 모니터평가반을 상설 운영키로 했으며, 대한병원협회를 포함한 9개의 관련 협회들을 협조단체로 추가 지정했다.

전국의 약물 유해반응 모니터링기관으로 지정된 수는 그 후 계속 증가했으나 신고된 약물 유해 사례 수는 1995년 이후 감소했다. 지금까지 신고된 유해 사례의 내용도 대부분 의약품 설명서의 사용상의 주의 사항에 기록되어 있는 정보들이어서 이 제도의 취지를 살리지 못해 1998년 12월 정부는 유해반응 모니터링 기관으로 지정했던 전국 4,000개가 넘는 의료기관을 해제하고 자율적으로 신고하도록 조치한 바 있다.

보건복지부에서는 약물 유해 사례 신고를 활성화하기 위해 인터넷 신고를 권장하고 이를 위해 데이터베이스 양식을 개발했다. 2006년에는 '부작용 신고 활성화 방안'을 수립하여 부작용 신고 현황을 의료기관 평가 항목에 반영하고 포상 등 인센티브를 주는 제도를 마련했다. 이에 최근 의약품 부작용 보고 건수는 지속적으로 증가하고 있다.

자발적 유해반응 신고 자료는 수집된 자료가 유용하게 활용되기 위해 임상 자료가 보완되어야 하고, 필요에 따라 신고된 유해반응 자료에서 인과관계 분석을 위해 필요한 임상자료를 원신고자에게 추가로 요청해서 완성도 높은 자료로의 가공이 요구된다. 따라서 해당 병원 및 인근 지역 유해반응 사례를 수집하고 유해반응이 어느 의약품 때문인지 기초적인 평가를 한

후 식의약청에 보고하는 역할을 수행할 '지역약물감시센터'를 설립 운영하고 있다.

2) 세계보건기구(WHO)

WHO는 2001년부터 인터넷을 기반으로 최신의 모니터링 체계인 'VigiFlow'를 구축하여 방대한 양의 정보를 신속하게 수집하고 분류할 수 있게 되었다. 웹을 기반으로 하므로 인터넷이 사용 가능한 컴퓨터에서 언제든지 접근 가능하며, 정보 유출을 막기 위한 안전 시스템을 구축하고 있다.

3) 미국(FDA)

미국 FDA에서는 1961년 탈리도마이드 사건을 계기로 약물 유해반응 모니터링 사업을 결정했으며, 이후 의사협회 사업은 FDA로 이관되었다. 1962년 케파우버-해리스(Kefauver-Harris) 개정법이 제정된 후부터 자발적 약물 부작용 신고 제도에 의한 약물 부작용 모니터링 제도를 운영하고 있으며, 시판된 약물에 대해 제약회사는 FDA에 안전성 정보를 보고할 의

[그림 5-2] WHO 약물 유해반응 모니터링 체계

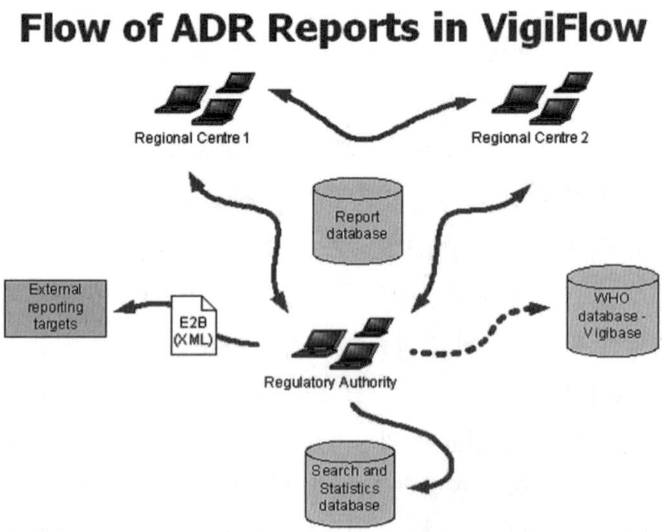

무가 주어지게 되었다. 1964년부터 의사나 기타 보건의료인도 약물의 안전성 정보에 대해 FDA에 보고하도록 요구하게 되었다. 그러나 보고에 대한 법적 의무는 없으며, 약물 복용 후 부작용을 경험한 환자나 그 주치의가 직접 FDA 또는 그 약을 개발한 제약회사에 자발적으로 신고하도록 권장하고 있다. 초기에는 보고 건수가 미미했으나, 보고 건수를 늘리기 위해 보고 양식을 간소화하고 안전성 정보에 대한 피드백 등의 조치를 한 결과 점차 보고가 증가되었으며, 보고 건수 중 90% 이상이 제조회사에서 보고한 것이다.

FDA는 모든 유해 사례와 투약 오류에 대해 의료인이나 소비자가 직접 신고를 할 수 있도록 하고 있다. 약물안전성 정보 제공 및 유해 사례 신고를 담당하는 MedWatch 사이트를 통해 자발적 보고를 수집하고 있다. 의료인과 소비자가 제약회사에 신고하는 경우, 제약회사는 FDA에 의무적으로 보고하도록 되어 있다.

[그림 5-3] 영국의 약물 감시 체계

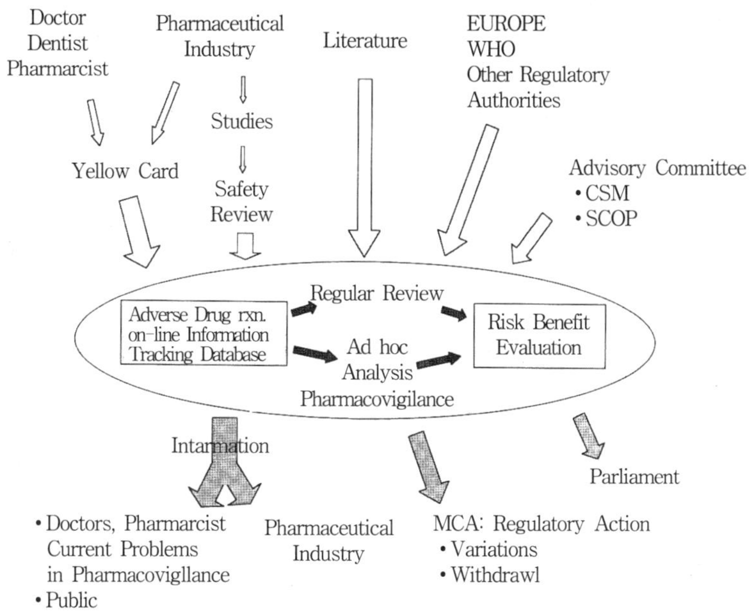

4) 영국(MHRA)

영국에서는 탈리도마이드 약화사건이 발생한 후 유해 사례를 모니터링하기 위해 황색카드 체계(Yellow Card Scheme)를 구축하게 되었다.

황색카드 체계는 의료인들이 환자로부터 약물 유해반응 내용을 보고용 카드에 자발적으로 기록하게 한 뒤 의약품의료기관관리청(CHM)에 공동으로 보고하도록 하고 있다.

5) 프랑스

프랑스는 탈리도마이드 사건 이후, 약리학자 및 임상독성 학자들이 자발적으로 독극물통제센터(Poison Control Center)를 결성하여 임상 의사들에게 약물의 위험성을 알리고, 약물 유해반응을 보고할 수 있는 거점을 마련했다. 1973년 프랑스의사협회와 프랑스제약협회의 후원으로 국립센터가 설립되었고, 6개의 실험적 약물감시센터가 창설되었다. 프랑스는 보건부 내 약물 감시활동을 담당할 부서를 개설하고 1979년 지방분권화 시스템으로 15개 센터의 네트워크로 발전시켰으며 이후 더욱 확대되어 현재에 이르렀다. 1984년부터 의료인과 제조회사는 약물 유해반응을 의무적으로 보고하도록 했다. 1985년 국가 약물 데이터베이스에 대한 보수작업을 완료하여 온라인 입력이 가능해졌으며, 모든 약물감시센터에서 접속이 가능하게 했다. 1994년에는 약물 감시 부서가 보건부에서 프랑스 의약품청으로 전속되었다. GPP(Good Pharmacovigilance Practice)가 전개되기 시작했으며, 모든 의료인에게 약물 감시에 대한 사항이 전파되었으며, 약사에게도 보고를 의무화했다.

프랑스 약물 감시 체계는 프랑스 의약품청(AFASSAPS)의 약물 감시 부서에서 조정하는 31개 지역약물감시센터(CRPV)의 네트워크를 기반으로 하고 있다. 지역약물감시센터들과 의약품청은 국가 약물 데이터베이스로 연결되어 있다. 모든 유해 사례 보고는 데이터베이스에 저장되기 전에 의약품청의 평가를 받는다. 즉, 지역약물감시센터를 기반으로 한 지방분권 방식의 약물안전성 정보의 수집과 확인을 하고, 의약품청에서 중앙집권 방식

[그림 5-4] 프랑스 약물 감시 체계

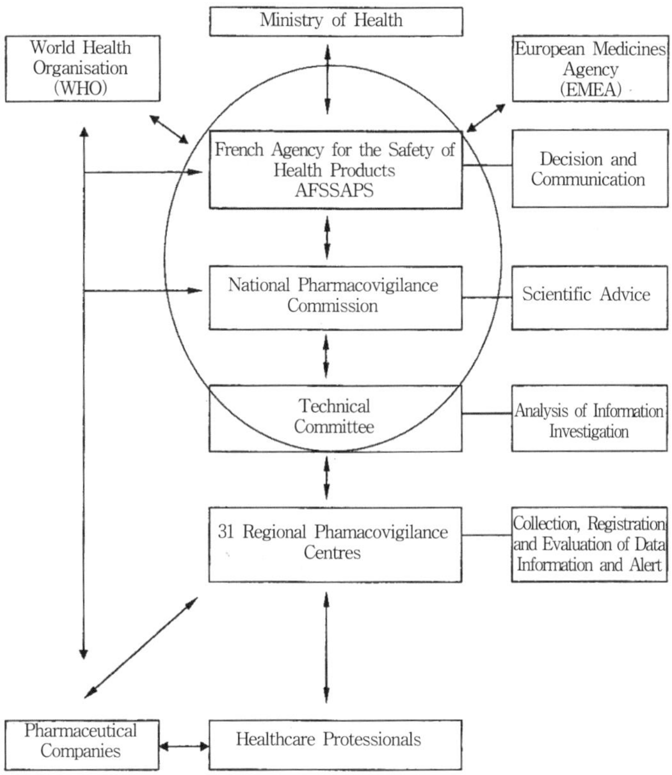

의 평가 및 의사결정을 하는 구조로 되어 있다.

6) 일본

일본은 시판된 약물에 대한 감시 체계로 사용 성적 조사에 의한 재심 제도와 자발적 보고 제도가 약물 유해 모니터링의 근간이 되고 있다. 제도 시행 초기에는 사용 성적 조사가 주된 역할을 했으나, 최근에는 자발적 보고가 활성화되고 있다.

2001년 약물 감시를 강화하는 정책으로 시판 직후 약물 감시 제도가 도입되고, 2002년 약물 안전 법규가 개정되면서 의료기기에 대한 안전성 정보도 수집하고 있으며, 정기안전성 보고와 시판 후 임상시험에 대한 정보도 감시 체계에 포함하고 있다.

자발적 보고 체계는 의료인과 제조회사에 의해 이루어지고 있다. 의료인은 1967년 자발적 보고 제도가 시행되면서 초기 10여 개 의료기관을 대상으로 보건복지부에서 보고하도록 했으며, 이후 점차 발전하여 2002년 관련 법규(Pharmaceutical Affairs Law)가 강화되어 의사, 치과 의사, 약사 및 의료 전문가는 약물 유해반응에 대한 보고를 의무화했다. 또한 1967년에는 의료인뿐만 아니라 제조회사에도 자발적 보고 제도를 시행했으나 1979년까지 활성화되지 못했다. 1979년 제조회사의 자발적 보고 제도를 의무화되면서 보고 건수가 지속적으로 증가했으며 2003년부터 온라인 보고도 시작되어 이후 온라인 보고가 점차 증가하는 추세다.

사용 성적 조사(Drug Use Investigation)는 1960년대 후반 약물 부작용 조사로 시작하여 사용 성적 조사로 명칭이 변경되었으며 자발적 보고가 미미했던 시기에 이에 대한 보완적 제도로 발전되었다. 1971년 재심사 제도가 시행되면서 지속적인 시판을 위해서는 사용 성적 조사에 승인이 필수 요건으로 자리잡게 되었다.

[그림 5-5] 대표적인 의약품 부작용 사례: 탈리도마이드 베이비

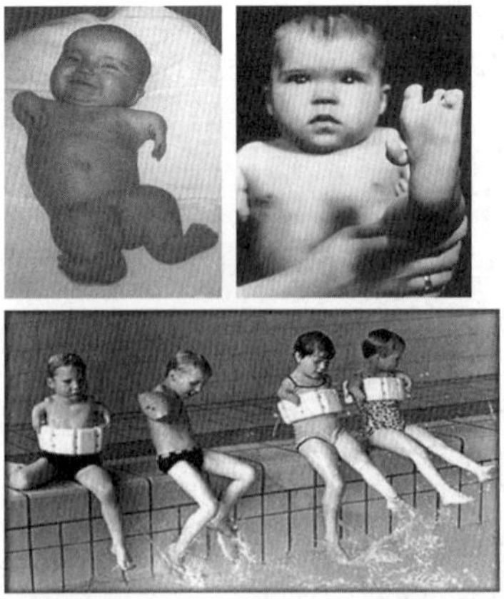

재심사 제도(Re-examination)는 신약이 최초 시판 허가 후 일정 기간이 경과하면 유효성에 대한 재심사를 하고 문제점이 없어야 계속 시판이 가능하다. 재평가 제도(Re-evaluation)는 이미 시판이 허가된 약물의 특성, 유효성 및 안전성에 대한 의학적 및 약물학적 과학성을 평가하는 제도다.

시판 직후 약물 감시 제도(Early-Phase Post-Marketing Vigilance: EPPV)는 2001년에 시행되었으며 제조회사로 하여금 시판 초기 6개월 간의 약물감시에 대한 기록을 보존하고, 집중적인 자발적 보고를 통해 심각한 약물 유해반응을 수집하고, 의료인들에게 신약의 적정 사용에 대한 정보를 제공하도록 하는 제도다.

3 국가별 의약품 분류 체계

의약품 분류 체계는 크게는 전문가 처방 의무에 따라 분류된다. 그러나 의약품 분류 체계는 국가에 따라 이분류 체계에서 다분류 체계까지 차이를 보인다. 따라서 국가별 의약품 분류 체계를 살펴볼 필요가 있다.

1) 한국

우리나라의 의약품은 전문의약품과 일반의약품으로 구분된다. 일반의약품은 오·남용될 우려가 적고, 의사나 치과 의사의 처방 없이 사용하더라도 안전성 및 유효성을 기대할 수 있으며, 질병 치료를 위해 의사나 치과 의사의 전문지식이 없어도 사용할 수 있고, 의약품의 제형과 약리작용상 인체에 미치는 부작용이 비교적 적은 의약품을 말한다. 전문의약품은 일반의약품이 아닌 의약품을 말하며 의사나 치과 의사의 처방 없이 소비자가 구매할 수 없는 의약품이다.

2) 미국

미국의 의약품은 식품의약국(FDA), 전문가자문위원단에 의해 처방의약품(prescription)과 비처방의약품(nonprescription)으로 구분되어 있으며,

처방의약품은 의약품의 독성이나 잠재적 유해성, 의약품의 사용 방법 또는 의약품 사용에 필요한 부가적인 방법으로 인해 법에 의해 허가된 전문가의 감독 하에 사용되는 전문의약품을 말한다. 일반의약품은 기침·감기·두통·변비와 같은 가벼운 질병(miner ailments)을 치료하기 위해 의사의 진단 또는 처방 없이 소비자가 스스로 선택하여 구입하는 의약품으로 OTC (Over The Counter) 의약품이라고도 한다. 또한 예외적으로 플로리다 주에서는 제2분류의 의약품을 두어 약사가 직접 조제할 수 있도록 하고 있다.

3) 일본

일본은 1967년 9월 후생성 규정, '의약품 제조 승인 등에 관한 기본 방침에 대하여'에 의해 의약품을 의료용 의약품과 일반용 의약품으로 구분했다. 의료용 의약품과 일반용 의약품이 약사법에 규정되어 있지는 않으나 약사법 시행령 제14조에서 의료용 의약품이라는 단어가 사용되고 있다.

일반용 의약품은 '의약품 제조 승인 등에 관한 기본 방침에 대하여'에서 일반용 의약품을 "의료용 의약품 이외의 의약품"으로 명시하고 있다.

4) 중국

중국의 의약품은 의약법에 의해 처방약품과 일반약품으로 구분하여 관리하고 있으며, 동일 약품 제조회사가 생산한 동일 약품으로서 약품 규격과 포장 규격이 모두 동일할 경우 라벨의 내용·양식·색깔이 반드시 일치해야 하며, 약품 규격 또는 포장 규격이 상이할 경우에는 라벨을 분명하게 구분하거나 규격 항목을 확실하게 표기해야 하며(제21조), 동일 약품 제조회사가 생산한 동일 약품을 처방약품과 일반약품(非處方藥)으로 구분하여 관리할 경우, 양자의 포장 색깔은 분명하게 구분해야 한다(제22조).

5) 영국

영국의 의약품은 1968년 의약품법 제정으로 처방용 의약품인 POM-(Prescripton-only Medicine)과 일반 판매용 의약품인 GSL(General Sale List Medicine), 약국 판매용 의약품인 P(Pharmacy Medicine)의 3단계로

구분되었으며, 보건사회보장성 산하 의약품 소분과위원회(Committee on Safety of Medicine)에서 의약품 분류를 담당한다.

이 중 비처방약 중 P는 일부 처방약이 비처방약으로 재분류되면서 소비자가 스스로 선택하기에 무리가 따른다는 지적에 따라 약사 개입의 필요성이 더욱 강조되고 있다.

6) 독일

독일의 의약품은 연방보건기구의 전문위원회(Expect Committee at Federal Health Authority)가 분류를 담당하고 있으며, 처방약, 약국약, 자유판매약의 3단계로 분류된다. 처방약은 새로 발매되는 의약품과 약물의 작용에 대해 계속적으로 감시·검토되어야 하는 의약품이 이에 속하며, 5년 동안 의약사고가 발생하지 않으면 처방약에서 약국약으로 재분류하여 수시 공고한다.

7) 프랑스

프랑스의 약사법에는 처방약과 비처방약을 구분하는 규정이 없으나, 사회보험법에서 건강보험 상환 적용 여부에 따라 처방약과 비처방약으로 구별한다. 따라서 의약품 분류는 사회보장성 산하의 약약품부(Ministry of Social Affairs & Social Security, Pharmaceutical Department)에서 담당한다.

처방약은 보험 상환을 받기 위해 처방을 의무화하고 있는 의약품으로 List I, List II, Stupefiants로 구분된다. List I은 처방자가 허가하지 않는 한 반복 사용할 수 없는 의약품이며, List II는 List I과 동일하나 환자가 요구하면 두 달까지 처방전을 반복 사용할 수 있다. Stupefiants는 마약으로 일련번호 양식에 의해 처방하고 반복 사용할 수 없다. 비처방약은 건강보험의 적용을 받지 못하는 것이다.

8) 스위스

스위스는 연방의약청(IKS) 의약품 감시위원회에서 의약품의 분류를 결

〈표 5-5〉 국가별 의약품 분류 체계

<table>
<tr><th>국가</th><th colspan="2">의약품 분류</th><th>우리나라와 비교</th></tr>
<tr><td rowspan="2">한국</td><td colspan="2">전문의약품</td><td>-</td></tr>
<tr><td colspan="2">일반의약품</td><td>-</td></tr>
<tr><td rowspan="2">미국</td><td colspan="2">처방의약품(prescription)</td><td>전문의약품</td></tr>
<tr><td colspan="2">비처방의약품(nonprescription)</td><td>일반의약품</td></tr>
<tr><td rowspan="2">일본</td><td colspan="2">의료용 의약품(제1류 의약품)</td><td>전문의약품</td></tr>
<tr><td colspan="2">일반용 의약품(제2류 의약품)</td><td>일반의약품</td></tr>
<tr><td rowspan="2">중국</td><td colspan="2">처방약품</td><td>전문의약품</td></tr>
<tr><td colspan="2">일반약품</td><td>일반의약품</td></tr>
<tr><td rowspan="3">영국</td><td colspan="2">POM(Prescripton-only Medicine)</td><td>전문의약품</td></tr>
<tr><td colspan="2">GSL(General Sale List Medicine)</td><td>일반의약품</td></tr>
<tr><td colspan="2">P(Pharmacy Medicine)</td><td>일반의약품</td></tr>
<tr><td rowspan="3">독일</td><td colspan="2">처방약</td><td>전문의약품</td></tr>
<tr><td colspan="2">약국약</td><td>일반의약품</td></tr>
<tr><td colspan="2">자유판매약</td><td>일반의약품</td></tr>
<tr><td rowspan="4">프랑스</td><td colspan="2">List I</td><td>전문의약품</td></tr>
<tr><td colspan="2">List II</td><td>전문의약품</td></tr>
<tr><td colspan="2">Stupefiants(특별처방약)</td><td>전문의약품</td></tr>
<tr><td colspan="2">비처방약</td><td>일반의약품</td></tr>
<tr><td rowspan="5">스위스</td><td rowspan="2">처방약</td><td>처방약A-List</td><td>전문의약품</td></tr>
<tr><td>처방약B-List</td><td>전문의약품</td></tr>
<tr><td rowspan="3">비처방약</td><td>약국약(C-List)</td><td>일반의약품</td></tr>
<tr><td>약종상약(D-List)</td><td>일반의약품</td></tr>
<tr><td>자유판매약(E-List)</td><td>일반의약품</td></tr>
<tr><td rowspan="4">캐나다</td><td colspan="2">처방약</td><td>전문의약품</td></tr>
<tr><td rowspan="3">비처방약</td><td>약사약</td><td>-</td></tr>
<tr><td>약국진열약</td><td>일반의약품</td></tr>
<tr><td>자유판매약</td><td>일반의약품</td></tr>
</table>

정하고, 매 5년마다 재검토 · 분류한다.

처방약은 반복 사용 여부에 따라 처방약 A-List와 B-List로 분류되며, 비처방약은 의약품의 판매처에 따라 약국약(C- List), 약종상약(D-List), 자유판매약(E-List)으로 3분된다. 처방약 중 A-List는 약품 명단을 법령으로 정하고 처방전의 반복 사용을 금지하고 있으며, B-List는 약사에 의해 반복 처방이 가능하다.

9) 캐나다

캐나다는 국립의약품분류자문단(NDSAC)이 의약품 분류를 담당하며, 처방약과 비처방약으로 나눈다. 비처방약은 다시 약사약, 약국진열약, 자유판매약으로 구분한다.

처방약은 전문의의 진단이나 중재에 따라 약사가 처방전에 의거하여 팔 수 있는 의약품이며, 약국약은 약사의 판단이나 전문인에 대한 조회를 통해 판매할 수 있는 의약품을 말한다. 약국진열약은 처방전 없이 일반인 스스로 약품을 구매할 수 있지만, 약사의 직접적인 감독 하에 약국 내에서 자가 선택이 가능한 의약품이며, 자유판매약은 처방약, 약국약, 약국진열약의 어떠한 요소에도 해당되지 않는 약품이다.

알아봅시다

수퍼박테리아(NDM-1) 전염 공포… 14개국에 번졌다

수퍼박테리아 'NDM-1(뉴델리 메탈로-베타-락타마아제)' 감염 환자는 14일 현재 최초 발생지인 인도 · 파키스탄을 비롯해 영국 · 미국 · 캐나다 · 벨기에 · 홍콩 · 일본 등 최소 14개국에서 발견됐다. 영국 카디프대학의 리처드 월시 교수가 의학전문지 『랜싯(*Lancet*)』에 그 정체를 처음 밝힌 게 불과 한 달 전이다. 월시는 "인간이 개발한 가장 강력한 항생제인 '카르바페넴계(系) 항생제'가 듣지 않는 초강력 박테리아"라고 말했다.

◆ 한국도 법정전염병으로 긴급 지정

한국에선 아직 감염 환자가 발견되지 않았다. 그러나 세계적 확산 속도가 워낙 빠르자 우리 질병관리본부는 14일 "NDM-1에 대한 신속한 대응을 위해 이 박테리아 유전자를 함유한 CRE(카르바페넴 내성 장내균)를 법정전염병으로 긴급 지정한다"고 발표했다.

인간을 박테리아의 공격으로부터 지켜오던 항생제를 무력하게 하는, 이른바 수퍼박테리아(의학명 다제내성균·多劑耐性菌)에 대한 경고는 계속돼 왔다. 미 국립보건원의 수퍼박테리아 연구 프로젝트를 진행하고 있는 캔사스대 생물학과 린 핸콕 교수는 미국과학진흥회(AAAS)에 발표한 자료에서 "지금처럼 항생제를 남용한다면 인류는 항생제가 개발되기 전의 상황으로 돌아가야 할지 모른다"고 말했다.

◆ 인간 항생제가 동물 세계로 확산

더 큰 문제는 인간이 사용한 항생제가 동물 세계로 확산되는 것. 미 일리노이대학 마크 미첼 교수는 지난 6월 『동물원 및 야생동물 의학 저널』을 통해 "플로리다·루이지애나·매사추세츠 주 연해에서 상어와 연어 7종을 조사한 결과, 모든 종에서 대다수 항생제에 내성을 지닌 강력한 박테리아가 검출됐다"고 밝혔다. 전문가들은 또 동물 사료에 넣어 먹이는 항생제 때문에 동물에서 수퍼박테리아가 생성되고, 이어 이 박테리아가 인간에게 감염될 수 있다고 경고한다.

● 수퍼균 어떻게 생겨나나…

항생제로 한 종류의 박테리아가 죽으면 더 강한 박테리아가 번식, 그 자리를 채운다. 수퍼박테리아의 창궐 원인으론 과다한 항생제 사용이 꼽힌다. 우리 몸에는 수많은 박테리아가 살고 있으며, 특정 항생제는 이들 중 특정한 종류의 박테리아만 죽인다. 한 종류의 박테리아가 사라진 자리는 다른 종의 박테리아가 번식해 채운다. 항생제를 쓰면 쓸수록, 어떤 항생제도 듣지 않는 힘센 박테리아가 약한 박테리아의 자리를 대체하게 된다.

미 컬럼비아대학 게놈센터의 조셉 터윌리거(Joseph Terwilleger) 박사는 "많은 사람이 자신만 항생제를 먹지 않으면 안전할 것이라고 생각하지만, 수퍼박테리아는 개인이 아니라 한 사회가 얼마나 많은 종류의 항생제를 사용하는가와 연관된 문제"라고 설명했다.

항생제가 큰 돈이 되지 않는 까닭에 개발이 더디다는 점도 '박테리아와의 전쟁'에서 인간이 밀리고 있는 원인이다. 항생제는 평생 복용해야 하는 고혈압·당뇨 치료제 등과 달리 한시적으로 복용하는 약이라서 개발을 하더라도 수익이 많이 남지 않는다. 1962~2000년 사이 새로 개발된 항생제는 한 종류도 없으며, 2000년 이후 개발된 항생제는 3종에 불과하다.

NDM-1 출현 이전 가장 강력한 수퍼박테리아로 꼽힌 'MRSA(메티실린 내성 황색포도상구균)' 감염으로 인한 사망자는 지금도 미국에서만 한해 1만 9,000여 명에 달한다. 에이즈 감염으로 인한 사망자보다 많은 수이며, 감염된 사람의 20% 정도가 목숨을 잃는다.

출처: Chosun.com 김신영 기자 sky@chosun.com 2010.09.16 03:03

연습 문제

1. 우리나라에서 항생제 오·남용이 특히 심각한 이유가 무엇일지 생각해 봅시다. 또한 이 문제를 해결하기 위해서는 어떠한 노력이 필요할지 생각해 봅시다.
2. 역사적으로 유명했던 의약품 안전사고 또는 약화사고의 사례를 조사해 봅시다.
3. 주변에서 쉽게 구입할 수 있는 일반 의약품의 포장 및 첨부된 설명서를 확인해 보고 어떤 문제점이 있는지 서로 토론해 봅시다.

Chapter 06

제품 안전관리 체계

제 1 절 제품 안전관리의 문제점

생활 수준의 향상과 여가 시간의 확대로 제품 안전에 관한 소비자의 관심과 기대는 해마다 증가하고 있다. 반면, 중국과 동남아 등지에서 저가 제품의 수입이 증가 – 기술표준원 자료(2009)에 따르면 전기용품의 수입은 2006년 3.6조 원에서 2007년 3.2조 원, 2008년 4.6조 원으로, 생활 제품의 경우 2006년 1.3조 원에서 2007년 1.8조 원, 2008년 2.0조 원으로 급증 – 하고 있고, 기술 발전 및 기술 융합 등으로 신개발 제품 출시가 빨라지고 있으며, 인터넷 쇼핑이 활성화되면서 안전성이 확보되지 않은 제품들이 온라인으로 소비자에게 전달되는 등 이를 사용하는 소비자 위험 요인도 증가하고 있다.

이를 입증하듯이 한국소비자원이 운영하는 소비자 안전 관련 종합 위해사례 수집 시스템인 '소비자 위해감시 시스템(CISS)'의 소비자 위해 건수가 2005년 12,411건, 2006년 17,639건, 2007년 26,330건, 2008년 35,425건, 2009년 39,171건, 2010년 43,629건으로 해마다 큰 폭의 증가세를 보이고 있으며, 이 중에서 제품 관련(공산품) 안전사고는 2009년 기준으로 전체의 40.2%를 차지한다.

소비자의 생활 안전을 위협하는 제품 관련 위해 사례들을 구체적으로 살펴보면 늘 편리하게 사용하는 휴대폰 배터리나 전기 압력밥솥이 폭발하여 상해를 입거나 저가의 수입 이륜 자전거(오토바이)로 인한 사고가 증가하고 있다거나 누구보다 보호받아야 할 어린이의 장난감으로 인한 안전사고가 늘어나고 있는 등 제품으로 인한 위험이 우리의 건강을 위협하고 있다.

이러한 안전사고는 제품 자체의 위해성에서 기인하기도 하지만 소비자들의 부주의한 사용 등이 원인이 되기도 한다. 가구나 주방용기, 세제, 어린이 완구, 육아용품처럼 본질적으로는 덜 위해한 제품이 오작동하거나 소비자들의 사용상 부주의로 인해 생기는 사고도 빈발하고 있다.

그러나 제품 자체의 위해 요소이건 소비자의 부주의한 사용이건 공산품의 경우 대량 생산되어 광범위하게 이용되고 있기 때문에 우리 생활을 위협하는 위험은 표면상 나타나는 것은 빙산의 일각에 불과하며 잠재적 소비자 안전문제들까지 포함한다면 그에 수반되는 사회적 여파 및 실질적 비용은 커질 수밖에 없다.

더구나 공산품과 전기용품 등은 관련 정부기관이 안전관리 대상별 분류에 따라 다양한 안전 규제를 강화하고 있음에도 안전사고가 해마다 증가하고 있는 실정이다. 이는 공산품 및 전기용품의 특성상 그 품목과 사용자가 매우 다양하여 일괄적으로 안전관리를 수행하기 힘든 측면이 있음을 감안하더라도 관련 정책에 대한 개선이 필요함을 시사한다.

현재 우리나라의 제품 안전에 관한 제도는 <표 6-1>과 같이 크게 공산품과 전기용품으로 나눌 수 있으며, 공산품은 소비자 위해도에 따른 규제 수준별로 안전 인증, 자율안전 확인, 안전·품질 표시 제도가 시행되고 있다. 전기용품은 안전 인증 제도와 자율안전 확인제도가 함께 시행되고 있으며 사업자 스스로 안전성을 확인하는 공급자 적합성 확인 제도가 도입되어 곧 시행될 예정이다.

이와같이 최근 우리나라의 제품 안전관리 제도는 공산품은 강제 인증인 안전 인증 대상 품목의 상당수가 자율안전 인증 품목으로 조정되고, 전기용품 역시 종래의 안전 인증 이외에 자율안전 확인제도가 시행되고 있고, 기업의 경쟁력 제고와 자율성을 부여하는 공급자 적합성 제도가 도입되는 등 기업에 스스로 안전에 대한 책임을 부여하는 방향으로 추진되고 있다.

그러나 전술한 바와 같이 기술의 개발과 유통의 글로벌화에 따라 신제품들이 빠른 속도로 제조되어 시장에 나오고 이에 대한 위험성은 제대로 알려지지 않은 상태로 소비자에게 전달되면서 소비자의 안전은 그 어느 때보다 위협받고 있다. 따라서 과연 소비자의 위험이 증가되는 제품 안전관리 제도가 계속 기업에 자율성을 부여하는 방향으로 나아가야 할지에 대해서는 많은 논의가 필요할 것으로 보인다.

소비자기본법에서 소비자가 누려할 할 8대 권리 중에서 안전할 권리를 가장 먼저 들고 있는 것에서 알 수 있듯이 소비자가 물품 또는 서비스로 인한 생명・신체 또는 재산상의 위해로부터 보호받을 권리는 가장 기본적인 권리임에 틀림없다. 또한 국민 생활의 안전을 확보하는 것은 국가의 가장 중요한 책무다. 따라서 제품 자체의 위해 요소를 파악, 제거하기 위해서는 기업체의 자발적인 위험 감소 노력 이외에도 국가의 규제와 정책이 반드시 필요하며, 소비자의 부주의한 사용에 따른 위험이라 하더라도 국가와 기업이 소비자 교육이나 정보 제공의 강화를 통해 소비생활의 위험 요소를 체감토록 해야 할 것이다.

〈표 6-1〉 우리나라의 제품안전 관리제도

구분	공산품				전기용품	
기준	안전 인증	자율 안전 인증	안전 품질 표시	어린이 보호 포장	안전 인증	자율 안전 확인
대상 품목	14개 품목	47개 품목	30개 품목	7개 품목	195개 품목	158개 품목
심사 내용	공장심사+ 제품검사	시험검사+ 신고		어린이 보호 포장 후 판매	공장심사+ 제품검사	시험검사+ 신고
인증 면제	-연구・개발・수출 목적 제조・수입 -외국 안전인증기관 인증 제품	-연구・개발・수출 목적 제조・수입 -산업 표준화법, 산업안전보건법 조항 등		-공산품 제조업자에게 판매 목적 제조・수입 -연구・개발・수출 목적 제조・수입	국제규격 (ICE)에 의해 시험된 CE 성적서 제출	

사후 관리	-안전 인증 표시 -표시 위반 시 판매 및 사용 금지 -연 1회 이상 정기검사 실시	-자율 안전 확인 표시 등, 판매·사용 등 금지 -특별한 사후 관리 없이 업체 자율	-안전·품질 표시 -표시 위반 시 판매 및 사용 금지 -특별한 사후 관리 없이 업체 자율	-어린이 보호 포장 표시 -표시 위반시 판매 및 사용 금지 -특별한 사후 관리 없이 업체 자율	-시판품 조사 -정기검사	-시판품 조사 -불법 전기용품 조사
기존 인증 마크	kps 안전인증	kps 자율안전확인		kps 어린이보호포장		
새로운 인증 마크						
행정 조치	판매 중지, 개선 수거 파기 명령	안전 인증과 동일	안전 인증과 동일	안전 인증과 동일	개선 수거 파기 명령	개선 수거 파기 명령
벌칙	-3년 이하 징역 또는 3천만 원 이하 벌금 -1년 이하 징역 또는 1천만 원 이하 벌금	안전 인증과 동일	1년 이하의 징역 또는 1천만 원 이하의 벌금	안전 인증과 동일	안전 인증과 동일	안전 인증과 동일
과태료	-1천만 원 이하 -5백만 원 이하	안전 인증과 동일	-5백만 원 이하	안전 인증과 동일	5백만 원 이하	5백만 원 이하

출처: 기술표준원(2009) 워크숍 자료의 표를 재구성하고 수정함.

제 2 절 국내외의 제품 안전관리 체계

1 우리나라의 제품 안전관리 체계

우리나라의 제품 안전 관련 법률을 살펴보면, 우선 총괄적인 일반법으로서 소비자기본법이 있다. 이 법은 물품이나 서비스와 관련한 소비자 안전 확보가 직접적인 목적은 아니지만 소비자의 권익 증진 및 소비생활의 향상을 통해 간접적으로 소비자의 안전을 추구하고 있다. 1980년 공표된 소비자보호법이 2007년 소비자기본법으로 개정되면서 동법에서는 소비자안전센터가 법정 기구화되고 취약계층의 안전 확보를 위한 국가, 지방자치단체, 사업자의 책무를 규정하는 등 안전 관련 법조항을 강화했다.

다음으로 제품이나 서비스로부터 소비자의 안전을 확보하는 것을 직접적인 목적으로 하는 안전 관련법은 소비자기본법처럼 모든 소비제품의 안전에 관해 적용하는 일반법 형태가 아니라 공산품, 전기용품, 자동차 등 제품의 특성에 따른 개별적인 법률로 제정되어 있다. 제3장에서 살펴본 바와 같이 안전을 다루는 개별법으로는 구체적으로 공산품 및 전기용품과 관련한 품질경영 및 공산품안전관리법, 전기용품안전관리법이 있으며, 개별 제품에 따라 건축법, 자동차관리법, 승강기시설안전관리법, 화장품법, 건설기계관리법 등이 있고, 개별 제품 아닌 유해물질 자체를 관리함으로써 제품의 유해성을 관리하는 유해화학물질관리법 등이 있다. 안전 관련법이 개별법의 체계를 취하고 있는 이유는 각각의 제품이나 서비스의 종류에 따라 적용되는 안전 확보의 수단이 상이해야 한다거나, 같은 수단을 사용하더라도 위해의 정도에 따라 안전의 기준이 달라져야 하기 때문이기도 하다(공정거래위원회, 2009).

일반법과 개별법의 관계를 보면 각 제품의 제품 안전에 관한 사항은 우선 개별법 규정의 적용을 먼저 받게 되며, 개별법이 없거나 개별법이 있더라도 관련 규정이 미비한 경우에는 일반법을 적용하도록 되어 있다. 즉 현행 법체계상 모든 제품마다 개별법을 만드는 데는 한계가 있기 때문에 개별법이 존재하지 않는 제품에 대해서는 일반법을 적용한다. 새로이 시장에 나온 제품으로 적용 가능한 개별법이 없는 경우 일반법인 소비자기본법의 안전 관련 규정을 적용할 수 있다.

한편, 개별법에 따라 제품 리콜과 사고 제품 조사 및 언론 공표 등이 이뤄지면서 제품 안전 관리가 일관성 있게 이루어지지 못한다는 지적에 따라 2010년, 제품 안전에 관한 통일된 정책 방향을 제시하고 개별 법 간의 공통 목적 달성을 위한 일반법인 제품안전기본법이 제정되었다.

제품안전기본법은 제품 안전에 관한 국민의 권리와 국가 등의 책무, 종합계획 수립, 제품안전성 조사, 제품 안전관리의 기반 조성 등 제품안전성 확보를 위한 기본적인 제도를 운영하는 내용으로 구성되어 있다.

2 외국의 제품 안전관리 체계

1) 제품 안전 관련 국제기구

(1) 국제소비자제품안전위원회(ICPSC)

국제소비자제품안전위원회(International Consumer Product Caucus: ICPSC)는 각국의 제품안전 동향 및 리콜 정보 교환을 통한 효율적 시장감시 및 정책 개발을 목적으로 2005년부터 결성된 국제회의로 한국, 미국, 일본 중국 등 10개국 및 2개 유럽 연합의 제품 안전 정부 당국자들이 참여하는 국제회의다.

회의는 매년 국제소비자제품보건안전기구(ICPHSO) 회의와 연계하여 개최하고 있다. 현재 의장은 네덜란드의 메이저(Dirk Meijer)이며, OECD 소비자정책위원회, 국제소비자제품보건안전기구(ICPHSO), EMARS를 비롯한 안전 관련 국제기구와 다양한 국제 협력 관계를 구축하고 있으며, 각 회원국의 정보 교환과 뉴스레터 발간, 교육, 표준 개발활동 등을 하고 있다.

(2) 국제소비자제품보건안전기구(ICPHSO)

국제소비자제품보건안전기구(International Consumer Product Health & Safety Organization: ICPHSO)는 1993년, 제품안전 정부 당국자와 소비자 단체, 인증기관, 변호사・회계사・컨설팅 업체 등의 민간 전문가들이 참여하여 설립되었다. 국제소비자제품보건안전기구는 각국의 제품 안전관리 제도 및 정책 소개, 정보 교류 및 제품 안전 국제 기준을 조화시키는 활동을 하고 있다. 2006년에는 미국 베데스다에서 제품 안전 관련 각국 정부 관계자를 포함한 이해관계자들이 모여 국제적으로 조화되는 안전 규정(harmonized safety regulation) 마련을 위해 노력하기로 결의하는 베데스다선언을 하기도 했다.

ICPHSO 회의는 매해 초 미국에서 정례회의(Annual Meeting)가 개최된다. 추계 회의는 미국 외에서 개최되는 회의로 그동안 영국, 네덜란드, 벨기에와 같은 유럽 국가에서 개최되었으며, 미주 지역에서는 캐나다, 아시아에서는 중국에서 개최된 바 있다. 2010년 추계 회의에서 차기 연도 추계회의를 우리나라에서 개최하는 것으로 결정되었다.

2010년 ICPHSO 추계회의 이모저모

2010년 추계 국제회의는 영국 런던에서 제7차 국제 심포지엄(ICPHSO 7th International Meeting and Training Symposium) 명칭으로 개최(2010. 11. 29~30)되었다.

- 2010. 11. 29~30 양일간 개최되었는데 오전에는 본회의(plenary session) 발표 - 주제 발표와 관련 주제 토론자들의 토론-가 있었으며 오후에는 첫날은 네 가지, 둘째 날은 세 가지 주제의 워크숍에 참석하는 식의 프로그램으로 진행됨
- 유럽의 제품 안전, 각국 정부 당국의 제품 안전 관련한 시장감시 활동, 안전하지 않은 제품에 대한 위해 정보 데이터베이스(databases)와 시사 요소 등의 본회의 의제와 리콜, 보상 책임, 유럽 안전 관련 기구들의 통합 등의 워크숍 주제들로 회의 진행
- 우리나라는 한국소비자원이 “Market surveillance, compliance and enforcement activities by authorities-trends and development” session에서 우리나라 소비자 안전정책 체제와 CISS 관련 주제 발표를 함.

---

(3) ISO **소비자정책위원회**(ISO-COPOLCO)

ISO 소비자정책위원회(ISO Committee on Consumer Policy: ISO-COPOLCO)는 국제 소비자 표준정책을 개발하고 ISO/IEC에 소비자정책을 권고하기 위해 1978년 ISO 직속 소비자정책위원회로 출범했으며 총 회원국은 104개국(정회원 61개국, 준회원국 43개국)이다. 주요 활동은 제품 안전 등 8개 작업반 및 의장자문단을 운영하면서 매년 총회 및 표준정책 개발 워크숍을 개최한다. 우리나라는 2002년부터 정회원으로 활동하고 있다.

(4) OECD **소비자정책위원회**(OECD CCP)

최근 소비자 안전 및 제품 안전정책에 관한 각국의 정보 교환 및 공유, 집행 공조의 필요성에 대한 문제가 제기되면서 OECD 내에서 소비자 안전 문제가 공식 어젠다로 채택되어 2008년 본격적 논의가 이루어졌다. 주로 소비자제품(non-food consumer product)을 중심으로 논의가 이루어지고 있으며, 식품은 논의 대상에서 제외하고 있다. 현재 OECD 소비자정책위원회(Committee on Consumer Policy: OECD CCP)는 OECD 회원국과 옵서버로 참여하는 정부기관들을 중심으로, 소비자 안전정책을 총괄하는 정부 부처 및 집행·감독기구에 관한 정보를 교환하는 형식으로 진행되고 있다. 특히 각국의 소비자 위해정보 수집제도와 위해 감축 방안 등에 관한 정보를 교환하고, 결함 및 위해제품에 대한 국제적인 집행 공조를 통해 소비자 안전을 확보할 수 있는 방안을 마련하고 있다.

2) 미국의 제품안전관리 체계

(1) **소비제품안전위원회**(CPSC)

미국의 소비자 제품 안전 확보를 위한 대표적인 법률은 1972년 제정된 소비제품안전법(Consumer Product Safety Act)이 있다. 최근(2008년)에는 어린이 용품에 대한 소비자 제품 안전성 기준과 기타 안전성 요구 사항을 정하고 소비제품안전위원회(Consumer Product Safety Commission: CPSC)의 권한을 다시 정하기 위해 기존의 소비자제품안전법을 소비제품안전개선법(Consumer Product Safety Improvement Act)으로 개정했다.

소비제품안전법은 기본법으로의 성격을 가지고 있으며, 소비제품안전위원회의 기능, 제품 안전 기준, 제품 인증 및 라벨링, 수입 및 수입 제품, 민사 처벌, 형사 처벌, 소송 관련, 주와 연방과의 관계 등 37개 조문으로 구성되어 있어 소비자 안전에 필요한 종합적인 정책 집행이 가능한 법이다.

소비제품안전법에 의해 1973년 5월 14일 설립된 소비제품안전위원회는 독립 행정규제 기관으로서의 성격을 가지고 있으며, 안전 정보에 관한 종합적인 관리와 안전 기준을 제정하는 등의 주요 기능을 가지고 있다.

소비제품안전위원회는 의회가 권고, 동의하고 대통령이 임명하는 5명의 위원(commissioner)으로 구성되어 있으며, 이들의 임기는 7년이다.

소비제품안전위원회의 설립 목적은 소비자 제품으로 인한 예기치 못한 상해 및 사망 사고로부터 소비자를 보호하고 소비자 제품의 비교 안전(comparative safety) 평가, 소비자 제품 안전 기준 표준화 및 주정부-지역정부 간 규정 충돌의 최소화, 안전사고 원인 조사 및 연구 촉진, 제품으로 인한 사망, 질병, 손상 예방이다.

[그림 6-1] 미국 CPSC 조직도

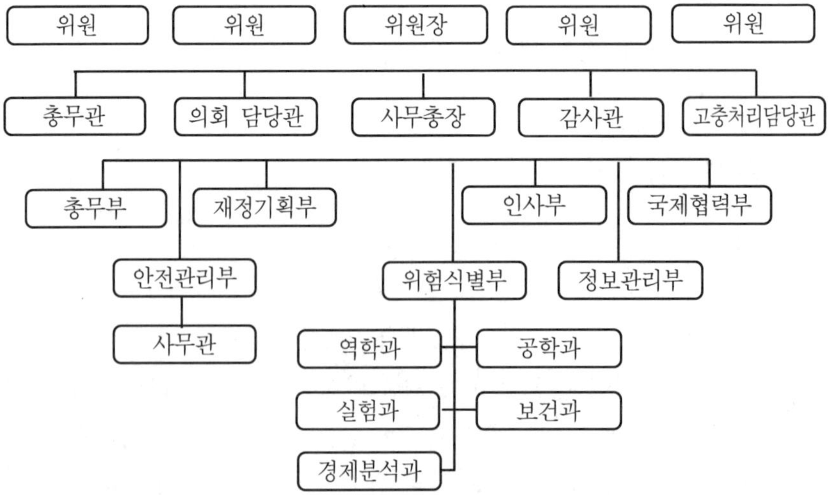

[그림 6-2] 미국의 소비자 제품 안전 확보 체계도

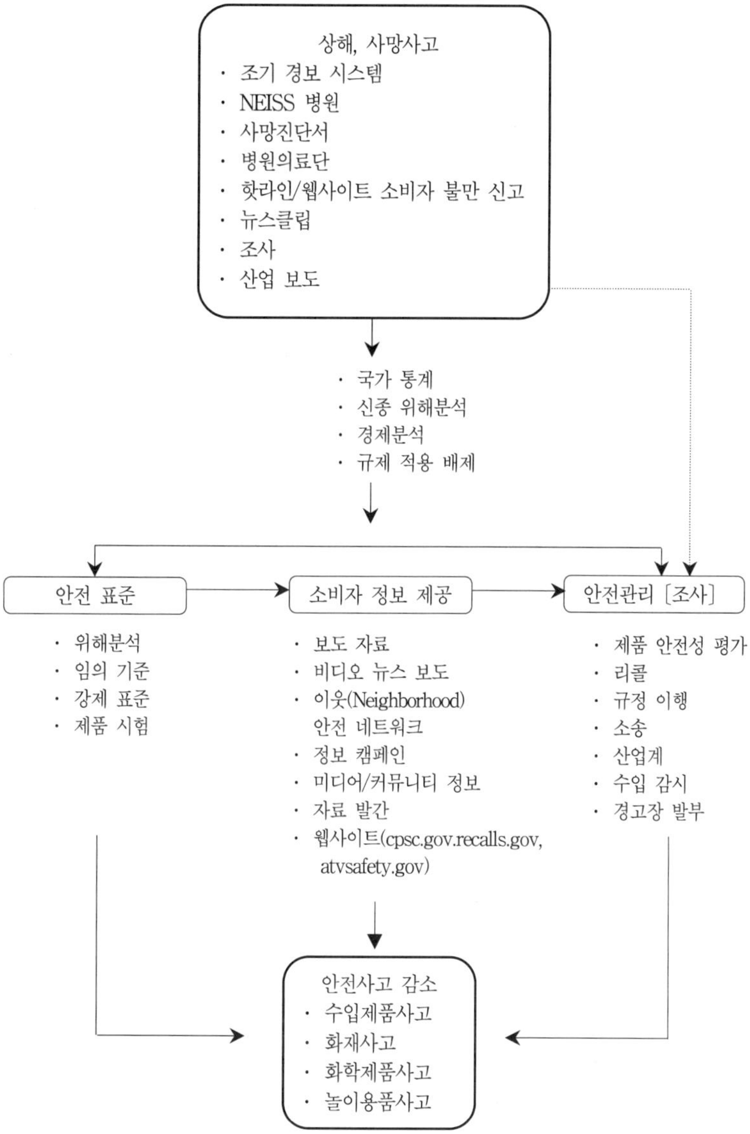

출처: CPSC 웹사이트(www.cpsc.gov).

소비제품안전위원회의 조직은 3개 지부, 총 55개의 지역사무소로 운영되고 있다. 중부지역센터(시카고)의 17개 지역사무소, 동부지역센터(뉴욕)의 19개 지역사무소, 서부지역센터(샌프란시스코)의 19개 지역사무소 등으로 구성되어 있으며 재직 인원은 약 450명이다.

소비제품안전위원회의 주요 기능은 소비자 제품에 관련된 사고에 의한 피해의 원인과 감소책에 대한 정보를 수집·조사·분석하고, 상해정보를 보급하기 위해 각종 정보 수집 시스템, 정보 클리어링 하우스 등의 정보 수집 교환 제도를 유지하는 것이다. 다음으로 필요하다고 인정되는 범위에서 소비자 제품이 관련된 사고에 대해 계속적인 조사, 연구를 하고 있다. 또한 소비자 제품을 테스트하고, 소비자 제품의 안전성의 검사 방법을 확립하기 위해 조언을 하며 강제적인 제품 안전 기준을 작성하고 있다.

관련 안전 기준을 공표하기 전에 앞서서 위해 내지 상해의 정도와 제품에 대한 일반의 수요, 제조와 경쟁에 관한 영향 등을 종합적으로 고려하고 있으며, 해당 기준에 대한 업계의 이의 제기를 위한 제도를 마련해 두고 있다. 마지막으로 기업, 지방자치단체 등과 협정, 협약을 체결함으로써 자주적인 제품 안전 확보책을 강구하고 있다.

(2) 국가전자위해감시시스템(NEISS)

소비제품안전위원회의(CPSC)는 정확하고 시의적절하면서 포괄적인 데이터에 의거해 규제 조치를 취하는데, 이를 위해 다양한 정보 파일에서 정보를 수집하는 시스템을 구비하고 있다. 국가전자위해감시시스템(National Electronic Injury Surveillance System: NEISS)은 미국 전역의 병원에서 통계적으로 선택된 응급실로부터 제품과 관련된 상해 데이터를 수집하고 통계적으로 처리하는 시스템이다. NEISS는 이렇게 수집된 병원 데이터를 통계 처리하여 미국 전역의 소비자 제품에서 비롯되는 상해 건수와 상해의 범위와 중대성을 산출한다. 또한, 많은 위해 사례 중에서 상세 조사가 가능한 사례를 추출하여 조사하고 새롭게 취해진 여러 규제에 의한 사고 건수와 사고 발생 패턴에의 영향을 모니터링하고 있다. 마지막으로 다른 연방기관에 구체적이고 상세한 사고 데이터를 유상으로 제공하는 역할을 한다.

연간 위해정보 수집량은 2007년 기준으로 약 360,000건이다. 운영 현황을 보면, 데이터 수집은 소비제품안전위원회의가 지정한 NEISS 병원 응급실을 통해 이루어지며, 간호사·의사 등 의료진에 의해 의무 기록 차트 작성을 바탕으로 위해정보가 입력된다. 위원회가 수집하는 일반적인 위해정보는 정부, 유관기관, 연구기관, 사업자들에게 무상으로 제공된다.

3) 유럽의 제품 안전관리 체계

유럽연합(EU)에서는 1980년대 말부터 EU 차원에서 제품의 안전성을 확보하고, 회원국 안전 규칙의 균일화를 도모하는 입법을 개시했다. 1993년부터 소비자의 안전·위생·건강·환경과 관련하여 유럽연합이 정한 기본적 조건을 준수하는 제품에 통일된 CE 마크(Conformite Europeenne Mark)를 부착하는 것이 의무화되었다. 따라서 규제의 대상이 되는 제품을 유럽연합 내에서 유통·판매하기 위해서는 EU가 정한 안전 기준에 적합하다는 표시인 CE 마크를 반드시 제품에 표시해야 한다.

CE 마크(Conformite Europeenne Mark)

유럽공동체(european communities; EC)의 불어 표기인 'conformite europeenne'의 머릿글자를 딴 마크로 EU시장 내 안전에 관련하여 유럽연합이 정한 기본적 조건을 충족한 제품에 부착되는 통합 인증 마크다. 1993년부터 소비자의 건강, 안전, 환경 보호 차원에서 위험성이 있다고 판단되는 품목이 유럽 시장에서 유통될 때는 통합 마크인 CE 인증 마크를 의무적으로 부착해야 한다.

CE 마크를 제품에 부착한다는 의미는 제품 또는 제조자가 EC 이사회 관련 규정 또는 지침의 필수 요구 사항을 충족한다는 것을 말한다. 즉 제품이 아무런 제한 없이 시장에 유통될 수 있도록 제조자, 수입업자, 제3자(인증기관) 중 하나가 제품 관련 적합성 평가를 수행했다는 것을 의미한다. 따라서 소비자의 건강, 안전, 환경과 관련된 제품에 의무적으로 CE 마크를 부착해야 하고 마킹된 제품은 EU, EFTA 국가 지역 내에서 검사나 시험 없이 자유로이 유통될 수 있다.

(1) 유럽연합위원회(European Commission) - 보건소비자부, 기업, 조세, 산업, 세관 연합(Directorate General Health and Consumers, Enterprise and Industry and Taxation and Customs Union)

EU의 소비자 제품 안전에 관한 시장 감시는 각 회원국에게 책임이 있으며, 각 회원국은 감독기관 설립과 권한 부여의 의무가 있다. EU위원회는 이들 회원국 감독기관으로부터 정보를 제공받고 있다. 감독기관의 권한에는 제품의 안전검사, 경고 표시의 요구, 판매의 정지·금지, 제품의 리콜 등이 포함된다. 회원국은 판매 금지나 리콜 등의 조치를 즉시 EU위원회에 통지하여 공유하도록 하며, EU 차원에서의 대응이 필요한 경우 EU 위원회는 소정의 절차를 거쳐 가맹국에 제품의 판매 정지나 리콜을 명하는 결정을 내릴 수 있다. EU 소관 법률은 일반 제품 안전 지시(General Product Safety Directive: GSPD) – 2001/95/EC–로 이는 유럽 내 시장에서 소비자 보건 및 안전을 확보하기 위한 지령으로 2004년 시행되었으며, 완구·화학제품·화장품, 기타 공산품 등 부문별로 별도의 규정들이 있다. 이 법에서는 사업자의 의무, 감독기관의 권한 및 기능 등을 규정하고 있다. 또한 소비재 안전, 시장 감시 및 신속정보 교환시스템(RAPEX: Rapid Exchange of Information)[6] 기능, 표준화 등을 규정하고 있다.

각 회원국은 EU의 GSPD를 집행하는 경제운용관(economic operator)과 감독기구를 두고 시장에 안전한 제품이 유통되고 적절한 정보가 제공될 수 있도록 하고 있다. 특히 제품추적정보(traceability of products)나 위해제품의 시장 회수 리콜 등에 관한 정보가 소비자에게 시의적절하게 제공될 수 있도록 하고 있다. 이를 위해 EU는 신속정보 교환시스템(RAPEX)을 운영하며, 소비자 안전 및 보건에 심각한 위험을 초래할 수 있는 제품에 관한 정보를 각 회원국들이 RAPEX를 통해 공유할 수 있도록 하고 있다.

EU는 회원국들의 제품안전감독기구 간 네트워크를 구축하고 집행 공조가 가능한 프로젝트를 지원하고 있다. 대표적으로 발틱해 지역소비자(Baltic

---

6) 신속정보 교환시스템(RAPEX)은 EU 회원국 외 제3국과도 공조하여 부분적 혹은 간접적으로 RAPEX data에 접근할 수 있도록 하고 있다. 현재는 중국이 RAPEX-China 시스템을 EU와 함께 운영하고 있다.

Sea Region Customs) 프로젝트, EMARS 프로젝트(15개 회원국 참여)가 있다.

2005년 위원회는 미국의 CPSC와 중국의 국가품질감독검험검역총국(Administration of Quality Supervision, Inspection and Quarantine: AQSIQ)과 제품 안전 분야에 대한 협력을 체결한 바 있다.

한편, 유럽연합의 대표적인 제품안전 관련 활동의 하나인 RAPEX은 유럽지역 30개국에서 유통되는 제품의 위해정보에 대한 국제제품안전망이다. 1984년에 출범한 RAPEX의 설립 목적은 회원국 상호간 제품 위해정보를 공유하여 불량제품이 유통되는 것을 예방함으로써 소비자들의 안전을 보장하는 것이며, 완구류・자동차・전기용품・화장품・의류 등 소비자 제품 관련 위해정보를 관리하고 있다. 이렇게 수집된 위해정보는 매주 유럽연합 홈페이지를 통해 공표[7]하고 있다. 또한 RAPEX를 통해 다른 국가의 위해정보를 전달받은 회원국들은 해당 위해제품의 자국 내 유통 여부의 확인, 위해를 방지하기 위한 적합한 조치의 채택, 시험 또는 분석 결과 등 위해제품에 대한 추가적인 정보 등의 조치를 취하고 그 결과를 위원회에 알리도록 하고 있다.

알아봅시다

신속정보 교환시스템(RAPEX: Rapid Exchange of Information)

- RAPEX의 위해정보는 article 11에 따른 중대한 위해 발생 알림(Under article 11)과 article 12에 따른 경미한 위해 발생 알림이 있으며 단순정보를 위한 notification이 있음.

□ 중대한 위해 발생 알림

・ 회원국은 위해제품의 상세정보 및 취해진 조치(강제 및 자발적 조치)를 RAPEX를 통해 위원회에 알리며, 위원회는 GPSD에 적합한 정보인지를 확인하여 적합하면 RAPEX를 통해 다른 회원국에 공표함.

7) 유럽연합 홈페이지 주소: www. ec.europa.eu/rapex

□ 경미한 위해 발생 알림
· 경미한 위해 발생 시 위해 예방을 위해 취해진 조치(강제적 조치)를 RAPEX를 통해 위원회에 알리며 위원회는 RAPEX를 통해 회원국에 이를 공표함.

□ 단순 정보를 위한 notification
· article 11, 12에 해당하지 않는 정보지만 위해제품에 취해진 조치(자발적 · 강제적 조치)를 순수하게 정보를 주기 위해 알림.
- 2004년 67건이던 위해 발생 알림이 2007년 1,355건으로 4년 만에 약 20배가 증가했으며, 2007년 공표된 위해제품을 보면 장난감이 417건(31.0%)로 가장 많았고, 자동차(197건, 15.0%), 전기용품(156건, 12.0%), 조명기구(84건, 6.0%) 등의 순으로 나타났다. 전체 사례 중 중국산이 689건으로 전체의 52.0%를 차지하는 것으로 나타남.

출처: 기술표준원(2009), 제1회 제품 안전관리 민 · 관 합동 워크숍 자료집.

(2) 유럽 제품안전 집행포럼(Prosafe)

유럽 제품안전 집행포럼(Product Safety Enforcement Forum of Europe: Prosafe)은 유럽 내 국가들의 시장 감시기구들 간의 네트워크로 정례회의 등을 통해 정보를 교환하고 유럽 외의 다양한 국제기구 및 기관들과 공식적인 네트워크 구성을 통해 효율적인 제품 안전 집행 공조의 기반을 마련하고자 EU 및 EFTA 회원국들이 주축이 되어 구성된 기구다. 제품안전집행포럼위원회(The Board of Prosafe)는 정례회의를 통해 구성되며 브뤼셀에 사무국을 두고 19개 EU 회원국과 2개 EFTA 회원국으로 구성되어 있다. EU의 재정적 지원 하에 Prosafe는 시장 감시 강화를 위한 프로젝트를 수행하고 있는데, 대표적인 프로젝트는 모범 경영을 통한 시장 감시 향상 프로젝트(EMARS project: Enhancing MARket Surveillance through Best Practices)다. EMARS 프로젝트는 유럽 시장에서의 소비자 제품 시장 감시를 강화하기 위한 프로젝트로 시장 감시 모범 사례를 발굴하고 EMAR 참여 회원국의 시장 감시 감독기구들 간의 집행 공조를 강화하는 데 그 목적을 두고 있다.

이 밖에 Prosafe는 유럽 제품 안전 집행 모범 사례 발굴 및 촉진을 통해 지속적인 시장 감시 기능을 강화하고 소비자 제품 안전 분야 전문가 양성을 위한 교육 연수 프로그램을 마련하고 있다. 또한 시장 감시 · 감독기구와 표준기구 간의 정보를 공유하고 의견을 교환할 수 있는 창구 역할을 하며, 모범 사례 정착화와 네트워킹을 통해 세관 간 집행 공조 기능을 향상하고 EEA(European Economic Area) 제외 국가들과의 집행 공조를 위한 방안을 마련하고 있다.

4) 일본의 제품 안전관리 체계

일본은 제품에서 발생하는 위해로부터 소비자 안전을 보호하기 위해 1968년 소비자기본법을 제정하여 운용하고 있다. 소비자기본법은 일반법으로 소비자 이익의 옹호 및 증진을 위해 국가, 지방자치단체, 사업자가 해야 할 책무 및 소비자의 역할을 규정하고 있으며, 이를 위한 시책의 기본 사항과 종합적 대책 수립 등을 담고 있다. 1970년대부터 각종 제품 관련 안전사고 발생이 증가하면서 좀 더 안전한 제품의 생산에 대한 필요성이 대두되어 1973년에 소비자생활용제품안전법이 제정되었다. 이 법은 소비생활용제품에 의한 일반 소비자의 생명 또는 신체에 발생하는 위해를 방지하기 위해 적합성 검사를 실시하고 특정 제품의 제조 및 판매를 규제함과 동시에 제품 안전사고에 대한 정보의 수집 및 제공 등을 하는 것을 주요 내용으로 한다.

(1) 경제산업성(METI)

산업·통상 정책, 산업 기술, 무역 등의 사무와 광물자원이나 에너지의 안정적이고 효율적인 공급의 도모를 담당하는 정부 부처로 2001년 1월 6일의 중앙 성청 개편 때 통상산업성을 폐지하고 설치되었다.

경제산업성(Ministry of Economy, Trade and Industry: METI)의 안전 관련 소관 법률은 가정용품품질표시법, 소비생활용제품안전법, 제조물책임법, 위해물질가정용품규제법 등이 있다. 일본 제조물책임법은 1995년 7월 1일 시행되었고, 이 법의 시행과 관련하여 소비자 안전을 위한 여러 조치가 단행된 바 있다. 예를 들어 소송을 통하지 않는 간편한 분쟁 조정을 위한 ADR, 사고 원인 조사 체계의 구축, 제품 관련 사고정보 등을 포함한 관련 정보의 수집 제공 강화, 제품 안전 교육 강화 등이 그것이다.

〈표 6-2〉 일본의 주요 소비자 안전 관련 소관 부처 및 관련 법령

주요 부문	관련 소관 부처	관련 법률
종합적 피해 방지와 구제	내각부	소비자기본법, 공익통보자보호법, 국민생활안정긴급조치법
식품	후생노동·농림수산·환경성, 식품안전위원회	식품위생법, 건강증진법, 식품안전기본, JAS (Japanese Agricultural Standard: 일본농림규격법)
의약품 등	후생노동성	약사관계법
소비생활용 제품, 전기용품, 가스용품 등	경제무역산업·후생노동성	가정용품품질표시법, 소비생활용제품안전법, 제조물책임법, 위해물질가정용품규제법
자동차	국토교통성	도로교통법
화학제품	후생노동·경제산업·환경성	화학물질관리촉진법, 각종 화학제품법 등

출처: 내각부(www.cao.go.jp/index-e.html).

(2) 국민생활센터(NCAC)

국민생활센터(National Consumer Affairs Center of Japan: NCAC; 국립소비자센터)는 독립적인 행정기관으로 특별법에 의해 설립된 특수 공공법인이다.

이 센터의 주요 기능은 소비자 교육을 통한 정보 제공, 전문가 상담, 시험검사, 기타 업무 등이다. 2009년 4월 현재 국민생활센터는 8부 4과 4실 1관으로 되어 있으며, 센터장, 4명의 이사(Executive), 2명의 비상임 감사, 122명 임직원으로 구성되어 있다.

국민생활센터는 소비생활에 관련된 상담을 비롯해 다양한 정보를 전국소비생활센터 등으로부터 수집하고, 소비자 피해의 미연 방지 및 확산을 방지하기 위해 수집된 정보를 분석·제공하는 기능을 수행한다. 특히 소비자 안전과 관련하여 국민생활센터는 소비자 위해에 관련된 정보를 종합적으로 수집·분석·제공하는 '위해정보 시스템- 전국소비생활정보네트워크시스템(Practical Living Information Online Network System: PIO-NET)'을 운영하고 있다. 즉 소비생활 상담 사례 중 상품과 서비스에 관련

된 신체 사고의 경우를 '위해정보', 위해 위험이 있는 경우를 '위험정보'로 구분하여 수집하며, 전국의 지정협력병원(2007년 3월 말 현재 20개 병원)으로부터 위해정보를 수집하여 이들 정보를 분석·평가하여 제공한다. 2008년 기준으로 20,668건의 위해정보를 수집(소비생활센터 12,408건, 병원 8,260건)하고 있다. 이렇게 수집된 데이터는 소비자정책 기획·입안, 소비자 피해 예방·확대 방지를 위한 소비자 정보 제공, 각지의 소비생활센터의 소비생활 상담 업무 지원 등에 활용된다.

[그림 6-3] 일본 국민생활센터 조직도

출처: 국민생활센터 웹사이트(http://www.kokusen.go.jp/ncac_index_e.html).

(3) 소비자청(CAA)

일본의 소비자 행정은 내각부가 기본 정책을 마련하고 각 부처가 소관 법령에 의거하여 각기 시행 방안을 마련하고 있는데, 제품·서비스 등의 복합 피해가 발생할 경우 부처 간 관할 떠넘기기 등으로 대응이 지연됨에 따라 2009년 소비자청(Consumer Affairs Agency: CAA)을 설립하고 이를 계기로 소비자 보호 관련 행정 체제 및 법령 전반을 정비하고 보강했다.

소비자청은 내각부의 외청 형태로 설치되었으며, 내부 조직은 소비자정책위원회와 2부 8과로 구성하되 긴급 사안에는 임시조직(task force)을 활용하는 형태로 구성되었으며 직원은 약 208여 명이다. 소비자정책위원회는 소비자 문제에 대한 자체조사·심의권, 관련 부처에 대한 의견 제시권을 가지며, 각계 전문가 15명 이내(임기 2년, 재임 가능)로 구성되어 있다.

소비자청은 각 부처에 분산되어 있는 소비자 보호 행정을 통합 관리하는

[그림 6-4] 일본 소비자청 조직도

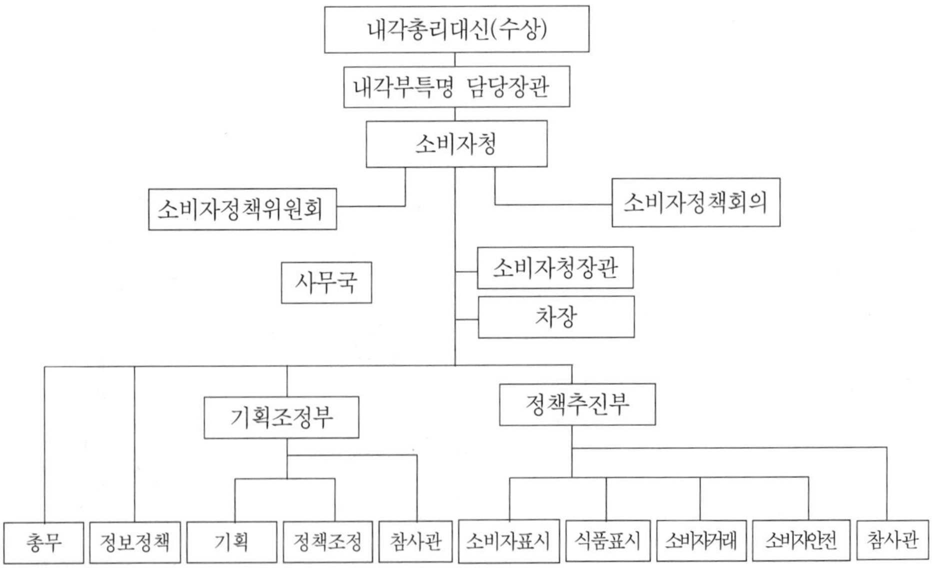

출처: 일본 소비자청 웹사이트(www.caa.go.jp).

한편 필요한 경우 분쟁 사례를 직접 조사하고 사업자를 처벌하는 기능을 가진다. 이를 위해 각 부처별 소관 법률에 의거 개별적으로 운용되던 소비자 피해 접수 등 소비자 행정을 모두 소비자청으로 이관하거나 공동 관리하고 있다. 일본 정부는 소비자청으로 이관 또는 공동 관리를 하기 위해 20개 법률, 각 부처설치법 5개 법률, 각 독립행정법인법 등 총 34개 법률의 일괄 개정 법률안을 마련한 바 있다.

일본 소비자청 신설 이후, 정부 부처가 소비자와 관련된 법령 등을 제정 또는 개정할 때는 소비자청과 사전 협의하도록 의무화하고 있다.

또한 소비자안전법에 소비자 피해 발생 시 각 부처에 소관 법률에 의거한 조치를 요구하고 각 부처 소관 법률에 해당 사항이 없는 피해의 경우 소비자청이 직접 사업자에게 조치를 요구하거나 벌칙을 부과하고 있다. 특히 소비자청 발족과 동시에 중대 사고 결함과 관련 사고는 반드시 소비자청 소비자안전과에 그 정보를 제공·통지하도록 하고 있다.

[그림 6-5] 일본 소비자청 설치 이후 소비자 행정 흐름도

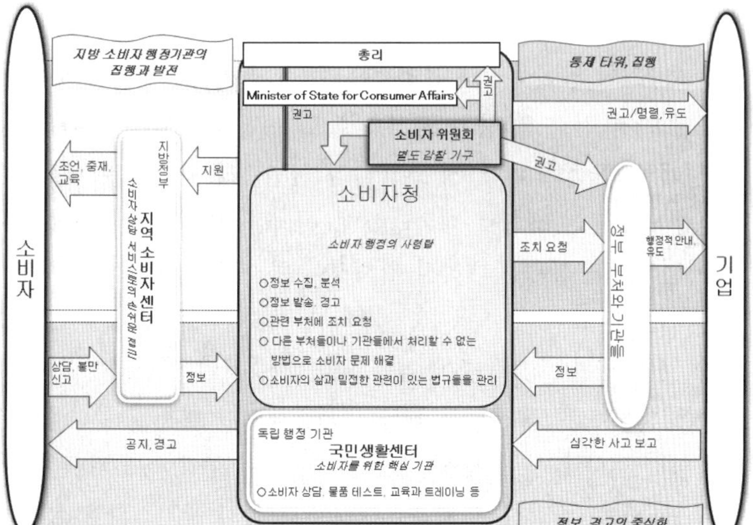

출처: 소비자청 웹사이트(www.caa.go.jp).

제 3 절 제품 안전관리 제도

우리나라 제품 안전관리 제도는 사전적으로도 제품 안전을 확보할 수 있도록 규제하고, 사후적으로도 지속적으로 제품이 안전한지에 대해 검사하는 방식이다. 일반적인 제품의 안전을 확보하기 위해 사전적으로는 제품의 안전을 위해 제품과 제품을 만드는 공장의 시스템에 대한 안전 인증 등의 절차를 거치고, 제품이 유통·판매 단계에 이르면 소비자의 생명·신체에 위해를 가할 우려가 있는 경우에 대해서는 위해성 여부를 확인할 수 있도록 안전성 조사를 하고, 인증 등을 거친 제품이 실제로 안전을 유지하고 있는지를 정기검사와 수시검사를 통해 확인하는 방식으로 제품의 안전을 관리하고 있다.

1 공산품 안전관리 제도

우리나라의 공산품 안전관리 제도는 강제 제도인 안전검사 제도와 임의 제도인 안전 검정 및 품질 표시 제도로 운영되어 왔으나 2007년 3월 이를 전면 개편, 공산품 위해 정도에 따라 안전관리 방법을 차별화하는 새로운 공산품 안전관리 제도로 개편되었다. 이러한 공산품 안전관리 제도의 개편은 기업의 자율성은 확대하되 위해성이 큰 제품은 생산 단계부터 관리하자는 의미를 담고 있다.

즉 기존의 위해성이 큰 품목에 대해 시행되던 안전검사(39품목)를 안전인증(14품목)으로 변경하여 품목은 축소했으나 내용을 살펴보면, 위해도가 높은 안전검사 대상 품목을 제품검사만 하던 종래 제도와 달리 생산 단계부터 관리하여 공장심사, 제품검사 및 매년 1회 정기검사를 실시하는 등 안전 관련 관리를 강화하고 있다. 또한 기업 자율에 맡기던 안전 검정(31품목)은 자율안전 확인(47품목)으로 개편하여, 품목은 확대하되 이를 의무 사항으로 함으로써 실질적인 안전을 확보하고자 했다. 안전·품질 표시 품목은 기존의 24품목에서 14품목으로 축소하되 안전성 및 품질에 관한 표시를 의무화하도록 하고 있다.

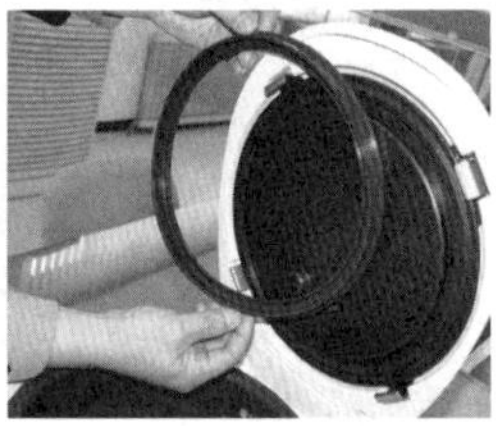

또한 안전관리 품목이 아니어서 안전 사각지대에 있던 공산품에 대한 '신속 조치 제도'를 두어 신종 위해제품으로 인한 피해 확산을 신속히 방지하도록 하고 있다.

그 밖에도 개편된 공산품 안전관리 제도는 취약계층 안전관리에서 어린이를 대상으로 한 어린이 보호 포장 제도와 안전관리 대상 어린이용품 확대 및 안전 기준을 강화하는 어린이용품 안전관리 제도를 개선하는 내용과 공산품 제조 및 수입업자가 안전 기준에 적합한 제품을 공급할 것을 '제품안전관리단'과 약속하는 제품 안전 '자율이행 협약 제도' 등의 내용을 담고 있다.

한편 소비자들이 제품을 선택할 때 안전과 품질에 정보를 주는 표시 제도인 품질 인증 마크와 관련해서는 국가통합 인증 마크(KC마크) 제도를 도입하여 제품을 선택할 때 통일된 KC 마크로 제품 선택을 용이하게 하고 있다.

알아봅시다

새로운 통합 마크인 KC마크(국가통합 인증 마크 KC : Korea Certification)

품질인증 마크는 상품의 품질을 인증하는 기관이 만든 품질 규격에 따라 정해진 방법으로 테스트하여 요구 수준에 적합한 경우 그 품질을 인정하여 붙여 주는 마크(certificate)를 말한다. 우리가 식품이나 생활용품을 구입할 때, 그 제품의 품질을 인증해 주는 K마크, Q마크, KS마크, GD마크, GP마크 등 그 종류가 너무나 많고 다양해 소비자가 선택 시 어려움을 보이고 있어 범정부적 국가표준 인증 관련 업무를 체계적으로 총괄 조정하는 국가통합 인증 마크(KC마크) 제도가 도입되었다. KC마크는 정부의 인증 마크 통합 노력의 산물로 그동안 각 제품별로 관계 행정기관에서 다른 마크를 부착하던 것을 하나로 통합한 마크다. 정부는 지식경제부(9), 노동부(1), 환경부(1), 방송통신위원회(1), 소방방재청(1) 등 5개 행정기관에서 운영 중인 13개 강제인증 마크에 대해 2011년 1월부터 통합 인증 마크 제도를 전면적으로 도입했다. 2011년 한 해 동안은 현재 사용하고 있는 마크를 사용할 수 있고, 2012년부터는 KC마크만 사용할 수 있다.

1) 공산품 안전 인증 제도

공산품 안전 인증 제도는 공산품 가운데 구조·재질·사용 방법 등으로 인해 소비자의 생명·신체에 대한 위해, 재산상 피해 또는 자연환경의 훼손에 대한 우려가 크다고 인정되는 공산품에 대해 제조업자 또는 외국 제조업자(대리인 포함)가 출고 전 또는 통관 전에 모델별로 안전 인증기관으로부터 안전 인증을 받도록 하는 제도다(품질경영 및 공산품안전관리법 제14조). 여기서의 안전 인증은 모델별로 제품시험 및 공장심사를 실시하는 것으로, 매 1년에 1회 이상 안전 인증기관에서 실시하는 정기검사를 받아야 한다.

〈표 6-3〉 안전인증 대상 공산품

분야	안전 인증 대상 공산품
섬유(1)	- 가속 눈썹(가속눈썹용 접착제 포함)
화학(1)	- 자동차용 재생타이어(트레드고무 포함)
금속(2)	- 가정용 압력냄비·가정용 압력솥, 휴대용 예초기의 날
생활용품(5)	- 가스라이터, 물놀이기구, 비비탄총, 어린이 놀이기구, 자동차용 어린이 보호장치
기계(5)	- '승강기시설 안전관리법' 제2조 제1호에 따른 승강기를 구성하는 주요 부품(조속기(調速機), 비상정지장치, 완충기, 상승 과속방지 장치용 브레이크, 승강장 문잠금 장치만 해당된다)
계	총 14품목 지정·관리

[그림 6-6] 새로운 통합 마크인 KC 안전 인증 마크

안 전 인 증

안전인증 번호 :
공산품명 및 모델명 :
안전인증기관명 :
안전인증일 :

안전인증번호:

※종래의 안전인증 표시인 kps 표시는 2011년까지 병행 사용 가능

♧ 소비자 안전 사례 — 안전 인증 대상 품목의 안전성 검사 사례

시중 물놀이용품 36%, 유해물질 기준치 초과 검출

시중에 유통되는 여름철 물놀이용품의 10개 가운데 4개에서 사용이 제한된 유체 물질이 기준치 이상으로 검출됐다.

지식경제부 기술표준원은 4일 여름철 물놀이용품 49개 제품의 시판품 조사를 실시한 결과, 이 중 18개(36%)에서 인체 유해물질인 프탈레이트계 가소제가 기준치(제품 전체 함유량 0.1% 이하) 이상으로 검출됐다고 밝혔다.

프탈레이트계 가소제는 플라스틱을 유연하게 만드는 역할을 하는 물질로 내분비계 장해물질로 알려졌다. 국내에서는 지난 2007년부터 완구 등 어린이용품에 사용이 제한되고 있다. 물놀이용품에는 지난 6월부터 사용을 엄격히 제한하고 있다.

그러나 이번에 적발된 18개 제품 제조사에 대한 처벌은 이뤄지지 않을 전망이다. 적발된 제품들이 모두 6월 이전에 생산된 제품이기 때문이다. 기술표준원 관계자는 “적발된 제품들이 모두 6월 이전 생산된 것이어서 처벌은 불가능하다”며 “6월 이후 생산된 제품들에 대한 추가 검사를 진행할 예정”이라고 말했다. 프탈레이트 가소제가 검출되지 않은 물놀이용품은 지경부 홈페이지(www.mke.go.kr)에서 확인할 수 있다.

한편, 49개 제품의 내압기밀성 · 공기마개 · 두께 등을 측정한 안전성시험에서는 튜브 1개 제품만이 안전 기준에 미달, 판매 중지 처분을 받았다.

(파이낸셜 뉴스, 2010-08-04 10:57)

안전 인증 대상 품목은 현재 가속 눈썹, 가스라이터, 비비탄총, 물놀이 기구 등 14개 품목이다.

안전 인증 대상 공산품의 제조업자 또는 수출업자는 공산품 모델별로 안전 인증기관으로부터 안전 인증을 받아야 하며 안전 인증기관은 해당 공산품이 제품검사의 안전 기준 및 공장심사 기준에 적합한 경우에는 안전 인증을 해주도록 하고 있다. 현재, 안전 인증 품목의 인증기관으로는 한국화학융합시험연구원, 한국건설생활환경시험연구원, 한국기계전기전자시험연구원, 한국의류시험연구원, FITI시험연구원, 산업기술시험원의 6개 기관이 지정되어 있다.

2) 공산품 자율안전 확인 제도

공산품 자율안전 확인 제도는 안전 인증 대상 공산품에 비해 소비자의 생명·신체에 대한 위해 및 재산상의 피해 또는 자연환경의 훼손에 대한 우려가 적은 공산품의 제조업자 또는 수입업자는 출고 또는 통관 전에 공

〈표 6-4〉 자율안전 확인 대상 대상 공산품

분야	자율안전 확인 대상 공산품
섬유(3)	- 등산용 로프, 스포츠용 구명복, 유아용 섬유제품
화학(8)	- 건전지(충전지 포함), 부동액, 생활화학가정용품, 자동차용 브레이크액, 자동차용 안전유리, 자동차용 앞면창 유리세정액, 자동차용 타이어, 유아보호용품
기계(2)	- 빙삭기, 자동차용 휴대용 잭
토건(1)	- 미끄럼 방지 타일
생활용품(33)	- 고령자용 보행보조차, 고령자용 보행차, 디지털 도어록, 롤러스케이트, 롤러스포츠 보호장구, 바퀴운동화, 벽지 및 종이장판지, 쇼핑카트, 스노보드, 스케이트보드, 스키용구, 아동용 이단침대, 어린이용 장신구, 완구, 유아용 삼륜차, 유아용 의자, 유아용 캐리어, 이륜자전거, 일회용 기저귀, 학용품(크레용·크레파스, 문구용품, 문구용 찰흙 포함), 헬스기구, 휴대용 레이저용품, 휴대용 사다리, 모터달린 보드, 물휴지(물티슈), 온열시트, 보행기, 승차용 안전모(승차용 눈보호구 포함), 운동용 안전모, 유모차, 유아용 침대, 인라인롤러스케이트, 킥보드
계	총 47품목 지정·관리

[그림 6-7] 새로운 통합 마크인 KC 자율안전 확인 마크

kps
자율안전확인

자율안전확인신고필증번호 :
공산품명 및 모델명 :
자율안전확인신고기관명 :
자율안전확인신고일 :

자율안전확인신고필증번호:

※ 종래의 자율안전 확인 표시인 kps 표시는 2011년까지 병행 사용 가능.

〈표 6-5〉 자율안전 확인 신고기관

구분	기관명
시험기관 (24개)	- 7개 검사기관, 한국세라믹기술원, 한국섬유기술연구소, 한국섬유개발원, SGS테스팅코리아(안양), 랩프런티어, 한국체육과학연구원, 에이스침대공학연구소, 한국전기연구원, SGS테스팅코리아(울산, 군포), 한국화학시험연구원(부산, 인천), 한국건설가설협회, 대구기계부품연구원, 한국종합공해시험연구소, 태성환경연구소, 한국소방검정공사
검사기관 (7개)	- 한국화학융합시험연구원, 한국기계전기전자시험연구원, 한국건설생활환경시험연구원, 한국의류시험연구원, FITI 시험연구원, 한국산업기술시험원, 한국완구공업협동조합

산품의 모델별로 지정된 시험·검사기관으로부터 안전성에 대한 시험·검사를 받아 공산품의 안전 기준에 적합한 것임을 스스로 확인한 후 이를 안전인증기관에 신고하는 제도다(품질경영 및 공산품안전관리법 제19조).

자율안전 확인 대상 공산품은 공산품의 구조·재질 및 사용 방법 등으로 인해 소비자의 신체에 대한 위해를 초래할 우려가 있는 공산품 중 제품검사만으로도 그 위해를 방지할 수 있다고 인정되는 공산품으로 인증과 같은 허가를 거쳐야 하는 것이 아니라 시험·검사를 거쳐 안전하다는 것을 기업 스스로 확인하고 유통하는 제품으로 등산용 로프, 유아용 섬유제품 등 47개 품목을 지정하고 있다.

자율안전 확인의 신고를 하려는 제조업자나 수입업자는 자율안전 확인

대상 공산품의 모델별로 출고 또는 통관 전에 자율안전 확인신고서에 사업자등록증 사본, 제품설명서, 시험검사기관의 해당 공산품에 대한 안전성검사 결과서를 첨부하여 안전 인증기관에 제출하고 신고를 받은 안전 인증기관은 자율안전확인신고필증을 신고인에게 교부하도록 되어 있다. 현재 자율안전 확인 신고기관으로는 <표 6-5>와 같은 31개의 시험·검사기관이 지정되어 있다.

3) 공산품 안전·품질표시 제도

공산품 안전·품질표시 제도는 안전·품질 표시 대상 공산품의 제조업자 또는 수입업자가 판매 전에 안전·품질 표시 기준에 따라 해당 공산품의 안전 및 품질에 관한 표시를 해야 하는 제도다(품질경영 및 공산품안전관리법 제22조). 안전·품질 표시 대상 공산품은 소비자가 취급·사용·운반 등을 하는 과정에서 사고가 발생하거나 위해를 입을 가능성이 있는 공산품과 소비자가 성분·성능·규격 등을 식별하기 곤란한 공산품으로 가정용 섬유제품 등 30개 품목이다.

〈표 6-6〉 안전·품질 표시 대상 공산품

분야	안전·품질 표시 대상 공산품
섬유제품(2)	- 가정용 섬유제품(접촉성 섬유제품 포함), 양탄자
화학제품(6)	- 가죽제품, 농업용 합성수지제 필름(식품용 기구 및 용기·포장은 제외), 습기제거제, 화장비누, 화장지, 연질염화 비닐호스
토건(1)	- 물탱크
생활용품 (21)	- 가구, 가정용 공구, 간이빨래걸이, 면봉, 보안경, 선글라스, 안경테, 텐트, 고령자용 신발, 고령자용 지팡이, 고령자용 휠체어 테이블, 고령자용 목욕의자, 고령자 위치추적기, 물안경, 반사안전조끼, 보온·보냉용기(식품용 기구 및 용기·포장 제외), 스테인레스 수세미, 시각장애인용 지팡이, 자동차용 정지표시판, 침대 매트리스, 우산 및 양산
계	총 30품목 지정·관리

4) 공산품 어린이 보호 포장 제도

어린이 보호 포장 제도는 소비자가 마시거나 흡입하는 경우에 중독 등의 위해가 우려되는 공산품 중에서 7개 품목을 선정하여 성인이 개봉하기는 어렵지 않지만 만 5세 미만의 어린이가 일정 시간 내에 내용품을 꺼내기 어렵게 설계·고안된 포장을 하게 함으로써 어린이 중독 등의 위해사고를 방지하는 제도다. 어린이 보호 포장 표시는 알아보기 쉽도록 해당 공산품의 표면에 붙이거나, 인쇄 또는 각인 등의 방법으로 표시해야 한다.

한편, 어린이 보호 포장 대상 공산품은 소비자가 마시거나 흡입하는 경우에 중독 등의 위해가 우려되는 공산품 중에서 아래 7개 품목 공산품이 지정되어 있다.

우리나라 공산품 안전관리 제도는 '알아봅시다'의 표와 같이 소비자의 위해도에 따라 규제 수준을 달리하는 제도다. 즉 위해도가 높은 품목들은 강제 인증인 공장심사와 제품검사 및 정기검사를 실시하는 안전 인증으로 관리하고 있으며, 위해도가 낮은 품목들은 제조자 및 수입자가 제품의 안전·품질에 대한 정보만을 표시한 후 판매하도록 하는 안전품질 표시 제도로 관리하는 등이다. 그러나 현행 안전 기준으로는 안전성이 검증되지 않는 새로운 구조와 성분의 신제품이 빠른 속도로 시장에 쏟아지는 현 상황에서는 이러한 관리 제도가 과연 효율적으로 소비자의 안전을 확보할 수 있는가에 대한 문제점이 제기될 수 있다. 즉 이러한 우리나라 공산품 관리 제도의 문제점은 안전 인증 대상 공산품의 경우에는 안전 인증기관으로부터

[그림 6-8] 새로운 통합 마크인 어린이 보호 포장신고 표시

kps
어린이보호포장

어린이보호포장신고필증번호 :
공산품명 및 모델명 :
어린이보호포장신고기관명 :
어린이보호포장신고일 :

KC
어린이보호포장신고필증번호:

※ 종래의 어린이 보호 포장신고 표시인 kps 표시는 2년간 병행 사용 가능.

알아봅시다

□ 공산품 안전관리 제도 종류별 규제 수준

안전 인증	자율안전 확인	안전·품질 표시

높음 ◀——— (소비자의 위해도) ———▶ 낮음

- 안전 인증: 위해도가 높아 생산 단계부터 관리하며, 공장심사, 제품검사, 매년 1회 정기검사를 실시하는 제도(비비탄총, 압력솥 등 14품목)
- 자율안전 확인: 최초 수입·제조 시에 공인기관의 제품검사 후 업체가 자율적으로 안전관리하는 제도(완구, 학용품 등 47품목)
- 안전·품질 표시: 제조자·수입자가 제품의 안전·품질에 대한 정보를 표시한 후 판매토록 하는 제도(의류, 화장비누 등 30개 품목

<안전 인증>	<자율안전 확인>	<안전·품질 표시>
(인증번호:)	(신고번호:)	

□ 안전 인증 및 자율안전 신고 현황 (2007. 3~ 2009. 12)

품목명	업체 수			모델 수			비고
	국내제조	수입	계	국내제조	수입	계	
안전 인증(14품목)	643	331	974	3,815	2,781	6,596	
자율안전 확인(47품목)	2,762	3,872	6,634	6,261	14,056	20,317	

출처: 지식경제부 기술표준원 보도 자료.(2010년 4월 7일).

〈표 6-7〉 어린이 보호 포장 대상 공산품

분야	어린이 보호 포장 대상 공산품
화학제품(7)	- 광택제, 방향제, 부동액, 세정제, 얼룩제거제, 자동차용 앞면 창유리 세정액, 접착제
계	총 7품목 지정·관리

연 1회 이상 정기검사를 받도록 되어 있고 안전 인증을 받은 공산품의 제조업자 또는 외국 제조업자는 제품의 안전성이 유지되고 있는지 자체검사를 실시하도록 되어 있으나, 자율안전 확인 대상 공산품과 안전·품질 표시 대상 공산품에는 검사 관련 규정이 없다는 것이다. 자율안전 확인 대상 공산품의 경우 자율 안전 인증을 받은 후에는 신고 사항 변경 시에만 변경 신고를 하도록 되어 있고, 나머지에 대해서는 업체 자율에 맡겨져 있어 적절한 사후 안전성 검사 제도가 확립되지 않는 상황에서 실제로 제품관리가 적절히 이루어지고 있는지에 대해 문제점이 제기될 수 있다.

2 전기용품 안전관리 제도

우리나라의 전기용품 안전관리 제도는 소비자가 사용하는 에어컨, 청소기, 전열기구, 조명제품 등 전기용품으로 인한 감전, 화재, 폭발 등의 안전사고 예방을 위해 이들 전기제품의 시장 판매 전에 안전성을 검증받은 전기용품만 판매를 허용하는 '강제 인증 제도'를 중심으로 운영되어 왔다. 즉 1974년 제정된 '전기용품안전관리법'에 따라 '전기용품 형식 승인 제도'를 운영(1974. 7~2000. 6)하다가 2000년 7월, 민간 인증기관의 인증을 받는 '전기용품 안전 인증 제도'로 전환하여 2008년 12월까지 이 제도가 운영되었다. 2009년 1월부터는 이전의 '전기용품 안전 인증 제도'와 이 제도를 완화하여 확대 적용한 '전기용품 자율안전 확인 제도'를 신설하여 병행하여 운영하고 있다.

현재 실시되고 있는 전기용품 안전관리 제도는 공산품 안전관리 제도와 비슷하게 전기용품의 종류에 따라 안전관리에 차등을 두어 소비자 안전을 확보하고 있다. 즉 전기용품의 종류를 안전 인증 대상, 자율안전 확인 대상, 공급자 적합성 확인 대상, 안전 인증 및 자율안전 확인 대상 이외의 전기용품으로 구분하여 제도를 운영하고 있다. 이러한 전기용품 안전관리 제도를 정리하면 <표 6-8>과 같다.

〈표 6-8〉 전기용품 안전관리 제도 비교

구분	안전 인증 제도	자율안전 확인 제도	안전검사 제도	(임의)안전 인증 제도
성격	강제 인증	강제 신고	강제 인증(신고)	임의 인증
시행 시기/근거 규정	2000년 7월 1일 / 전기용품안전관리법	2009년 1월 1일/ 전기용품안전관리법	2000년 7월 1일 / 전기용품안전관리법	2000년 7월 1일 / 전기용품안전관리법
규정 주체	정부(기술표준원)	정부(기술표준원)	정부(기술표준원)	안전 인증기관
대상 품목	인증 대상 전기용품 53종 195개 품목	자율안전 확인 대상 전기용품 93종 141개 품목	수입 중고전기용품 (안전 인증 및 자율안전 확인 대상에 해당)	인증 대상 전기용품 외의 전기용품 (기타 전기용품)
주요 내용	인증 대상 전기용품에 대한 제품시험/공장 확인	자율안전 확인 대상 전기용품에 대한 제품시험	안전검사 대상전기용품에 대한 제품시험	기타 전기용품에 대한 제품시험/공장 확인
인증 시기	출고(통관) 전	출고(통관) 전	매 수입 시	필요 시
사후 관리	- 연 1회 이상 정기검사 - 시판품 조사 - 불법·불량전기용품 조사	- 시판품 조사 - 불법·불량전기용품 조사	- 불법·불량전기용품 조사	- 연 1회 이상 정기검사
제재 사항	- 개선·파기·수거 명령 - 위해 사실 언론 공표 및 교환·환불·수리 등 명령 - 안전 인증 취소 - 3년 이하 징역 또는 3천만 원 이하 벌금 - 1천만 원 이하 벌금 - 500만 원 이하 과태료	- 개선·파기·수거 명령 - 위해 사실 언론 공표 및 교환·환불·수리 등 명령 - 3년 이하 징역 또는 3천만 원 이하 벌금 - 1천만 원 이하 벌금 - 500만 원 이하 과태료	- 개선·파기·수거 명령 - 위해 사실 언론 공표 및 교환·환불·수리 등 명령 - 3년 이하 징역 또는 3천만 원 이하 벌금 - 1천만 원 이하 벌금	- 개선·파기·수거 명령 - 위해 사실 언론 공표 및 교환·환불·수리 등 명령 - 안전 인증 취소 - 3년 이하 징역 또는 3천만 원 이하 벌금 - 1천만 원 이하 벌금 - 500만 원 이하 과태료
인증 마크	KC	KC	KC (하단에 '안전검사필'과 '제품고유번호' 표시)	KC

※ 전기용품의 경우 2011. 6. 30일까지 EK마크와 KC(Korea Certification)마크 병행 사용 가능
출처: 기술표준원·한국소비자원(2010), 전기용품 위해사례 분석 및 안전성 확보 방안 연구.

안전 인증 대상 전기용품(자율확인 대상 전기용품)에 대한 안전 인증 제도(자율안전 확인신고 등)와 안전검사 제도(자율안전 확인시험)는 반드시 받아야 하는 정부에 의한 강제 인증(신고)이며, 안전 인증 대상 전기용품 외의 전기용품은 제조업자의 자율 신청 및 안전 인증기관의 규정에 따르는 임의 인증이라는 점에서 가장 큰 차이가 있다.

1) 전기용품 안전인증 제도(강제 인증)

안전인증 제도는 안전관리 대상 전기용품 중에서 구조와 사용 방법 등으로 인해 화재·감전의 위험이나 장해가 발생할 우려가 크다고 인정되는 전기용품으로 공급되는 교류 전원이 50볼트 이상 1천 볼트 이하에서 사용되는 것 중에서 전기용품 제조에 공통적으로 사용되는 전선, 퓨즈 등 부품류와 상대적으로 위해 수준이 높은 전기용품 53종 195품목에 적용된다.

안전 인증기관은 해당 전기용품에 대한 안전성 검증을 위한 제품시험과 제조자의 생산 능력을 확인하는 공장심사를 실시하여 기준에 적합한 것으로 확인되면 안전인증서를 발급한다. 안전 인증을 받은 후에는 연 1회 이상의 정기검사(제품시험과 공장심사) 절차를 적용하여 인증 제품이 인증 당시의 안전성을 유지하고 있는지 여부를 확인함으로써 제품 출고 전에 안전기준에 부적합한 불량 전기용품의 유통을 차단하는 선시장 조치(pre-market measure) 성격의 안전관리 제도다. 안전 인증은 해당 전기용품에 대한 생산 능력 평가를 위해 공장심사 절차를 적용하므로 제조업자만이 안전 인증을 받을 수 있다. 그러나 정부의 확인을 받아 연구·개발 또는 수출 목적으로 제조·수입한 경우, 정부가 정한 외국의 안전 인증기관에서 안전 인증을 받은 경우, 정부에서 정한 일정 수준 이상의 시험 능력을 갖춘 제조업자가 '전기용품안전관리법' 시행규칙에 따라 제품시험을 실시하여 안전 인증기관이 적합한 것임을 확인한 경우, 인정 계약을 체결한 국내외의 기관에서 적합하다고 확인받은 경우, 다른 법령에 따라 안전성이 인정되는 경우에는 안전 인증이 면제되거나 제품시험 또는 공장심사(전부 또는 일부)가 면제될 수 있다. 안전 인증을 받으려는 사업자가 해당 전기용품을 출고하기 전이나 통관하기 전에 안전 인증기관에 전기용품 안전인증신청서(제품

〈표 6-9〉 안전 인증 대상 전기용품

분류(군별)	품목 수
전선 및 전원 코드	1종 4개 품목
전기기기용 스위치	2종 8개 품목
전원용 커패시터 및 전원 필터	1종 3개 품목
전기설비용 부속품 및 연결 부품	1종 4개 품목
전기용품 보호용 부품	2종 5개 품목
절연변압기	1종 3개 품목
전기기기	36종 132개 품목
전동공구	1종 17개 품목
오디오 · 비디오 응용기기	대상 없음
정보 · 사무기기	4종 4개 품목
조명기기	4종 15개 품목

[그림 6-9] 전기용품 안전 인증 절차

안전 인증 신청 (제조업자) → 공장심사 제품시험 (안전 인증기관) → 인증서 발급 (안전 인증기관) → 정기검사 연 1회 실시 (안전 인증기관)

설명서, 전기회로 도면, 부품 명세표 첨부) 및 시료를 제출하면, 안전 인증기관은 45일 이내에 안전 인증 여부를 통지하고, 제품시험 및 공장심사를 거쳐 기준에 적합하면 전기용품 안전인증서를 발급하도록 하고 있다.

사후관리 제도로는 정기검사(안전 인증기관)는 연 1회 사전 통보 후 실시(제품시험 및 공장 심사)하며, 시판품 조사(정부)는 시중에 유통 중인 안전 인증 대상 전기용품을 구입하여 안전 기준에 적합 여부를 확인한다. 또한 불법 전기용품 조사(정부, 한국전기제품안전협회)는 안전 인증 대상 전기용품 중 안전 인증을 받지 않고 유통되는 제품을 단속하는 것이며, 그 외 보고 요구, 출입검사·질문(정부, 지자체) 등의 관리가 이루어지고 있다.

안전 인증을 받은 후, 안전 인증을 받은 제품의 구조에 전기적인 안전에 직접적인 영향을 미칠 수 있는 중대한 변경이 발생한 경우에는 별도의 기본 모델로 인증을 다시 받아야 하나 동등 이상의 성능을 가지고 있는 부품이 변경되는 경우에는 추가적인 시험 없이 인증서상 부품목록을 변경 기재해 주고 있으며, 단순 구조 변경 등 경미한 변경의 경우에도 파생 등록만으로 제조·수입·판매·대여가 가능하도록 운영하고 있다.

2) 전기용품 자율안전 확인 제도(강제 신고)

전기용품 자율안전 확인 제도는 전기용품의 위해 수준에 따라 안전성 검증 절차를 차등 적용하기 위해 2009년 1월 1일부터 시행중인 제도로서 기존의 안전 인증 제도와 병행 운영중이다. 구조·사용 방법 등으로 인해 화재·감전 등의 위험 및 장해가 발생할 우려가 있는 전기용품 중 제품시험만으로도 그 위험 및 장해를 방지할 수 있다고 인정되는 전기용품으로, 공급되는 교류 전원이 50볼트 이상 1,000볼트 이하에서 사용되는 전기용품 93종 141품목을 대상으로 하고 있다.

한편, 정부의 확인을 받아 연구·개발 또는 수출 목적으로 제조·수입한 경우, 인정 계약을 체결한 국내외의 기관에서 적합하다고 확인받은 경우, 정부에서 정한 일정 수준 이상의 시험 능력을 갖춘 제조업자가 '전기용품안전관리법' 시행규칙에 따라 제품시험을 실시하여 안전 인증기관이 적합한 것임을 확인한 경우, 다른 법령에 따라 안전성이 인정되는 경우에는 자율안전 확인(전체 또는 일부) 면제 대상이 된다.

자율안전 확인 신고를 하려는 제조업자 또는 수입업자는 해당 자율 안전 확인 대상 전기용품을 출고하기 전이나 통관하기 전에 안전 인증기관에 전기용품 자율안전확인신고서(사업자등록증 사본, 제품설명서(사진 포함), 해당 전기용품에 대한 안전 인증기관의 자율안전 확인 시험 결과서 첨부)를 제출하면, 안전 인증기관은 자율안전 확인 신고번호를 부여하여 자율안전 확인 신고증명서를 발급해야 한다.

〈표 6-10〉 자율안전 확인 대상 전기용품

전기용품	품목 수
전선 및 전원 코드	대상 없음
전기기기용 스위치	1종 7개 품목
전원용 커패시터 및 전원 필터	대상 없음
전기설비용 부속품 및 연결 부품	대상 없음
전기용품 보호용 부품	대상 없음
절연 변압기	2종 3개 품목
전기기기	35종 65개 품목
전동공구	대상 없음
오디오 · 비디오 응용기기	34종 36개 품목
정보 · 사무기기	18종 18개 품목
조명기기	5종 15개 품목

[그림 6-10] 전기용품 자율안전 확인 신고 절차

제품시험	➤	자율안전 확인 신고	➤	판매
(인증기관)		(인증기관)		

자율안전 확인 대상 전기용품의 제조업자 또는 수입업자는 해당 전기용품과 그 포장에 표시를 해야 하며 신고를 한 전기용품의 표시는 국내 제품은 제품 출고 전에, 수입품은 통관하기 전에 해야 한다.

한편, 사후관리 제도로는 시판품 조사(정부)는 시중에 유통 중인 자율안전 확인 대상 전기용품을 구입하여 안전 기준에 적합 여부를 확인하는 것이며, 불법전기용품조사(정부, 한국전기제품안전협회)는 자율안전 확인 대상전기용품 중 자율 안전 확인 시험을 받지 않고 유통되는 제품을 단속하도록 하고 있다.

3) 중고 수입 전기용품에 대한 안전검사 제도(강제 검사[신고])

중고 수입 전기용품에 대한 안전검사 제도는 안전 인증 대상 전기용품 또는 자율안전 확인 대상 전기용품에 해당하는 중고 전기용품에 대해 안전성이 확인된 제품만 수입·판매를 허용하는 제도다.

중고 수입전기용품으로 안전검사를 받으려는 자는 해당 수입 중고 전기용품의 통관일부터 30일 이내에 모델별로 안전 인증기관에 안전검사를 신청해야 하며, 안전인증기관은 실제 수입 물량을 확인하고, 수입 중고 전기용품의 모델별로 각각 시료를 채취하여 안전검사 기준에 적합 여부를 확인

[그림 6-11] 수입 중고 전기용품에 대한 안전검사 절차

안전검사 신청 (통관 후 30일 이내)	➤	수입 물량 확인, 시험시료 채취	➤	제품시험	➤	안전검사 합격증, 안전검사 표지 발급
(수입업자)		(안전 인증기관)		(안전 인증기관)		(안전 인증기관)

♧ 소비자 안전 사례—불법 판매된 중고 수입 전기제품

화재·감전 위험 중고 복사기 수입, 불법 판매

경기지방경찰청 수사과는 7일 화재, 감전 등의 위험이 있는 중고 복사기 3,000여 대를 수입해 안전검사도 받지 않은 채 시중에 판매한 파키스탄인 A씨(46) 등 9명을 불구속 입건했다. A씨 등은 지난 2005년 9월부터 최근까지 미국과 일본 등지에서 사용 연한이 지나 폐기 처분해야 할 중고 복사기 3,062대를 대당 80만~120만 원에 수입한 뒤 영세 문구점 등에 수입가의 2~3배에 달하는 150만~400만 원을 받고 팔아 30여억 원의 부당이득을 챙긴 혐의다. 경찰 조사 결과 이들은 중고 복사기 수입 판매 시 통관일로부터 30일 이내에 한국전자파연구원 등 인증기관의 안전검사를 받아야 함에도 안전검사비 지출에 따른 수익 감소와 안전검사 불합격 시 폐기 처분을 우려해 이 같은 과정을 거치지 않고 불법 판매한 것으로 드러났다.

경찰은 다른 전기용품 등에서도 같은 사례가 있을 것으로 보고 수사를 확대하고 있다.

(뉴시스, 2007-05-07 16:12)

한 후 안전검사에 합격한 수량만큼 안전검사 표지를 발급하고 있다. 중고 전기용품은 수입 시마다 제품 상태(危害 수준)가 달라, 매번 수입 시마다 수입 물량에 대한 안전성 확인이 필요하다. 따라서 사후 관리제도로 불법·불량 전기용품 조사(지자체, 한국전기제품안전협회)는 안전검사를 받지 않거나 안전 기준에 부적합한 제품을 단속하며, 그 외 보고 요구, 출입검사·질문(정부, 지자체, 한국전기제품안전협회) 등이 있다.

4) 안전 인증·자율안전 확인의 표시 방법

안전 인증을 받거나 자율안전 확인신고를 한 제조자·수입자는 제품 출고 전(수입전기용품의 경우에는 통관 전)에 해당 전기용품과 포장에 안전 인증 또는 자율안전 확인의 표시를 해야 하며, 수입 중고 전기용품에 대한 안전검사를 받은 자는 안전검사 표지를 부착해야 한다. 이때, 안전검사 표지는 안전 인증 표지를 사용하고, 그 하단에 '안전검사필'이라는 표시를 추가하도록 하고 있다.

마크는 제품 또는 용기와 포장에 쉽게 식별되도록 표시하고, 떨어지지 않도록 부착하거나 인쇄 또는 각인 등의 방법으로 표시해야 하며, 마크의 크기는 전기용품의 크기에 따라 조정이 가능하다.

안전 인증·자율 안전 확인 표지의 색상은 검정색이 원칙이며, 표지와 인접하여 안전 인증·자율안전 확인신고 번호를 표기하고, 그 밖에 표시사항을 국문 또는 영문 등의 글자로 부기하도록 하고 있다.

〈표 6-11〉 전기용품 안전 인증·자율안전 확인의 표시 사항

법령·고시에서 규정하는 표시 사항	안전 기준에서 정하는 표시 사항
안전 인증 마크·안전 인증 번호 자율안전 확인 마크·자율안전 신고번호 제품명, 모델명, 정격 전압 제조업체명(수입품은 제조국명 추가) 이중 절연 기호(▣) 단시간 정격 시간 제품의 제조 시기를 알 수 있는 표시 아프터서비스 연락처	품목 특성을 고려하여 표시해야 할 경고 또는 주의 사항 등

[그림 6-12] 전기용품 안전 인증·자율안전 확인의 표지

기존 안전 인증 마크	안전 인증·자율안전 확인 마크(2009. 1. 1일부터 시행)

※ 기존 안전 인증 마크는 2011년 6월 30일까지 안전검사 표지는 안전 인증 표지를 사용하고, 그 하단에 '안전검사필'이라는 표시를 추가.

5) 공급자 적합성 확인 제도

그동안의 전기용품 안전관리 제도는 위험성이 높은 전기용품에 한정하여 인증기관에서 안전성을 검증받은 제품만 판매를 허용하는 방식이었다. 최근에는 다양한 신제품이 늘어나고 소비자들의 안전 의식 수준이 높아지면서 기존의 안전관리 제도만으로는 한계가 있고 국제적으로도 민간 자율형 안전관리 제도의 도입이 확산되고 있으며, 기업의 경쟁력 제고를 위해서는 규제를 완화해야 한다는 목소리가 높아지고 있다. 이에 따라 전기용품 관리제도에서는 공급자 적합성 확인제도가 도입되어 2012년에 시행할 예정에 있다. 이 제도는 전기용품 중 위험성이 낮은 제품에 대해서는 기업 스스로 안전성을 확인하고 그 결과는 기업이 책임을 지도록 하는 것이다. 최근에 개정된 전기용품 안전관리 제도는 이전 제도와 비교하여 강제 인증인 안전 인증 대상 전기용품을 최소화해 나가는 대신 안전사고가 많은 전기용품에 대한 시판 조사와 안전 인증을 받지 않았거나 자율안전 확인신고를 하지 않고 유통되는 전기용품을 조사·단속하는 등의 사후관리를 강화하는 추세다.

공급자 적합성 확인 제도는 <표 6-12>에 해당하는 전기용품[8)]의 제조업

자 또는 수입업자가 지식경제부령으로 정하는 바에 따라 공급자 적합성 확인 대상 전기용품 모델별로 제품시험을 실시하거나 제3자에게 시험을 의뢰하여 해당 전기용품이 제2항에 따른 안전 기준에 적합한 것임을 스스로 확인하도록 하고 있다.

공급자 적합성 확인 면제 대상은 연구·개발, 수출 또는 전시 등을 목적으로 제조하거나 수입하는 공급자 적합성 확인 대상 전기용품, 동법 제15조 제1항에 따라 안전 인증을 받은 경우, 그 밖에 다른 법령에 따라 안전성이 인정되는 경우로서 지식경제부령으로 정하는 경우다.

〈표 6-12〉 공급자 적합성 확인 대상 전기용품

분류(군별)	품목 수
전선 및 전원 코드	대상 없음
전기기기용 스위치	대상 없음
전원용 커패시터 및 전원 필터	대상 없음
전기설비용 부속품 및 연결 부품	대상 없음
전기용품 보호용 부품	대상 없음
절연 변압기	대상 없음
전기기기	대상 없음
전동공구	대상 없음
오디오·비디오 응용기기	20종
정보·사무기기	10종
조명기기	대상 없음
직류 전원장치 또는 전기충전기에 연결되어 사용하는 전기용품	2종

8) 구조·사용 방법 등으로 인해 화재·감전 등의 위험 및 장해가 발생할 우려가 있는 전기용품 중 제조업자 또는 수입업자가 직접 또는 제3자에게 의뢰하여 실시하는 제품시험을 통한 안전성 확인으로 그 위험 및 장해를 방지할 수 있다고 인정되는 전기용품으로서 지식경제부령으로 정하는 것.

6) 안전 인증 대상 전기용품 등외의 전기용품 안전 인증 제도

(1) 임의 인증

임의 인증은 안전 인증 대상 전기용품 등외의 전기용품의 제조업자가 안전 인증기관으로부터 해당 전기용품의 모델별로 안전 인증을 받을 수 있는 제도로서 안전 인증을 받으면 해당 전기용품과 그 포장에 안전 인증의 표시 등을 할 수 있도록 하고 있다. 안전 인증기관은 안전 인증의 방법, 절차 등에 관한 업무 규정을 정할 수 있으며, 안전 인증을 받은 경우 안전 인증 절차 및 의무 사항은 전기용품 안전 인증 제도와 동일하며, 자율안전 확인 신고를 하는 경우에는 자율안전 확인 제도의 절차 및 의무 사항과 동일하다.

(2) 안전성 조사

안전성 조사는 안전 인증 대상 전기용품 등 외의 전기용품으로 시중에 유통되는 전기용품 중에서 어린이・노약자・장애인 등의 생명에 위해를 가할 우려가 있는 경우, 사고 발생 시 신체의 상해 정도가 심할 것으로 판단되는 경우, 사고 발생에 따른 피해 우려 지역이 광범위하여 신속한 조치가 필요한 경우, 그 밖에 전기용품의 안전을 확보하기 위해 지식경제부령으로 정하는 경우에는 그 위해성 여부를 확인하기 위해 해당 전기용품에 대한 안전성 조사를 할 수 있도록 하는 제도다.

안전성 조사를 실시한 결과, 해당 전기용품에 위해성이 확인된 경우에는 그 제품의 제조업자 또는 수입・판매・대여업자에 대해 판매 금지・대여 금지・개선・수거 또는 파기를 권고할 수 있다. 또한, 판매 금지・대여 금지・개선・수거 또는 파기의 권고만으로는 그 위해를 방지하기가 어렵다고 인정하는 경우에는 제조업자 또는 수입・판매・대여업자에 대해 판매 금지・대여 금지・개선・수거 또는 파기의 권고를 한 사실을 공표할 수 있도록 하고 있다.

현재 전 세계적으로 제품 인증 제도의 효율성 및 경제성을 위해 공급자 적합성선언(SDoC) 제도가 도입되어 그 기반을 확대하고 있는 추세다. 우리나라에서도 최근 개편된 전기용품 안전관리 제도에서 이 제도를 도입하여 곧 시행할 예정이다. 그러나 공급자 적합성 선언 제도는 선진화된 사후

관리가 뒷받침되지 않을 경우 사전 규제적 인증 제도를 실시하고 있는 우리나라의 경우 제품 품질 저하, 안전문제 등으로 소비자 보호에 커다란 악영향으로 다가올 수 있다.

유럽연합의 경우를 보면 CE 마크로 통일된 인증 제도를 실행하기 위해 8개 모듈별 적합성 인증 절차를 마련했으나 상당수의 품목이 공급자 적합성 선언(SDoC) 방식으로 인증 마크를 부여받고 있다. 상당수 기업들이 공급자 적합성 선언 방식을 선호하여 제품 인증의 신뢰성 문제가 대두되었고, 이러한 인증 제도는 주요 이해당사자 중 국가 및 사업자에 치중된 정책으로 소비자의 안전 및 보호 기능이 부실화되는 결과를 초래했다. 안전/EMC 장비의 경우 CE-Marking Hand Book에 따르면 인증 마크 사후관리 부적합률이 50~75%에 이르렀고, 독일의 경우에는 산업 제품의 33%가 법적으로 의무화된 적합성 평가 없이 유통되고 있어 소비자 안전을 위협하고 있다고 한다.[9]

우리나라의 전기용품 사후관리 방법은 안전 인증을 마친 안전 인증 대상 전기용품에 대해 1년에 1회 이상 지식경제부령으로 정한 절차와 방법에 따라 실시하도록 하고 있는 '정기검사'와 시중에 유통되는 제품에 대해 안전성을 확인하는 '시판품 조사', 그리고 안전 인증 등을 받지 않은 제품에 대한 단속 및 고발 조치를 목적으로 하는 '불법제품 조사'로 이루어지고 있다. 지방자치단체와 한국전기제품안전협회에서 이루어지고 있는 불법 전기용품의 단속 결과 매년 조사 대상 업체의 10% 이상이 안전 인증이나 자율안전 확인을 받지 않은 불법 전기용품을 유통하는 것으로 나타나 소비자의 안전을 위협하고 있다.[10]

또한 공산품 안전관리 제도에서 지적한 바와 같이 전기용품 역시 2009년 1월 1일부터 시행중에 있는 '자율안전 확인 제도'는 공장심사와 정기검사 절차가 생략된다. 또한, 2010년 1월 1일부터는 전기제품의 판매를 위해 인증기관이 실시해 온 안전성 확인 시험을 일정 수준 이상의 시험 능력을 갖

9) Commission of The EC(2007), Commission Staff Working Doc.
10) 한국전기제품안전협회 홈페이지 자료.

춘 기업('국가표준기본법'에 따라 시험·검사기관으로 지정받았거나 국제 전기기기 인증 제도에 따른 시험소로 지정받은 기업)이 자체적으로 실시하고 기업이 시험한 결과를 인증기관이 확인한 후 인증을 취득하거나 자율안전 확인신고를 할 수 있도록 하는 '제조자 시험 결과 인정 제도'가 시행되고 있다. 그리고 EU·일본 등과 같이 2012년부터는 일부 전기용품에 대해 기업 스스로 제품의 안전을 확인·선언하고 KC 인증 마크를 부착하여 제품을 판매하는 '공급자 적합성 확인 제도'를 시행할 예정이다(기술표준원·한국소비자원, 2010).

또한 향후 한·EU FTA 체결 등으로 인해 국가에서 지정한 제3자 강제 인증 방식보다는 공급자 적합성 확인 제도의 채택 요구가 늘고 있어 대상 품목 또한 대폭 증가할 것으로 예상된다. 국가에서 관리하는 강제 인증 제도와는 달리 자율안전 확인 제도, 제조자시험 결과 인정 제도, 공급자 적합성 확인 제도 등의 사후 안전성 확인은 사후 시장 조치(post-market measures) 성격의 시장 유통제품에 대한 안전성 조사에 의존할 수밖에 없다. 따라서 소비자의 안전을 도모하려는 사업자의 높은 의식 수준이 필요하며, 이들 제품의 안전성을 확보하기 위해 유통제품에 대한 안전성 조사(시판품 조사) 강화가 반드시 필요한 것으로 보인다.

3 자동차 안전관리 제도

1) 우리나라 자동차 안전관리 제도 및 기준

우리나라 자동차 안전관리 제도는 국토해양부가 총괄 부서로 자동차 제도 및 정책의 총괄 업무를 수행하면서 자동차 관련 법령 및 안전 기준 제정 및 운영, 자동차 인증, 검사, 리콜 등의 주요 업무를 수행하고 있으며, 연비와 관련해서는 지식경제부가, 배기·소음과 관련해서는 환경부, 전파와 관련해서는 방송통신위원회가 관련 업무를 수행하고 있다.

자동차 소비자 안전과 관련하여 가장 밀접한 법률은 자동차관리법이라

할 수 있다. 자동차관리법 및 시행령은 주로 자동차의 등록 및 관리 등의 관리 제도 관련 법률이나 안전과 관련해서 자동차의 구조 및 장치가 안전 운행에 필요한 성능과 기준이어야 하며, 자동차에 장착되거나 사용되는 부품 및 장치, 또는 보호장구가 안전 운행에 필요한 성능과 기준이어야 함을 정하고 있다. 즉 자동차 소비자의 안전한 운용을 위해 사전적 관리 제도로 제조 단계에서 자동차 자기 인증 및 인증 업자의 등록, 부품 등의 국가 간 상호 인증 등 인증 제도와 판매 전 단계에서의 표시 제도로 자동차 기기 인증 표시와 부품 자기 인증 표시를 하도록 하고 있다. 자동차 안전 기준과 관련해서 우리나라는 교통사고 발생 시 인명 피해를 최소화하고, 자동차가 확보해야 하는 최소한의 안전도와 성능에 대한 기준으로 '자동차 안전 기준에 관한 규칙'을 제정·운영하고 있다. 이 규칙의 주요 내용으로서는 주행도로, 주차시설 등 사회 기반시설에 대한 안전도 확보를 위해 자동차 길이, 너비, 높이, 총중량 등 자동차 구조 관련 7개 항목과 자동차 자체의 안전도 확보를 위해 원동기, 동력 전달장치, 등화장치, 주행장치 및 조종장치 등 자동차의 장치 21개 항목을 두고 있다.

한편 시판되기 전 자동차의 안전성과 성능이 자동차 안전 기준에 적합한지 여부를 확인하기 위한 자동차 성능 시험을 실시하도록 하고 있다.

사후적인 안전관리 제도로 자동차 제작 결함 조사 제도(리콜 제도)와 운행 자동차의 안전성 관련하여 자동차 점검·정비, 자동차 검사, 배출가스 정밀검사 등의 제도를 두고 있다.

2) 자동차의 사전적 관리 제도

(1) 제작자 자기 인증 제도

각 국가마다 자동차 관리와 안전성 확보를 위해 자동차 안전 기준을 제정하고 있으며, 이를 확인하는 인증 제도를 운영하고 있다.

자동차 사고는 운전자는 물론 그 주변의 안전에 치명적인 위험을 주고 물적·인적 손실을 초래하므로 이를 예방하기 위해 정부에서는 인증 제도를 운영하고 있다. 인증 제도에는 <표 6-13>과 같이 국가에 의한 '형식 승인 제도'와 '제작사 자기 인증 제도'가 있는데 우리나라는 자기 인증제(self-

〈표 6-13〉 자동차 인증 제도의 종류

구분	형식 승인 제도	자기 인증 제도
개요	자동차를 판매하기 전 정부로부터 안전 기준에 적합함을 확인	자동차가 안전 기준에 적합함을 제작자 스스로 인증하고 판매하는 제도
시행 국가	유럽연합, 일본, 중국 등	우리나라, 미국, 캐나다 등
사후관리	양산 적합성 평가(COP)	제작 결함 조사

certification system)를 채택하고 있다.

자동차 사전 형식 승인 제도는 자동차를 신규 제작, 조립, 수입하여 판매하기 전에 자동차의 구조 및 장치에 대해 자동차 안전 기준 적합 여부를 사전에 정부가 확인한 후 이를 승인함으로써 자동차의 안전도를 확보하는 제도다. 유럽연합(EU)과 일본 등 대부분의 국가가 이 제도를 채택하고 있다. 이러한 형식승인제의 경우, 국가가 제작된 자동차에 대해 시장에 나가기 전에 관련 기준 및 법규에 적합함을 사전 확인·승인함으로써 자동차 안전 기준에 적합하지 않은 저급한 자동차의 생산과 시장 진입을 예방한다는 장점이 있다. 반면에 판매 후 차량 결함이 발생하는 경우에는 국가가 이를 이미 확인·승인했다는 모순 때문에 소비자를 위한 결함 시정(리콜)에 소극적이라는 단점을 가진다고 볼 수 있다(김현정·여정성, 2008). 이러한 단점을 해소하기 위해 EU에서는 정부가 안전 기준 등의 적합 여부를 지속적으로 확인하는 생산의 적합성 확인 제도를 부가적으로 운영하고 있다.

반면, 자동차 자기 인증 제도는 정부가 자동차의 안전에 대한 최소한의 가이드 라인인 안전 기준을 규정하고 제작자가 이 기준에 적합하게 제작하여 자동차의 성능 및 안전도를 확보하게 함으로써 교통사고 피해를 최소화하기 위한 제도로서 우리나라, 북미 지역(미국, 캐나다 등)이 채택하고 있다. 이러한 자기 인증 제도는 사전에 정부의 확인 없이 제작자 스스로가 안전 기준에 적합함을 인증한 후 제작·판매하게 되며, 판매한 자동차에 대해 정부는 안전 기준 적합 여부 및 결함 여부를 확인하는 제작 결함조사 제

알아봅시다

우리나라 자동차 인증 제도 연혁

우리나라 인증 제도 연혁을 살펴보면 1971. 1. 18. 도로운송차량법 개정 시 최초로 형식 승인 제도를 도입하여 자동차의 제작자가 임의로 제작 또는 조립하여 판매하고 있던 차종을 제도권으로 수용하여 관리 체계의 기틀을 마련했다. 1980년대 자동차의 생산 규모가 급격히 확대하면서 교통사고에 의한 피해 예방을 위한 안전시험 제도의 필요성을 인식하여 1986. 12. 13 도로운송차량법이 자동차관리법으로 전면 개정되면서 자동차 안전시험을 법으로 의무화하여 국내 자동차의 안전도를 국제 수준으로 향상시켰다. 2002년까지 사전 승인 제도인 형식 승인 제도를 채택하여 운영했으며, 국토해양부가 안전시험 대행자로 교통안전공단 자동차성능연구소를 지정하여 형식 승인 업무를 수행했다. 형식 승인에 소요되는 시간적·경제적 부담을 최소화하고 제작자의 자율성 보장 및 경쟁력 강화를 위해 2002년 8월 자동차관리법을 개정(2003.1.1 이후 시행)하여 제작자 등이 안전성을 스스로 보증하는 자기 인증제도를 도입하게 되었다.

자기인증제는 국내 제작사의 요구에 의해 정부의 간섭과 규제를 최소화하고 제작자의 자율성을 최대한 보장하기 위한 제도다. 자동차의 안전도 확보를 통한 소비자 권익 보호를 극대화하기 위해 1997. 6월 규제개혁위원회에서 현행 자동차 형식 승인 제도를 자기 인증 제도(리콜 제도)로의 전환을 의결했다. 이에 따라 정부는 1997년부터 외국의 관련 법규, 제도의 운영 등을 조사·연구하여 우리 현실에 적합한 제도 개선 방안을 추진해 왔다. 1998년 10월 한·미 자동차 협상 양해각서(MOU)에서 자기인증제를 2002년 말까지 도입할 것을 합의했고, 2002년 8월 자동차관리법을 개정하여 2003년 1월 1일부터 제작자 자기인증제를 전면 도입, 시행하고 있다.

도를 운영하여 기준 부적합 또는 안전 결함이 발견되는 경우 제작 결함 시정(RECALL) 조치하도록 함으로써 자동차의 안전도를 확보하는 제도다.

우리나라는 2003년부터 자동차 분야의 자기 인증 제도를 도입하여 2007년도에 아반떼 등 총 15차종 355항목에 대해 자기 인증 적합조사를 실시하는 등 지속적으로 제작 결함조사를 시행하고 있다. 자기 인증 적합조사는 제작자가 자기 인증하여 판매한 자동차 및 부품에 대해 무작위로 구매하여 안전 기준 적합 여부를 확인하는 방법으로 시행하고 있다. 조사 대상 자동차의 선정은 소비자들이 불만을 제기한 자동차뿐만 아니라 제작사의 판매 대수 등을 고려한 연간계획 수립에 근거하여 시행하고 있으며, 조사 결과 안전 기준 부적합으로 판정된 경우에는 과징금 부과와 리콜이 동시에 진행된다.

(2) 자동차 성능시험

자동차의 성능시험이란 자동차의 안전성과 성능이 자동차 안전 기준에 적합한지의 여부를 확인하기 위해 실시하는 시험을 말한다. 우리나라는 국가적 차원에서 자동차의 안전도와 품질 등을 확보하여 자동차 안전 운행에 필요한 최소 한도의 기준을 법령으로 정하고 자동차의 안전을 시험하고 있다. <표 6-14>와 같이 총 42개의 자동차 성능에 대한 안전 기준을 정하고 있다.

〈표 6-14〉 자동차 성능 관련 안전시험 항목

1. 충돌 시 승객 보호시험	2. 충돌 시 조향 핸들 후방이동시험
3. 충돌 시 연료 누출 방지시험	4. 충돌 시 앞면 유리 고정성시험
5. 충돌 시 앞면 유리 침입성시험	6. 좌석 및 그 잠금장치시험
7. 머리지지대 강도시험	8. 문열림 방지장치 강도시험
9. 계기판넬 충격 흡수시험	10. 좌석등받이 충격흡수시험
11. 팔걸이 충격흡수시험	12. 햇빛가리개 충격흡수시험
13. 범퍼 충격흡수시험	14. 실내 후사경 충격흡수시험
15. 조향장치 충격흡수시험	16. 옆문 강도시험
17. 천정 강도시험	18. 좌석안전띠 부착장치 강도시험
19. 견인장치 강도시험	20. 후부 안전판 강도시험
21. 등화장치 광도시험	22. 운전자의 시계 범위 시험
23. 원동기 출력시험	24. 시계 확보장치시험
25. 가속제어장치 복귀능력시험	26. 소음 방지장치시험
27. 연료 소비율시험	28. 승용자동차의 제동능력시험
29. 승용·화물 및 특수자동차 제동능력시험	30. 피견인 자동차 제동능력시험
31. ABS 설치자동차 제동능력시험	32. ABS설치 피견인 자동차 제동능력시험
33. 연결 자동차의 선회시 제동능력시험	34. 타이어 파열시험
35. 조향성능시험	36. 최고속도 제한장치시험
37. 속도계시험	38. 차실내장재 연소성시험
39. 내부 격실 문열림 방지장치시험	40. 어린이 보호용 좌석 부착장치시험
41. 전자파 장해 방지장치시험	42. 경음기 소음시험

출처: 교통안전공단.

[그림 6-13] 신차 안전도 성능시험

3) 자동차의 사후적 관리 제도

(1) 자동차 안전도 평가

자동차 안전도 평가란 소비자에게 좀 더 넓은 선택의 기회를 제공하고 자동차 제작사로 하여금 좀 더 안전한 자동차를 제작하도록 유도하기 위해 정부가 자동차 충돌시험 등을 통해 자동차의 안전성을 평가하여 그 결과를 소비자에게 정보로 공개하는 것을 말한다. 1999년부터 교통안전공단 자동차성능연구소에서 자동차 안전도 평가를 수행하고 주관 부처인 국토해양부에서 그 결과를 발표하고 있다.

정부는 1999년부터 2010년까지 승용 자동차 79개 모델, 승합 자동차 4개 모델 및 소형 화물자동차 2개 모델에 대한 정면 충돌 안전성 등 8개 항목에 대한 안전도를 평가하여 발표했고, 2011년에는 전년도보다 1차종 많은 수입 자동차 3차종을 포함한 승용 차동차 11개 모델의 정면 충돌 안전성, 부분 정면 충돌 안전성, 측면 충돌 안전성, 좌석 안전성, 보행자 안전성, 주행전복 안전성, 제동 안전성 및 기둥 측면 충돌 안전성을 평가하고 있다. 2010년에 자동차 안전도 관련 정보를 소비자가 좀 더 쉽게 이해하고, 빠르게 활용할 수 있도록 하기 위해 정면 충돌, 부분 정면 충돌, 측면 충돌, 기둥 측면 충돌, 좌석 안전성 등 5개 항목을 종합하여 '충돌 분야 종합 등급'

〈표 6-15〉 각국의 자동차 안전도 평가

구분	한국	미국	유럽	호주	일본
주관 기관	국토해양부 교통안전공단 자동차성능연구소	교통부도로 교통안전청 (NHTSA)	EU집행위원회 영국 환경교통 지역성 스웨덴 운수성 자동차클럽 등	주정부도로 교통국 자동차클럽	국토교통성 자동차사고 대책기구
평가 대상	승용차 다목적 승용차 소형 승합/화물차	승용차 다목적 승용차 경트럭	승용차 다목적 승용차	승용차 다목적 승용차 경트럭	승용차 다목적 승용차
시행 시기	1999	1978	1995	1993	1996
평가 방법	- 고정벽 정면 충돌(56㎞/h) - 40% 부분 정면 충돌(64㎞/h) - 90도 측면 충돌(55㎞/h) - 좌석(16㎞/h 후방 충돌) - 보행자(40㎞/h) - 주행 전복 (80㎞/h) - 제동(100㎞/h)	- 고정벽 정면 충돌 (56㎞/h) - 40% 부분 정면 충돌 (62㎞/h) - 주행 전복 (80㎞/h)	- 40% 부분 정면 충돌(64㎞/h) - 90도 측면 충돌(50㎞/h) - 지주 측면 충돌(29㎞/h) - 보행자(40㎞/h) - 어린이 좌석 (64㎞/h) - 좌석 안전성	- 40%부분 정면 충돌 (64㎞/h) - 90도 측면충돌 (50㎞/h) - 지주 측면 충돌 (29㎞/h) - 보행자 - 어린이 좌석 (64㎞/h)	- 고정벽 정면 충돌(55㎞/h) - 40% 부분 정면 충돌 (64㎞/h) - 90도 측면 충돌 (55㎞/h) - 보행자(머리) - 제동 (100㎞/h) - 어린이 좌석 (55㎞/h)
향후 계획	- 지주 측면 충돌 - 충돌 상호 안전성	- 충돌 상호 안전성 - 전복 상해 안전성 - 어린이 좌석 안전성	- 충돌 상호 안전성	- 충돌 상호 안전성 - 좌석 안전성 - 전복 상해 안전성	- 지주 측면 충돌 - 좌석 안전성 - 충돌 상호 안전성 - 보행자 안전성 (다리)
홈페이지	www.car.go.kr	www.safercar.gov	www.euroncap.com	www.ancap.com.au	www.nasva.go.jp
배너	KNCAP	NHTSA	EURO NCAP	ANCAP	NASVA

출처: 국토해양부 홈페이지.

을 포함한 평가 결과를 연 2회 발표하고 있는데, 이어서 2011년에는 제작사의 요청으로 측면 충돌 사고 시 치명적인 머리 상해 등으로 인한 사상자를 감소시키기 위한 평가시험 항목으로 기둥 측면 충돌 안전성을 처음 포함시켰다. 정부는 연차적으로 수입 자동차를 포함한 안전도 평가 대상 차종을 확대할 예정으로 있다. 자세한 안전도 평가 결과는 국토해양부 정보전산망(www.car.go.kr)에서 확인 가능하다.

(2) 자동차 제작 결함 시정(리콜 제도)

자동차의 제작 결함 시정(리콜) 제도란 자동차가 안전 기준에 부적합하거나 안전 운행에 지장을 주는 등의 결함으로 소비자의 신체 또는 재산상의 피해가 발생하거나 또는 발생할 가능성이 있는 경우에 자동차를 제작 수입 판매한 제작자 등이 자동차의 결함과 관련된 사항을 소비자에게 통보하고 해당 자동차를 신속하게 회수하여 수리, 교환, 환불 등의 적절한 조치를 취함으로써 안전 관련 사고와 소비자 피해를 사전에 예방하는 등의 소비자 보호 제도다.

자동차 관리 제도 운영은 국토해양부가 하고 있으며, 전문적인 조사 등의 시행은 교통안전공단 산하 자동차성능시험연구소가 하고 있다. 즉 국토해양부는 자동차 자기 인증, 제작 결함 시정(리콜), 안전 기준 관련 자동차 관리 법령 제·개정과 자동차 제작 결함 시정명령 및 시정관리와 자동차 제작 결함 조사 착수 및 최종 판정을 하고 있으며, 자동차 성능시험연구소는 자동차 자기 인증 적합조사와 자동차 안전 결함 조사를 실시하고 있다. 자동차 제작사는 국토해양부에 등록한 후에 제작 결함 시정 및 사후관리에 대한 책임을 부여받아 자기 인증 능력 여부를 결정한다(김현정·여정성, 2008). 자동차 제작 결함 시정은 '자동차안전기준규칙'에 규정된 안전 기준에 적합하지 않은 경우와 안전 기준에 규정된 바는 없으나 안전 운행에 지장을 주는 등의 결함이 있는 경우 등이다(자동차관리법 제31조).

그런데 현행 자동차관리법은 "안전 운행에 지장을 주는 등의 결함이 있는 경우"에 대한 구체적인 판단 기준에 관해 명시적인 규정을 두고 있지 않아 이에 대한 판단은 일차적으로 관계 정부 부처의 법 해석에 유보되어 있다. 따라서 이러한 상황에서는 사업자는 안전 운행에 지장을 주는 결함을 가능한 좁게 해석하여 제작 결함을 최소화하려 할 것이며, 소비자는 좀 더 넓게 해석하여 사업자가 적극적으로 리콜을 해 줄 것을 요구하게 된다. 또한 현행 자동차관리법상 자동차 리콜의 대상은 '자동차 또는 자동차의 부품'으로 규정되어 있음에도 대부분의 규정은 자동차 위주로 규정되어 있어 자동차 부품에 대해서는 외국과는 달리 어떤 부품을 그 대상으로 하고 있는지와 그에 대한 안전 기준조차 마련되어 있지 않아 문제점으로 지적되고 있다(정용수, 2010).

연도별 자동차 제작 결함 현황은 <표 6-16>과 같다. 국내 자동차의 리콜은 2005년을 기점으로 급격히 감소하고 있으며, 수입 자동차는 2005년부터 감소하다가 다시 증가 추세를 보이고 있다.

자동차 제작 결함 시정 또는 통지·공고 전에 반드시 결함 자동차의 차명, 형식, 제작일, 구조 및 장치, 결함 원인, 제작 대수와 판매 대수, 시정계획을 국토해양부 장관에게 보고하고 자체적으로 시정하도록 하고 있다. 즉

〈표 6-16〉 연도별 자동차 제작 결함 현황

(단위: 종, 대)

연도	국산 자동차		수입 자동차		계	
	차종	대수	차종	대수	차종	대수
2001	28	565,107	11	1,225	39	566,332
2002	39	1,290,690	36	3,838	75	1,294,528
2003	47	1,087,291	27	3,326	74	1,090,617
2004	64	1,918,388	69	12,869	133	1,931,257
2005	69	1,799,346	68	11,589	137	1,810,935
2006	38	305,571	54	9,295	92	314,207
2007	17	289,646	67	14,561	84	304,207
2008	90	113,819	54	8,114	144	121,933
2009	29	265,843	60	14,057	89	279,900

출처: 국토해양부, 교통안전공단 자동차성능연구소(정용수, 2010에서 재인용).

알아봅시다

자동차 결함과 제조물 책임

자동차는 전자화·다기능화에 따른 여러 사양을 장착하고 있어 결함이 발생하더라도 정확한 원인 규명이 어렵다. 자동차 급발진 사고로 추정되는 사고에 대해 자동차 제조회사는 사고 차량들을 점검해도 아무 이상이 없으며 따라서 이는 운전자의 조작 미숙 때문이라는 일관된 입장을 유지하고 있는 반면, 일부 학자들은 "급발진은 차량의 결함의 결함 때문에 생기는 것이며, 전자 엔진 제어장치 도입 이후 급발진이 증가하고 있다"고 주장하여 상반된 의견을 내고 있으며, 이때 이들 학자들의 주장을 뒷받침하는 것이 제조물 책임 원칙이라 볼 수 있다.

최근(2009. 9. 30. 서울중앙지법) 급발진과 관련하여 서울중앙지법 민사83단독에서는2009. 9. 30 조모(62) 씨가 벤츠 차량 수입·판매업체인 (주)한성자동차를 상대로 낸 손해배상 청구소송에서 사고 차량과 동일한 벤츠 차량 한 대를 인도하라며 원고 승소 판결을 내렸다. 이때 재판부는 "복잡한 기계의 경우, 소비자가 통상적인 사용 방법에 따라 사용했음을 증명하고 제조업자가 기계장치에 하자가 없었다는 점을 입증해야 하는데 동 사건처럼 제조업자가 이를 제대로 입증하지 못하면 배상 책임을 져야한다"고 밝힘으로써 그전 판결과는 달리 제조물 책임 원칙에 입각하여 판결한 바 있다.

□ 종전 판결 내용(2004. 3.12 대법원)

○ 2004. 3월 대법원 판례에서는 자동차 공학상 운전자가 가속 페달을 밟지 않은 상태에서 급발진이 일어나기는 어렵고, 이는 국내외 관련 기관의 연구조사 결과에서도 인정됨에 따라 급발진이 자동차 제작상의 결함으로 볼 수 없다고 판단하여 원고 패소 판결한 바 있음.

제작상의 결함이 발생한 경우에 이를 공개하고 제작사가 자체적으로 시정하도록 한 것이다. 그러나 제작 결함이 발생했음에도 불구하고 제작자가 스스로 시정하지 않을 경우에는 국토해양부 장관이 시정명령을 내리고, 만약 이에도 불응할 경우는 10년 이하의 징역이나 3천만 원 이하의 벌금에 처하고 결함 자동차에 대한 제작·조립·수입 또는 판매의 중지를 명할 수 있다.

아울러 제작 결함의 판정 및 시정의 공정성과 객관성을 확보하기 위해 결함 여부에 대한 시험 및 조사를 위한 전문기관으로 전술한 자동차 성능 연구소를 활용하고 있다.

♧ 소비자 안전 사례 — 도요타 자동차 리콜

도요타, 또 133만 대… 올해만 15번째 리콜-북미서… 엔진 결함 코롤라 · 매트릭스

일본 도요타자동차가 26일 엔진 결함을 이유로 북미 시장에서 코롤라와 매트릭스 모델 총 133만 대를 리콜하기로 했다. 도요타의 대규모 리콜 조치는 올해 들어서만 이번이 15번째라고 뉴욕타임스는 지적했다.

리콜 대상은 미국과 캐나다 시장에서 판매된 2005~2008년형 모델 코롤라와 코롤라 매트릭스 차량 113만 대다.

도요타는 성명에서 부적절하게 제작된 엔진제어 모듈(ECM) 문제를 해결하려고 리콜 조치를 취했다고 설명했다. ECM의 특정 납땜 부위, 회로를 감싸는 데 사용된 전자부품에 균열이 생길 가능성이 있다는 것. 이 균열은 엔진에 시동이 걸리지 않게 하거나 극단적인 경우 주행 도중 엔진을 꺼지게 할 수 있다.

이 문제로 세 건의 차량 사고가 발생했으며 이 가운데 1건은 운전자가 가벼운 부상을 입었다는 보고가 있었으나, 도요타 측은 해당 사고와 ECM 결함 사이의 연관성이 확인되지 않았다는 입장을 보이고 있다. 문제의 ECM 부품은 미시간 주 트로이에 본사를 둔 자동차 부품업체 델피에서 생산된 것이다.

앞서 미국 고속도로교통안전국(NHTSA)은 23일 코롤라와 매트릭스의 ECM 결함을 포착, 해당 차종 120만 대를 대상으로 사고 위험 조사를 진행중이라고 밝혔다.

NHTSA는 북미지역에서만 판매되는 이들 차종에서 갑작스러운 엔진 정지 현상이 일어났다는 민원이 163건에 달해 차량 결함 여부를 조사하고 있다고 밝혔다. 한편 제너럴모터스(GM)도 도요타와 합작 생산한 폰티액 바이브 20만 대를 동일한 문제로 리콜한다고 밝혔다.

(문화일보, 2010-08-27 11:46)

4) 운행 자동차 안전 관련 제도

(1) 자동차 점검 · 정비

국내 차량 제작 기술의 초보 단계에서는 군용차 등 재생 차량을 운행함으로써 차량의 안전도가 문제되었다. 이에 따라 자동차의 안전도를 확보할 수 있도록 자동차의 구조장치나 부품의 내부를 분해 · 점검하여 불량 부품을 교환 · 수리하는 등 보수 · 관리를 적절하게 행할 필요가 있어 자동차 점검 · 정비를 1967년 1월 16일부터 의무화하여 시행해 왔다. 그 후 정기점검과 정기검사와의 중복에서 오는 자동차 소유자의 시간과 경제적 부담을 경감시키기 위해 1996년 12월 9일부터 자가용 자동차의 정기점검 제도를 자율화했다.

한편, 대중교통 수단이나 영업용으로 사용하고 있는 운수 사업자의 자동차는 공익적 차원에서 일정 차령(승용 3년, 승합 4년, 화물 5년)이 경과된 후 최초로 정기검사를 받아야 하는 검사 유효 기간 만료일 전후 각각 30일(대형 화물 자동차의 경우 90일) 이내와 그 이후 매 1년마다 자동차정비업체(2007년 말, 종합 3,008개소, 소형 1,585개소 총 4,539개소)에서 정기점검을 받도록 규정하고 있다.

(2) 자동차 검사

자동차 검사는 교통사고 예방, 배출가스 또는 소음으로 인한 대기환경오염 방지를 위해 국가 차원에서 자동차 관리에 필요한 불법 개조 차량 및 무보험 차량 색출 등을 목적으로 안전 기준 적합 여부와 차대 번호 및 원동기 형식이 등록증에 기재된 것과 동일한지 여부를 확인하여 국민의 재산과 생명을 보호하는 제도다.

비사업용 승용차(10인승 이하의 승합 자동차 포함)의 경우 신규 등록 후 첫 검사는 4년이며 이후 차령에 상관없이 매 2년마다 검사를 받아야 한다. 사업용 승용차는 신규 등록 후 2년에 처음 검사를 받아야 하며, 이후 매 1년마다 검사를 받아야 한다. 경형·소형의 승합 및 화물 자동차의 경우 매 1년마다 검사를 받아야 한다. 사업용 대형 화물 자동차는 차령 2년 이하는 매 1년, 차령 2년이 초과되면 6개월마다 검사를 받아야 하며, 그 밖의 자동차

〈표 6-17〉 자동차 검사 종류

구분	대상 자동차
신규검사	신규 등록을 하고자 할 때 실시하는 검사(신규 제작 차량 제외)
정기검사	자동차관리법 제43조의 규정에 따라 신규 등록 후 일정 기간마다 정기적으로 실시하는 검사 및 대기환경보전법 제37조의 2 및 소음·진동규제법 제37조의 2의 규정에 의한 운행차의 정기검사
임시검사	법에 의한 명령이나 자동차 소유자의 신청에 의해 비정기적으로 실시하는 검사
구조변경검사	자동차의 구조 및 장치를 변경한 때에 실시하는 검사

출처: 국토해양부, 교통안전공단 내부 자료.

〈표 6-18〉 자동차 장치별 주요 결함 사항(공단)

(단위 : 건)

구분	2000년	2001년	2002년	2003년	2004년	2005년	2006년	2007년
등화장치	159,891	160,471	140,269	107,397	121,145	204,757	202,126	126,343
제동장치	91,676	109,640	117,078	111,053	157,559	230,232	187,507	308,713
주행장치	14,307	13,481	11,756	12,385	14,266	16,315	18,519	1,071,117
조향장치	77,323	72,785	72,624	76,371	79,107	50,725	35,637	38,533
기타	576,836	523,597	549,418	480,370	453,047	408,427	323,382	1,182,226
계	920,033	879,974	891,145	787,576	825,124	910,456	767,171	2,726,932

출처: 교통안전공단 내부 자료.

는 차령 5년 이하는 매 1년, 차령 5년이 초과되면 6개월마다 정기검사를 받아야 한다.

교통안전공단에서는 2007년에 2,525천 대의 자동차를 검사하여 그 중 10.1%에 해당하는 22만 5천 대를 부적합 조치했으며, 지정정비사업자는 6백 27만 4천 대를 검사하여 그 중 9.4%에 해당하는 59만 1천 대를 부적합 조치했다.

2007년도에 교통안전공단에서 시행한 자동차 검사 결과 부적합 차량의 주요 결함 사항으로는 주행장치 결함이 1,071,117건으로 전체의 39.2%로 가장 많고, 제동장치 결함 11.3%, 등화장치 관련 결함이 4.6% 순으로 나타났다.

교통안전공단에서는 불법자동차단속반을 편성하여 운영하면서 안전 기준 위반, 불법 개조(불법 구조 변경 포함), 등록번호판 위반 등 위법 차량을 적발하여 해당 관청에 통보함으로써 자동차 안전 확보 및 환경오염 방지에 기여하고 있다. 또한, 차적의 조회 · 관리가 불가능한 차량(대포차)과 무등록 차량 등 불법 운행 차량을 전산 추적 · 조사하고, 구조 변경 승인을 받지 않고 임의로 자동차의 구조 등을 변경 · 운행하는 차량을 관할 관청 및 경찰과 합동으로 단속하고 있다.

(4) 운행차 배출가스 정밀검사

운행차 배출가스 정밀검사는 자동차 배출가스에 의한 대기오염을 개선하기 위해 도입된 검사제도다. 공회전 상태에서 측정하는 무부하 검사 방법은 도로 주행 시의 자동차 배출 상태가 정확히 반영되지 않고 있어 자동차가 실제 도로를 달리는 상태와 유사한 조건을 부여한 부하 검사 방법을 채택하여 대도시 스모그의 주요 원인 물질인 질소산화물(NOx)을 직접 검사하는 등 배출가스의 선별 및 측정의 정확성이 향상된 검사다.

특히 배출가스 정밀검사는 자동차 검사 통합 시스템을 활용하여 검사 기술 인력, 검사 내용, 검사 결과 및 정비 이력까지 실시간으로 파악함과 아울러 종합 데이터베이스화할 수 있도록 구축·운영되고 있다. 그동안 검사장비 미개발로 인해 부하검사를 시행하지 못했던 차량 총중량 5.5톤 초과 대형 차에 대해서도 2007년 7월 1일부터 부하검사를 시행함에 따라 오염물질이 중·소형 자동차에 비해 많이 배출되는 대형차를 효율적으로 관리하고 있다. 또한 배출가스 정밀검사 실효성 제고를 위해 선진 외국의 사례를 토대로 도로 주행 패턴이 반영된 검사 방법으로 개선하고 배출가스 허용기준도 자동차 제작 기술에 부응하도록 세분화 또는 강화하고 있다.

연습 문제

1. 최근 공산품 안전과 관련하여 발생한 피해 사례를 원인, 피해 상황, 해결 방안 등에 대해 알아봅시다.
2. 미국 소비제품안전위원회(CPSC)의 국가전자위해 감시시스템(NEISS), 일본 국민생활센터의 위해정보시스템(PIO-NET)과 우리나라의 한국소비자원 위해감시시스템(CISS)에 대해 알아보고 각 제도의 특징과 운영 방법, 수집 자료 현황 등을 비교해 봅시다.
3. 제품품질 및 안전과 관련한 새로운 통합 마크인 KC마크에 대해 알아보고 다양한 마크로 운영되었던 지난 제도와 비교하여 장점과 단점을 논해 봅시다.
4. 2007년 개편된 공산품안전관리제도의 특징을 그전 제도와 비교하여 논해 보고 새로운 안전관리 제도 도입에 따라 규제 수준이 완화된 품목들 중에서 오히려 위해사례가 증가되는 등의 문제점이 나타난 사례가 있는지 알아보고 그 원인과 해결 방안을 소비자 안전과 관련하여 논의해 봅시다.
5. 자동차 인증제도인 형식 승인 제도와 자기 인증 제도의 특성을 알아보고 각 제도를 시행하는 국가와 제도별 장·단점을 비교하고 우리나라의 경우를 논의해 봅시다.
6. 공산품, 전기용품, 자동차 등 최근에 리콜된 사례들을 국·내외에서 찾아봅시다.

Chapter

07 생활환경 안전관리 체계

제 1 절 생활환경 안전관리의 문제점

개인 소득 수준의 향상과 근로 시간의 단축, 소비자 욕구의 다양화 등으로 서비스 수요가 창출되면서 레저 및 스포츠, 외식, 쇼핑, 교육, 건강, 실버 등의 분야에서 계속해서 새로운 서비스가 생겨나고 있다.

또한 이러한 서비스는 종류에 따로 다소 차이는 있으나 통상 시설물과 함께 제공되면서 새로운 소비자 안전의 문제를 야기하고 있다.

한국소비자원 위해감시 시스템(CISS)에 접수된 2009년도 소비자 위해 사례 39,171건 중에서 시설물과 서비스 관련 위해 사례는 7,175건으로 전체의 18.3%다. 대부분인 6,030건이 구조물, 건축물 등의 시설물에서 발생하고 있었다.

구체적인 사례로 보면, 대형 유통시설에서 쇼핑 도중, 쇼핑 카트에 다친다거나 놀이시설이나 번지 점프와 같은 레저 스포츠를 이용하다가 다치거나 심지어 목숨을 잃는 사고는 물론 신축 주택의 건축 내장재에 함유된 포름알데히드 등의 유해물질로 인해 천식이나 피부병이 발병하기도 한다. 그러나 이러한 다양한 소비자 문제가 발생하고 있음에도 현행 서비스나 시설물 관련 법령과 제도는 제품 관련 안전법제와 비교해 매우 부족한 상태다.

즉 품질경영 및 공산품안전관리법, 전기용품안전관리법, 자동차관리법 등 개별 안전법제나 제품안전기본법 등 제품 관련 일반법제는 해당 제품에 대한 소비자 안전에 초점을 맞추고 있는 반면, 서비스 및 시설물 관련해서 안전에 초점을 둔 법제는 미흡한 것으로 보인다. 시설물과 관련해서 '시설물의 안전관리에 관한 특별법'이 있으나 이는 도로, 철도, 항만, 댐 등의 기반 시설물에 대한 안전진단 등의 내용으로 구성되어 있어 유통시설이나 놀이시설 등 일반 소비자들이 시설물을 이용하면서 일어나는 안전문제를 구체적으로 다루는 법제는 미흡한 것으로 보인다.

이 밖에 서비스 및 시설물과 관련해서는 관광진흥법, 어린이 놀이시설 안전관리법, 수상레저안전법, 공중위생관리법, 공연법, 체육시설의 설치·이용에 관한 법률, 학원의 설립·운영 및 과외교습에 관한 법률 등이 있으나 이들 법제 역시 일부 법률을 제외하면 소비자 안전의 내용은 부족한 것으로 보인다.

제 2 절 생활환경 안전관리 법체계 및 제도

현재 우리나라의 경우 시설물은 그 종류별·소관 부처별로 매우 다양한 법률이 제정되어 시행되고 있다. 시설물 안전관리 대상은 교량·댐·수리시설·항만시설·공공청사·아파트·대형 판매시설·호텔·극장·유원지 및 체육시설 등 다양하다. 교량의 경우 도로법·철도법·도시철도법 등의 근거 법제로 댐의 경우 댐 건설 및 주변 지역 지원 등에 관한 법률과 하천법을 근거 법제로, 수리시설의 경우 하천법을 근거 법제로 하여 건설교통부가 관장한다. 항만시설은 항만법을 근거로 해양수산부가 관장한다. 공공청사는 건축법·학교시설사업촉진법·국유재산관리법·지방재정법 등을 근거로 건설교통부·교육부·행정안전부·재정경제부 등이 각각의 소관사항을 중심으로 관리한다. 아파트와 대형 판매시설, 그 밖의 대형 건물은 건축법·주택법·유통산업발전법 등을 근거로 건설교통부가 주로 관장하며, 호텔은 관광진흥법을 근거로 문화관광부가, 공중위생관리법을 근거로 보건복지부가 관장한다. 극장과 체육시설은 공연법과 체육시설의 설치·이용에 관한 법률을 근거로 문화관광부가 관장한다.

안전관리의 대상을 넓혀 보면, 산업 안전과 관련하여 석유화학시설의 경우 석유사업법, 유해화학물질관리법, 위험물안전관리법 등을 근거로 산업자원부, 환경부, 소방방채청 등이 관장하며, 가스시설의 경우 고압가스안전관리법, 도시가스사업법, 액화석유가스의 안전 및 사업관리법 등을 근거로 산업자원부와 소방방재청이, 건설사업장의 경우 건설기술관리법, 건설기계관리법 등을 근거로 건설교통부가 관장한다. 교통 안전과 관련하여 도로교통의 경우 도로교통법, 자동차관리법 등을, 지하철의 경우 도시철도법을, 철도의 경우 철도법을, 항공 교통의 경우 항공법을 근거로 건설교통부가 관장한다. 수상 교통의 경우 해상교통안전법, 선박안전법, 유선 및 도선사업법 등을 근거로 해양수산부가 관장한다. 에너지와 관련하여 원자력의 경우 원자력법을 근거로 과학기술부가, 전기시설의 경우 전기사업법, 전기공사업법 등을 근거로 산업자원부가, 광산시설의 경우 광산보안법을 근거로 산업자원부가 관장한다.

시설물은 그 기능에 따라 정상적으로 가동될 경우, 위와같이 그 설치 및 관리와 관련한 각종 허가와 감독 권한을 가진 행정청이 각각의 목적에 적합한 법률을 근거로 관장하고 있다. 그러나 시설물을 이렇게 사회 기반시설로까지 확대하는 경우에는 소비자 안전이라는 범주를 넘어서는 문제가 생긴다. 따라서 소비생활과 밀접한 시설물을 중심으로 보면, 우선 일반법인 소비자기본법에서 모든 소비자는 모든 용역으로 인한 생명, 신체 및 재산상의 위해로부터 보호받을 권리를 규정하고 있으며, 용역으로 인한 위해를 방지하기 위한 국가의 위해 방지 기준 제정 의무와 사업자의 의무, 서비스 결함정보 의무화, 시정 조치 등을 규정하고 있다. 또한 개별적인 시설물 분야에 따라 공중위생관리법, 관광진흥법, 공연업법, 체육시설의 설치·이용에 관한 법률, 학교안전사고 예방 및 보상에 관한 법률, 학원의 설립·운영 및 과외교습에 관한 법률 등의 개별법에서 부분적으로 안전에 관한 규정을 두고 있다.

우선 공중위생관리법은 그 적용 대상이 공중위생업으로 일정 규모의 시설을 갖추고 다수의 소비자를 대상으로 위생관리 서비스를 제공하는 영업시설물로서 숙박업, 목욕장업(찜질방 포함), 이용업, 미용업, 세탁업 등이 포함되며, 이들 시설물을 이용하는 소비자들에게 건강상의 위해가 발생하지 않게 관련 시설물을 위생적이고 안전하게 관리하도록 하는 등의 안전 관련 조항을 두고 있다.

관광진흥법은 대규모 놀이공원과 워터파크를 포함한 유원시설을 대상으로 소비자의 안전 및 보건을 위해 안전 의무 제도인 안전성 검사와 안전관리자 배치와 같은 안전관리 의무화 등의 안전 조항을 두고 있다. 한편, 아파트나 일반 공원 등에 설치된 소규모 놀이공원은 유원시설에 포함되지 않아 안전의 사각지대라는 지적이 있어 왔는 바, 최근 제정된 어린이 놀이시설 안전관리법은 어린이 놀이시설을 대상으로, 설치되는 놀이기구의 안전인증의 의무화와 설치 기준, 설치 검사, 안전 점검 및 진단 등의 안전 규정을 포함하고 있다.

공연업법은 음악, 무용, 연극, 국악, 곡예 등의 공연을 제공하는 시설물들의 등록 의무와 재해 예방 조치, 무대시설의 안전 진단 등의 안전 조항을 포함하고 있다. 체육시설의 설치 · 이용에 관한 법률은 골프장, 스키장, 자동차 경주장과 같은 등록 체육시설과 요트장, 조정장, 카누장, 빙상장, 승마장, 종합체육시설, 수영장, 체육도장, 볼링장, 테니스장, 골프연습장, 썰매장 등 신고 체육시설을 이용하는 소비자의 보호에 관한 규정과 함께 안전 및 위생 준수 기준, 보험 가입 의무 등을 두어 체육시설을 이용하는 소비자의 안전을 보장하고 있다.

학교와 학원 등 교육시설의 안전과 관련해서는 우선 학교에서 빈번하게 발생하는 학교 안전사고로부터 학생을 안전하게 보호하고 적정한 보상을 시행하는 등의 학교 안전망의 구축을 위한 학교 안전사고 예방 및 보상에 관한 법률이 최근에 제정되었다. 학교 이외의 학원 등의 사설교육시설물의 안전과 관련해서는 학원의 설립 · 운영 및 과외 교습에 관한 법률이 있으나 대부분이 설립과 운영에 관한 조항으로 이를 이용하는 소비자인 학생의 안전 관련 조항은 매우 미비하다고 볼 수 있다.

전장에 살펴본 제품 안전관리 제도가 단일 소관 부처를 중심으로 개별 분야 또는 품목별로 개별 법률이 일정하게 적용되어 체계적으로 관리되고 있는 반면, 소비생활과 밀접한 시설물 안전관리 제도는 안전 관련 법률 내용이 여러 법률에 흩어져 있고 소관 부처도 단일 부처 아닌 복수 부처이거나 학원시설처럼 안전 관련 법률 조항이 거의 없어 안전 사각지대에 놓여 있는 등 종합적이고 체계적인 안전관리 제도가 마련되어 있지 않다.

♧ 소비자 안전 사례 — 대표적인 다중이용시설인 찜질방 안전문제

"**찜질방 위생 · 안전 관리 소홀**"<소비자원>

찜질방의 위생 및 안전관리가 소홀한 것으로 조사됐다.

한국소비자원은 전국 역·터미널 주변 18개 찜질방에서 사용하는 베개, 매트, 안마의자의 위생 상태를 검사한 결과 13개 찜질방의 용품에서 곰팡이가, 3개 찜질방에서는 무좀균이 검출됐다고 10일 밝혔다.

조사 대상 찜질방의 총 70개 발한실 중 별도 환기시설이 없는 곳이 38곳에 달했다. 8개 찜질방에서는 발열기 주변에 안전망을 설치하지 않거나 부적절하게 설치해 화상 위험이 높았다.

5개 찜질방은 비상구가 폐쇄됐으며, 6개 찜질방은 비상구 주변에 적치물을 쌓아둬 화재 등 응급 상황 시 대피가 어려운 것도 문제점으로 지적됐다.

소비자원 관계자는 "찜질방에서 화상 사고 등이 가끔 일어나므로 장시간 찜질욕은 자제할 필요가 있다"고 말했다.

(연합뉴스, 2010-06-10 12:00)

1 놀이공원 등 유원시설 관리 제도

최근 놀이공원 등과 같은 유원시설에서 안전사고가 늘어나면서 이러한 시설물에 대한 안전관리를 강화해야 한다는 목소리가 높아지고 있다. 유원시설업은 유기시설이나 유기기구를 갖추어 이를 관광객에게 이용하게 하는 업으로 다른 영업을 경영하면서 관광객의 유치 또는 광고 등을 목적으로 유기시설이나 유기기구를 설치하여 이를 이용하게 하는 경우를 포함한다. 현재 우리나라에서 놀이공원 등의 유원시설을 관리하기 위한 대표적인 법

〈표 7-1〉 유원시설 및 유사 개념

구분	관련 법규	정의
유원시설업	관광진흥법	유기시설을 갖추고 이를 관광객에게 영업하는 업
유기시설	관광진흥법	유원시설 놀이기구를 지칭 유기(사전적 의미): 오락으로 행하는 운동이나 경기
어린이 놀이시설	어린이 놀이시설 안전관리법	10세 이하의 어린이가 놀이를 위해 사용할 수 있도록 제조된 놀이기구가 설치된 놀이 공간 놀이(사전적 의미): 즐거움을 얻기 위해 자발적으로 행하는 모든 활동

출처: 한국문화관광연구원. 유기시설·유기기구의 안전성검사 시스템 개선 방안(2009).

률은 '관광진흥법'이며, 동법 제3조에 의하면 유기시설이나 유기기구를 갖추어 이를 관광객에게 이용하게 하는 업을 유원[11)]시설업(遊園施設業)이라고 한다.

현재 유원시설은 '관광진흥법'과 '국토의 계획 및 이용에 관한 법률', '도시공원 및 녹지 등에 관한 법률' 등의 적용을 받고 있으나, 유원시설의 허가·등록, 시설·설비 기준, 안전성 검사 등 주요 내용은 관광진흥법을 근거로 하고 있다. 즉 놀이공원 등의 유원시설은 '관광진흥법'에 의해 유원시설업을 하기 위해 행정청으로 하여금 허가, 인가, 승인, 신고를 거친 후에 비로소 사업을 수행할 수 있도록 정하고 있는데, 그 이유는 소비자의 안전(사전 예방)을 위해 신설 단계부터 직접적으로 정부가 개입한다는 취지다. 즉 과학 기술의 발전에 따른 현대 사회에서 유원시설은 매년 새롭게 신설되는 시설로 인한 리스크와 위험의 강도가 증가됨으로써 소비자의 안전을 위협하고 있으므로 사업자의 행위를 직접적으로 규제하려는 목적을 가진다. 그리고 이 법률에 규정된 안전 규제 수단을 받지 않고 유원시설업을 한 사업자에 대해서는 행정형별 또는 행정 제재 조치를 마련함으로써 소비자의 안전을 확보하고 있다.

'관광진흥법'에 따라 유원시설은 허가의 대상인 유원시설업, 신고의 대상

11) 유원의 사전적 의미는 산책하며 놀 만하게 설비해 놓은 공원임.

인 유원시설업, 또는 전혀 규제를 받지 않는 유원시설업으로 분류된다. '관광진흥법' 시행령 제2조 제5호에 의해 유원시설업은 종합유원시설업, 일반 유원시설업 및 기타 유원시설업으로 분류되며 종합 유원시설업은 "유기시설이나 유기기구를 갖추어 관광객에게 이용하게 하는 업으로서 대규모의 대지 또는 실내에서 '관광진흥법' 제33조에 따른 안전성 검사 대상 유기시설 또는 유기기구 여섯 종류 이상을 설치하여 운영하는 업"이며 이는 허가를 받아야 되는 업체다. 일반 유원시설업은 "유기시설이나 유기기구를 갖추어 관광객에게 이용하게 하는 업으로서 '관광진흥법' 제33조에 따른 안전성 검사 대상 유기시설 또는 유기기구 한 종류 이상을 설치하여 운영하는 업"으로 신고 대상 업체다. 아무런 규제를 받지 않는 기타 유원시설업은 "유기시설이나 유기기구를 갖추어 관광객에게 이용하게 하는 업으로서 '관광진흥법' 제33조에 따른 안전성 검사 대상이 아닌 유기시설 또는 유기기구를 설치하여 운영하는 업"이다.

허가나 신고 대상인 종합 유원시설업 및 일반 유원시설업은 현행법상 방송시설 및 휴식시설(의자 또는 차양시설 등을 갖춘 것을 말한다)을 설치해야 하며 화장실(유원시설업의 허가구역으로부터 100미터 이내에 공동화장실을 갖춘 경우는 제외한다)과 이용객을 지면으로 안전하게 이동시키는 비상 조치가 필요한 유기기구 · 유기시설에 대해는 비상 시에 이용객을 안전하게 대피시킬 수 있는 시설(발전시설, 예비 전원시설, 사다리, 계단시설, 윈치, 로프 등 해당 시설에 적합한 시설)을 갖추도록 하고 있다.

그리고 개별 기준으로 종합 유원시설업은 대지 면적(실내에 설치한 유원시설업의 경우에는 건축물 연면적)이 1만 제곱미터 이상으로, 법 제33조 제1항에 따른 안전성 검사 대상 유기시설 또는 유기기구 6종 이상을 설치해야 하며, 발전시설 · 의무시설 및 안내소와 음식점 시설 또는 매점을 설치하도록 하고 있다. 반면 일반 유원시설업은 법 제33조 제1항에 따른 안전성 검사 대상 유기시설 또는 유기기구 1종 이상을 설치해야 하며 안내소를 설치하고, 구급약품을 비치하도록 하고 있다. 따라서 이러한 기준에 적합하지 않은 경우에는 6종 이상의 기구를 갖춘 경우에도 일반 유원시설업으로 분류된다.

〈표 7-2〉 유원시설의 유형 및 설비 기준

업종명	장소	일반시설	놀이기구
종합 유원시설	- 대지 면적 1만㎡ 이상	- 의무시설 - 음식점, 매점 - 안내소, 발전시설	안전성 검사 대상 6종 이상
일반 유원시설	- 없음	- 구급의약품 비치 - 안내소	안전성 검사 대상 1종 이상
기타 유원시설	- 대지 면적 40㎡ 이상	- 없음	안전성 검사 비대상 1종 이상

기타 유원시설업은 대지 면적(실내에 설치한 유원시설업의 경우에는 건축물 연면적)이 40제곱미터 이상이며 법 제33조 제1항에 따른 안전성 검사 대상이 아닌 유기시설 또는 유기기구 1종 이상을 설치해야 한다고 규정하고 있다.

개업 시 허가 · 신고에 관해서는 '관광진흥법' 제5조에 의해 종합 · 일반 유원시설업은 관할 행정청(기초자치단체)의 허가를 받도록 되어 있는 반면, 기타 유원시설업은 관할 행정청에 신고만 하면 된다.

또한 유원시설업자는 해당 사업과 관련하여 사고가 발생하거나 관광객에게 손해가 발생하면 문화체육관광부령으로 정하는 바에 따라 피해자에게 보험금을 지급할 것을 내용으로 하는 보험 또는 공제에 가입하거나 영업보증금을 예치해야 한다고 동법 제9조에 정하고 있으며, 종합 · 일반 · 기타 유원시설업 모두 보험 가입이 의무화되어 있다. 즉 유원시설 사업자가 행정청을 상대로 허가를 받기 위해 보험 가입 여부를 증명하는 서류를 제출하도록 하고 있어, 이 법률에서 정하고 있는 보험 가입 여부는 유원시설업으로부터 발생할 수 있는 리스크 또는 위험을 방지하기 위한 소비자의 안전 실현을 위한 제도다.

시설 및 설비 기준과 관련해서는 '관광진흥법' 제32조, 동법 시행규칙 제7조[별표 1]에서 종합 유원시설에는 발전시설, 의무시설, 음식점, 매점을 설치하도록 하고, 일반 유원시설에는 안내소 및 구급약품을 비치하도록 규정하고 있다. 또, 기타 유원시설업은 대지 면적이 40㎡ 이상, 비검사 대상 유

〈표 7-3〉 유형별 시설 및 설비 기준 의무

업종	방송·휴식시설	화장실	발전시설	안내소	의무시설	음식점·매점	비고
종합 유원시설	○	○	○	○	○	○	-
일반 유원시설	○	○	○	○	×	×	구급약품 비치
기타 유원시설	×	×	×	×	×	×	-

※ ○ : 의무 사항, × : 의무 없음

기기구 1종 이상만 규정되어 있고, 일반시설 및 의무시설 등에 대한 설비 기준은 없다.

한편, 놀이기구의 안전성 검사와 관련해서 유원시설업자 및 유원시설업의 허가 또는 변경 허가를 받으려는 자(조건부 영업 허가를 받은 자로서 그 조건을 이행한 후 영업을 시작하려는 경우를 포함한다)는 문화체육관광부령으로 정하는 안전성 검사 대상 유기시설 또는 유기기구에 대해 문화체육관광부령에서 정하는 바에 따라 문화체육관광부 장관이 실시하는 안전성 검사를 받아야 하고, 안전성 검사 대상이 아닌 유기시설 또는 유기기구에 대해서는 안전성 검사 대상에 해당되지 아니함을 확인하는 검사를 받도록 하고 있다(동법 제33조 제1항).

안전성 검사란 유원시설업자가 문화체육관광부령으로 정하는 안전성 검사 대상 유기시설 또는 유기기구에 대해 문화체육관광부령에서 정하는 바에 따라 문화체육부 장관이 실시하는 검사로 안전성 검사 대상이 아닌 유기시설 또는 유기기구에 대해서는 안전성 검사 대상에 해당되지 않음을 확인하는 검사다. 안전성 검사는 관광진흥법 제80조에 의거 문화체육관광부의 위임을 받은 기관에서 실시하도록 규정되어 있다. 현재 유기시설 및 유기기구 안전성 검사 수탁기관으로 (사)한국종합유원시설협회와 (사)대한산업안전협회가 지정되어 있다.

한편, 안전성 검사 대상은 종합 유원시설업과 일반 유원시설업의 유기시설 및 유기기구이며 정기검사는 연 1회 이상 받아야 한다. 다만, 최초로 안전성 검사를 받은 지 10년이 지난 유기시설·유기기구에 대해서는 반기별로 1회 이상 검사를 받도록 하고 있다. 또한 안전성 검사를 받은 유기시설 또는 유기기구 중 부적합 판정을 받은 유기시설 또는 유기기구, 사고가 발생한 유기 시설 또는 유기기구(유기시설 또는 유기기구의 결함에 의하지 아니한 사고는 제외한다), 3개월 이상 운행을 정지하거나 최근 6개월간의 운행 정지 기간의 합산일이 2개월 이상인 유기시설 도는 유기기구의 경우에는 재검사를 받도록 정하고 있다(동법 시행규칙 제40조 제3항).

동법 시행규칙 제40조 제1항의 별도 표에서는 안전성 검사 대상 유기시설 및 유기기구 중 물놀이형으로 파도풀(케리비안웨이브, 웨이브풀 등), 유수풀(리버웨이 등), 바디슬라이더(바디슬라이드, 워터봅슬레이, 에어슬라이드 등), 튜브라이더(튜브슬라이드, 마스터블라스트, 에어슬라이드 등), 서핑라이더(플로우라이더 등), 수중모험놀이(모험놀이, 어린이풀, 워터에어바운스 등)을 정하고 있다. 또한 주행형 놀이기구는 범퍼카, 후름라이드, 고정형 놀이기구는 바이킹, 타가다디스코, 관람형 놀이기구는 영상모험관, 놀이형에는 펀하우스 등이 대표적이다.

안전선 검사 비대상 놀이기구는 주로 어린이가 많이 이용하며, 동전을 넣으면 움직이는 미니 비행기, 미니 기차 등의 승용물과 두더지, 로보봅 등의 놀이형 기구를 말하며, 안전성 검사 대상과 비검사 대상 모두 "주행형/고

[그림 7-1] 안전성 검사 대상 놀이기구의 대표적 사례

〈표 7-4〉 비검사 대상 놀이기구

분류	내용	대표 놀이기구명
주행형	일정한 궤도·주로·지역(공간)을 가지고 있으며, 시속 5킬로미터 이하 속도로 이용자 스스로가 참여하여 운행되는 유기시설 또는 유기기구	배터리 카, 미니 기차, 미니 자동차, 멜로 디페트, 이티로 보트, 수상 사이클 등
고정형	회전 반경이 3미터 이내로 이용자 스스로 참여하여 작동되는 유기시설 또는 유기기구	솔저 로봇, 우주전차, 아기돼지, 롤스로이스, 에어울프, 미니기, 다람쥐, 우주오아복선, 경찰 오토바이, 아파치 헬기, 수퍼스포츠카, 폴리스 카, 잠수정, 공룡, 마린 보트, 스카이돌핀, 목마(말), 닭, 당나귀, 펠리컨 등
관람형	일정한 시설물(기계·기구·공간 등) 내에서 이용자 스스로가 참여하여 체험하는 유기시설 또는 유기기구	도깨비집, 거울집, 3D 또는 4D 입체영화관(좌석고정 영상시설), 투시경, 미니시뮬레이션, 만다라 등
놀이형	일정한 시설(기계·기구·공간 등) 내에서 보조기구를 이용하거나 롬 기억소자 등이 장착된 피시비(PCB) 형태 또는 컴퓨터CD 등을 이용한 프로그램 등으로 화면에 나타나는 상황을 레버와 버튼 또는 기구로 작동하여 이용자 스스로가 이용하거나 체험할 수 있는 기구로서 누구나 이용할 수 있고 사행성이 없는 유기시설 또는 유기기구	실내 사격, 베이비 골프, 미니 골프, 양궁, 석궁, 투환, 바주카포, 파이어볼, 광선총, 고릴라 헌터, 미니 볼링, 미니 농구, 공던지기 패픽볼, 풋볼 챌린지, 피치 히터, 로데오타기, 도든 가든, 사이드 와일더, 축구, 페널티 슈트아웃, 에어하키, 스쿼시하키, 하이스트라이크, 로보봅, 두더지, 햄머액션, 펀치, 펀치벨리, 플레이스페이스, 붕붕뜀틀, 점프대, 핫스터프, 버추얼베이스볼, 버추얼콤, 뱃보팔씨름, 오토바이타기, 자동차경주, 핀볼, 정글인, 미니에어바운스, 자전거타기, 보트타기, 말타기, 뮤직댄스, 수상기구타기, 건슈팅, 틀린 그림 찾기, 퍼즐, 대전격투놀이, 대전전투놀이, 건파이트, 건버드, 인형뽑기 등

출처: 한국소비자원(2010), 놀이공원 안전 실태조사.

[그림 7-2] 안전성 검사 비대상 놀이기구의 대표적 사례

정형/관람형/놀이형"으로 열거적으로 규정하고 있다.

안전성 검사를 받아야 하는 유원시설업자는 유기시설 및 유기기구에 대한 안전관리를 위해 사업장에 안전관리자를 항상 배치해야 한다(동법 제33조 제2항). 그리고 안전관리자의 자격·배치 기준 및 임무 등에 필요한 사항은 문화체육관광부령으로 정하고 있다. 동법 시행규칙 제41조는 법 제33조 제2항에 따라 유원시설업의 사업장에 상시 배치해야 하는 안전관리자의 자격·배치 기준 및 임무를 보면 안전관리 자격자는 종합 유원시설업 및 일반 유원시설업에 따라 국가기술 자격 보유자로 산업안전기사 등, '고등교육법'에 따른 이공계 전문대학 또는 이와 동등 이상의 학교를 졸업한 자로서 종합 유원시설업소 및 일반 유원시설업소에서 1년 이상 유기시설 및 유기기구 안전 점검·정비 업무를 담당한 자 또는 기계·전기·산업 안전·자동차 정비 등 유원시설업의 유사 경력 2년 이상인 자 등으로 구분하여 정하고 있다. 안전관리자의 배치 기준으로는 안전성 검사 대상 유기기구 1종 이상 10종 이하를 운영하는 사업자는 1명 이상, 안전성 검사 대상 유기기구 11종 이상 20종 이하를 운영하는 사업자는 2명 이상, 안전성 검사 대상 유기기구 21종 이상을 운영하는 사업자는 3명 이상을 두어야 한다. 이들 안전관리자의 임무는 안전 운행 표준지침을 작성하고 유기시설 안전관리계획을 수립하고 이에 따라 안전관리 업무를 수행해야 하며 매일 1회 이상

안전성 검사 대상 유기시설 및 유기기구에 대한 안전 점검을 하고 그 결과를 안전점검기록부에 기록·비치해야 하며, 이용객이 보기 쉬운 곳에 유기시설 또는 유기기구별로 안전점검 표시판을 게시해야 한다. 또한, 유기시설과 유기기구의 운행자 및 유원시설 종사자에 대한 안전교육 계획을 수립하고 이에 따라 교육을 실시하도록 하는 등이다.

♧ 소비자 안전 사례 — 놀이공원 안전관리 문제

"상당수 놀이공원 안전관리 소홀"

놀이공원의 상당수가 안전 관리에 문제점을 드러내 대책 마련이 필요한 것으로 나타났다. 6월 1일 한국소비자원에 따르면 소비자원이 전국 29곳 놀이공원의 안전 실태를 조사한 결과 공원 바닥에 전기 배관이 노출되거나 맨홀 뚜껑이 열려 있는 등 위험물이 방치된 놀이공원이 19곳에 달했다.

8곳은 놀이기구 운전 전 이용자의 안전벨트 착용 여부를 확인하지 않는 등 놀이기구 운행요원의 안전관리가 소홀했으며, 설치 의무 사항인 의무실을 설치하지 않은 놀이공원도 1곳 있었다.

소비자원에 접수된 놀이공원 관련 상해사고는 2007년 14건, 2008년 42건, 지난해 44건 등 매년 증가하는 추세다.

소비자원은 이번 조사 결과를 근거로 문화체육관광부에 놀이공원에 대한 안전검사 강화를 건의할 방침이다.

(연합뉴스, 2010-06-01 14:26)

2 어린이 놀이시설 관련 안전관리 제도

어린이는 놀이를 통해 사회성이 형성되고 인지 능력이 향상되며 정서가 안정되고 신체 기능이 발달하는 등 다양한 효과를 얻게 되므로(임승빈, 1992) 어린이를 대상으로 하는 놀이시설은 무엇보다 안전이 중요하다. 그러나 어린이 놀이시설 관련 안전사고는 한국소비자원의 내부 자료에 의하면 2009년 452건, 2010년 713건으로 최근 들어 급증하는 추세라고 한다. 더구나 어린이 놀이시설의 안전을 위한 제도적 장치는 미비하며 어린이 놀이시설 설치 장소에 따라 근거 법령 및 주무 부서가 각각 달라 문제점으로 총괄적인 정책 추진이 어려운 상황이다. 어린이 놀이시설과 관련해서는 공동주택의 놀이시설은 국토해양부의 '주택법', 어린이 공원은 국토해양부의 '도시공원 및 녹지 등에 관한 법률', 유치원 및 초등학교는 교육과학기술부의 '유아교육법' 및 '초·중등교육법', 어린이집은 보건복지부의 '아동복지법'에 의해 관리되어 왔고 안전관리 내용이 법령마다 상이하고 대부분 선언적으로 규정되어 있어 실효성이 낮고 체계적이지 못하다는 지적을 받아왔었다. 이에 지식경제부가 어린이 놀이기구를 '품질경영 및 공산품안전관리법'에 의한 안전검사 의무 품목으로 지정하고 안전검사 기준을 제정하여 2004년 12월 9일부터 안전 검사를 시행하고 2007년 3월부터는 제품 검사외에 공장 검사까지 추가하도록 했다. 이후 2008년 1월 27일부로 '품질경영 및 공산품안전관리법'에 의해 시행되고 있던 안전 인증 제도에 설치검사와 안전검사를 추가하여 '어린이 놀이시설 안전관리법'을 제정했다. 이어 2009년 1월 20일부터는 재난 안전 업무를 총괄하는 행정안전부가 어린이 놀이시설의 설치 및 유지 관리를 담당하는 것이 효율적이라는 여론에 따라 '어린이 놀이시설 안전관리법'을 개정하여 놀이시설의 설치와 관리를 담당하고, 어린이 놀이기구의 제조 및 수입 단계의 안전관리는 지식경제부의 '품질경영 및 공산품안전관리법'에 의해서 관리하도록 정리되었다(이상석, 2009).

'품질경영 및 공산품안전관리법'에서는 어린이 놀이기구를 공공 장소에 설치되어 10세 이하의 어린이가 놀이에 이용하는 것으로 그네, 미끄럼틀, 공중놀이기구, 회전놀이기구, 정글짐 등을 들 수 있으며, 철봉·평균대·늑목(肋木: 체조 기구의 일종)과 같이 체육활동에 주로 이용되는 기구더라도 어린이 놀이기구와 동일한 장소에 설치된 것은 어린이 놀이기구에 해당된다고 보고 있다. '어린이놀이시설 안전관리법'에서는 '어린이 놀이기구'를 "10세 이하의 어린이가 놀이를 위해 사용할 수 있도록 제조된 그네, 미끄럼틀, 공중놀이기구, 회전놀이기구 등으로", '어린이 놀이시설'은 "어린이 놀이기구가 설치된 놀이터로서 대통령령이 정하는 것으로 규정"하여 장소적 의미를 더하고 있다.

먼저 공산품으로서의 어린이 놀이기구의 안전관리는 '품질경영 및 공산품안전관리법' 제2조 1항에서 어린이 놀이기구를 안전 인증 대상 공산품으로 지정하고, 제12조와 14조, 16조에서 인증기관의 지정 기준, 안전 인증 의무 및 절차, 안전 인증의 표시를 각각 규정함으로써 제품 개발 단계 및 생산 단계에서 안전관리를 위한 제반 기준과 절차를 규정하고 있다. 또한 안전 인증을 위한 제품검사의 안전 기준 및 공장심사 기준을 위해 '어린이 놀이기구 안전 기준'을 두고 있다. 동법과 안전 기준은 앞서 얘기한 바와 같이 공산품 품목으로서 미끄럼틀, 공중놀이기구, 회전놀이기구 등과 같은 어린이 놀이기구의 충격 흡수 등의 안전 기준을 제시하고 있다.

다음으로 어린이 놀이시설의 설치와 관리상의 안전 확보를 위한 법인 '어린이 놀이시설 안전관리법'의 내용을 보면, 어린이 놀이시설을 설치하는 자는 '품질경영 및 공산품안전관리법' 제14조에 따라 안전 인증을 받은 어린이 놀이기구를 행정안전부 장관이 정하여 고시하는 시설 기준 및 기술 기준에 적합하게 설치하도록 하고 있다. 즉 어린이 놀이시설의 설치자는 동법 제11조의 규정에 따라 설치한 어린이 놀이시설을 관리 주체에게 인도하기 전에 대통령령이 정하는 방법 및 절차에 따라 안전검사기관으로부터 설치검사를 받도록 하고 있으며, 그 관리 주체는 설치검사를 받은 어린이 놀이시설이 규정에 따른 시설 기준 및 기술 기준에 적합성을 유지하고 있는지를 확인하기 위해 대통령령이 정하는 방법 및 절차에 따라 안전검사기관으로부터 2년에 1회 이상 정기 시설검사를 받아야 한다. 정기 시설검사를 받으려는 자는 정기 시설검사의 유효 기간이 끝나기 1개월 전까지 행정안전부령으로 전하는 신청 서류를 갖추어 안전검사기관에 제출해야 한다. 그리고 정기 시설검사의 신청을 받은 안전검사기관은 신청을 받은 날부터 1개월 이내에 해당 어린이 놀이시설이 시설 기준 등에 적합한지 여부를 확인해야 하고, 안전검사기관은 정기 시설검사의 결과를 문서로 작성하여 소관 중앙행정기관의 장과 신청인에게 알려야 하며, 정기 시설검사에 합격한 어린이 놀이시설에 대해서만 정기시설 검사합격증을 신청인에게 내주도록 하고 있다.

또한 어린이 놀이시설의 설치자는 설치검사를 받지 않았거나 설치검사에 불합격된 어린이 놀이시설을 이용하도록 해서는 안 되며 관리 주체는 정기 시설검사를 받지 않았거나 정기 시설검사에 불합격된 어린이 놀이시설을 이용하도록 해서는 안 되도록 하고 있다.

어린이 놀이시설의 설치검사 및 정기검사에 적용되는 기준인 '어린이 놀이시설 시설 기준 및 기술 기준'은 시설 사용 연령·인원과 안전 수칙 등 설치 일반 요건과 얽매임 및 충격 흡수, 바닥재의 중금속 오염도 시험 방법, 안전 기준 등을 정하고 있으며, 그네·미끄럼틀·정글짐·공중놀이기구·회전놀이기구·흔들놀이기구 등 아홉 가지 종류의 시설에 필요한 최소한의 확보 공간과 설치 방법, 정기 시설검사 중점 점검 사항 등을 규정하고 있어 설치와 관리상의 안전 확보를 위한 구체적인 내용을 담고 있다.

어린이 놀이시설의 사후적 안전관리 제도를 보면 우선 어린이 놀이시설의 안전점검 제도가 있다. 어린이 놀이시설의 관리 주체는 설치된 어린이 놀이시설의 기능 및 안전성 유지를 위해 대통령령이 정하는 주기·방법 및 절차 등에 따라 당해 어린이 놀이시설에 대한 안전 점검을 실시해야 하고, 관리 주체가 해당 어린이 놀이시설에 대해 안전 점검을 실시할 수 없는 경우에는 서면계약에 의한 대리인을 지정하여 안전 점검을 하게 할 수 있도록 하고 있다. 그리고 관리 주체는 안전 점검 결과 해당 어린이 놀이시설이 어린이에게 위해를 가할 우려가 있다고 판단되는 경우에는 그 이용을 금지하고 1개월 이내에 안전검사기관에 안전진단을 신청해야 하며, 다만 해당 어린이 놀이시설을 철거하는 경우에는 안전진단 신청을 생략할 수 있다. 동법 시행령 제11조 제1항에 따라 어린이 놀이시설 관리자는 안전 점검을 월 1회 이상 실시해야 하고, 안전 점검의 항목 및 방법은 어린이 놀이시설의 연결 상태, 노후 정도, 변형 상태, 청결 상태, 안전 수칙 등의 표시 상태, 부대시설의 파손 상태 및 위험물질의 존재 여부 등으로 상세한 점검 항목 및 방법 등을 시행령에 별도로 정하고 있다.

한편, 어린이 놀이시설의 안전진단 신청을 받은 안전검사기관은 안전진단을 실시하고 그 결과를 신청인 및 해당 어린이 놀이시설의 소관 중앙행정기관의 장에게 통보하도록 하고 있다. 또한 안전진단 결과를 통보받은 관리 주체는 해당 어린이 놀이시설이 규정에 따른 시설 기준 및 기술 기준에 적합하지 않은 경우에는 수리·보수 등 필요한 조치를 실시하고 안전검사기관으로부터 해당 어린이 놀이시설의 재사용 여부를 확인받도록 하고 있다. 즉 안전진단 결과를 통보받은 중앙행정기관의 장은 재사용 불가 판정을 받은 어린이 놀이시설이 안전을 침해할 것으로 판단되는 경우에는 그 철거를 명할 수 있는 것이다.

행정안전부 장관은 어린이 놀이시설로 인해 발생할 수 있는 위해·위험 사고를 예방하기 위해 어린이 놀이시설 사용자의 위해·위험 정보를 수집·제공하기 위한 정보망 구축 및 운영 사업을 추진할 수 있으며, 어린이 놀이시설 사용자의 위해·위험 정보를 수집하기 위해 어린이 놀이시설 안전관리 관련 기관 또는 단체로부터 어린이 놀이시설 안전관리 분야에 관한 지식과 경험이 풍부한 자를 추천받아 어린이 놀이시설 안전감시원을 위촉하여 운영할 수 있도록 하고 있다.

'어린이 놀이시설 안전관리법'은 어린이 놀이시설의 안전관리를 위한 기본법으로 현장에서의 설치와 설치 후 관리 및 교육 등을 포괄적이고 구체적으로 규정하고 있으며, 동법 제3조 다른 법률과의 관계에서 "이 법은 어린이 놀이시설의 안전관리에 관하여 다른 법률에 우선하여 적용한다"라고 규정하고 있어 어린이 놀이시설의 기본이 되는 상위법으로서 효력을 가진다(이상석, 2009).

3 학교 및 학원 등 교육시설 안전관리 제도

오늘날 학교는 학생들이 활동하는 교육의 장으로 수업과 특별활동, 수련활동, 체육활동 등 다양한 교육활동이 동시에 복합적으로 이뤄지고 있으며, 학생과 교직원뿐만 아니라 학부모들이 등·하교 활동, 학교 급식 등 다양한 교육활동에 참여하는 일이 빈번한 만큼 학교에서의 안전사고가 일어날 확률도 그만큼 증가하고 있다(백종인, 2007). 또한 사교육의 증가로 하교 후에도 학원 등의 사적인 교육시설을 이용하는 시간이 늘어나면서 이와 관련된 안전사고도 빈번하게 일어나고 있다. 2008년 교육과학기술부의 학교 안전사고 현황 자료에서는 학교 안전사고가 2001년 1만 8,955건, 2003년 2

만 2,722건, 2005년 3만 3,834건, 2007년 4만 1,114건으로 해마다 큰 폭의 증가 추세를 나타내고 있으며, 한국소비자원 소비자 위해감시 시스템(CISS)을 통해 접수되는 학교 및 학원 등의 교육시설 관련 위해 사례[12] 역시 2004년 62건, 2005년 74건, 2006년 137건, 2007년 197건, 2008년 480건으로 매년 큰 폭으로 증가하고 있는 것으로 보고되고 있다.

교육시설 내에서의 안전관리 제도는 1987년 12월 민법에 의해 사단법인으로 서울에서 처음으로 서울학교안전공제회가 설립되면서 1997년 울산을 마지막으로 16개 시·도별로 학교안전공제회가 설립되어 기금 조성 및 학교안전사고에 대한 적절한 보상 체계를 가지게 되었다. 즉 시·도별로 회원 납부금, 국고 등의 정부보조금 등으로 기금을 조성하고 학교 교육 중에 발생한 사고로 인한 학생의 손해와 교직원의 법률적·경제적 손해를 보상해 주고 있다. 그러나 이러한 시·도별 학교안전공제회 제도만으로는 발생하는 안전사고에 대한 제한적인 사후적 금전 보상밖에 이루어지지 않는다는 여론에 따라 2007년에 '학교 안전사고 예방 및 보상에 관한 법률'이 시행되면서 학교 안전사고 예방교육 실시 등의 학교 안전사고 예방 대책을 마련하고 기존의 학교안전공제회 제도를 체계화시킨 학교 안전사고 보상공제사업의 실시로 실질적인 보상이 가능하게 되었다.

또한 동법의 시행령에 의한 '학교시설 안전관리 기준'이 제정되면서 학교 시설물의 안전 기준 등의 제도적 장치가 마련되었다. 그러나 최근 한국소비자원의 조사에 따르면, 실제 일선 학교에서 이러한 안전 기준에 따른 시설 및 집기류가 제대로 적용 및 관리되고 있는지에 대한 실태조사를 통한 현황 파악 및 관리 강화가 필요하며, 특히 시설 안전과 차량 운행에 관련하여 사각지대에 놓여 있는 사적 교육기관인 학원은 '학원의 설립·운영 및 과외 교습에 관한 법률' 등의 관련 법에 안전과 관련한 조항이 전혀 없어

12) 통상 '학교안전사고'란 학교 교육 시설의 설치·관리상 하자 문제로부터 발생하는 사고 및 학교 교육활동 중에 발생한 사고로 정의하고 있으나(윤재길, 1999) CISS에 접수되는 위해 사례는 주로 학교, 학원, 유치원 등 교육시설이 제공하는 상품 및 시설물 등의 하자로 인한 안전사고(통학을 위한 차량 포함)를 의미하며, 따라서 학교 폭력과 같은 인적 사고는 제외하는 의미다.

시설 안전 조항을 신설하는 등의 검토가 필요하다는 지적이다.

♧ 소비자 안전 사례 — 학교·학원 등 교육시설도 안전 사각지대

학교.학원 안전사고 해마다 늘어

학교와 학원 등 교육시설에서 발생하는 안전사고가 해마다 크게 늘고 있어 주의가 필요하며 특히 학원은 시설 안전 관련 규정을 갖출 필요가 있는 것으로 나타났다.

한국소비자원은 7일 교육시설 관련 안전사고 접수 건수가 2004년 62건에서 2005년 74건, 2006년 137건, 2007년 197건, 2008년 480건으로 크게 늘고 있다고 밝혔다.

지난 5년간 사고 950건 가운데 절반은 학교에서 발생했고, 그 밖에 어린이집(25.0%), 유치원(14.3%), 학원(10.0%)의 순이었다.

학교와 학원에서는 계단·출입문 사고가 110건, 35건으로 가장 많았고, 어린아이들이 있는 어린이집과 유치원은 가구류에 의한 사고가 59건, 38건으로 주 원인이었다.

소비자원은 이번 조사를 토대로 교육과학부에 학교, 학원에 대한 안전관리 감독과 교육 강화, 학원시설이나 차량 운행 관련 안전 조항 신설을 건의할 예정이다.

(연합뉴스, 2009-05-07 12:00)

읽어보기

스마트폰용 재난 대비 애플리케이션

스마트폰 사용자라면 대피소·재난 상황 행동 요령을 안내하는 '전쟁 나면' 앱을 다운로드받아 두면 유용하다. 사용자들은 GPS를 활용해 현재 위치를 중심으로 가장 가까운 주변 대피소를 찾거나 전시·재해 등의 상황에서 행동 요령을 한눈에 살펴볼 수 있다.

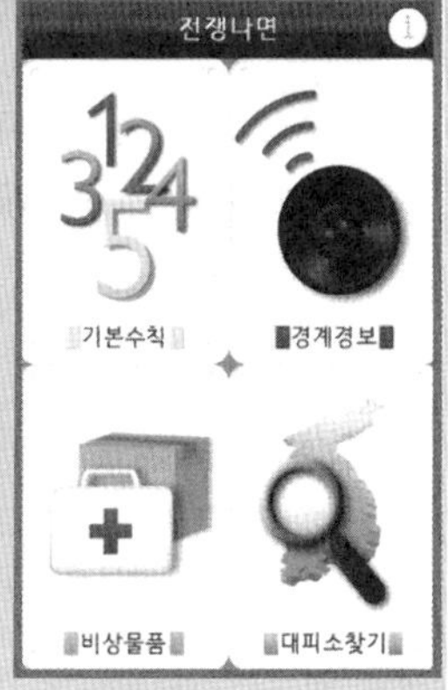

대피소 데이터베이스를 앱에 내장했기 때문에 통신 두절이 되거나 지도가 보이지 않는 상황에서도 주변 대피소를 검색하거나 사용자를 중심으로 대피소 위치를 알 수 있다.

안드로이드용·아이폰용 애플리케이션 마켓에서 '전쟁나면'으로 검색하면 무료로 다운로드할 수 있다. 이 밖에 공습·포격 상황에서는 전기와 가스를 차단하고, 가까운 지하 대피소로 대피하되, 엘리베이터를 이용하지 말고 비상계단을 이용하도록 한다.

출처: 소비자시대, 2010년 2월호, 16쪽.

제 3 절 유해물질 안전관리 제도

과학・기술의 발달로 새로운 화학물질이 개발되면서 이들 화학물질은 생활의 편의를 위해 다양한 가구, 가전제품, 생활용품, 내장재 등에 사용되고 있다. 반면에 그전에는 알려지지 않았던 인체 유해성이 문제점으로 대두되고 있는데, 유해한 화학물질에 노출될 경우, 새집증후군이나 복합화학물질과민증과 같은 증세를 일으키기도 하고, 심하면 건강을 악화시키는 각종 부작용이 발생할 수 있다.

이러한 유해물질을 관리하기 위한 제도적 필요성이 대두되어 유해물질의 제조・수입・유통을 제한하는 환경부의 '유해화학물질관리법'에 따른 유해물질 관리 제도가 마련되었고, 각각의 공산품에 함유된 유해물질을 '품질경영 및 공산품안전관리법'에 따라 안전관리로 규격화하여 제품의 유해

• 새집증후군(Sick House Syndrome)이란?

벽지, 페인트 등을 새로 바르거나 칠한 후 실내 환기가 충분하지 않거나, 화학물질(휘발성 유기화합물, 포름 알데히드 등)이 원인이 되어 발생하는 것으로 두통, 눈・코와 목의 따가움, 마른 기침, 피부 건조와 가려움 등의 증상이 나타난다.

* 대표적인 휘발성 유기화합물로는 톨루엔(toluene), 벤젠(benzene), 에틸벤젠(ethylbenzene), 자일렌(xylene), 스티렌(styrene) 등이 있다.

• 복합화학물질과민증(Multiple Chemical Sensitivity)이란?

살충제, 향수, 세정용품, 위생제품, 화장품 등에서 배출되는 여러 화학물질 때문에 생기는 것으로 피로, 두통, 어지러움, 졸림과 피로, 감기와 비슷한 증상, 불규칙하거나 빠른 심장박동 등 화학물질에 대한 과민반응이 나타난다.

출처: 환경부, "우리집과 화학물질 이야기."

알아봅시다

우리의 일상 가정생활 속에서도 유해한 화학성분이 존재하고 있다. 가정 내 구역별로 흔히 접할 수 있는 유해물질을 살펴보자.

구분	종류	화학 성분과 위해 원인 물질
방	가구	침대, 옷장, 책상 등 가구에는 제작 시 사용한 접착제나 방부제에 따라 포름 알데히드, 휘발성 유기화합물 등의 화학물질이 있고, 광택제나 얼룩제거제에는 디-리모넨이라는 성분이 있어 과도하게 사용하면 눈이나 호흡기를 자극하고, 피부에 알레르기 반응을 일으킬 수 있음.
	좀약	옷장에 넣어두고 사용하는 좀약의 성분인 나프탈렌에 지속적으로 노출되면 두통, 구토, 피부나 눈에 자극을 줄 수 있으며, 드라이클리닝한 옷에도 때를 제거할 때 사용된 유기용제가 남아 있으면 건강에 영향을 줄 수 있음.
	탈취제와 방향제	냄새를 제거하거나 없애는 탈취제나 방향제는 트라이에틸렌글리콜이라는 성분이 함유되어 있어 많이 사용하면 눈, 피부, 호흡기를 자극할 수 있음.
	인쇄물과 프린터	책이나 신문을 만드는 과정에서 포함되는 표백제, 접착제, 잉크 등에서는 포름 알데히드, 자일렌 등이 방출되며, 컴퓨터, 프린터 사용 중 고온으로 인해 발생되는 오존은 호흡기를 자극하고 천식을 유발할 수 있음.
	살충제	모기나 파리 살충제 속의 사이퍼메트린, 퍼메트린 성분은 호흡기와 피부를 자극할 수 있음.
거실	가구 및 내장재	카펫, 커튼, 소파 등과 벽지, 바닥재, 단열재, 장식재, 페인트 등 내장재를 처음 사용할 때 포름 알데히드, 휘발성 유기화합물 등이 방출될 수 있으며, 두통, 눈·코와 목의 따가움, 마른 기침, 피부 건조와 가려움 등의 증상이 나타날 수 있음.
	장난감	일부 플라스틱으로 된 장난감에는 프탈레이트, 목재 장난감에는 납과 같은 유해한 중금속이 함유되어 있을 수 있음.
	담배	담배 연기에는 나프틸아민, 니켈, 벤젠 등 여러 화학물질이 들어 있으며, 간접 흡연으로 인해 호흡기 질환뿐만 아니라 암을 발생시킨다고 알려져 있음.
	전자제품	TV, 냉장고 등에는 인체에 유해한 중금속이나 난연제가 포함되어 있으므로 환경에 배출되지 않도록 반드시 정해진 폐기 장소에 버려야 하며, 형광등과 건전지도 폐기 과정에서 수은, 납 등이 방출되므로, 파손되지 않도록 주의하고 정해진 수거 장소에 버려야 함.

	가스 레인지	음식을 조리할 때 가스가 타면서 이산화질소가 배출되어 눈이나 코를 자극하고, 호흡기 질환을 유발시킬 수 있음.
	세정제와 세척제	주방에서 사용하는 세정제는 차아염소산나트륨, 수산화나트륨 성분이 함유되어 있어 계속 노출되면 피부염 등을 유발할 수 있으며, 식기 세척용 세제에는 계면활성제 성분이 들어 있어 피부 건조증과 피부 자극을 일으킬 수 있음. ※계면활성제: 기름과 물을 섞어 오염물질을 제거하는 데 도움을 주는 성분으로, 주방용 세정제, 샴푸, 세안제 등 다양한 제품에 사용되고 있음.
	플라스틱 주방용기	플라스틱으로 된 주방 용기에는 비스페놀이 함유되어 있고, 음식을 보관하기 위해 사용되는 랩에도 프탈레이트 성분이 있는 것으로 알려져 있음. 또한 알루미늄 호일로 음식을 장기간 보관하거나 뜨거운 상태에서 오래 둘 경우, 알루미늄이 방출될 수 있으므로 정부에서 인증한 안전한 제품을 사용해야 함.
욕실	샴푸, 비누, 바디클렌저	라우릴 황산 나트륨(SLS)이나 라우릴 에틸렌 황산나트륨(SLES)과 같은 계면활성제 성분을 포함하고 있어 눈과 피부에 자극을 줄 수 있음.
	세정제, 곰팡이 제거제	욕실을 청소하거나 곰팡이 제거를 위해 사용하는 중에 차아염소산나트륨, 수산화나트륨이 방출되어 피부와 눈, 호흡기, 소화기에 자극을 줄 수도 있음.
	세탁용 세제	세제 속의 탄산나트륨과 표백제 속의 과산화수소 성분이 피부와 눈, 호흡기에 자극을 줄 수 있으며, 심할 경우 화상을 입을 수 있음.
	방향제	스프레이용 방향제에는 에탄올 성분이 포함되어 있어 과도하게 사용하면 눈을 자극하거나 호흡기를 자극하여 천식을 유발할 수 있음.

출처: 환경부, "우리집과 화학물질 이야기"에서 발췌하여 정리.

물질을 관리하는 제품 안전관리 제도가 있다. 또한 많은 사람이 이용하는 시설물의 공기질을 '다중이용시설 등의 실내공기질관리법'에 따라 규제하는 시설물 내의 유해물질 관리제도가 있다.

1 '유해화학물질관리법'에 따른 유해물질 관리

현행 '유해화학물질관리법'에서는 화학물질의 유해성(hazard)과 위해성(risk)에 근거하여 화학물질의 제조 · 수입 · 유통 · 사용을 제한하고 있다. 화학물질은 '유해화학물질관리법' 시행(1991) 이전부터 유통된 기존 화학물질과 시행 이후 국내 도입된 신규 화학물질로 구분하여 관리하고 있으며, 기존 화학물질, 신규 화학물질을 유독물, 관찰물질, 취급 제한 · 금지물질, 사고 대비물질 등 5개 물질로 구분하고 있다. 특히 이들 화학물질 중 위해성이 크거나 위해 가능성이 판명된 물질을 취급 제한 · 금지물질로 지정 · 관리하고 있다.

유해 화학물질에 의한 인체 건강 및 환경상 위해를 예방하기 위해서는 환경 중으로 배출되는 유해 화학물질에 대한 관리뿐만 아니라, 해당 유해

[그림 7-1] '유해화학물질관리법'에 따른 화학물질 관리제도

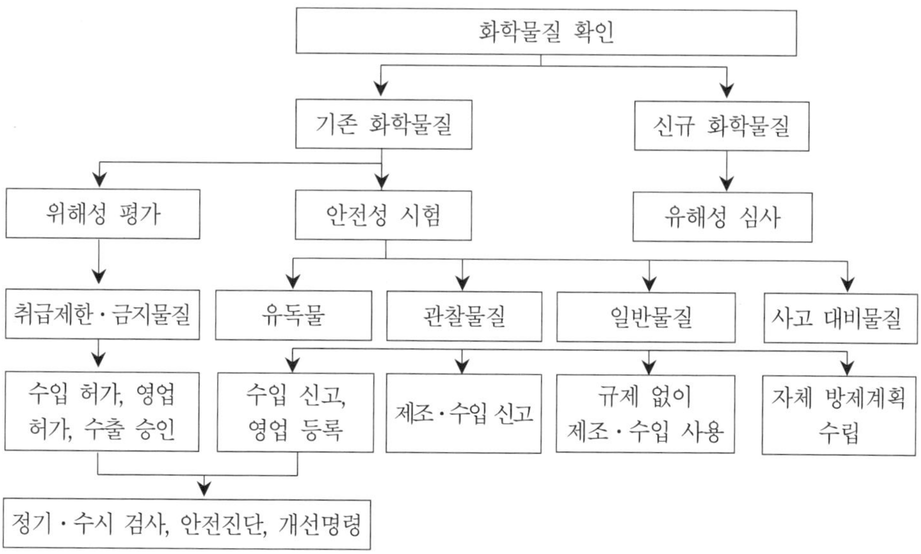

화학물질의 사용을 전면적으로 금지하거나 제품 사용 단계에서 노출을 억제할 수 있도록 유해 화학물질의 용도에 대한 관리가 필요하다. 즉 유해성이 강하지 않은 일반 대기·수질 오염물질은 매체 관리 기준 및 배출 허용 기준을 설정하여 관리하는 것이 바람직하나, 유해성이 강한 물질은 물질 자체의 취급을 금지하거나 용도를 제한하는 관리 방안이 효과적일 수 있다. 특히 특정 용도로 사용할 경우 유해 화학물질에 과다 노출되거나 소비자가 제품 사용 과정에서 제품에 사용된 유해물질 노출에 의해 건강상 위해가 우려되는 경우에는 해당 용도로의 사용을 금지함으로써 위해를 예방하는 '용도관리'를 실시할 필요가 있다.

이에 따라 '유해화학물질관리법'상 취급 제한·금지물질로 지정된 화학물질은 2009년 12월 현재 취급 제한물질 12종, 취급 금지물질 60종이 지정되어 있다. 취급 제한물질은 특정 용도로 사용되는 경우 위해성이 크다고 인정되어 그 용도로의 제조, 수입, 판매, 보관·저장, 운반 또는 사용을 금지하는 화학물질로 말라카이트 그린, 브롬화메틸 등 12종이다. 취급 금지물질은 위해성이 크다고 인정되어 모든 용도로의 제조, 수입, 판매, 보관·저장, 운반 또는 사용을 금지하는 화학물질로 니트로펜, 클로로벤질라이트 등 59종이다.

취급 제한·금지물질로 지정된 화학물질은 다음 세 가지 유형으로 제조·수입·유통·사용을 금지 또는 제한하고 있다. 즉 취급 금지물질은 제조·수입·유통·사용을 전면 금지하고 있으며, 일부 용도에 대해서만 제조·수입·유통·사용을 허용하는 취급 제한물질, 일부 용도에 대해서만 제조·수입·유통·사용을 금지하는 취급 제한물질이 있다.

취급 제한·금지 대상물질을 지정하는 종합 체계와 관련해서는 환경부에서 화학물질 관리에 관한 국제적인 흐름[13]을 분석하여 다음과 같은 대책을 마련하여 단계적으로 추진하고 있다.

즉 먼저 제품의 용도·사용량에 대한 실태조사를 실시하여 사업장별로

13) EU, 미국, 일본 등 선진국은 위해성 평가에 근거하여 관리 대상물질을 선정하고 있으며, 관리 방식에서는 국가에 의한 강제적인 통제·관리에서 자율적 관리 시스템으로 전환되고 있다.

이루어지는 화학물질 유통량 조사를 유해물질 함유 제품까지 확대하여 제품 내 유해물질 함유 여부 및 함유량을 파악한다. 다음으로 위해성 평가 결과를 바탕으로 단계적으로 취급 제한·금지물질을 지정하는데, 이는 취급 제한·금지물질 우선관리 대상 선정 결과(2005)를 바탕으로 매년 3~4종의 화학물질을 '취급 제한·금지물질'로 지정하여 추진하는 것이다

이때 규제에 따른 경제적 비용·편익분석을 통해 대상 물질별 취급 제한·금지 여부 및 방법을 결정한다.

〈표 7-5〉 단계별 취급 제한·금지물질 지정 검토 대상 물질의 우선순위

우선순위	1순위(14종)	2순위(12종)	3순위(14종)
선정 근거	위해성 및 사회적 관심도가 높고, 대체물질 및 저감 기술이 완료·지정된 물질	위해성은 높으나 사회적 관심도가 다소 낮고 대체물질 및 저감 기술 개발이 미흡한 물질	차우선 지정 대상물질 중 관리가 필요한 물질 우선 선정
대상 물질	석면, 납, 수은, 포름 알데히드 등	메탄올, 클로로포름, 클로로에탄 등	트리페닐포스피네 등

알아봅시다

□ 우리나라 화학물질 관리제도 연혁

- 우리나라의 화학물질 용도관리는 1991년 '특정 유독물 관리제도'로 시작하여, '취급 금지 및 취급 제한 유독물관리제도', '취급제한·금지물질 관리제도'로 발전되었음
  - 1991. 8 : '유해화학물질 관리법' 제정(1990)에 따라 '특정유독물 관리제도' 도입
    ⇒ 유독물 중 사람의 건강이나 환경에 심각한 위해를 미칠 우려가 있다고 인정되는 물질을 관리
  - 1998. 5 : '금지물질 및 취급제한 유독물 관리제도'로 변경 시행
    ⇒ 사람의 건강이나 환경에 심각한 위해를 미칠 우려가 있다고 인정되는 화학물질에 대해 '금지물질'과 '취급제한 유독물'로 구분하여 관리
  - 2004.12 : '취급 제한·금지물질 관리제도'로 변경 시행할 법적 근거 마련
  - 2006. 2 : '취급 제한·금지물질 관리제도' 시행
    ⇒ 위해성이 크다고 인정되어 모든 용도로의 취급을 금지하는 '취급 금지물질'과 특정 용도로 사용되는 경우 위해성이 크다고 인정되어 그 용도로의 취급을 금지하는 '취급 제한물질'로 구분하여 관리
- 취급 제한·금지물질 관리제도는 '위해성 평가' 결과를 바탕으로 해당 물질에 대

해 취급[14)]의 전부 또는 일부를 금지할 수 있다는 점에서 효과적인 인체 건강 및 환경 위해성 감축 수단으로 활용될 전망

- 유해성이 강한 화학물질(유독물 등)이 아니라도 실제 사용 과정에서 노출 가능성이 높아 장기간 누적 시 인체 및 환경에 위해를 미칠 우려가 있는 일반 화학물질에 대해서도 '위해성 평가' 결과를 바탕으로 취급을 제한할 수 있음.

• 다른 한편으로는 취급 제한·금지물질 관리제도 시행의 실효성을 높이기 위해 제도 도입을 위한 '기술적 고려 사항'을 충분히 검토한 후 '산업계 파급 효과' 등을 고려하여 점진적으로 규제 수준을 강화하는 단계적 접근 방법(tier approach)에 의한 관리 필요성이 지적된 바 있음.[15)]

- 기술적 고려 사항으로는 ① 단계적 위해성 평가 및 위해성 평가 기반 구축, ② 대상물질의 용도 및 사용 실태 파악, ③ 합리적 규제 기준 설정, ④ 대체물질 및 저감기술 확보, ④ 규제에 따른 비용·편익 분석이 제시됨.

- 단계적 접근 방법으로는 ① 물질 선정 단계, ② 유해성 확인 단계, ③ 위해성 평가 단계, ④ 취급 제한 단계, ⑤ 취급 금지 단계 등 5단계로 구분하여 기존 법체계 내에서 추진할 것을 제시하고 있음.

취급 제한·금지물질 관리제도 개요

구분	내용
지정 요건	▪ 위해성 평가 결과 위해성이 크다고 인정되는 경우 ▪ 국제기구에 의해 인체 건강·환경에 심각한 위해를 미칠 수 있다고 판명되는 경우 ▪ 국제협약에 의해 제조·수입 또는 사용이 금지되거나 제한되는 경우
규제 내용	▪ 지정 물질을 제조·수입·판매·보관·저장·운반·사용하는 경우 환경부 장관 사전 허가를 받음. ▪ 판매 및 타인에게 제공하는 경우 구매자 또는 제공받는 자에게 허가 사항 통지를 각각 의무화

2 '품질경영 및 공산품안전관리법'에 따른 유해물질 관리

지식경제부가 주관하는 '품질경영 및 공산품안전관리법'은 앞장에서 살

14) 제조·수입, 판매, 보관·저장·운반, 및 사용.
15) 국립환경연구원, 취급 제한·금지물질 지정 방안 연구(2005).

〈표 7-6〉 '품질경영 및 공산품안전관리법'의 관리 대상 유해물질

구분		해당 유해물질
유해 금속 원소 (용출량)		크롬(Cr), 비소(As), 셀레늄(Se), 카드뮴(Cd), 안티몬(Sb), 바륨(Ba), 수은(Hg), 납(Pb)
중금속 원소 (함량)		크롬(Cr), 비소(As), 카드뮴(Cd), 수은(Hg), 납(Pb)
아조염료		CAS No. 545-55-1, 95-53-4, 90-04-0, 106-47-8, 120-71-8, 137-17-7, 95-69-2, 95-80-7, 615-05-4, 91-59-8, 92-67-1, 101-80-4, 101-77-9, 838-88-0, 119-93-7, 139-65-1, 91-94-1, 119-90-4, 101-14-4, 99-55-8, 60-09-3, 97-56-3, 92-87-5
고분자 중합 미반응 원료 및 단량체		VCM(vinyl chloride monomer), bisphenol A, form aldehyde
가소제		DEHP(di-2-ethylhexyl phthalate), DBP(di-n-butylphthalate), BBP(butyl benzyl phthalate), DnOP(di-n-octylphthalate)
유기 용제류	알코올계	메탄올
	방향족	BTX(benzene, toluene, xylene)
	염소계	trichloroethylene, tetrachloroethylene
유기금속 화합물	유기주석	DBTs(dibutyl tins), TBTs(tributyl tins), TPTs(triphenyl tins)
	유기수은	organo mercuric compounds
알레르기 유발 금속		니켈(Ni) 방출량
발암 전구물질		N-nitrosamines, N-nitrosatable substances
방염제		tris-(aziridinyl)phosphine oxide, PBBs(polybromo biphenyls), PBDEs(polybromodiphenyl ethers), TDBPP[tri(2,3-dibromopropyl)phosphate]
농약류	목재방부제	PCP(pentachlorophenol), TeCP(2,3,5,6-tetrachlorophenol)
	살충·살균제	dieldrin
기타		형광증백제, 납 재질 용기 등

출처: 환경부(2009), 어린이용품 내 환경 유해인자 종류 및 유해성 목록 작성.

펴본 바와 같이 각각의 공산품에 대해 안전관리에 관한 사항을 정해 규격화하여 관리하는 것을 목적으로 하고 있다. 즉, '안전 인증', '자율안전 확인', '안전·품질 표시', '소비자 보호 포장' 등 규제적인 인증 및 표시 제도를 활용해 공산품의 안전을 관리하고 있는데, 품질 및 구조적인 안전 기준 외에도 관리 대상 품목별로 제품에 대해 <표 7-6>과 같이 일부 유해물질에 대한 안전 기준을 설정하여 운영하고 있다. 품목별 관리 대상 유해물질은 유해성이나 위해성이 알려지거나 우려되는 물질을 선정하고, 각 품목에 해당되는 물질별 안전 기준은 기술적 관리 가능성을 고려해 설정하고 있다.

3 '다중이용시설 등의 실내공기질관리법'에 따른 유해물질 관리

생활 수준의 향상으로 일반제품에 함유된 유해물질뿐 아니라 우리가 숨쉬고 생활하는 공간의 공기 속에 함유된 유해물질에 대해서도 일정한 관리가 요구된다.

이에 따라 각 정부 부처별로 다중이용시설과 신축 공동주택, 학교, 사무실 등에 대한 실내 공기질을 관리하고 있다. 즉 환경부는 '다중이용시설 등의 실내공기질관리법'에 의해 다중이용시설(17개 시설군) 및 신축 공동주택의 실내공기질을 관리하고 있으며, 그 외 교육과학기술부, 노동부, 보건복지부, 국토해양부 등 여러 부처가 개별법에 의해 학교, 사무실, 공중이용시설 등에 대한 실내 공기질을 관리하고 있다.

'다중이용시설 등의 실내공기질관리법'은 다중이용시설과 신축 공동주택에 오염물질 방출 건축자재(건축 내장재)의 사용을 제한하여, 실내 공기질을 체계적으로 관리하여 소비자의 건강을 보호하고 환경상의 위해 예방을 위해 제정되었다.

이 법에 의한 관리 대상 다중이용시설은 지하 역사, 지하도 상가, 여객터미널(버스, 기차, 항만, 공항), 도서관, 박물관, 미술관, 의료기관, 실내주차장, 신축 공동주택, 보육시설 등이다. 관리 대상 다중이용시설별로 실내 공기질 유지 기준 및 권고 기준을 설정하여 관리하고 있다. 또한 '새집증후군'

〈표 7-7〉 부처별 실내 공기질 관리 현황

관리 대상	소관 부처	근거 법령	법목적
다중이용시설, 신축공동주택	환경부	다중이용시설 등의 실내 공기질관리법	지하 역사 등 17개 시설군 관리
사무실, 작업장	노동부	산업안전보건법 산업보건기준에 관한 규칙	작업장과 사무실의 실내 공기질 관리
학교	교육과학기술부	학교보건법	학교의 실내 공기질 관리
공중이용시설	보건복지가족부	공중위생관리법	업무시설, 공연장 등 공중 이용시설 관리
주차장(2,000㎡ 이하)	국토해양부	주차장법	다중법에 포함되지 않은 주차장

〈표 7-8〉 신축 공동주택의 실내 공기질 권고 기준

구분	관리 대상 물질
실내 공간 오염물질	PM_{10}, CO_2, 포름 알데히드(HCHO), 총부유세균, CO, NO_2, 라돈(Rn), VOCs, 석면 오존 등 10개 항목
실내 공기질 유지 기준 관리 항목	PM_{10}, CO_2, 포름 알데히드(HCHO), 총부유세균, CO
실내 공기질 권고 기준 관리 항목	NO_2, 라돈(Rn), VOCs, 석면 오존

이 특히 문제되는 신축 공동주택의 시공자에게 실내 공기질 측정·공고 의무를 부여하여 입주자에게 실내 공기질의 오염 현황을 알리고 오염물질 방출이 적은 건축자재를 사용하도록 유도하여 신축 공동주택의 실내 공기질 권고 기준을 설정하여 관리하고 있다. 관리 대상은 100세대 이상 신축 공동주택 시공자로 주민이 새집에 입주하기 전에 실내 공기질을 측정하여, 그 결과를 입주 3일 전까지 지자체의 장에게 제출하고 주민 입주 3일 전부터 60일간 공고하도록 의무화하고 있다. 관리 대상 유해물질은 포름 알데히드(HCHO), BTX(벤젠[benzene], 톨루엔[toluene], 자일렌[xylene]의 세 가지 유해물질), 스티렌(styrene), 에틸벤젠(ethyl benzene) 등이다.

마지막으로 건축자재(건축 내장재)에서 방출되는 포름 알데히드(HCHO), VOCs 등의 오염물질의 기준을 설정하여 관리하고 있다. 즉 실내 공기질을 저해하는 원천 요인이 되는 건축자재를 규제하는 제도로서 포름 알데히드, 총휘발성 유기화합물(TVOC) 등의 오염물질을 기준 이상 방출하는 건축자재를 관계 부처와 협의 후 고시하도록 하고 있다. 측정 방법은 공인된 검사기관(국립환경과학원)에서 시장조사를 통해 자재를 선정하고 오염물질 방출시험을 실시하여 이를 고시하고 다중이용시설을 설치(기존 시설의 개·보수 포함)하는 사업자는 오염물질 방출 건축자재로 고시된 자재를 사용하지 못하도록 하는 제도다. 한편 건축자재별 방출 기준은 <표 7-9>와 같다.

〈표 7-9〉 건축자재별 방출 기준

(단위: mg/㎡·h)

오염물질 종류 / 구분	포름 알데히드		총휘발성 유기화합물	톨루엔
	2010년까지	2011년부터		
접착제	0.5	0.12	2.0	0.080
페인트			2.5	
실란트			1.5	
퍼티			20.0	
일반 자재			4.0	

♧ 소비자 안전 사례—실내 공기질 안전 관련 사례

대형 전시장 40% '공기 속 발암물질' - 환경부 4년간 다중이용시설 실내 공기 조사

전시장·공연장·영화관 등 많은 사람이 이용하는 시설의 실내 공기오염이 심각한 것으로 나타났다. 환경부가 2005년 3월부터 지난해 9월까지 영화관 등 다중이용시설 846곳의 실내 공기질을 조사해 29일 발표한 결과에 따르면 대형 전시장의 경우 20곳 가운데 40.0%인 8곳에서 기준치 이상의 포름 알데히드가 검출됐다. 기준치를 웃도는 휘발성 유기화합물이 조사된 곳도 25.0%에 달했다. 전체 70곳인 영화관은 11.4%가 포름 알데히드 실내 기준을, 24.3%가 휘발성 유기화합물 기준을 초과했다. 22곳이 조사 대상인 공연장은 31.8%에서 기준치 이상의 포름 알데히드가 나왔다.

예식장·실내 체육관·헬스장의 공기 중 포름 알데히드 농도도 높았다. 예식장의 25.7%가 기준치를 초과했으며, 실내 체육관(28.0%)과 헬스장(30.0%)도 기준치를 넘었다.

발암물질인 포름 알데히드와 휘발성 유기화합물은 암 외에도 '새집증후군'을 일으키는 것으로 알려져 있다. 환경부는 "영화관이나 전시장은 카펫·의자 등 집기가 많고 실내 마감재를 자주 교체하기 때문에 공기 중 포름 알데히드와 휘발성 유기화합물의 농도가 높은 것으로 보인다"고 설명했다.

이용객의 활동량이 많고 환기가 어려운 시설에서는 미세먼지와 부유세균 농도가 높게 나타났다. 주점의 40.0%에서 총부유세균이 기준치를 넘어섰으며, 노래방의 33.3%에서도 기준치 이상의 부유세균이 검출됐다. 노래방의 30.0%는 미세먼지가 기준치를 초과해 조사 대상 시설 가운데 가장 높았다.

청소년들이 많이 이용하는 학원과 PC방, 독서실의 공기질도 좋지 않았다. 조사 대상 학원의 20.0%와 25.7%에서 각각 포름 알데히드와 휘발성 유기화합물이 기준치를 초과했다. 또 학원의 16.7%에서 기준치 이상의 미세먼지가 검출됐다. PC방과 독서실의 포름 알데히드 초과율은 각각 20.0%와 13.3%였다.

백운석 환경부 생활환경과장은 "영화관 등 대규모 시설을 실내공기질 법적 관리 대상에 포함시키고, 주점·노래방·PC방 등 소규모 시설에 대해서는 실내공기 관리지침을 보급할 계획"이라며 "올해부터 2013년까지 1143억 원을 들여 2차 실내 공기질 관리 기본계획을 실행하겠다"고 밝혔다.

(경향신문, 2009-01-30)

연습 문제

1. 우리나라의 시설물 안전관리 제도의 특성과 현황을 살펴보고 제품 또는 식품 안전관리 제도와 비교하여 체계적·종합적이지 못한 이유를 생각해 봅시다.
2. 다중이용시설의 종류에 대해 알아보고 최근에 안전문제가 발생한 사례를 찾아보고 그 문제점과 해결 방안에 대해 정리해 봅시다.
3. 우리의 일상 가정생활 속에 존재하고 있는 유해한 화학물질(성분)과 그 특성 및 예방 방안에 대해 알아봅시다.
4. 우리나라 유해물질 안전관리 제도를 구성하고 있는 대표적인 세 가지 법률을 살펴보고 그 내용과 대상, 특징에 대해 정리해 봅시다.

P·a·r·t

03

안전하고 안심할 수 있는 사회를 향한 전략

Chapter 08

위험 커뮤니케이션의 개념과 소비자

제1절 위험 커뮤니케이션의 개념

1 현대 사회와 매스컴의 역할

급속한 경제 성장과 과학 기술의 발달로 현대인들의 삶은 나날이 풍족해지고 있으며, 과거 생계 유지를 위한 소비가 주로 이루었다면 현대 소비는 건강과 안전, 생활의 질을 생각하는 '가치 추구형' 소비문화로 변화되었다. 2000년대 들어 전 사회적으로 뜨거운 열풍으로 다가왔던 웰빙(well-being) 트렌드는 한때의 유행으로 지나가지 않고 우리 사회의 중심적 라이프스타일로 토착화되어 가고 있다. 건강한 삶에 대한 관심이 증가하는 반면에 여러 가지 소비자 안전사고들로 인해 안전에 대한 소비자 불만과 불신도 동시에 증가하고 있다.

소비자 안전에 대한 높은 관심에 힘입어 최근에는 상품에 대한 정보를 제공함으로써 기업을 견제하고 소비자를 보호하겠다는 목적을 지닌 프로그램이 평균 10%를 넘나드는 시청률을 유지하면서 소비자들의 좋은 반응을 얻고 있다. 그동안 사업자 중심적이었던 TV 프로그램이 소비자들을 위한 프로그램을 제작함으로써 색다른 관심과 호응을 얻고 있을 뿐만 아니라 안전에 대한 소비자들의 문제 인식 수준을 높이고, 소비자 안전을 위해 유용한 정보를 제공하는 등 소비자 교육적 측면에서도 긍정적 기여를 하고 있다.

소비자 고발 프로그램은 소비자 안전에 중요한 위험 커뮤니케이션 역할을 수행한다. 위험 커뮤니케이션은 위험관리, 위험평가, 분석, 확인, 그리고 이것에 필요한 관련자 간의 상호작용에 관계되는 모든 커뮤니케이션 과정을 일컫는 것으로, 그 사회가 안고 있는 위험 요인들을 정치·사회·경제·문화적으로 분석하고, 이들 문제를 해결하기 위해 커뮤니케이션의 필요성을 논의하는 것이라 할 수 있다. 이 중 TV는 소비자들이 가장 많이, 또한 가장 빨리 건강과 영양에 관한 정보를 접하게 되는 주요 정보원이라 할 수 있다. TV는 즉시 구매자의 욕구에 작용하여 구매 동기를 유발할 뿐만 아니라 그 영향력이 막강하며 이미지의 조기 형성이 가능하고 소비자에게 식품의 정보를 가장 빠르게 전달할 수 있는 특성이 있다. 그러나 실제와 다른 왜곡 또는 허위에 가까운 정보가 대중매체를 통해 전달되는 경우도 적지 않은 것이 우리의 현실이기도 하다. 대부분의 사람은 건강과 식생활에 대한 관심은 높지만 정확한 지식은 적은 편이며, 따라서 매스컴에 나타나는 정보와 광고를 무비판적으로 수용하고 과신하는 경향이 있다. 따라서 대중매체와 소비자들 간의 위험 커뮤니케이션이 중요시되고 있으며, 올바른 정보를 편견 없이 객관적으로 전달하여 바람직한 커뮤니케이션이 이루어지도록 노력할 필요가 있다.

2 위험 커뮤니케이션의 전달 과정

위험 커뮤니케이션에서 가장 중요한 것은 실제 위해의 정도가 얼마나 정확히 전달되고 있으며, 소비자는 그 정보를 얼마나 제공된 그대로 이해하고 받아들이느냐에 있다. 실제 위해의 정도보다 위험이 부풀려져 전달된다면 소비자는 불필요한 불안감과 함께 위험 제거를 위해 부당한 비용을 지불하게 될 것이다. 반대로 위해의 정도가 심각한 수준임에도 불구하고 소비자에게 실제보다 과소 평가하여 위험이 전달된다면 소비자의 생명과 건강에 치명적인 위해를 가하게 될 것이다. 그러나 위험이란 매우 상대적인 개념이어서, 같은 정보에 노출된다 하더라도 어떤 소비자는 전달하는 내용을 있는 그대로 객관적으로 처리하고, 또 어떤 소비자들은 자신의 심리적 상태나 해당 정보에 대한 편견, 가치관에 따라 부분적으로 정보를 왜곡해 처리할 수 있다. 따라서 객관적 · 사실적 측면에서 위해가 없는 상태를 '안전'이라 한다면 안전에 대한 올바른 커뮤니케이션을 통해 소비자가 안전의 상태를 있는 그대로 받아들이고 신뢰하는 것을 '안심'이라 할 수 있다. 앞으로 우리가 희망하는 안전사회란 바로 이러한 안심사회라 할 수 있다. 소비자 안심을 위해서는 무엇보다도 정확한 위험의 커뮤니케이션이 선행되어야 한다. 정확하고 신뢰할 수 있는 위험 커뮤니케이션을 통해 소비자 스스로 안전을 지킬 수 있도록 중요한 정보를 제공하고, 소비자 불안을 감소킴으로써 소비자 안전정책 전반에 대한 신뢰를 높이고, 파생되는 사회적 비용을 감소시킬 수 있을 것이다. 또한 소비자 교육적 효과를 가져옴으로써 소비자 안전불감증을 감소시키는 데에도 기여할 수 있을 것이다.

제 2 절 위험 커뮤니케이션과 소비자 반응

1 객관적 위험과 주관적 위험 인지

현대 사회는 건강과 생명을 위협하는 위험으로부터 자유로울 수 없다. 어느 누구도 먹는 음식, 마시는 물, 들이마시는 공기, 살고 있는 땅, 그리고 사용하는 에너지를 두려워하지 않을 수 없을 정도로 위험이 도처에 도사리고 있다. 위험에 대조되는 개념으로서 안전(safety)이란 사용 영역에 따라 취하고 있는 내용이 다르며 그 범위 역시 해당되지 않는 곳을 찾기 힘들 정도로 넓기 때문에 용어를 정의하기란 쉬운 일이 아니다. 그러나 통상적으로 안전은 '위험이 전혀 없는 상태'를 말한다.

위험의 특징을 살펴보면 현대 사회를 살아가는 인간은 건강과 생명을 위협하는 위험으로부터 자유로울 수 없다는 것을 알 수 있다. 사회가 비록 경제적으로 모든 재해에 대비할 능력이 있다고 해도, 재해를 일으킬 수 있는 위험 요소가 인간 생활의 일부분으로 자리잡고 있는 것이 오늘날의 물질문명이다. 전통적인 사회와 초기 현대 사회에서는 위험은 본질적이고 개인적이며 공개적이고, 명백하고 관찰 가능한 것이라 여겼으나 현대 사회에서 위험은 명백하지 않고, 개인적이지도 않으며, 조기에 발견하는 것은 물론 위험의 존재 자체를 인지하기조차 어렵다.

일반적으로 식품 안전은 그 어떤 영역보다 엄격한 안전 수준을 요구하는데, FTA 시대 돌입과 함께 그 문제의 범위와 심각성이 더욱 심화되고 있는 실정이다. 우리나라는 식량 자급률이 약 25%에 불과한 식량 수입국으로서 우리 식탁에 오르는 식품의 70~80%는 이미 외국에서 수입된 농수산물로 채워지고 있다. 또한 식품의 산업화로 인해 우리가 먹는 식품이 어떻게 성장하고 수확, 처리되었는지 소비자는 알 수 없는 상황이 되었으며, 식품 산업의 발전으로 식품 가공업자들은 최소 원가 지향을 위한 더 저렴한 대체적 산업 부산물을 사용함으로써 식품 안전 자체의 위험은 물론이요, 안전하지 못한 식품 때문에 또 다른 위험을 파생시킬 수 있는 상황에까지 이르렀다. 과학자들은 식품 생산과 가공, 유전자 변형식품과 같은 새로운 생산 기법이 생산량을 증가시키고 품질을 향상시키며 식량 부족을 해결하고 고품질·고영양을 제공할 수 있을 것으로 기대하나, 소비자는 신기술로 인해 발생할 수도 있을 위해에 더 큰 부담을 느끼며 오히려 자연식품으로 복귀할 것을 희망하기도 한다.

2 소비자의 신뢰

신뢰는 다양한 사회과학 분야에서 관심을 받아온 개념이다. 심리학적 관점에서의 신뢰는 다른 개인 또는 집단이 언어나 문장으로 약속한 것에 대해 본인이 믿어도 될 것이라는 일반화된 기대라고 정의내려지며, 경제학적 관점에서는 신뢰를 위험 상황에서 결과에 대한 개인의 예측 또는 기대 성향으로, 사회학적 관점에서는 사회적 관계의 특성으로 파악되어 신뢰의 형성이 교환 관계에 있는 행위자들의 관계 및 이를 둘러싼 사회적 규칙, 규범, 관습, 역사 등의 제반 조건에 의한 믿음이라는 개념으로 정의된다. 정치학적 관점에서는 신뢰를 일종의 정치적 태도로서 정부가 국민들의 기대에 부응하여 운영되고 있는가에 대한 긍정적 평가 태도로 정의하고 있다.

신뢰는 관계의 장기 지향성을 높이고, 관계에 몰입하도록 하며, 지각된 위험을 감소시킨다. 소비자들은 품질을 판단하기 어려운 제품에 대해서는 그 제품의 생산과 유통 과정이 얼마나 신뢰할 만한가에 따라 곧 제품에 대한 평가와 신뢰를 결정짓기 때문에 신뢰는 소비자 안전에서 매우 중요한 요인이라 할 수 있다.

소비자들의 신뢰를 얻는 것이 점점 중요해지고 있는 가운데 영국에서는 매해 식품안전 제도에 대해 조사를 실시하고 있으며, 영국의 정부 식품안전기구에 대한 대국민 신뢰도가 점점 증가하는 추세다. 이처럼 선진국에서는 식품안전성에 대한 소비자 보호와 신뢰성 제고를 위해 위해물질을 사전에 예방하려는 과학적인 노력과 더불어 식품안전 정책에 대한 소비자들의 신뢰를 확인하고 증가시키기 위한 노력을 지속적으로 하고 있다.

정부에 대한 국민의 신뢰를 확보하기 위해서는 일관된 정책과 집행이 필수적이다. 정책 신뢰란 정책이 시행되어 의도된 효과를 나타낼 수 있으리라는 믿음, 또는 나타내고 있다는 믿음을 말한다. 그러나 제도적 신뢰에 심리적 기반으로 작용하는 사회 안전에 대한 전반적인 신뢰도는 조사 시점에 따라 편차를 보이고 있다. 중대한 소비자 안전사고가 발생하면 소비자의 신뢰가 급격히 떨어졌다가 시간이 지나면 다시금 신뢰가 회복되기도 한다. 그러나 위험 커뮤니케이션에 대한 소비자 신뢰가 크지 못하면 안전문제로 인한 불신은 장기간 지속되며 더욱 신뢰를 깨뜨리게 된다.

위험 커뮤니케이션에 대한 소비자의 신뢰가 크다면 객관적 위해와 주관적 위험 인지 간 차이는 작게 나타날 것이며, 반대로 소비자 신뢰가 부족하다면 객관적 위해와 주관적 위험 인지 간의 차이는 크게 나타날 것이다. 그러나 소비자 신뢰는 복잡다양한 사회문화적 배경에 의해 구축되는 것이므로 소비자가 안심하고 생활을 영위하기 위해서는 객관적 위해의 제거 못지않게 위험에 대한 정확한 인지와 신뢰가 매우 중요하다.

3 소비자의 지각된 위험

소비자들은 어떠한 선택의 기로에 섰을 때 최상의 결과를 위해 미래를 예측한다. 하지만 결과를 예측할 수 없는 부분도 있고, 항상 정확할 수도 없으며, 생각지 못한 곳에서 위험이 발생할 수도 있다. 그 때문에 소비자들은 구매 전에 느끼는 이러한 불확실성을 최소화하고자 자신만의 기준을 세우고 정보를 수집하며 구매 선택을 한다. 지각된 위험은 이러한 사실에 기반을 두고 있다.

1) 지각된 위험의 개념

소비자가 제품을 구매할 때 소비자는 구매한 제품이 예기치 못하는 결과를 가져올 수 있는 불확실성에 대한 위험을 인지하게 되는데 이 예기치 않은 결과에 대한 불안감을 지각된 위험이라 한다. 이때 지각된 위험은 주관적 위험을 말한다. 다시 말해, 동일한 제품군이라 하더라도 소비자 개개인이 지각하는 위험의 종류와 수준은 다르다. 즉 현실적으로 위험이 존재한다 하더라도 소비자가 그 위험을 주관적으로 지각할 때 소비자는 그 위험을 문제로 인식한다는 것이다.

지각된 위험은 경제학 분야에서 먼저 논의되어 온 개념으로 소비자 행동 분야에 지각된 위험 개념이 처음 도입된 것은 바우어(Bauer, 1960)에 의해서다. 바우어(G. C. H. Bauer)는 소비자의 지각된 위험을 객관적 위험과 구별되는 주관적 위험으로 불확실성과 불리한 결과(이득 또는 손실)라는 두 요소의 함수로 정의된 개념으로 보았으며, 이러한 사실은 심프와 비어든(Shimp & Bearden, 1982)의 연구와 토와 히언(Toh & Heerne, 1982)의 연구 등 차후 연구에서 많이 사용되었다. 콕스(D. F. Cox)와 리치(S. U. Rich)는 바우어가 제시한 불리한 결과라는 개념을 “특정한 구매 목적을 달성하려고 하는데 관련 비용에 의해 결정되는 구매 상황에서의 위태로운 정도"라고 했다(Cox & Rich, 1964). 이후 콕스는 바우어의 개념을 좀 더 구체적으로 발전시켜 지각된 위험을 불확실성과 손실이라는 두 요소의 함수로 보았다. 자코비와 카플란(Jacoby & Kaplan, 1972)은 지각된 위험을 다차원적 개념으로 인식했으며, 빈센트와 지크문드(Vincent & Zikmund, 1976)는 콕스와 마찬가지로 지각된 위험 간을 불확실성과 손실이라는 두 요소에 의해 지각된 위험을 이해했다.

그 이후 지각된 위험을 기대손실로 정의하고 조작화하는 경향이 피터와 타피(Peter & Tarpey, 1975), 라이언과 피터(Ryan & Peter, 1976)와 스톤과 윈터(Stone & Winter, 1987)에 의해 나타나기 시작했는데, 피터(J. P. Peter)와 타피(L. X. Tarpey), 라이언(M. J. Ryan)과 피터는 선택의 최종단계인 제품 선택 단계에서의 지각된 위험이란 선택이나 구매의 결과로 발생할 수 있는 기대 손실을 의미한다고 주장했으며, 스톤(R. N. Stone)과 윈터 역시 지각된 위험은 위험 그 자체가 기대 손실이라는 독자적인 구성 개념으로 개발되고 정의되어야 한다고 주장했다.

이와같이 지각된 위험에 대한 정의는 학자들마다 불일치하고 있지만 대체로 "구매행동의 결과에 대한 소비자가 주관적 불확실성과 구매 후 결과로 생길 수 있는 손실에 대해 소비자가 주관적으로 지각하고 있는 위험"으로 정의내릴 수 있다.

2) 지각된 위험의 유형

지각된 위험의 유형에 관한 연구 역시 여러 학자에 의해 다양하게 제시되고 있지만, 이러한 지각된 위험의 유형과 수준은 소비자와 제품 범위에 따라 달라질 수 있기 때문에 아직까지 합의된 객관적 기준이 마련되어 있는 것은 아니다.

커닝햄(S. M. Cunningham)은 지각된 위험의 유형을 재무적, 신체적, 심리적, 사회적, 시간적 손실의 다섯 가지로 범주화했다. 자코비(J. Jacoby)와 카플란(L. Kaplan), 라이언(M. J. Ryan)과 피터(J. P. Peter)는 지각된 위험을 재무적, 성능적, 신체적, 심리적, 사회적 및 시간 손실 등의 여섯 가지 유형으로 분류했으며 지크문드(W. G. Zikmund)와 스콧(J. E. Scott)은 지각된 위험을 재무적, 성능적, 신체적, 심리적, 사회적, 시간적 손실, 미래 기회 손실 위험 등의 일곱 가지 유형으로 세분화하여 분류했다. 반면, 테일러(J. W. Taylor)는 지각된 위험을 사회적 · 심리적 손실과 성능적 · 재무적 손실, 프라사드(K. V. Prasad)는 전체적인 지각된 위험 수준이 높은 제품과 낮은 제품을 분류하기 위해 지각된 위험을 크게 재무적 위험과 사회적 위험으로 양분화했다. 브루커(G. Brooker)는 각 위험 유형의 특성과 전반적 위험과의 관계에 대한 연구에서 위험 유형을 재무적, 성능적, 신체적, 심리적, 사회적 위험으로, 스톤(R. N. Stone)과 그론하우그(K. Gronhaug)는 경제적 · 기능적 · 신체적 · 시간적 위험과 관련된 것과 사회적 · 심리적 위험과 관련된 것으로, 커츠(D. L. Kurtz)와 클로(K. E. Clow)는 사회 · 심리적 위험, 재정적 위험, 성과 위험으로 지각된 위험을 유형화했다. 이와같이 학자들에 따라 지각된 위험의 유형화는 다양하게 제시되고 있는데, 이를 정리하면 <표 8-1>과 같다.

〈표 8-1〉 학자들에 따른 지각된 위험의 유형 정리

학자	지각된 위험의 유형
Cunningham(1967)	재무적, 신체적, 심리적, 사회적, 시간적 손실
Jacoby & Kaplan(1972)	재무적, 성능적, 신체적, 심리적, 사회적 및 시간 손실
Zikmund & Scott(1973)	재무적, 성능적, 신체적, 심리적, 사회적, 시간적 손실 및 미래 기회 손실 위험
Taylor(1974)	사회적 · 심리적 손실과 성능적 · 재무적 손실
Prasad(1975)	재무적 위험과 사회적 위험
Peter & Tarpey(1975)	재무 · 성능적 위험(financial-performance risk), 사회 · 심리적 위험(social-psychological risk)
Ryan & Peter(1976)	재무적, 성능적, 신체적, 심리적, 사회적 및 시간 손실
Brooker(1984)	재무적, 성능적, 신체적, 심리적, 사회적 위험
Stone & Gronhaug(1993)	경제적 · 기능적 · 신체적 · 시간적 위험과 관련된 것과 사회적 · 심리적 위험과 관련된 것
Kurtz & Clow(1997)	사회 · 심리적 위험, 재정적 위험, 성과 위험

이러한 연구들을 토대로 지각된 위험은 재무적 위험(financial risk), 성능적 위험(performance risk), 신체적 위험(physical risk), 심리적 위험(psychological risk), 사회적 위험(social risk), 시간 손실 위험(time loss risk), 미래 기회 손실 위험(future opportunity loss)의 일곱 가지로 유형화할 수 있다.

첫째, 재무적 위험(financial risk)은 소비자가 제품 구매를 위해 지출해야 하는 비용이 자신의 가처분소득에 비해 높을 경우나 소비자가 제품 구매에 실패했을 때, 소비자에게 발생되는 금전적 손실의 정도를 나타내는 것으로 구매한 제품에 수선비용과 대체비용이 발생할 것에 대해 소비자가 지각하는 위험 또는 자신이 구매한 제품과 품질은 동일하나 더 낮은 가격으로 제품이 판매될 가능성에 의해 소비자가 지각하게 되는 위험이다. 즉 제품 구매비용과 관련한 위험을 의미한다.

둘째, 성능적 위험(performance risk)이란 제품이 기대대로 성능을 발휘하지 못할 것에 대한 염려로, 구매한 제품의 성능상 결함이 존재할 가능성 때문에 소비자가 불편을 경험하게 될 가능성에 대해 지각하는 위험이다. 성능적 위험은 사용 방법이 복잡하거나, 제품이 건강이나 안전에 관련될 때 크게 지각한다.

셋째, 신체적 위험(physical risk)은 그 제품의 사용 결과 소비자가 신체적으로 해를 입을 가능성에 대한 불안감을 말한다.

넷째, 심리적 위험(psychological risk)은 선택한 제품이 자신의 자아 이미지와 불일치할 가능성 때문에 소비자가 지각하게 되는 위험을 의미한다.

다섯째, 사회적 위험(social risk)은 자신의 제품 구매에 대한 다른 사람들, 특히 준거집단으로부터 부정적 평가를 받을 위험을 말한다.

여섯째, 시간 손실 위험(time loss risk)은 구매한 제품을 수선하거나 교체해야 할 경우, 또는 구매를 위해 투자한 시간의 낭비 가능성에 따라 소비가 지각하게 되는 위험을 의미한다.

일곱째, 미래 기회 손실 위험(future opportunity loss)이란 품질이 향상되고 저렴한 대안이 미래에 판매될 가능성 때문에 소비자가 지각하게 되는 위험을 의미하며, 미래 기회 손실의 위험은 보통 기술혁신품의 구매 상황에서 주로 나타나는 위험이다.

이와같이 소비자가 지각하는 위험의 유형은 매우 다양하며, 지각된 위험 유형은 매우 상호의존적이다. 예를 들어, 구매한 제품이 성능상 결함이 있을 경우 이들 제품을 수선하거나 대체하기 위해서는 추가 비용이 들게 되고 이러한 과정에서 시간적 손실을 경험할 수 있다. 따라서 이러한 위험 유형 간의 상호의존성을 고려할 때 소비자가 지각하는 제품은 비개인적 위험인 재무·성능적 위험(financial-performance risk)과 개인적 위험인 사회·심리적 위험(social-psychological risk)으로 단순화시키기도 한다.

최근 관심을 많이 모으고 있는 식품 안전과 관련해서는 가장 중요한 위험을 신체적 위험이라고 볼 수 있다. 식품이 가질 수 있는 지각된 신체적 위험에는 상품 자체가 가지고 있는 위험 요인 다시 말해 식품에 사용된 여러 재료에 의해 원천적으로 가질 수 있는 위험이 주된 위험이라 할 수 있다. 또한 최근 국제 교역에 의해 발생하는 원산지나 가공지의 신뢰도에 의해 소비자는 신체적 위험을 지각할 수 있다. 따라서 지각된 신체적 위험은 다시 지각된 제품 위험과 지각된 장소 위험으로 나누어 볼 수 있다.

4 위험 커뮤니케이션에 대한 소비자 반응모형(위해-전달-신뢰)

우리나라 식품위생법상 '위해(hazard)'는 "식품, 식품첨가물, 기구 또는 용기·포장에 존재하는 위험 요소로서 인체의 건강을 해할 우려가 있는 것"을 말한다. 일본 식품안전위원회에서는 위해 요인을 "건강에 악영향을 주는 원인으로서 식품 중의 물질 또는 식품의 상태"로 정의한다. 그런데 샌드맨(P. Sandman)에 의하면 위험은 위해(hazard)에 심리 요인(outrage)이 더해진 개념으로서 일상생활의 위해로 인해 발생되는 종속변수라 할 수 있다. 전문가에 의해 평가된 위험인 위해에 소비자들의 위험에 대한 평가가 덧붙여지면 우리가 일반적으로 이야기하는 '위험'의 크기가 결정된다. 샌드맨은 사람들이 어떤 위험에 처했을 때 위해 요인의 높고 낮음과 감정적인 반응을 결정하는 '심리 요인(outrage) 반응'의 높고 낮음을 결합한 모형을 개발하여 제시했다. 그의 위해/심리 요인 반응모형을 통해 우리는 소비자들이 어떤 때에는 작은 위험에 대해 매우 놀라고 분노하는 반응을 일으키며, 또 어떤 경우에는 심각한 위험에 대해서도 전혀 걱정하지 않는 이유를 설명할 수 있다.

샌드맨에 의하면, '위험'은 일상생활의 위해로 발생하는 종속변수로서 위해(hazard)+심리 요인(outrage)으로 구성된다고 한다. 여기서 위해란 앞서 언급한 개념과 동일한 것으로서, 심리 요인은 비기술적인 개념으로서 위해에 대해 소비자의 자발성 여부, 통제가능성, 친밀도, 두려움의 정도, 정보원의 신뢰성, 대처가능성 등에 따라 나타나는 '두려움·공포', '분노' 등의 총체적 개념으로 정의된다.

사람들은 어떤 위험 상황에서는 잘 견디고, 어떤 위험에서는 매우 불안해하고 견디지 못하는 경향이 있다. 위험이 생소하고, 즉각적이며, 두려움이나 대재앙의 요소를 포함한다면, 큰 혼란과 불안이 가중될 것이고, 이미 익숙해 있는 위험이며, 천천히 발생하거나, 간접적인 경우에는 상대적으로 느긋하고 침착할 것이다.

피프-쇼(C. Fife-Show)와 로(G. Rowe)는 소비자의 식품 위험 인지에 관해 연구한 결과, 소비자의 식품 위험 인지는 특정 위해에 대해 익숙한 정도 또는 위해의 심각도 인지에 근거를 두어 라이프사이클을 따르고 있다고 했다(Fife-Shaw & Rowe, 1996). 식품위해는 다른 분야의 위해와는 다르게 독특한 특성을 갖는데, 식품 선택은 대개 습관적이며, 특정 식품의 선택

[그림 8-1] 샌드맨의 '위험'에 대한 이해

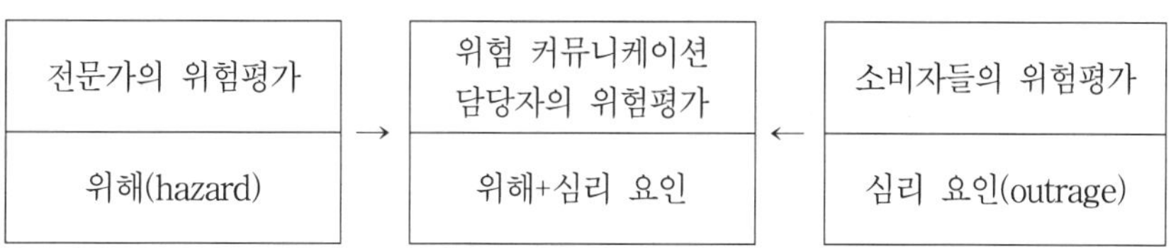

출처: www.psandman.com.

은 과거 상당한 시간 소요의 결과로 이루어지므로 식품 관련 대부분의 위해는 평상시에는 잘 보이지 않으며, 특별한 위해가 드러난 때를 제외하고는 뚜렷하게 인지되지 않는다는 것이다. 따라서 소비자들은 낯선 식품에 대해서는 구체적인 경험이 없고 식습관이 형성되지 않았기 때문에 두려움과 심리적 거부감을 느끼게 된다. 이러한 심리적 거부감의 근원적 원인은 그 식품의 안전성이 입증되지 않았기 때문이다. 슬로빅(Paul Slovic)도 특정 위해에 대한 인지 양태가 '놀람(fright)', '심리 요인(outrage)', '두려움(dread)' 요인들로 나타난다고 했다. 이와 같은 연구 결과들은 안전 그 자체뿐만 아니라 안전성에 대한 정확한 정보 제공과 소비자의 신뢰가 무엇보다도 중요함을 시사한다.

식품 안전과 관련하여 그동안 우리가 과도하게 예민한 반응을 보였다가 어느 순간 별다른 해결책이 제시되지 않았음에도 불구하고 소리없이 문제가 사그러들거나 소멸되는 소위 '냄비 근성'을 여러 차례 목격해 왔다. 이러한 일관되지 못한 소비자 행동은 관련된 문제를 원천적으로 해결하고, 바람직한 정책을 유지하는 데 오히려 걸림돌이 된다. 또한 소비자 능력 향상이나 교육에도 도움을 주지 못할 뿐만 아니라 안전에 대한 불감증만을 증가시키는 부작용을 낳는다. 따라서 소비자 안전(consumer safety) 못지않게 중요한 개념이 소비자 안심(consumer relief)이라 할 수 있고, 실제 위해의 정도에 맞는 정확한 정보 제공을 통해 불필요한 소비자 불안을 제거

〈표 8-2〉 샌드맨의 위해 / 심리 요인 반응모형

		심리 요인	
		낮은 심리 요인	**높은 심리 요인**
위해 요인 (hazard)	**높은 위해 요인**	담배 흡연 과도한 음주 자동차 운전	음주 운전 핵무기전쟁 권총 소지 범죄
	낮은 위해 요인	조명시설 아플라톡신 항공 여행	광우병 식품에 농약 함유 우유에 동물약 함유

하는 것이 무엇보다 필요하다.

이러한 소비자 심리에 영향을 미치는 것이 위험에 대한 커뮤니케이션이다. 한 예로 소비자들은 식품의 위해(hazard) 정보 자체보다는 심리적으로 식품 안전을 확보할 수 없어 심리적 위험(risk)에 불안해하는 경향이 있는데, 식품 위험 커뮤니케이션이란 위험평가와 위험관리가 이루어지는 과정에서 위험평가자, 위험관리자, 소비자, 사업자 등 이해관계자에게 관련된 정보를 제공하고 의견을 청취·반영함으로써 올바르게 정보를 제공하고 심리적 불안이나 두려움을 불식시키려는 제반의 노력을 말한다. 식품 안전에 대한 왜곡된 인식을 가진 소비자들은 위험 수용을 거부하고 해당 식품 소비를 중지하거나 감소함으로써 관련 식품산업이 급격히 위축되고, 소비자들의 불필요한 심리적 불안, 기피, 정신적 건강 악화, 나아가서는 극심한 반대 시위 등 사회 불안 요인으로까지 작용할 수 있다. 따라서 소비자들의 불안감 해소, 설득적 이해 구하기, 인식도 개선을 위한 구체적인 커뮤니케이션 정책의 필요성이 제기된다.

대중매체는 일반인들이 가장 많이 접하는 건강과 영양에 관한 주요 정보원이 되었다. 소비자들은 대중매체의 정보들을 통해 많은 영향을 받고 구매 선택의 기준을 정한다. 특히 일상생활에서 늘 접하게 되는 식품 선택에서는 대중매체가 끼치는 영향이 더욱 큰데, 미국에서도 일반 대중의 70% 이상이 TV와 신문을 가장 많이 접하는 식품 관련 정보원으로 꼽고 있으며, 국내에서도 어린이에서부터 주부에 이르기까지 많은 사람이 TV나 대중매체를 통해 정보를 얻고 있다는 결론을 볼 수 있다.

이처럼 대중매체를 통한 위험 커뮤니케이션이 중요한 위치에 있으나 과장된 정보나 왜곡된 사실을 소비자들에게 제공함으로써 소비자의 불안을 가중시키거나 소비자들의 눈을 피하기 위해 사실을 축소시켜 정보를 제공하는 일이 일어나 문제가 생길 수 있다. 실제 위험 존재 여부와 언론매체의 위험에 관한 정보 제공 정도, 소비자의 신뢰도에 따라 발생할 수 있는 반응을 샌드맨의 '심리요인 반응모형'에 기초하여 두 가지 경우로 나누어 잘펴볼 수 있다.

[그림 8-2]는 실제 위험이 존재할 때 언론매체 위험정보 제공 정도와 그에

[그림 8-2] 실제 위험 존재 시 소비자와 언론매체 간의 위험 커뮤니케이션

소비자 신뢰		
	① 방심, 실제 피해 야기	② 조심, 위험 피해 가려 노력
	③ 불안, 조심, 위험 피해 가려 하나 올바른 방법 찾기 어려움	④ 방심, 실제 피해 야기

언론매체의 위험정보 제공

따른 소비자 신뢰도에 따라 나타나는 소비자 반응을 나타낸 것이다. 위험정보 제공 정도와 신뢰도에 따라 나타날 수 있는 반응은 네 가지로 다음과 같다.

① 위험이 실제로 존재하는 상황에서 언론매체의 위험정보 제공 정도가 낮고 소비자의 신뢰도가 높으면 방심을 하게 되고, 결국 피해가 발생할 수 있게 되어 많은 문제를 가져온다.

② 위험이 실제로 존재하는 상황에서 언론매체의 위험정보 제공 정도와 소비자의 신뢰도가 높으면 소비자는 조심하게 되고 위험을 피해 가려 노력하게 된다.

③ 위험이 실제로 존재하는 상황에서 언론매체의 위험정보 제공 정도와 소비자 신뢰도가 낮으면 소비자는 혼란을 느끼게 되고 소비자 스스로가 위험하다고 느껴 위험을 피하려 노력하지만 언론매체를 통해서는 올바른 해결 방법을 찾기 어려워 불안감이 증가하게 된다.

④ 위험이 실제로 존재하는 상황에서 언론매체의 위험정보 제공 정도가 높고 소비자의 위험 인지 정도가 낮으면 소비자는 방심하게 되고, 결국 피해가 발생할 수 있게 된다.

[그림 8-3]은 실제 위험이 존재하지 않을 때의 언론매체 위험정보 제공 정도와 그에 따른 소비자 신뢰도에 따라 나타나는 소비자 반응을 나타낸 것이다. 이 역시 위험정보 제공 정도와 신뢰도에 따라 나타날 수 있는 반응

[그림 8-3] 실제 위험 존재 시 소비자와 언론매체 간의 위험 커뮤니케이션

소비자 신뢰		
	① 문제되지 않음	② 혼란, 불안 증가
	③ 혼란, 소요가 오래가지 않음	③ 문제 되지 않음. 정보 진위에 대해 궁금해 함

언론매체의 위험정보 제공

을 다음과 같이 네 가지로 구분해 볼 수 있다.

① 실제 위험이 존재하지 않는 상황에서 언론매체의 위험정보 제공 정도가 낮고 소비자의 신뢰도가 높으면 달리 문제가 발생하지 않는다.

② 실제 위험이 존재하지 않는 상황에서 언론매체의 위험정보 제공 정도와 소비자의 신뢰도가 높으면 소비자는 혼란을 느끼게 되고 불안감이 증가하게 된다.

③ 실제 위험이 존재하지 않는 상황에서 언론매체의 위험정보 제공 정도와 소비자의 신뢰도가 낮으면 소비자는 혼란을 느끼게 되고 소비자 스스로 그 상황을 기피하는 현상이 발생하게 된다.

④ 실제 위험이 존재하지 않는 상황에서 언론매체의 위험정보 제공 정도가 높고 소비자의 신뢰도가 낮으면 달리 문제는 발생하지 않게 되나 소비자는 이와 관련된 정보에 대해 그것이 사실인지 거짓인지 정보의 진위를 궁금해 하게 된다.

이와같이 앞에서 살펴본 샌드맨의 위해/심리 반응 반응모형은 중간에 위험 커뮤니케이션의 역할이 어떠했는지에 따라 [그림 8-4]와 같이 여덟 가지 위험 커뮤니케이션 반응모형으로 수정될 수 있다.

언론매체의 위험에 관한 정보 제공 정도가 객관적이며 소비자의 위험 인지 또한 사실과 근접하다면 아무런 문제가 되지 않는다. 최상의 위험 커뮤니케이션이 이루어지는 것이고 소비자들의 불안감 또한 거의 발생하지 않

[그림 8-4] 위험 커뮤니케이션에 대한 수정된 소비자 반응모형

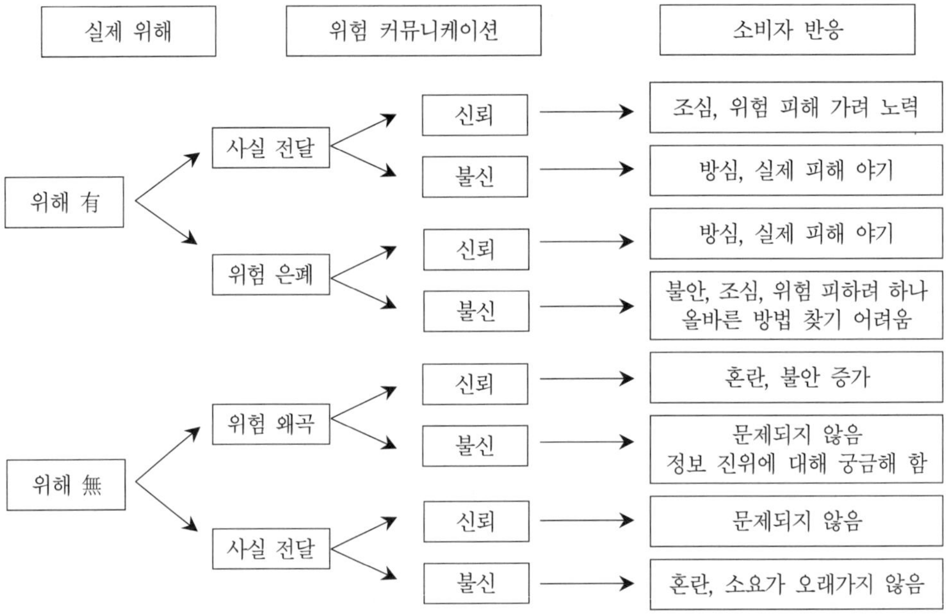

을 것이다. 하지만 이렇게 완벽하게 의사소통이 되기란 쉽지 않다. 이 표를 보면 실제 위험 존재 여부와 언론매체의 위험에 관한 정보 제공, 소비자의 신뢰도가 실제 사실과 같다면 크게 문제되지 않을 것이다. 중요한 것은 언론매체와 소비자 간의 위험정보 제공과 위험 인지 수준이 다를 때 문제가 된다. 소비자가 위험에 대해 낮게 인지하고 있으나 언론매체에서 위험정보 제공 정도가 높을 때 소비자는 위험이 증가하게 되고 기피 현상이 나타난다.

정확하고 객관적인 정보를 제공해야 하는 대중매체가 중립적인 입장을 취하지 못할 때 소비자는 많은 불안감과 혼란이 발생할 수 있으며, 이로 인해 소비행동에 변화가 일어날 수 있다. 때문에 오늘날 대중매체와 소비자들 간의 식품 관련 위험 커뮤니케이션이 중요시되고 있으며 올바른 정보를 편견 없이 객관적으로 전달하여 바람직한 커뮤니케이션이 이루어지도록 하기 위한 노력이 필요하다.

위험 커뮤니케이션의 사례

1) 새로운 제조 기준을 마련한 탈크 베이비 파우더

〈사건의 발생〉

2009년 3월 25일, KBS '소비자 고발' 팀 자체 실험으로 베이비파우더 석면 검출 확인
2009년 3월 30일, KBS '소비자 고발' 팀 확인 취재자 식약청 방문
2009년 3월 31일, KBS '소비자 고발' '충격! 베이비파우더에서 석면 검출' 예고 보도
2009년 4월 1일, KBS '소비자 고발' '충격! 베이비파우더에서 석면 검출'의 방송이 보도
2009년 4월 6일, 환경연합이 식약청 및 석면 검출 관련 조직의 대표들을 고발

〈해결 과정〉

2009년 4월 1일, 식약청 공식 기자회견
2009년 4월 2일, 베이비파우더 석면 기준·규격 개정안 마련 및 시행
2009년 4월 6일, 환경연합, 식약청 및 관련 기업대표 책임자 고발
2009년 4월 7일, KBS '소비자 고발' 베이비파우더 석면 검출 후속 보도
2009년 4월 13일, 석면 검출 파우더 회수율 20% 보도
2009년 4월 16일, 석면 베이비파우더 피해자 집단 분쟁 조정
2009년 5월 18일, 식약청, 독성학회와 석면탈크 사건 워크숍 개최
2009년 5월 20일, 소비자 식약청 및 제조사 상대로 2자 소송 제기
2009년 6월 3일, 소비자 84명 손해배상 청구소송
2009년 6월 22일, 정부 새 석면 제도 시행
2009년 6월 23일, 베이비파우더 업체 완전 탈크 배제(Non Talc) 제품 제조 및 식물성 원료 베이비파우더 제품 개발 선언

2) 통상 마찰까지 가져온 미국산 자몽

〈사건의 발생〉

1989년 6월 16일, 소비자단체, 미국산 수입과일 자몽(그레이프프루츠)에서 발암성 농약성분인 '다미노자이드'(일명 일라)가 0.5PPM 검출되었음.

〈해결 과정〉

1989년 6월 22일, 주한 미국 대사관은 한국에 수출된 미국산 자몽에 농약 성분인 다미노자이드가 들어 있지 않다고 밝힘.
1989년 6월 23일, 소비자문제를 연구하는 시민의모임은 주한 미대사관의 성명에 대한 반박 성명서를 발표, "미대사관의 성명 내용은 전형 근거가 없는 것"이라고 주장
1989년 6월 27일, 대한 자몽 수출국인 미국 측은 주한 미대사관이 자몽에 알라 살포를 부인한데 이어 플로리다감귤협회의 간부가 26일 기자회견을 갖고 다시 반박하고 나서는 등 이례적일만큼 신속하고 민감하게 반응을 보임.
1989년 6월 29일, 소비자보호단체협의회는 28일 긴급이사회를 갖고 농수산부가 미국대사관 측의 압력을 받아 미국산 자몽에서 농약 성분인 알라가 검출됐다고 발표한 소비자문제를 연구하는 시민의 모임에 대해 이 발표를 정정할 것을 종용하고 있다

고 밝힘.

1989년 7월 5일, 소비자보호단체협의회는 4일, ① 소비자들은 자몽 불매운동에 적극 참여, 가족과 이웃에게 자몽의 구매나 사용을 중지하도록 권유할 것, ② 백화점과 대형 판매상은 위해한 자몽의 판매를 자제해 줄 것을 촉구하는 등 구체적인 불매운동 방안을 발표함.

1989년 7월 11일, 대만에서도 자몽에서 알라를 검출하고 미국 측에 해명을 요구함. 한국의 국립시험기관이 잔류 성분검사를 하고도 음성반응으로 얼버무린 데 반해 대만의 국립보건원은 분명한 양성반응보고서를 내놓음.

1989년 7월 12일, 미국산 자몽에서 검출된 것으로 발표되어 한국과 대만에서 파문을 일으키고 있는 발암성 농약 성분인 다미노자이드에 발암 성분이 있다는 미 환경보호청(EPA)의 최종 판결이 최근에 내려진 것으로 밝혀짐.

1989년 7월 15일, 외무부는 14일 오후 미국산 수입 과일인 자몽에 대한 농약 사용 논란과 관련 미국 정부가 두 차례에 걸쳐 농약을 사용하지 않았다는 사실을 외교 경로를 통해 확인해 왔다고 밝힘.

1989년 8월 2일, 농림부산부는 1일 단위농협이나 원예조합 농약 판매상 등에서 보유하고 있는 알라 농약을 모두 제조회사에 반납토록 함.

1989년 11월 21일, 미국으로 수출된 한국산 배가 농약 성분 함유 이유로 현 미 LA세관에 통관 보류중인 것으로 밝혀짐. 특히 미측의 이 같은 통관 압류 조치는 최근 국내에서 발생한 자몽의 알라사건, 라면 파동에 연류된 미하인츠사 사건 통과 관련 감정적인 대응 조치가 아니냐는 추측이 나옴.

1989년 12월 20일, 발암물질인 알라농약의 검출로 사회적 물의를 일으켰던 미국산 자몽이 또다시 수입돼 비상한 관심을 모음. 특히 이번 자몽 수입 재개는 최근 미국이 다코닐 농약 검출을 이유로 한국산 배의 통관을 거부하고 있는 상황에서 수입이 재개된 것이기 때문에 과수 재배 농가 및 소비자들로부터 심한 반발을 삼.

1989년 12월 21일, 한미 양국 간 농산물의 잔류물질 공방이 자몽을 시발로 하여 배·냉동 감자 등으로 확산되고 있어, 이 같은 양상은 앞으로 더욱 심화될 소지를 안고 있어 한미 통상문제로까지 비화되지 않을까 하는 우려가 확산됨.

1990년 9월 1일, 28종의 농산물, 17종의 농약에 대해 농약 잔류 허용 기준치 제시 및 실시

1990년 10월 12일, 농약 잔류 허용 기준치 확대(농산물 48종, 농약 30종)

1992년 5월 26일, 미국산 자몽에서 베트남전쟁 때 고엽제로 쓰였던 '24D' 등 2종의 발암성 농약이 레몬에서는 기형아 출산 위험이 있는 농약 2종이 검출되는 등 수입 농산물에서 국내 기준에 없는 각종 농약 성분이 검출돼 수입 과일의 안전성이 여전히 경시되고 있는 것으로 나타남.

1995년 4월 5일, 미국은 한국이 감귤·자몽 등 미국산 농산물의 세관 통관을 부당하게 지연하고 있다며, 이를 시정해 달라고 WTO에 전격 제소함. WTO에 분정 조정을 요청하는 제소가 제기된 것은 WTO 출범 이후 처음 있는 일임.

1996년 12월 농약 203종에 대한 잔류 기준 신설

연습 문제

1. 안전사고에 대해 주로 정보를 얻는 곳이 어디이며, 그 정보원을 주로 이용하는 이유가 무엇인지 서로 이야기해 봅시다.
2. 소비자 고발 프로그램 중 하나를 골라 모니터링하고, 문제점 또는 발전 방향을 서로 토론해 봅시다.
3. 안전안전을 위한 커뮤니케이션 전략으로서, 신문이나 방송기자의 역할에 대해 생각해 보고, 서로의 생각을 토론해 봅시다.

Chapter 09

취약계층 안전관리 체계

제 1 절 취약계층의 정의 및 생활 안전관리의 필요성

1 취약계층의 생활 안전관리의 필요성

한 사회, 즉 국가가 대외적 또는 대내적으로 행하는 모든 활동의 명분은 사회구성원 모두의 안녕과 바람직한 생활환경의 획득을 통한 인간 삶의 질 또는 복지 증진이다. 그러나 모든 정책과 사회적 활동이 모든 사회구성원을 만족시켜 줄 수 없으며, 소외되는 계층이 있기 마련이다. 이러한 소외계층을 우리는 '취약계층'이라 한다. 그런데 자본주의 사회를 운영하는 대부분의 활동에서 자본에 소외된 계층은 일정 집단으로 집중되는 경향이 있다. 따라서 자본주의 사회에서는 자본에 소외된 계층이 곧 '취약계층'으로 귀결된다.

취약계층이란 취약성을 지는 집단이라 정의할 수 있는데, 여기서 취약성이란 신체적, 정신적, 사회적 혹은 발달 단계에서 장기간 혹은 일시적으로 부정적 영향을 미치는 위험 요인이 역동적으로 상호작용하여 개인이나 가족·사회적 수준에서 나타내는 부정적 특성을 의미한다. 즉 가난, 노령, 저학력, 낮은 보건의료 접근성 등이 분명한 건강상 위험 요인이며, 그 위험 요인에 노출된 집단은 그렇지 않은 집단에 비해 상병률과 사망률이 높고 삶의 질이 떨어지는 취약적 특성을 보인다.

취약계층에 대한 배려는 인간의 존엄성과 인권 존중이라는 명분과 함께 사회의 지속 가능한 발전을 위해서도 반드시 필요한 부분이다. 취약계층의 붕괴는 사회적으로 큰 문제를 불러일으킬 수 있다. 특히 지금까지 부정적인 사회 분위기를 조성하는 많은 범죄나 자살, 노숙자 등과 관련된 문제들이 저소득층에서 대부분 일어나고 있으며, 고학력자나 고소득층 등이 기피하는 그러나 사회적으로 반드시 필요한 3D 업종에 많은 취약계층이 종사하고 있다. 따라서 사회적으로 이러한 취약계층을 보호하고 이들의 삶의 일정 부분을 보호해 주는 정책이나 제도를 마련하여 사회구성원의 일부분인 이들의 삶을 보전하기 위한 노력이 요구된다.

안전은 매우 상대적인 개념으로 일반 성인에게는 위험으로 인지되지 않는 요인이 아동이나 노인, 장애인, 저소득층 같은 취약 소비자에게는 심각한 위험을 초래할 수도 있다. 신체적 기능이 완전하지 못하거나 경제적 능력이 떨어지는 취약 소비자의 경우 안전사고에 노출될 빈도가 높으며, 안전사고를 경험하는 경우 이에 대한 대처 능력이 일반 성인보다 현저히 떨어지므로 취약 소비자의 생활 안전관리는 일반 성인과 동일한 기준에서 다루어져서는 안 된다. 다시 말해, 국민 생활 안전관리는 계층별 특성에 따

[그림 9-1] 대표적 취약계층인 노인과 아동

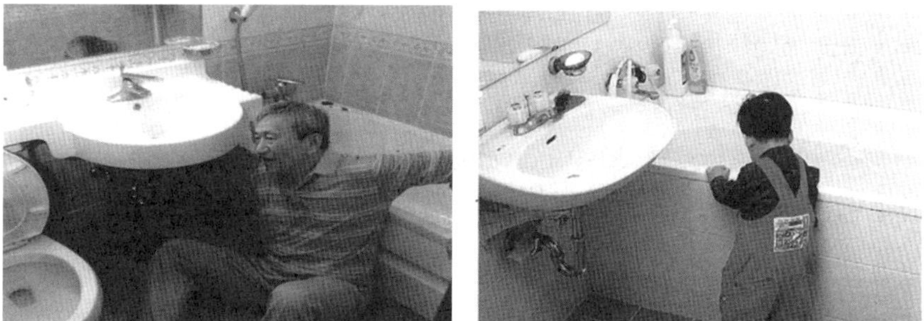

라 위해의 수용 기준이 달라질 수 있으므로 계층별 안전관리 체계가 분리되어 적용되어야 한다.

2 취약성의 정의와 취약계층의 분류

취약성의 개념 모형을 정리한 전경숙 외(2007)에 따르면 취약성에 대한 개념 모형은 크게 개인 차원의 개념 모형과 다수준 차원의 개념 모형으로 구분할 수 있다. 개인 차원의 개념 모형에는 개인 결정 요인 모형과 개인의 사회자원 모형, 개인 보건 행태 모형, 개인의 사회경제적 지위 모형이 있다.

개인 결정 요인 모형(individual determinant model)은 취약계층을 타고난 특정 인구 집단으로 정의하며, 연령 · 성 인종 · 민족성 · 교육 · 소득 및 생활 변화 등에 초점을 두고 있다. 여기서 성별은 분류 목적에 따라 취약 인구집단으로 고려될 수 있는데, 여성의 경우는 임신 · 육아 등으로 인한 스트레스 또는 가족 간의 갈등으로 인한 정신적 스트레스에서 취약한 상태일 수 있으며, 남성은 짧은 평균 수명, 높은 사망률로 인해 취약계층에 속할 수 있다.

개인 사회자원 모형(individual social resource model)은 연령, 성, 인종 등 인구학적 사회구조적 특성에 따른 물질적, 비물질적 자원에 따라 상대적인 취약성을 가진다는 개념으로 특정한 사회 및 개인 자원의 부족으로 인해 위험이 생긴다는 것으로 이 모형에 따르면 사회 지위(social status), 사회자본(social capital), 인적 자본(human capital)이 취약성에 영향을 미친다. 따라서 개인의 사회자원 모형의 취약계층은 저소득층, 정보 취약계층 등의 형태로 나타날 수 있다.

개인 보건 행태 모형(individual health behavior model)은 취약계층이 건강 증진 행위 실천율이 낮고, 흡연이나 음주 및 약물 중독과 같은 건강에 위험한 행위를 더해 건강 격차를 만든다는 개념 모형이다.

개인 사회경제적 지위 모형(individual socioeconomic status model)은 건강은 개인의 사회경제적 지위에 의해 영향을 받는다는 것으로 낮은 사회

경제 수준의 개인은 건강을 유지 증진하기 위한 자원이 제한적이며, 보건의료 접근성도 낮다는 데 기인한 모형이다.

다음으로 다수준의 개념 모형에는 지역사회 사회자원 모형, 지역사회 환경 노출 모형, 개인 및 지역사회 상호작용 모형, 포괄적 접근 모형이 있다.

지역사회 사회자원 모형(community social resource model)은 취약성이 단순히 개인의 불행, 의지 문제가 아니며, 취약성에 기여하는 사회적 요인을 제시한다.

지역사회 환경 노출 모형(community environmental exposure model)은 취약성을 생산하는 지역사회의 영향 요인으로 건강에 위해한 환경에의 노출이 잠재적인 역할을 한다는 것이다. 즉 사회경제 수준이 낮은 지역은 주거환경이 좋지 않고 인구밀집 지역의 경우 대기오염 등 고위험 환경에 노출된다.

개인 및 지역사회 상호작용 모형(individual and community interaction model)은 개인 및 지역사회 수준의 위험 요인을 포함하는 포괄적 모형으로, 개인 수준의 자원은 사회 위치, 사회자본, 인적 자본 및 건강 요구이며 지역사회 수준의 자원은 응집력, 이웃의 특성, 지역사회 건강 요구다.

마지막으로 포괄적 접근 모형(convergence approach model)은 개인, 사회, 지역사회의 위험과 보건의료 접근성이 복합적으로 관련하여 '취약성'을 만들어 낸다는 개념이다(Shi & Stevens, 2005).

취약계층에 대한 규정은 여러 법률에서 다루어지고 있다. 소비자기본법이나 노인복지법, 아동복지법, 장애인복지법 등에 의하면 취약계층을 노인, 아동, 장애인으로 보고 있다. 소비자기본법에서는 취약계층의 보호를 위해 동법 제7장 소비자 안전 제45조에서 국가 및 지방자치단체는 아동·노약자 및 장애인 등 안전 취약계층에 대해 우선적으로 보호 시책을 강구해야 하며(제1항), 사업자는 어린이·노약자 및 장애인 등 안전 취약계층에 대해 물품 등을 판매·광고 또는 제공하는 경우에는 그 취약계층에게 위해가 발생하지 아니하도록 법에서 명시한 사업자의 책무에 따른 조치와 더불어 필요한 예방 조치를 취하도록 규정하고 있다. 이 법에서는 안전 취약계층으로 어린이·노약자 및 장애인을 포함하고 있다.

또한 교통요금 감면 대상으로서 사회 취약계층을 노인, 장애인, 보훈 대상(상이군경, 독립유공자, 공상 공무원, 반공 귀순자 등)으로 규정하고 있으며, 이는 관련 법률인 노인복지법(제26조: 경로우대, 제19조: 경로우대시설의 종류 등), 장애인복지법(제27조: 경제적 부담의 경감, 제13조 감면 대상 시설의 종류 등), 국가유공자 등 예우 및 지원에 관한 법률(제66조: 수송시설의 이용 보호), 독립유공자 예우에 관한 법률(제22조: 수송시설의 이용 보호), 철도법(제7조의 2: 운임 및 요금의 감면 등), 유료도로법(제8조: 통행료 지원의 대상 등)에 준한 것이다(고경환, 2005). 경제적 취약자는 국민기초생활보장 수급자 또는 그 가족, 국민기초생활보장법상 차상위 계층 또는 가족 등이며, 신체적 취약자는 장애인복지법에 의거한 장애인과 국가유공자 예우 및 지원에 관한 법률에 따른 장애인 등으로 규정하고 있다.

많은 신문 기사를 통해 취약계층에 대한 접근을 살펴보면 주제에 따라 다소 접근에 차이가 있는 것을 알 수 있다. 접근의 차이는 대상을 명명하는데 일정한 차이가 있으나 대상을 종합적으로 살펴보면 일정 집단으로 수렴하는 경향이 있다. 신문 기사에서 나타난 취약계층에 대한 접근은 다음과 같다.

첫째, 전반적인 취약계층에 대한 접근에서는 취약계층을 노인(노인, 어르신 등으로 명명), 장애인, 아동(영유아 포함), 저소득층으로 구분하고 있으며, 여기서 저소득층은 경제적 취약계층으로 구분하기도 한다.

둘째, 정보 취약계층으로는 정보소외자, 저학력자, 노인, 아동 등으로 구분하고 있다.

셋째, 보건 취약계층은 저소득층, 노인, 장애인, 저소득 임산부 및 영유아, 소외된 지역 주민 등으로 구분한다.

넷째, 정신 취약계층은 우울증, 조울증 환자가 대표적이다.

다섯째, 문화 소외계층은 소외된 지역 주민으로 대부분 농어촌이 여기 해당된다.

이상과 같이 취약계층에 대한 다양한 정의를 검토한 결과를 정리하면 <표 9-1>과 같다.

이를 종합해 보면 취약계층은 크게 신체적 취약계층과 경제적 취약계층,

〈표 9-1〉 취약계층에 대한 다양한 정의

<table>
<tr><th>구분</th><th colspan="3">접근</th></tr>
<tr><td>법 · 제도적</td><td colspan="3">*관련 법률-노인, 아동, 장애인
*교통요금 감면-노인, 장애인, 보훈 대상
*경제적 취약자-국민기초생활보장 수급자 또는 그 가족, 국민기초생활보장법상 차상위 계층 또는 가족 등
*신체적 취약자-장애인복지법에 의거한 장애인과 국가유공자 예우 및 지원에 관한 법률에 따른 장애인</td></tr>
<tr><td>사회적</td><td colspan="3">*전반적 취약계층-노인(노인, 어르신 등으로 명명), 장애인, 아동(영유아 포함), 저소득층(경제적 취약계층)
*보험 취약계층-재래시장 상인, 고위험 직종 종사자, 장애인과 저소득
*취업 취약계층-비정규직 종사자, 장애인, 실업자, 비진학 청소년, 외국인 이주 노동자, 하청 노동자, 농어민
*정보 취약계층-정보소외자, 저학력자, 노인, 아동 등
*보건 취약계층-저소득층, 노인, 장애인, 저소득 임산부 · 영아
*정신 취약계층-우울증
*문화 취약계층-소외지역(대부분 농어촌 주민)</td></tr>
<tr><td>학문적</td><td colspan="3">*이인숙(2004)-경제적 취약계층과 연령적 취약계층
*이경용 외 7(2007)-산재취약계층으로 비정규직 종사자(특히, 용역근로, 파견근로, 호출근로 등)</td></tr>
<tr><td rowspan="3">종합</td><td>신체적 취약계층</td><td>보건 취약계층, 정신 취약계층</td><td>저소득층, 노인, 장애인, 저소득 임산부 · 영아, 우울증 환자, 빈곤가족, 한부모가족, 장애인가족</td></tr>
<tr><td>경제적 취약계층</td><td>저소득층(=경제적 취약계층), 보험 취약계층, 취업 취약계층,</td><td>비정규직 종사자, 장애인, 실업자, 비진학 청소년, 외국인 이주 노동자, 하청 노동자, 농어민, 재래시장 상인, 고위험 직종 종사자, 장애인과 저소득</td></tr>
<tr><td>정보적 취약계층</td><td>문화 취약계층, 정보 취약계층</td><td>소외지역(대부분 농어촌 주민), 정보소외자, 저학력자, 노인, 아동 등</td></tr>
</table>

출처: 유현정(2008).

정신적 취약계층으로 나눌 수 있으며, 이에 따른 세부 분류는 접근하고자 하는 방식에 따라 다양하게 나타날 수 있다. 그러나 각각의 취약계층에 속하는 세부 집단을 살펴보면 특수한 경우를 제외하고는 신체적 취약계층이 곧 경제적 취약계층이자, 정보 취약계층임을 알 수 있다.

대부분 저소득층, 노인, 장애인이 이 모든 계층에 속하고 있어 취약성의 접근 방식이 다양하다 하더라도 한 집단으로 집결되는 모습을 보인다. 따라서 국민 안전권 도입과 관련해서도 취약계층은 아동, 노인, 장애인, 저소득층으로 정의하는 것이 바람직하며, 이들 집단에 대한 정책적·제도적 배려가 필요하다.

제 2 절 아동 안전관리 체계

1 아동 안전관리의 필요성과 위험 실태

1) 아동의 정의 및 안전관리의 필요성

산업사회의 도래 이후 도시화와 핵가족화, 출산율 저하로 가족구성원 중 아동의 지위가 상승하고 있다. 우리나라의 경우 아동에 대한 소비자 교육이 체계적으로 이루어지지 못하고 있는 실정이어서 안전사고에 대한 심각성이나 안전사고에 대한 대처 능력이나 판단 능력이 미숙한 아동이 안전사고에 직면했을 때 올바른 대처 능력을 기대하기 어렵다. 이러한 상황에서 발생한 아동 안전사고는 경미한 상해로 종결될 수도 있지만 자칫하면 후천적 장애나 생명을 위협하는 수준에 이르기까지 한다. 최근 언론에 보도된 컵 젤리를 먹다 기도가 막혀 뇌손상을 입은 사건이나 폭죽 안전사고만 보아도 알 수 있다. 이러한 아동의 자유재량 소비액의 증가와 안전하지 못한 소비환경은 아동으로 하여금 신체적·정신적으로 큰 안전문제를 야기할 수 있으므로 아동의 소비생활과 관련된 안전관리를 제고하기 위한 노력을 기울일 필요가 있다.

넓은 의미의 아동기라고 하면 유아기를 포함하는 것으로 대략 출생에서부터 12~14세, 즉 청소년기에 들어서기 전까지를 의미한다. 좁은 의미의 아동기는 6~7세에서 12~14세 시기로 유아기를 지난 다음 단계로서, 이 시기는 초등학교 재학 시기와 거의 일치한다. 또 아동기를 아동 전기와 아동 후기로

[그림 9-2] 아동기의 구분

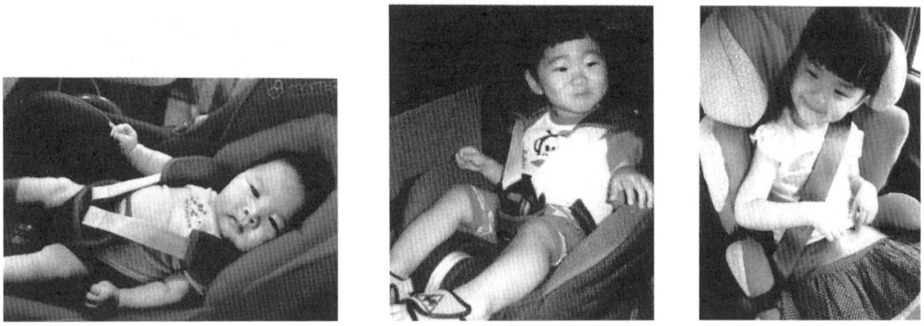

영아(생후 1년) (체중 9kg 미만) | 유아(생후 1~년) 체중 9~18kg | 어린이(4~13세) 체중 18~36kg

나누기도 하는데, 아동 전기는 만 2세 말에서 만 5세까지로 취학 전기 또는 학령 전기이며, 아동 후기는 만 6~12세의 학령기다. 따라서 아동이란 만 2세에서 12세로 규정할 수 있으며, 이는 유아기를 포함하는 개념이다.

2009년도 우리나라 14세 이하 아동의 안전사고 사망자 수는 총 440명으로 아동 10만 명당 안전사고 사망자 수는 5.4명이며 2003년도 10.57에 비하면 6년 사이에 현격히 감소했다(통계청, 2011). 하지만 국제보건기구(WHO)에 보고된 OECD 회원국 사망 자료에 따르면 2005년도 우리나라 어린이 사고 사망률은 OECD 국가 중 미국과 멕시코에 이어 3위를 차지할 정도로 높은 수준이다.

한국소비자원 소비자 위해감시 시스템(CISS)에 접수된 10세 미만의 위해 정보 건수는 2007년 4,576건에서 2008년 8,306건으로 크게 상승했으며, 2009년에는 10,090건으로 증가했다. 위해 발생 연령대별 순위에서도 10세 미만 아동이 2008년부터 1위를 차지하고 있어 소비자 위해 발생에서 가장 주목해야 하는 연령 대상이다.

2) 아동의 생활위험 실태

14세 이하 아동의 안전사고 사망 원인을 보면 교통사고가 가장 많으며, 그 다음은 익사와 추락, 질식, 중독 순이다.

〈표 9-2〉 아동 안전사고 사망자 유형별 현황(14세 이하 아동)

(단위: 명)

구분	계	교통사고	익사	추락	질식	중독	기타
2005년	756	337	156	67	19	4	170
2006년	645	318	78	58	42	5	143
2007년	538	259	78	58	7	4	132
2008년	508	214	78	50	19	2	145
2009년	440	201	62	39	10	5	123

출처: 통계청(2011), 사망 원인 통계.

〈표 9-3〉 아동 안전사고의 주요 발생 장소 (단위: 건, %)

구분	가정	공공행정 및 서비스지역	공원 및 놀이시설	교육 및 교육시설	도로	운동 및 여가활동 지역	기타	미상 (불명)	계
건수	5,576	683	820	617	378	271	79	999	9,421
비율	59.2	7.2	8.7	6.5	4.0	2.9	0.9	10.6	100

출처: 한국소비자원(2009), 2008년 어린이 안전사고 유형별 실태조사.

[그림 9-3] 아동 안전사고 원인 품목 현황

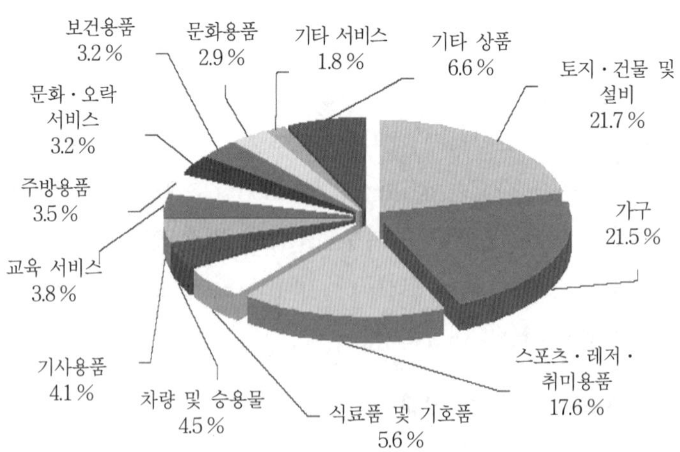

출처: 한국소비자원(2009), 2008년 어린이 안전사고 유형별 실태조사.

〈표 9-4〉 연령별 사고 원인 품목 현황

(단위: 건)

위해 원인	1세 미만	1~3세	4~6세	7~14세	계
추락/넘어짐/미끄러짐	321(9.1)	1,575(44.8)	771(21.9)	846(24.1)	3,513(100)
충돌	164(6.3)	1,307(50.2)	571(21.9)	563(21.6)	2,605(100)
눌려 부숴짐	49(6.8)	335(46.2)	194(26.8)	147(20.3)	725(100)
삼킴/흡인	90(14.6)	346(56.0)	137(22.2)	45(7.3)	618(100)
날카로운 물체에 베임/찢어짐	35(6.2)	21.5(37.9)	11.6(20.5)	201(35.4)	567(100)
찔림	20(7.0)	129(44.9)	60(20.9)	78(27.2)	287(100)
고온 영향	48(23.6)	115(56.7)	19(9.4)	21(10.3)	203(100)
과도한 동작	17(11.2)	52(34.2)	20(13.2)	63(41.4)	152(100)
이물질 혼입/섭취	14(11.8)	31(26.1)	39(32.8)	35(29.4)	119(100)
부패/변질	8(8.3)	25(26.0)	19(19.8)	44(45.8)	96(100)
오용/남용	8(11.6)	50(72.5)	3(4.3)	8(11.6)	69(100)
약물 부작용	7(21.9)	11(34.4)	10(31.3)	4(12.5)	32(100)
기타	68(15.6)	116(26.7)	66(15.2)	185(42.5)	435(100)
계	849(15.6)	4,307(26.7)	2,025(15.2)	2,240(42.5)	9,421(100)

출처: 한국소비자원(2009), 2008년 어린이 안전사고 유형별 실태조사.

또 한국소비자원의 소비자 위해감시 시스템에 접수된 14세 이하 어린이 관련 위해 발생 건수는 2009년 한 해 11,427건으로 전년 대비 21.3%나 증가할 정도로 아직까지 우리 사회가 아동의 안전에 취약한 수준으로 나타났다. 그런데 아동 안전사고로 인한 상해가 가장 많이 일어나는 장소는 아동이 가장 많은 시간을 보내는 가정(63.3%)에서 발생했는데 이는 전년도의 59.%에 비해 상승한 수치다.

각 소비생활 영역별로 아동의 주요 위해 발생 사례를 살펴보면 다음과 같다. 최근 가정 내에 설치되어 있는 드럼 세탁기에 아동이 갇혀 질식사하는 사고가 연속으로 발생하고 있어 가정 내에서도 보호자의 주의가 필요하다. 아동의 가정 내 위해는 주로 방이나 침실, 거실, 계단에서 발생한다. 특히 남자 아동이 여자 아동보다 안전사고 발생이 더 높은 것으로 보고되고 있다. 예로 드럼 세탁기, 서랍 등 밀폐 공간에서 사고를 당하거나 커튼이나 블라인드 줄에 목이 감기는 사고, 그리고 화장실 욕조물에 사고를 당하기도 하는 등 일반적인 사람들에게 발생되지 않는 특별한 경우가 있으므로 각별한 주의가 필요하다. 이 밖에도 가정 내 아동의 안전사고는 책상이나 테이블에 신체 부위가 찢어지는 사고, 화장품이나 의약품, 화학제품(세제 등)을 먹거나 흡입하는 중독사고도 많이 발생한다. 특히 아동의 중독사고는 가정용 화학제품에서 가장 많이 발생되므로 아동 보호 포장 등을 활용하는 것도 예방이 된다.

아동이 좋아하는 과자류 및 음료 섭취에서 시중에 판매되는 과자의 1회 제공량(30g 기준)에는 포화지방이 최저 1.8g에서 최대 9.9g까지 트랜스 지방이 최저 0.03g에서 최대 0.57g까지 함유되어 있는 것으로 나타났다. 사탕 등 일부 아동 기호식품에서 아동에게 과잉행동(hyperactivity)을 유발할 수 있는 타르 색소를 다수 사용하고 있는 것으로 나타나 기호식품 섭취 시에도 주의가 필요하다. 또 초콜릿이나 커피가 들어간 과자, 빵류나 유제품, 탄산음료에 카페인이 광범위하게 함유되어 있는 것도 문제로 지적된다.

자전거나 인라인스케이트 등은 아동과 청소년이 즐겨 타는 놀이기구다. 이러한 바퀴 달린 놀이기구는 속도감을 즐기는 운동이므로 사용 시 반드시 안전모 등 안전장구 착용이 필수적이다. 2008년 한국소비자원이 서울과 경기지역 공공체육시설에서 인라인스케이트 이용자를 대상으로 안전모 착용 실태를 조사한 결과를 보면 이용자 320명 중 31%인 100여 명만이 안전모를 착용하고 있는 것으로 보아 아동과 청소년 자신뿐만 아니라 보호자의 '안전불감증'도 안전사고의 주요 원인으로 보인다. 또 이들은 이러한 놀이기구를 타면서 MP3 플레이어를 귀에 꽂고 음악을 듣는 경우가 있어 주의력 저하 및 주변 상황 인식력 저하도 우려되어 사고 위험이 높다.

유모차는 영유아의 이동에 필수적인 아동용품이다. 소비자위해 감시시스템에 보고된 유모차 관련 위해 발생 건수는 2007년 66건, 2008년 90건, 2009년 114건으로 해마다 증가하고 있다. 특히 1세 미만 아동의 위해사고가 전체의 절반 이상을 차지한다. 위해 발생 신체 부위는 머리와 얼굴에 집중되고 있으며, 주로 추락, 넘어짐, 미끄러짐으로 인해 발생된다. 또 미국 CPSC에서 접이식 유모차에 유아의 손가락 끝이 잘리는 안전사고가 연달아 발생해 대대적인 리콜을 하는 사례도 있었다.

또 아동들의 장난감이나 의류와 관련된 위해 사례를 보면 주로 장난감이나 옷에 부착된 단추, 자석 등 부착물을 삼키거나, 장난감의 뾰족한 부분에

〈표 9-5〉 우리집 아동 안전 점검 체크리스트

내용	예	아니오
1. 뾰족한 가구 모서리에 보호대가 설치되어 있다.		
2. 침대 주변에 폭신한 매트를 깔아두었다.		
3. 창문에는 안전망과 난간이 있다.		
4. 현관문에 도어 체크(문이 서서히 닫히는 장치)가 있다.		
5. 가스레인지 주변에 커튼, 종이 등 불이 날 수 있는 것이 없다.		
6. 가스 누설 탐지기를 설치하고 매달 점검한다.		
7. 세척제나 표백제는 본래의 용기에 담아서 안전한 곳에 둔다.		
8. 술, 화장품, 약은 어린이의 손이 닿지 않는 곳에 둔다.		
9. 욕실 바닥은 물기를 없애고 미끄럼 방지 매트를 깔아둔다.		
10. 욕실 욕조에는 물을 받아두지 않는다.		
11. 잘 보이는 곳에 가정용 소화기를 비치하고 사용법을 숙지한다.		
12. 화재 대피계획이 세워져 있으며 가족들이 잘 숙지하고 있다.		
13. 모든 계단과 현관에는 밝은 조명이 설치되어 있다.		
14. 계탄 주변에는 물건을 치워둔다.		
15. 창문과 베란다에 추락 사고를 방지할 수 있는 장치가 있다.		
16. 어린이의 손이 쉽게 닿는 곳에 비닐봉지를 두지 않는다.		
17. 콘센트에는 안전덮개가 있다.		
18. 라이터와 성냥은 어린이의 손이 닿지 않는 곳에 둔다.		
19. 칼이나 가위는 어린이의 손이 닿지 않는 곳에 둔다.		
20. 전열기구를 사용한 후에는 플러그를 콘센트에서 빼놓는다.		

신체 부위가 찔리는 사고가 많이 발생한다. 유아용 침대의 경우도 유사한 안전사고가 많이 발생되며 침대에서 떨어지는 사고나 유아용 매트리스에 질식하는 사고도 종종 보고되고 있다.

한편 대형 유통기관인 대형 마트, 백화점 등에서 아동 안전사고가 매년 증가하는 추세인데 0~6세 영유아가 전체의 48.8%나 되는 것으로 나타났다(한국소비자원 소비자위해 감시 시스템). 이러한 대형 유통 기관 내 아동 안전사고는 쇼핑 카트와 에스컬레이터에서 많이 발생하는 것으로 보고되고 있다.

교육시설에서의 아동의 안전사고도 매년 증가하는 것으로 나타났는데 최근 5년간 한국소비자원 소비자위해 감시 시스템에 접수된 교육시설 위해 사례는 950건으로 이 중 학교가 482건, 어린이집이 237건, 유치원이 136건, 학원이 95건으로 학교 안전사고에 대한 보고가 가장 많았다. 교육시설의 안전사고는 학교와 학원에서는 계단 및 출입문에서, 아동집과 유치원은 가구류에서 많이 발생되었다고 보고되었다. 또 아동・청소년들이 안전사고를 경험하는 시간대는 오후 1~7시가 가장 많은 것으로 나타나 등하교 시간과 방과 후 활동 시간에 아동 안전사고가 집중되는 것으로 보고되었다.

2 아동의 안전관리 제도

1) 우리나라 아동의 안전관리 법・행정 체계

아동 안전관리 관련 법률에는 크게 아동의 보건과 안전에 관한 법률과 소비자의 안전관리 관련 법률 내 아동 관련 규정으로 구분할 수 있다. 아동의 보건과 안전에 대한 법률은 통일된 하나의 법률에서 다루어지는 것이 아니라 매우 광범위한 영역의 아동 관련 법률에서 전염병 및 질병으로부터의 보호, 영양 상태, 신체검사, 건강 상담, 보건위생에 관한 교육 및 지도 등의 내용으로 다루어지고 있다. 아동의 보건과 안전에 관한 법률을 소관하는 관련 부처로는 보건복지부와 여성가족부, 교육인적자원부 등이 있으며, 보건복지부는 저출산 고령사회 정책본부에 아동복지팀 외 3개의 관련 부서

〈표 9-6〉 아동 관련 부처별 관계 법령

법	조/항	내용	관련 부서
아동 복지법	제1조 제4조 1항 제9조 1항 제9조 2항 제9조 3항	아동의 건강권과 안전권에 대한 국가의 보장 아동의 건강과 복지 증진에 대한 국가와 지방자치단체의 책임 아동의 건강 및 안전에 대한 아동의 보호자의 책임 아동복지시설과 아동용품과 아동시설에 대한 안전에의 책임과 의무 아동 관련 시설장의 교통안전, 약물 오남용 예방, 재난 대비 안전 및 성폭력 예방교육에 대한 책임과 의무	보건복지부 아동복지팀
모부자 복지법	제1조 제2조 1항 제2조 2항	모·부자가정의 건강권과 생활권에 대한 기여 모·부자가정의 복지를 증진에 대한 국가의 책임 모·부자가정의 복지 증진에 협력에 대한 국민의 책임	여성가족부 가족지원팀
	제3조 제4조 2항	모성과 영유아의 건강을 유지·증진을 위한 국가 및 지방자치단체의 책임 영유아의 건강의 유지·증진을 위한 보호자의 책임	보건복지부 출산지원팀
영유아 보호법	제1조 제3조 2항 제4조 1항 제4조 2항 제4조 3항 제5장	영유아의 건강과 교육, 가정복지 증진에 대한 기여 안전하고 쾌적한 환경의 영유아 보육환경 영유아의 건전한 보육에 대한 국민의 책임 영유아의 건전한 보육에 대한 국가 및 보호자의 책임 시장·군수·구청장의 영유아 보육시설을 확보에 대한 책임 건강·영양 및 안전에 대한 의무	여성가족부 보육정책팀
정신 보건법	제2조 4항	미성년의 정신질환자에 대한 특별 보호 및 치료 보장	보건복지부 정신건강팀
전염병 예방법	제10조 2항	아동의 보호자 또는 후견인의 예방접종 의무 규정	보건복지부 질병정책팀
유아 교육법	제3조 제4조 제7조	국가와 지방자치단체의 유아 보건의료에 관한 시책 유아교육기관의 건강검진과 치료 조치 규정 원아 보건관리를 위한 의사 위촉	교육인적자원부 유아교육지원과
영유아 보육법	제3조	영유아의 건전한 보육에 대한 국가와 지방자치단체의 책임	여성가족부 보육정책팀
학교 보건법	제4조 제9조 제15조	학교장의 환경위생 및 식품위생에 관한 의무 학교장의 학생 영영관리 및 질병 치료와 예방에 관한 지도 학교 학생의 보건관리를 위한 학교 의사와 양호교사 배치	교육인적자원부 학교체육 보건급식과
학교 급식법	제3조 2항	학교 급식의 영양 상태와 위생 안전에 관한 조치 교육감과 학교장의 학교 급식과 식품 위생의 안전 점검	교육인적자원부 학교체육 보건급식과
소비자 기본법		위해제품의 단속 안전검사	공정거래위원회
품질경영 및 공산품안전 관리법		위해제품의 단속 안전검사 안전검사를 받지 않은 제품에 대한 파기·수거명령 총기류 및 불꽃류 안전	지식경제부

를 두고 아동복지법과 모부자보건법을 소관하고 있으며, 아동복지와 건강 위해에 관련된 제반 정책과 관련 사항들을 다루고 있다. 또한 보건의료정책본부에 건강정책관을 두고 그 아래 부서로 정신건강팀과 질병정책팀을 두어 정신보건법과 전염병예방법을 소관하도록 하고 있으며, 정신건강팀에서는 미성년자들의 정신건강 및 질환에 대한 보호 조치를 내리고 보호자 또는 후견인의 예방접종 의무 규정을 두고 있다.

여성가족부에는 보육정책국과 가족정책국을 두고 있으며, 보육정책국의 보육정책팀에서는 영유아보호법과 영유아보육법을 소관하고 있으며, 보육정책조정위원회와 보육정책위원회를 운영하고 있고, 영유아 보육에 관련된 법령과 정책 등 제반 사항을 다룬다. 또한 가족정책국의 가족지원팀에서는 모부자복지법을 소관하고 있으며, 가족정책을 협의·조정하고, 가족 관련 법령을 관리·운영하는 등 건강가정을 지원하기 위한 제반 사항을 다룬다.

교육인적자원부에서는 학교정책실장 아래 지방교육지원관을 두고, 그 아래 유아교육지원과와 학교체육보건급식과를 두어 유아교육법과 학교보건법, 학교급식법을 소관하도록 하고 있다. 이처럼 아동의 보건과 안전에 관련된 조항이 매우 다양한 법률 규정에 흩어져 있는 실정이다(<표 9-6> 참조).

주택건설촉진법에 의한 주택 건설 기준에 관한 규칙에 아동 놀이시설 4종에 대한 시설 기준을 제시하고 있으나, 구체적으로 명시되어 있지 않으며, 아동의 안전과 직접적으로 관련된 내용을 다루고 있지 않다. 반면 놀이용품에 대해서는 법적 규제나 안전 기준이 어느 정도 정비되어 있기는 하지만, 각 개별법에 근거하여 해당 정부 부처에서 안전 기준을 정하고 있으며, 그 기준 또한 놀이용품과 관련된 제품의 품질 향상과 관련 품질 규격 기준의 일부로서 다루어지고 있다. 그리고 소비재와 관련된 안전 관련 법률은 아동만을 대상으로 하고 있지 않으며 전반적인 소비자 관련 법률인 '소비자기본법'과 '품질경영 및 공산품안전관리법'에서 통합적으로 다룬다. 이들 법률에서는 모든 소비제품에 대한 위해제품의 단속, 안전검사, 안전검사를 받지 않은 제품에 대한 파기·수거명령, 총기류 및 불꽃류 안전 등에 관한 규정을 포함한다.

2) 우리나라 아동용품 및 아동시설의 안전관리

아동의 생활 안전에 관련하여 가장 중요한 법률은 아동복지법이다. 아동복지법의 목적에 아동이 안전하게 성장하는 것을 명시하고 있으며 또 같은 법에서 아동의 보호자는 아동을 안전하게 양육할 책임이 있고 모든 국민은 아동의 권익과 안전을 존중할 책임(제2조)에 명시하고 있다. 그리고 같은 법 제9조에서는 국가는 대통령령이 정하는 바에 따라 아동복지시설과 아동용품에 대한 안전 기준을 정하고 아동용품을 제작·설치·관리하는 자에게 이를 준수하도록 해야 하고(제2항), 아동복지시설, 영유아보육시설, 유치원, 초·중·고등학교의 장은 대통령령이 정하는 바에 따라 교통안전, 실종·유괴의 예방과 방지, 약물 오남용 예방, 재난 대비 안전 및 성폭력 예방교육을 실시해야 한다(제3항)고 규정하고 있다.

이와 관련하여 같은 법 시행령에서는 아동정책조정위원회의 심의 안건에 대한 사전심사 및 관계 부처 의견을 조정하기 위한 기구인 아동정책실무위원회를 둘 수 있으며 아동안전 분과를 둘 수 있도록 하고 있다(같은 법 시행령 제1조 7). 더불어 같은 법 시행령 제3조에서는 아동복지시설과 아동용품의 안전 기준을 정하고 있으며, 구체적인 안전 기준은 <표 9-7>과 같다.

한편 아동복지시설의 장 및 영유아보육시설의 장은 교육 대상 아동의 연령을 고려하여 교육 기준에 따라 매년 교통 안전, 실종·유괴의 예방과 방지, 약물의 오남용 예방, 재난 대비 안전 및 성폭력 예방교육에 관한 교육계획을 수립하여 교육을 실시해야 하고, 이 교육계획 및 교육 실시 결과를 관할 시장·군수·구청장(자치구의 구청장을 말한다)에게 매년 1회 보고해야 한다(같은 법 시행령 제4조).

한국청소년정책연구원(2009)에서는 자전거 등 스포츠 레저용품에 대한 안전 기준의 강화, 통학환경 개선 방안, 거주 지역별 안전정책 마련, 청소년 이용이 많은 여가 및 놀이시설 안전 강화, 문구점 등 안전사고 다발 물품에 대한 지속적인 관리, 아동·청소년의 일몰 후 안전 방안 등을 주요한 안전관리 대책으로 제시하고 있다. 구체적으로 스포츠 레저용품의 야광장구를

〈표 9-7〉 아동복지시설의 안전 기준

1. 주요 시설물은 피난 및 연소 방지시설을 갖추어야 한다.
2. 상병자에 대한 응급 조치를 할 수 있는 비상약품, 구호설비 · 기구 등을 갖추어야 한다.
3. 위험한 장소에는 위험표지물 등 안내문을 설치해야 한다.
4. 안전사고, 응급환자 발생 등에 대비하여 긴급 수송 대책을 마련해야 한다.
5. 비상시의 대피 경로를 잘 볼 수 있는 장소에 안내문을 게시해야 한다.
6. 아동복지시설의 종사자에 대해 정기적으로 안전교육을 실시해야 한다.
7. 사고 발생 후에는 사고 발생 요인을 분석하여 이에 대한 시정 조치계획 등 재발 방지 대책을 마련해야 한다.

출처: 아동복지법 시행령 제3조.

〈표 9-8〉 아동용품의 안전 기준

구분	안전 기준
아동을 위한 제품	1. 제품의 성분 · 함량 · 구조 등에 대한 정보를 제공해야 한다. 2. 제품 사용이 적당한 연령을 표시해야 하며 연령에 따른 주의 사항을 명기해야 한다. 3. 제품의 사용 방법 및 안전사고와 관련된 정보를 제공해야 한다. 4. 기타 위해 방지를 위해 필요한 사항을 표시해야 한다.
아동이 이용하는 놀이 시설물	1. 놀이시설물의 어떠한 부분에도 아동의 살을 베거나 찌를 수 있는 날카로운 부분, 모서리, 뾰족한 부분이 없도록 해야 한다. 2. 놀이시설물의 돌출 부분인 볼트와 너트는 위로 튀어나오지 아니하도록 해야 하며, 볼트와 너트가 위를 향하고 있는 때는 그 높이가 3.2밀리미터를 넘지 아니하도록 해야 한다. 3. 아동이 추락할 가능성이 있는 놀이시설물 아래와 주변의 공간(안전지대)은 충격을 흡수할 수 있도록 해야 하며, 아동이 걸려 넘어지거나 부딪칠 수 있는 방해물이 없도록 해야 한다. 4. 움직이는 부분들이 서로 맞물리는 놀이시설물의 경우 아동의 신체 일부분이 끼지 아니하도록 그 맞물림의 형태 및 그 힘을 점검해야 한다. 5. 놀이시설물에 구멍이나 틈이 있는 경우 주의깊게 디자인하여 아동의 몸이 빠지거나 끼는 사고가 없도록 해야 한다. 6. 놀이시설물 사이에 연결되거나 바닥과 놀이시설물에 45° 이내로 연결된 줄은 아동이 많이 다니는 곳에 설치하지 말아야 한다. 7. 놀이시설물은 안전하게 설치해야 하며, 제조업자의 취급설명서에 따라 설치해야 한다. 8. 안전사고 예방을 위해 관리인은 각 놀이시설물에 대한 적절한 점검 일정을 세우고 이를 지켜야 하며, 안전관리를 위해 취한 모든 행위는 기록으로 보관해야 한다.

출처: 아동복지법 시행령 제3조.

제조 단계에서부터 의무화하고, 제조 및 수입 스프츠 레저용품의 안전 기준을 강화하도록 할 필요가 있으며, 스포츠 레저용품의 판매 시 안전모와 보호장구를 세트로 판매하도록 하는 방안이 필요하다. 그리고 시설안전 기준의 제도적 장치가 비교적 잘 구비되어 있는 학교와 달리 학원시설 및 학원 운행 차량의 안전관리에 대한 규정은 '학원의 설립 운영 및 과외교습에 관한 법률' 등의 관련 법에서 신설될 필요가 있다. 특히 도시 내 상업지역의 저소득 맞벌이 자녀의 유해환경 접촉도가 높을 가능성이 제기되므로 이들이 유해환경 노출 빈도를 감소시키는 방안도 함께 강구되어야 할 것이다.

3) 외국의 아동안전 정책

교통 안전, 익사, 추락, 화상 화재, 중독 측면에서 OECD 회원국의 아동안전 관련 기준과 법률의 내용을 비교해 보자(<표 9-9> 참조). 승차 중 아동용 안전벨트, 도시지역 속도 제한 등 교통안전 관련 기준과 법률은 모든 OECD 회원국에 제정되어 있다. 그리고 아동보호 장구를 착용하는 법률은 터키를 제외한 OECD 회원국 모두 제정되어 있다. 그런데 자전거 탈 때 착용하는 자전거 헬멧과 경작 트랙터 아동 탑승 금지 등에 관한 법률이나 기준이 제정되어 있는 국가는 각각 8개와 21개국이다.

익사와 관련하여 주거용 수영장 장벽용 울타리 설치에 관한 법률이나 기준이 마련되어 있는 국가는 프랑스, 아이슬란드, 노르웨이 등 8개 국가로 우리나라에는 마련되어 있지 않다. 또 추락과 관련하여 놀이터 안전 기준이 적용되지 않는 국가는 헝가리, 에스토니아, 아일랜드, 스위스, 호주, 뉴질랜드, 터키 등이다.

화상이나 화재와 관련해서, 가정용 연기탐지기 관련 법률이나 기준이 있는 나라는 아일랜드, 네덜란드, 노르웨이, 폴란드, 스웨덴, 영국, 호주, 캐나다, 일본, 미국 등이다. 불꽃놀이 제품의 아동에 대한 판매 금지 관련 기준이나 법률이 마련되어 있는 나라는 오스트리아, 벨기에, 체코공화국, 덴마크, 프랑스, 독일, 그리스, 아이슬란드, 에스토니아, 이탈리아, 네덜란드, 포르투갈, 폴란드, 스위스 영국 등이다. 우리나라는 화상이나 화재 관련 기준이나 법률이 제대로 마련되어 있지 않다.

〈표 9-9〉 OECD 회원국의 아동 안전 관련 기준과 법률 비교표

국가	교통안전					익사	추락	화상·화재		중독	
	자전거 헬멧	승차 중 아동 보호 장구 착용	아동용 안전벨트	도시지역 속도 제한	경작트랙터 아동 탑승 금지	주거용 수영장 장벽용 울타리 설치	놀이터 안전 기준 적용	가정용 연기탐지기	불꽃놀이 제품아동 판매 금지	화학제품 아동보호용 포장	의약품 아동보호 포장
오스트리아†		■◎ (1994)	■ (1994)	■● (1994)	V		(1995)		(1974)	■◎	(1996)
벨기에★		■◎ (1996)	■◎ (1975)	■● (1992)	■◎		(2001)		(2000)		(1998)
체코공화국★	2000	2000	■● (2000)	■◎	2000		■○ (1999)		2000		1999
덴마크★		■	■	■	■		■○		V		V
프랑스★		■◎ (1992)	■○	■◎ (1972)		2003	■ (1994)				
독일†		■● (1992)	■● (1993)	■● (1952)	V		■ (1999)		V	■● (1976)	1976
그리스★		■○ (1999)	■◎ (1977)	■● (1962)	V		V		V		
헝가리★		■○ (2000)	■● (2000)	■●							
아이슬란드★	■◉ (1999)	■◎ (1990)	■◎ (1981)	■◎ (1988)	■◎	■○ (1993)	■○ (1998)		V		
에스토니아★		2003	2003	2003	2003				2004		
아일랜드★		■○	■◎ (1993)	■●	■◎			■● (1994)			
이탈리아★		■◎ (1998)	■◎ (1989)	■◎			1996		V	■●	1984
룩셈부르크★		■◎	■◎ (2000)	■◎	■◎		■◎				
네덜란드★		■○	■○ (1992)	■◎	V		■● (1997)	2003	1995	■○	1986
노르웨이★		■●	■● (1979)	■◎	■	■ (1997)	■◎ (1996)	■○ (1990)			
포르투갈★		■◎ (1995)	■◎ (1994)	■◎ (1994?)	■○ (1994)		■○ (1998)		V		V
폴란드★		1997	1997	1997	1997			2002	V		
스페인★	■○ (1999)	1992	■● (1974)	■○ (1990)	■	V	■◎				
스웨덴★		■◎ (1988)	■◎ (1988)	■ (1936)	■	■ (1973)	■	■ (1999)		■● (1995)	V

스위스†		■○ (1981)	■○ (1981)	■◎ (1959)	■○ (1976)				1988		
영국★		■◎ (1989)	■◎ (1989)	■● (1934)	■ (1998)		1998	1999	1997	■ (1976)	1994
호주†	△◎ (1990)	△● (1976)	△● (1970)	△●		△○ (1991)		△◎ (1991)		△● (1979)	
뉴질랜드★	■◎ (1993)	■◎ (1994)	■◎ (1994)	■◎ (1962)	■○ (1995)	■◎ (1987)				■○ (1984)	
캐나다†	△○	△◎	△●	●		△	△◎	△◎		■●	
일본★		■◎ (2000)	■● (1985)	■●	■●		△	V			
터키★			■● (1985)	■◎ (1983)	■○ (1983)						
미국†	△◎ (1986)	△◎	△◎	△◎		△○	△◎	△○		■●	■●
대한민국★	■○ (2006) 도로 교통법	■○ (1997) 도로교통법 2006년 처벌조항 신설	■○ (1997) 자동차안 전기준에 관한 규칙	■○ (1999) 도로 교통법			■○ (2005/품질 경영및공산 품안전관리 법 2009어린이 놀이시설안 전관리법)			■● (2005) 품질경영및 공산품안전 관리법	■● (2006) 약사법

★ 단일국가 † 연방국가 V 기준은 있으나 연도를 잘 모름	연도	법률	규제정도
	법규가 처음 시행된 때	■ 전국적으로 적용 △ 지역별로 적용	● 강력하게 적용 ◎ 융통성있게 적용 ○ 약하게 적용

출처: 보건복지부, 2010.5.3 보도 자료(아동 안전사고를 줄여 “아이들이 안전한 나라 만들기”).

중독과 관련하여 화학제품 아동 보호용 포장에 대한 기준이나 법률이 마련되어 있는 국가는 오스트리아, 독일, 아일랜드, 네덜란드, 스웨덴, 영국, 호주, 뉴질랜드, 캐나다, 미국, 대한민국이다. 그리고 화학제품 아동 보호 포장에 대한 기준과 법률이 마련되어 있는 나라는 오스트리아, 벨기에, 체코공화국, 덴마크, 독일, 이탈리아, 네덜란드, 포르투갈, 스페인, 영국, 미국, 대한민국이다. 우리나라는 화상과 화재, 익사 부분에서 아동 안전 관련 기준과 법률이 미비한 것으로 보이며 교통 안전, 추락, 중독 부분에서 아동 안전 관련 기준과 법률이 마련되어 있다.

제 3 절 노인 안전관리 체계

1 노인의 안전관리 필요성

노인의 안전문제는 그들의 신체적, 정신적, 사회적 특징과 관련이 깊다. 노화(老化)에 따른 신체 기능의 변화로 노인 소비자 욕구와 행동 양식을 변화시킨다. 노화 과정에서 발생하는 질병들은 노인 소비자가 필요성을 증가시키고, 노화에 따라 사물을 분석, 추리, 기억, 해결하는 능력이 감퇴한다. 사회적 노화 과정에 의해 노인 소비자들은 '은퇴자', '고령자' 등의 역할을 부여받게 되어 자신의 역할을 재조정하게 된다. 퇴직 등으로 사회 시스템 간의 상호작용이 급격히 감소하여 노인 소비자 자아상과 행동에 변화를 가져올 수 있다. 배우자의 사망은 배우자로서의 역할이 상실되고 남은 사람은 절망과 고독을 느끼게 된다. 현대 산업사회에서 노년기에 나타나는 가장 큰 변화 중의 하나가 노인들의 경제적 빈곤이다. 노인은 풍부한 경험으로 인해 정보 탐색이나 구매에서 경험에 많이 의존한다. 풍부한 내적 정보로 인해 정보 탐색의 필요성을 느끼지 않아 전혀 하지 않거나, 정보 탐색을 하더라도 상대적으로 적은 시간 동안 하게 된다.

UN은 전체 인구 중 65세 이상 인구가 차지하는 비중에 따라 7~14% 미만까지는 '고령화사회(aging society),' 14~20% 미만은 '고령사회(aged society),' 20% 이상은 '초고령사회(supeeraged society)'로 분류하고 있다. 우리나라의 경우 2000년도에 이미 전체 인구에서 65세 이상 인구가 차지하는 비율이 7.2%로 고령화사회가 되었고, 2009년 10.7%였으며 2018년도에 14%를 넘어서 고령사회로 진입할 것으로 예측되고 있다(국가통계포털, http://-www.kosis.kr).

노인은 노화에 따른 신체 기능이 저하되어 건강에 대해 관심 높고, 안전과 보장을 받고자 하는 욕구가 강한 것으로 알려져 있다. 이로 인해 최근 노인을 대상으로 한 건강기능식품의 사기 문제가 날로 늘어나고 있으며, 중국산 수입 한약재와 같이 안전성이 다소 떨어지는 이유 때문에 노인문제가 심각하게 부각되고 있다. 노인의 경우 심신의 노쇠 현상으로 인해 건강에 지대한 관심을 보이고 한방 의학에 기대치가 높아 한약재를 많이 구매한다. 그러나 납・카드늄・비소 등이 허용 기준치를 초과한 중국산 한약재가 매우 많으며 한국산 한약재 역시 수은의 경우는 중국산보다 많다는 연구 결과가 나와 한약재의 안전성에 경종을 울리고 있다.

또한 현대 사회는 외부로 드러난 위험 이외에도 잠재적으로 존재하는 위험이 많다. 혁신품들이 하루가 다르게 시장으로 쏟아져 나오고 있다. 이러한 혁신품의 사용설명서는 전문가가 아니면 이해하기조차 어려울 정도의 전문적인 내용을 포함하고 있다. 혁신품의 경우는 전기나 가스 등의 연료를 사용하는 경우가 많아 사용설명서를 제대로 이해하지 못하는 경우 많은 잠재적 안전사고를 불러일으킬 위험성이 있다.

또 안전사고는 노인 사망의 주요 원인이며, 사고로 인한 자기관리 능력의 변화, 고통, 재원 기간의 연장, 의료비용 증가 그리고 삶의 질 저하는 심각한 사회문제로 인식되고 있다. 노년기 건강에서 노인 안전사고가 심각한 문제로 부각되는 배경은 평균수명의 연장이 큰 역할을 하고 있다. 그리고 노년기의 주요 건강문제인 만성퇴행성 질환과 노인 안전사고에 대비한 건강 증진과 예방적 접근은 노년기의 일상생활 능력의 향상뿐만 아니라 의료비 절감을 위한 비용 효과면에서도 중요하다.

2 노인들의 생활위험 실태

노인들의 가정 내 안전사고 유형을 살펴보면 걸려 넘어짐이 가장 많고, 미끄러짐, 떨어지는 사고가 많았다. 노인의 경우 신체적으로 다른 가족구성원에 비해 취약한 상태에 놓여 있고 제품을 다루는 능력이 미숙하기 때문이다.

송순영(2005)의 분석에 따르면 0대 이상 고령자가 2001~2005년까지 한국소비자원에 접수한 소비자 상담과 피해 사례 건수 가운데 제품 안전이나 시설 안전과 관련된 상담이나 피해 발생 건수는 비노인 계층에 비해 그 비중이 상대적으로 높았다. 또 이들의 소비자 피해 다발 품목을 살펴보면 1순위가 병·의원 서비스, 2위가 이동통신, 3위가 정보 이용 서비스, 4위가 건강식품, 5위가 회원권 순서로 나타나 노인의 안전 관련 소비자 피해가 주요 문제인 것을 알 수 있다.

그런데 노인 소비자를 대상으로 소비생활 주변에서 발생하는 소비자 위해에 관한 인식과 경험을 파악한 연구(백병성, 2005)에 따르면, 조사 대상자의 59.0%가 1년간 안전사고 경험을 1차례 이상 경험한 것으로 나타났다. 또 노인의 위해사고가 가장 많이 발생하는 부문은 도로 등 공공시설물이었으며 또 이 부문에 대해 염려도 가장 많은 것으로 나타났다. 그리고 노인의 안전사고가 많이 발생하는 주택 내 시설물, 예를 들면 욕실, 화장실, 계단 등에 미끄럼 방지시설을 갖추거나 문턱을 없애는 경우는 매우 적었으며, 위해사고에 대한 염려도 발생 순위보다 상대적 낮게 나타나 가정 내 안전에 대한 인식이 다소 낮은 것으로 보인다.

한편 노인 인구의 증가와 함께 노인 의료사고 피해가 해마다 증가하고 있다. 노인 인구의 의료사고 건수의 50%가 수술 과정에서 발생했으며, 이

〈표 9-10〉 노인의 위해사고 발생 및 염려 부문

(단위: 건)

위해사고가 발생한 부문				위해사고가 염려되는 부문			
순위	부문	사례 수	%	순위	부문	사례 수	%
1	도로 등 공공시설물	117	23.1	1	도로 등 공공시설물	168	36.5
2	주택 내 시설물	99	19.5	2	식품·의약품·화장품	145	31.5
3	식품·의약품·화장품	47	9.2	3	주택 내 시설물	81	17.6
4	노인용품	36	7.1	4	노인용품	66	14.3
계		299	100.0	계		460	100.0

출처: 백병성(2005), 취약계층(고령자)의 안전 확보 방안 연구, 한국소비자보호원.

중 81%는 수술 전후의 부적절한 치료나 부적절한 수술 등 의료인 잘못에 의한 피해인 것으로 나타났다(김만호, 2007). 노인의 경우 가정 내 미끄럼 안전사고가 다수 발생하고 있는데 노인 미끄럼 사고 10명 중 3명은 2주 이상의 치료를 필요로 하는 등 노인의 경우 안전사고가 발생하면 그 피해가 심각한 것으로 보인다. 또 침대 등 가구에서 떨어져 사고를 당할 때 노인의 경우 골절 피해가 많았는데 노인들은 골절로 인해 오랫동안 움직이지 못하게 되면 폐렴이나 폐색전증과 같은 합병증이 발병하게 되고, 기존의 지병이 악화되기 쉽다.

3 노인 안전 관련 법제

노인의 안전에 관한 법률은 노인의 안전에 관한 법률과 소비자 안전에 관한 법률로 나눌 수 있다. 우선, 노인의 안전에 관한 법률을 살펴보면 이는 통일된 하나의 법률로 제정된 것이 아니라 사회복지법의 노인복지법과 장애인·노인·임산부 등의 편익 증진 보장에 관한 법률에서 다루어지고 있으며, 노인의 생활 안정과 안전을 보장해야 한다는 추상적인 조항을 포함하고 있을 뿐 구체적인 안전 보장 내용은 명시되어 있지 않다. 노인 소비자의 안전에 관해 노인 관련된 단일 법률로 명시되어 있는 것이 아니다. 소비자기본법이나 이와 관련된 여러 관련법에서 소비자 안전에 관련한 조항들을 명시하고 있는데 노인 소비자는 일반 소비자와 동일하게 적용되고 있다.

노인복지법 제27조의 2에서는 국가 또는 지방자치단체가 홀로 사는 노인에 대해 방문요양 서비스 등의 서비스와 안전 확인 등의 보호 조치를 취하도록 되어(제1항) 있으며 그 서비스 및 보호 조치의 구체적인 내용 등에 관해서는 보건복지부 장관이 정한다(제2항).

장애인·노인·임산부 등의 편익 증진 보장에 관한 법률에 따라 장애인 등을 위한 편의시설을 설치해야 하는 대상(대상 시설)은 공원, 공공건물 및 공중이용시설, 공동주택, 통신시설, 기타 장애인 등의 편의를 위해 편의시설의 설치가 필요한 건물·시설 및 그 부대시설이다(제7조). 또 장애인 등

〈표 9-11〉 노인 안전에 관한 법률 및 관련 부서

법	조/항	내용	관련 부서
노인복지법	제1조 제2조 1항 제4조 제8조 제27조	노인의 건강 유지와 노후생활 안정을 위한 노인 보건복지 증진 노인의 건전하고 안정된 생활 보장 노인의 보건 및 복지 증진에 대한 국가 또는 지방자치단체의 책임 노인의 주거에 적합한 기능 및 설비를 갖춘 주거용시설 공급 조장 및 공급자 지원에 대한 국가 또는 지방자체단체의 책임 독거노인의 안전에 관한 국가 또는 지방자치단체의 책임	보건복지부 노인정책팀
장애인·노인·임산부 등의 편익 증진 보장에 관한 법률	제1조	장애인·노인·임산부 등의 편리한 생활을 보장하여 사회활동 참여와 복지 증진에 이바지	보건복지부 재활지원팀
고령친화산업 진흥법	제5조	소비자의 권익 보호 등 소비자의 생명·신체 및 재산상의 위해 방지	보건복지부 고령친화 산업과
노인장기요양 보험법	제1조 제3조	고령이나 노인성 질병 등의 사유로 일상생활을 혼자서 수행하기 어려운 노인등에게 제공하는 신체활동 또는 가사활동 지원 장기요양급여는 노인등의 심신 상태·생활환경과 노인 등 및 그 가족의 욕구·선택을 종합적으로 고려하여 필요한 범위 안에서 이를 적정하게 제공	보건복지부 요양보험 제도과

의 이용이 많은 공공건물 및 공중이용시설의 시설주는 휠체어·점자 안내책자·보청기기 등을 비치하여 장애인들이 당해 시설을 편리하게 이용할 수 있도록 해야 한다(제16조).

고령이나 노인성 질병 등의 사유로 일상생활을 혼자서 수행하기 어려운 노인 등에게 제공하는 신체활동 또는 가사활동 지원을 하도록 하는 노인장기요양보험이 2007년 4월 1일 제정되었으나 2008년 7월 1일부터 시행되었다. 장기요양보험 수급 대상은 65세 노인 또는 치매, 뇌혈관 질환 등 대통령령이 정하는 노인성 질병을 가진 자다. 장기요양급여는 노인 등의 심신 상태·생활환경과 노인 등 및 그 가족의 욕구·선택을 종합적으로 고려하여 필요한 범위 안에서 이를 적정하게 제공하도록 되어 있는데, 우선적으로 가족과 함께 생활하면서 가정에서 장기요양을 받는 재가급여를 제공하도록 되어 있다(제3조).

이와 관련하여 국가는 장기요양 기본계획을 수립·시행할 때 노인뿐만 아니라 장애인 등 일상생활을 혼자서 수행하기 어려운 모든 국민이 장기요양급여, 신체활동 지원 서비스 등을 제공받을 수 있도록 노력하고, 나아가 이들의 생활 안정과 자립을 지원할 수 있는 시책을 강구해야 한다(제5조). 장기요양급여의 종류는 재가급여, 시설급여, 특별현금급여가 있다(제23조).

미국의 경우 고령자를 보호하는 법률인 '고령자안전법(Senior Safety Act)'은 고령자 범죄 전반에 대한 규제 강화, 특히 피해가 많은 전화 권유 판매 사기, 헬스 케어 사기, 요양원(Nursing Home) 등에서의 학대에 대한 규제 강화 등을 목적으로 하고 있으며, 이에 대한 강화된 형량을 명시하고 있다. 이 법에서는 고령자를 55세 이상으로 규정하고 고령자에게 심한 손해를 입히거나 고령자를 죽음에 이르게 하는 사기는 20년 이하의 징벌에 처한다고 하고 있고, 연금 관련 사기는 10년 이하의 징벌에 처한다.

2007년 6월 29일에 제정된 고령친화산업진흥법은 고령 친화용품 및 서비스 산업의 진흥을 목적으로 하지만 고령자가 주로 이용하는 고령 친화용품과 서비스를 다룬다는 면에서 노인의 안전문제와 직·간접적으로 관련된다. 하지만 총 16조로 구성된 동법은 노인용품 및 서비스의 우수 제품 인증 등의 규정을 포함하고 있으나 노인용품이 갖추어야 할 품질 및 안전 기준에 관한 규정은 포함되어 있지 않다. 우리나라의 경우 이처럼 노인용품 관련 산업 진흥을 위한 법률은 마련되어 있는 반면 신체적 위해 발생이나 거래 사기 등 각종 위험에 취약한 노인을 위한 피해 방지 및 구제를 위한 법률은 아직 마련되어 있지 않다.

노인의 안전문제에 관한 정부정책은 노인의 복지정책의 큰 울타리 안에서 전개되고 있다. 노인의 신체적 위험 및 경제적 위험 등 광범위한 노인 복지정책과 더불어 노인 안전사고 및 노인용품에 대한 안전관리 대책은 아

〈표 9-12〉 장기요양급여의 종류

<table>
<tr><td rowspan="6">재가급여</td><td>방문요양</td><td>장기요양요원이 수급자의 가정 등을 방문하여 신체활동 및 가사활동 등을 지원하는 장기요양급여</td></tr>
<tr><td>방문목욕</td><td>장기요양요원이 목욕설비를 갖춘 장비를 이용하여 수급자의 가정 등을 방문하여 목욕을 제공하는 장기요양급여</td></tr>
<tr><td>방문간호</td><td>장기요양요원인 간호사 등이 의사, 한의사 또는 치과 의사의 지시서에 따라 수급자의 가정 등을 방문하여 간호, 진료의 보조, 요양에 관한 상담 또는 구강위생 등을 제공하는 장기요양급여</td></tr>
<tr><td>주·야간 보호</td><td>수급자를 하루 중 일정한 시간 동안 장기요양기관에 보호하여 신체활동 지원 및 심신 기능의 유지·향상을 위한 교육·훈련 등을 제공하는 장기요양급여</td></tr>
<tr><td>단기보호</td><td>수급자를 보건복지부령으로 정하는 범위 안에서 일정 기간 동안 장기요양기관에 보호하여 신체활동 지원 및 심신 기능의 유지·향상을 위한 교육·훈련 등을 제공하는 장기요양급여</td></tr>
<tr><td rowspan="2">기타 재가급여</td><td>수급자의 일상생활·신체활동 지원에 필요한 용구를 제공하거나 가정을 방문하여 재활에 관한 지원 등을 제공하는 장기요양급여로서 대통령령으로 정하는 것</td></tr>
<tr><td>시설급여</td><td>장기요양기관이 운영하는 '노인복지법' 제34조에 따른 노인의료복지시설(노인전문병원은 제외한다) 등에 장기간 동안 입소하여 신체활동 지원 및 심신 기능의 유지·향상을 위한 교육·훈련 등을 제공하는 장기요양급여</td></tr>
<tr><td rowspan="3">특별현금급여</td><td>가족 요양비</td><td>수급자가 가족 등으로부터 방문요양에 상당한 장기요양급여를 받은 때(산간벽지, 천재지변, 신체·정신·성격 등 사유로 장기요양기관을 이용하기 어려운 경우)</td></tr>
<tr><td>특례 요양비</td><td>수급자가 장기요양기관이 아닌 노인요양시설 등의 기관 또는 시설에서 재가급여 또는 시설급여에 상당한 장기요양급여를 받은 경우</td></tr>
<tr><td>요양병원 간병비</td><td>수급자가 '노인복지법' 제34조 제1항에 따른 노인전문병원 또는 '의료법' 제3조 제2항 제3호 라목에 따른 요양병원에 입원한 때</td></tr>
</table>

직까지 미흡한 수준이다. 또 우리나라의 경우 노인을 대상으로 하는 각종 범죄행위에 대한 가중 처벌 등은 논의되지 않고 있다. 노인의 안전사고나 노인용품의 안전관리에 대해서는 소비자기본법 그리고 품질경영 및 공산품 안전관리법 등 기존 제품안전 관련 법률 이외에도 노인복지 차원에서 접근

읽어보기 안전과 사기에 취약한 노인 소비

미국 국립안전위원회 통계에 의하면 2004년 가정 내 추락사고로 인한 사망자 1만 8천 8백 7명 중 80%가 65세 이상의 노인이었다고 한다. 노인을 위한 시설이 상대적으로 취약한 우리나라는 더욱 심각할 것으로 추측된다.

우리도 이제 '고령사회(aged society)'를 앞두고 정신적·육체적으로 취약한 노인 소비자를 별도로 구분해 적합한 소비자 보호 장치를 마련해야 한다. 우선 젊은 층 위주의 상품설명서를 노인들이 이해하기 쉽도록 바꾸고, 표시도 크게 하는 등의 배려가 시급하다.

실버산업에 대한 소비 소비자의 욕구가 높다는 점을 감안해 정부 차원에서도 지원책이 강구되어야 한다. 노인 소비자 피해가 대부분 방문 판매 또는 할부 거래 등 특수판매로 이루어지고 있으므로 관련 법률을 보완해 65세 이상 노인을 보호할 수 있는 조항을 두는 것도 고려해 봄직하다.

출처: 소비자시대, 2010년 2월호, 43쪽.

하는 것이 더 실효성이 클 것으로 보인다. 가령 고령친화산업진흥법에서 규정한 제5조 소비자 권익 보호에서 제3호 소비자의 생명·신체 및 재산상의 위해 방지에 대한 세부 규정이 필요하다.

제 4 절 장애인 안전관리 체계

1 장애인의 안전관리 필요성 및 생활위험 실태

1) 장애인의 신체적 위험과 생활 실태

장애인들 자신의 평소 건강 상태에 대한 결과는 <표 9-13>과 같이 건강

〈표 9-13〉 평소 건강 상태

(단위: %, 명)

구분	지체 장애	뇌병변 장애	시각 장애	청각 장애	언어 장애	지적 장애	자폐성 장애	정신 장애	신장 장애	심장 장애	호흡기 장애	간장애	안면 장애	장루·요루 장애	간질 장애	전체
매우 좋다	5.5	0.8	4.4	4.7	7.7	18.9	34.8	5.4	0.0	0.7	0.4	2.7	13.1	2.3	2.2	5.7
약간 좋다	14.8	9.1	21.9	19.5	21.3	31.8	37.2	23.6	6.5	5.6	4.9	9.1	20.2	15.8	14.5	16.7
보통 이다	27.0	20.4	24.9	28.6	24.9	24.0	19.8	28.1	18.0	17.3	13.1	23.7	37.7	27.3	24.8	25.7
약간 나쁘다	36.9	35.5	37.1	34.2	34.3	20.7	6.7	30.5	38.9	41.2	39.4	30.6	22.0	35.7	39.1	35.1
매우 나쁘다	15.7	34.2	11.7	13.0	11.8	4.7	1.6	12.4	36.5	35.3	42.1	33.9	7.0	18.9	19.4	16.8
계	100.0	100.0	100.0	100.0	100.0	100.0	100.0	100.0	100.0	100.0	100.0	100.0	100.0	100.0	100.0	100.0
전국 추정 수	1,132,116	219,156	220,061	207,383	15,103	140,079	12,329	84,780	48,284	14,606	14,393	6,514	2,185	11,356	8,881	2,137,226

출처: 보건복지부, 한국보건사회연구원(2009), 2008년도 장애인 실태조사.

이 '나쁘다'라고 응답한 장애인이 51.9%로 가장 많았고, 그 다음으로 '보통이다' 25.7%, '좋다' 22.4%의 순으로 장애인들은 자신의 건강에 대해 나쁘다고 생각하고 있었다. 장애 유형별로는 내부 장애 유형의 장애인들이 자신의 건강이 '나쁘다'고 인식하고 있는 경우가 다른 장애 유형에 비해 더 많았는데, 특히 호흡기장애(81.5%), 심장장애(76.5%), 신장장애(75.4%), 뇌병변장애(69.7%), 간장애(64.5%)의 경우에 더 많은 장애인들이 건강이 나쁘다고 인식하고 있었다.

기본적 일상생활 동작(ADL)의 정도에서, 장애인이 수행하는 데 자립 정도가 낮고 다른 사람의 도움이 가장 많이 필요한 항목은 개인 위생 관련 항목인 '목욕하기', '머리감기', '옷 입고 벗기'로 나타났다. 즉 목욕하기의 경우 완전 자립 80.3%, 부분 도움 13.6%, 완전 도움 6.1%였고, 머리감기는 완전 자립 85.2%, 부분 도움 9.2%, 완전 도움 5.6%, 옷 입고 벗기는 완전자립 87.3%, 부분 도움 9.7%, 완전 도움 3.0%로 다른 항목에 비해 자립 정도가 낮았다. 또 장애인의 일생생활 도움 필요 정도에 대해 장애인의 49.9%가 '모든 일상생활을 혼자서 할 수 있다'라고 응답했고, '대부분 도움 없이 할 수 있다'는 16.3%로 전체의 66.2% 정도의 장애인들이 일상생활에서 남의 도움을 필요로 하지 않는 것으로 나타났으며, 남의 도움을 조금이라도 필요로 하는 경우는 33.8%를 차지했다.

장애인들이 교통 약자로서 대중교통을 이용하여 독립적으로 통행할 수 있는 대중교통 정보에 대한 서비스가 미비하여 시각장애인의 이동환경에 관한 불만족 수준이 높았다. 시각장애인을 위한 안전시설이 잘 구비된 지하철의 경우에도 불만족이 높았는데 전동 칸보다는 지하철 역에 대한 불만족이 높았다. 또한 시각장애인은 안전상의 이유로 버스 이용 빈도가 현저히 떨어지는 것으로 나타났는데 잦은 급정거, 카드 단말기의 위치, 무정차 등에 불만족이 높았다.

장애인이 지하철, 공연장, 공공기관, 체육시설, 보건소 등을 이용할 때 비장애인에 비해 어려움이 많으며 심지어 종합병원에서도 경사로의 기울기, 손잡이 설치에서 이들 모두 장애인이 이용하기에 부적합한 것으로 보고했다. 장애인 및 노약자를 위한 생활 관련 시설에서도 물리적 장애물들을 고찰한 결과, 보도의 좌우 경사, 보행 연속성 등 단절 등에 대한 문제점이 있음을 밝혔다. 따라서 보행 중심권의 설정이 시급하고 무장애 보행 체계의 구축을 위해 주요 시설만이라도 무장애화(barrier free)가 필요하다.

2) 장애인의 경제적 위험과 생활 실태

2008년 현재 우리나라 장애인 가구의 월평균 소득은 181만 9천 원으로서 전국 월평균 가구소득(337만 원)의 54.0% 수준에 불과하며 월평균 총 지출액은 155만 5천 원으로서 전국 월평균 가구 지출(229만 원)의 67.9% 수준이다. 특히 등록 장애인 개인의 월평균 소득은 63만 원이며 1~2급 장애인의 경우 39만 5천 원으로서 65세 이상 노인의 58만 4천 원보다 낮은 수준인 것으로 나타났다. 장애인 가구의 월 평균 지출 분포는 50~99만 원이 25.2%로 가장 많았고, 다음이 100~149만 원으로서 18.6%를 차지하고 있다. 100만 원 미만이 전체의 36.9%에 이른다. 장애인 가구의 월 평균 지출액은 평균 155만 5천 원으로 조사되었다(보건복지가족부, 2009).

필수적이고 기초적인 생계 부문에서 장애인이 가장 많은 박탈을 경험한 항목은 아플 때 병원에 가지 못한 것(14.1%)이었고, 그 다음으로는 각종 공

〈표 9-14〉 장애인 가구의 월 평균 총 가구 소득액

(단위: %, 명, 만 원)

구분	지체 장애	뇌병변 장애	시각 장애	청각 장애	언어 장애	지적 장애	자폐성 장애	정신 장애	신장 장애	심장 장애	호흡기 장애	간 장애	안면 장애	장루·요루 장애	간질 장애	전체
50만원 미만	10.8	12.3	15.1	11.8	12.9	12.9	5.9	29.2	7.0	10.6	14.8	6.2	7.7	10.7	16.5	12.3
50~99만 원	24.6	25.4	26.3	25.8	23.5	20.8	4.0	30.5	24.1	24.0	27.5	12.1	24.6	29.3	29.4	24.8
100~149만 원	17.4	14.8	13.3	17.2	16.9	15.0	10.9	14.9	15.5	16.6	15.5	14.6	13.6	18.3	20.5	16.3
150~199만 원	10.5	10.8	10.2	12.0	14.6	16.5	12.1	9.8	15.8	12.1	12.9	16.5	11.2	12.7	12.1	11.2
200~249만 원	11.1	10.4	9.8	10.6	9.5	10.8	10.6	5.3	7.7	9.3	10.5	10.9	10.2	7.2	5.7	10.4
250~299만 원	5.8	6.7	6.1	6.8	7.1	6.1	8.9	3.4	5.3	5.6	6.5	3.9	9.7	5.4	4.3	5.9
300~349만 원	6.9	6.2	4.9	6.8	6.9	5.5	11.2	1.0	9.2	7.9	5.0	11.3	5.6	4.3	5.3	6.3
350~399만 원	5.4	3.2	2.0	2.5	2.2	2.9	5.5	1.1	2.6	5.2	2.9	2.1	7.2	3.1	2.0	4.1
400~499만 원	3.8	4.2	6.3	2.8	3.0	5.2	11.1	2.9	6.3	3.3	2.3	8.4	4.8	4.2	2.6	4.1
500만 원 이상	3.8	5.9	6.2	3.6	3.6	4.4	19.8	1.8	6.6	5.3	2.3	14.0	5.3	4.7	1.5	4.4
계	100.0	100.0	100.0	100.0	100.0	100.0	100.0	100.0	100.0	100.0	100.0	100.0	100.0	100.0	100.0	100.0
전국 추정 수	1,132,117	219,155	219,666	207,383	15,102	139,820	12,329	84,780	48,273	14,571	14,392	6,515	2,186	11,356	8,881	2,136,526
평균	183.0	194.0	182.2	173.7	177.1	189.2	311.2	112.5	207.1	188.5	155.3	275.3	212.3	172.5	141.8	181.9

출처: 보건복지부, 한국보건사회연구원(2009), 2008년도 장애인 실태조사.

〈표 9-15〉 장애인 가구의 월 평균 총 가구 지출액

(단위: %, 명, 만 원)

구분	지체 장애	뇌병변 장애	시각 장애	청각 장애	언어 장애	지적 장애	자폐성장애	정신 장애	신장 장애	심장 장애	호흡기 장애	간 장애	안면 장애	장루·요루 장애	간질 장애	전체
50만 원 미만	9.9	10.9	14.4	12.1	12.4	14.1	4.6	30.3	4.8	9.8	12.7	2.0	5.9	7.8	16.0	11.7
50~99만 원	25.1	27.0	26.2	26.9	23.8	18.8	4.3	30.6	24.2	22.0	27.0	11.0	25.7	28.3	30.3	25.2
100~149만 원	19.8	14.5	16.7	18.4	20.8	17.9	11.1	16.8	19.9	19.3	21.6	15.2	15.6	24.0	21.4	18.6
150~199만 원	13.5	13.4	13.8	13.9	17.1	17.7	14.3	10.4	14.3	15.5	15.3	18.7	15.6	13.8	13.5	13.8
200~249만 원	11.9	13.2	12.4	12.0	11.8	11.0	15.9	5.8	10.1	11.2	9.5	14.4	14.3	9.3	7.2	11.7
250~299만 원	7.5	6.0	5.1	6.8	4.6	7.1	11.0	2.5	8.0	7.8	4.4	6.3	7.6	6.8	4.9	6.8
300~349만 원	5.4	6.6	3.6	4.4	4.9	4.1	11.2	1.3	9.6	6.5	5.0	7.4	3.6	4.2	3.7	5.1
350~399만 원	2.2	2.8	2.0	2.6	0.9	3.7	7.0	1.2	2.3	2.5	1.8	5.2	3.3	1.4	1.5	2.4
400~499만 원	2.9	3.2	2.0	1.6	1.7	3.6	12.4	0.7	4.5	2.9	2.4	10.6	5.4	1.7	0.0	2.7
500만 원 이상	1.7	2.2	3.7	1.2	1.9	1.9	8.1	0.3	2.3	2.4	0.3	9.1	3.0	2.7	1.5	2.0
계	100.0	100.0	100.0	100.0	100.0	100.0	100.0	100.0	100.0	100.0	100.0	100.0	100.0	100.0	100.0	100.0
전국 추정 수	1,132,118	219,155	219,667	207,384	15,104	140,077	12,328	84,778	48,284	14,607	14,391	6,495	2,185	11,316	8,880	2,137,769
평균	156.3	160.6	158.7	146.7	147.8	166.8	263.8	95.4	179.1	168.4	137.2	248.6	189.0	151.1	125.8	155.5

출처: 보건복지부, 한국보건사회연구원(2009), 2008년도 장애인 실태조사.

〈표 9-16〉 장애인 가구의 박탈 경험 여부

(단위: %)

구분	지체장애	뇌병변장애	시각장애	청각장애	언어장애	지적장애	자폐성장애	정신장애	신장장애	심장장애	호흡기장애	간장애	안면장애	장루·요루장애	간질장애	전체
집세 못내 이사	9.2	11.4	6.9	4.5	8.0	8.9	14.8	9.9	10.7	15.8	4.4	16.9	11.0	9.0	16.7	9.0
공과금 미납	12.1	9.6	8.1	6.4	9.4	8.2	13.2	10.2	10.5	12.9	8.1	13.8	13.9	8.8	17.3	10.5
전기, 전화, 수도 단절	2.6	2.7	2.1	1.7	1.6	1.6	3.3	2.2	2.8	2.5	1.7	3.6	2.9	1.6	3.6	2.4
공교육비 미납	6.7	5.4	6.7	3.6	5.3	5.2	2.7	0.8	6.5	6.8	4.4	4.0	1.3	5.7	7.2	6.0
난방 단절	6.3	5.6	7.0	5.3	8.4	6.2	4.0	5.3	6.5	6.7	5.5	7.5	5.2	5.4	9.6	6.2
병원 못감	15.4	15.7	13.4	11.6	13.8	9.7	10.8	8.8	12.4	14.9	13.6	14.5	26.1	11.4	19.5	14.1
신용불량자	9.9	7.0	7.1	6.9	9.6	8.9	10.6	10.8	11.9	12.3	10.2	13.6	10.6	5.1	17.1	9.1
건강보험 급여자격 정지	1.6	0.4	2.0	1.6	1.9	1.0	1.4	1.9	0.7	0.9	0.0	1.0	2.0	1.9	1.7	1.4

주: 중복 응답 비율임.
출처: 보건복지부, 한국보건사회연구원(2009), 2008년도 장애인 실태조사.

과금(사회보험료, 전기료, 전화료, 수도료) 미납(10.5%), 신용 불량 경험(9.1%), 집세를 내지 못해 이사 경험(9.0%)의 순이었다.

노후 소득보장의 일차적 단계에 해당하는 공적연금의 가입은 기본적인 노후생활을 영위하는 데 필수적인 사항이다. 18세 이상 장애인 중 국민연금에 가입되어 있는 장애인은 34.4%에 불과하고 그 외 공적연금에 가입되어 있는 것으로 나타났다. 이러한 수치는 장애인의 노후 소득보장의 상황이 지극히 미흡한 것을 의미하며 장애인의 노후의 기본적 생계 유지 위험이 존재하고 있음을 시사한다(한국보건사회연구원, 2009).

특히 저소득 장애인 가구의 종사상 지위를 보면 비경제 활동인구의 비율이 76.9%로 일반 장애인 가구의 50.1%에 비해 훨씬 높았다. 더불어 장애인이 취업하고 있는 사업장 규모를 보면 일반 가구의 경우 중견 및 대기업, 공무원 종사자가 상대적으로 높게 나타나고 있는 반면 저소득 장애인의 경우 소규모 사업장 종사자가 대기업 종사자에 비해 높게 나타나고 있다. 즉 장애인 가구의 소득보전은 결과적으로 이들이 얼마나 질 좋은 일자리에 취업해 있는가에 좌우된다고 한다(한국보건사회연구원, 2010).

3) 장애인의 사회심리적 위험과 생활 실태

장애인이 경험하는 사회심리적 위험은 차별에 기인하는 경우가 많다. 장애인은 장애로 인한 차별 상황에 놓여 있으며, 특히 여성 장애인의 경우 성차별을 부가적으로 받고 있다. 2008년 장애인 실태조사 결과(보건복지가족부, 한국보건사회연구원, 2009)에 따르면, 가족 내 차별이나 폭력이 있다고 응답한 장애인은 전체 장애인의 9.7%로 언어 폭력이 가장 많았고, 정신적 폭력, 방임과 유기, 신체적 폭력을 받는 것으로 나타났다. 이러한 수치는 2005년 장애인 실태조사 때 나타난 6.0%에서 상승한 수치다. 또 성희롱·성추행·성폭행의 경험을 가진 사람은 전체의 1%로 나타났는데 이는 2005년도 장애인 실태 조사 때 나타난 0.7%보다 상승한 수치다.

또 사회적 차별의 경험에서 입학과 전학 시 차별 경험은 유치원에서 26.9%로 가장 많았고 고등교육 수준으로 높아지면서 차별 경험이 감소했다. 초등학교 입학·전학 시 사회적인 차별을 받은 경험은 26.1%, 중학교의

〈표 9-17〉 성희롱, 성추행, 성폭력 경험 시기

(단위: %, 명)

구분	지체장애	뇌병변장애	시각장애	청각장애	언어장애	지적장애	자폐성장애	정신장애	신장장애	심장장애	호흡기장애	간장애	안면장애	장루·요루장애	간질장애	전체
영·유아기 (0~6세)	-	-	-	-	-	-	-	-	-	-	-	-	-	-	-	-
아동기 (7~17세)	1.9	59.6	23.4	3.1	100.0	50.8	62.5	6.9	-	78.9	-	-	32.4	-	31.5	20.8
청소년기 (18~24세)	34.0	19.8	0.0	6.5	0.0	0.0	37.5	16.4	-	0.0	-	-	0.0	-	29.3	19.4
청년기 (25~39세)	30.7	2.3	55.0	24.9	0.0	26.9	0.0	71.8	-	21.1	-	-	40.5	-	28.7	38.1
장년기 (40~64세)	33.4	18.3	21.6	65.4	0.0	22.3	0.0	5.0	-	0.0	-	-	27.0	-	10.6	21.8
노년기 (65세 이상)	-	-	-	-	-	-	-	-	-	-	-	-	-	-	-	-
계	100.0	100.0	100.0	100.0	100.0	100.0	100.0	100.0	-	100.0	-	-	100.0	-	100.0	100.0
전국 추정 수	7,616	2,515	504	795	117	3,947	216	6,200	-	90	-	-	37	-	321	22,358

출처: 보건복지부, 한국보건사회연구원(2009), 2008년도 장애인 실태조사.

경우는 19.4%, 고등학교의 경우 16.8%, 대학교의 경우 6.9%였다. 또 결혼 시 16.1%가 차별을 경험했고, 취업 시에 35.0%가 차별을 경험했던 것으로 나타났다. 또 사회생활에 필요한 운전면허 취득 시에 11.8%가 차별을 경험했고 보험계약 시에는 55.6%, 의료기관 이용 시는 3.3%, 정보통신 이용 시는 0.4%, 지역사회생활에서는 20.6%가 차별을 경험했다. 특히 장애 유형 중 정신적 장애 유형일수록, 중도장애인일수록, 여성일수록 차별이나 폭력의 위험에 더욱 열악했다.

2 장애인 안전 관련 법제

우리나라는 장애인 복지정책은 '장애인정책발전 5개년계획[1]'을 중심으로 발전되어 왔지만 <표 9-18>에 제시된 것처럼 순차적으로 전개되어 왔다. 장애인 안전 관련 정부의 정책 방향은 우선 '장애인정책발전 5개년계획' 내용 가운데에서 확인할 수 있다.

세계보건기구(WHO)의 기준에 따르면 전 세계에서 6억 5천 명이 넘는 사람들이 이런저런 장애를 가지고 불편하게 살고 있으며, 앞으로 인구 증가, 의학 발전, 전쟁 그리고 노령화, 각종 산업재해 등으로 장애인 수는 더욱 늘어날 전망이다. 장애인들은 전 세계 모든 지역에서 불이익이 가장 심한 소수자 집단이므로 국제사회 차원에서 일치단결하여 모든 장애인의 존엄과 가치를 재확인하고 대다수의 장애인들이 직면하고 있는 불공평과 차별을 종식하기 위한 효과적인 법적·제도적 장치로서 UN 장애인권리협약이 제정되었다. 따라서 이 협약은 장애인의 문제에 대해 개인의 재활이나 시혜적인 복지 차원이 아니라 장애인의 실질적인 참여와 기회 균등을 보장하는 권리에 기초한 접근 패러다임에 입각하고 있으며, 장애인을 정책적 차원에서 프로그램 대상으로 간주하는 것이 아니라 권리의 정당한 소유자

1) 교육기술과학부, 행정안전부, 문화체육관광부, 보건복지가족부, 노동부, 여성부, 국토해양부, 국가보훈처, 방송통신위원회 합동.

〈표 9-18〉 장애인정책발전 5개년계획(2008. 8. 6)

□장애인을 위한 정보통신 보조기기 개발 지원 및 보급
• 우수 정보통신 기술을 활용한 정보통신 보조기기 제품화 지원
• 신체적인 불편으로 PC 및 인터넷 사용이 어려운 장애인에게 정보통신 보조기기 보급(국고 80%, 자부담 20%)
  - 보조기술 개발 지원 매년 4건, 보조기기 보급 매년 4,000대
□도시철도 및 수도권 전철 등에 이동 편의시설 확충
• 장애인 등 교통 약자가 안전하고 편리하게 (도시)철도를 이용할 수 있도록 역사 내 엘리베이터 및 에스컬레이터 확충
  - 도시철도: 2008년 91대 ➡ 2012년 159대(총 659대)
  * 엘리베이터: 345대, 에스컬레이터: 314대
• 수도권 전철: 2008년 280대 ➡ 2012년 21대(총 408대)
  * 엘리베이터: 131대, 에스컬레이터: 277대
□교통 약자의 이동권 확보를 위한 보행환경 개선
• 보행 우선구역 시범사업 지정
  - 중장기 추진 방안 수립 및 보행 우선구역 표준설계 매뉴얼 개발
* 매년 5~7개 지역을 보행우선구역으로 선정하여 추진(2011년까지)
• 장애물 없는(barrier free) 생활환경 인증 제도 본격 시행
  - 인증 심사의 기준이 되는 세부 인증지표를 확정하고 분야별 시범 인증을 거쳐 본격 시행(2008. 8~)
  * 건축물 설계나 도시개발 구상 단계부터 장애인 등이 편리하게 이용하도록 이동 편의시설의 설치 및 관리 여부를 공신력 있는 기관이 평가하여 인증하는 제도

이자 주체자로 본다는 점을 내포하고 있어 장애인 당사자의 참여를 적극 도모하고 있다.

협약의 주요 내용은 전문과 본문 50개 조항 및 선택의정서로 구성되어 있다. 전문은 총 25개의 각 호로 구성되었으며, 협약을 제정하게 된 배경, 취지, 목적, 기본 원칙 등을 선언적 형식의 문구로 정리한 전문 역시 협약의 주요 구성 부분으로 독자적인 규범적 효력을 가지고 있다. 협약은 총 50개 조항으로 여성 장애인과 장애아동의 권리 보호, 장애인의 이동권과 문화 접근권 보장, 교육권과 건강권 및 일할 권리 등 장애인의 전 생활 영역에서의 권익 보장에 관한 내용을 규정하고 있다. 선택의정서는 선택의정서는 총 18개 조항으로 구성되어 있는데 협약의 절차법적 효력을 확보하기

위해 제정되었다.[2)]

우리나라는 2007년 3월 UN 장애인권리협약 서명으로 국제사회의 장애인 인권 향상 및 보호에 적극적으로 동참하고 있다. 또한 2006년 12월에는 '장애인권리협약' 안에 여성 장애인 별도 조항(제6조) 신설하는 등 장애인 복지정책이 진일보하고 있다. 국내에서 UN장애인권리협약은 2008년 12월 2일 국회를 통과하고 2009년 1월 10일부터 국내 발효가 되었다. 이 계획의 세부 과제에서 7개 분야 중 하나로 장애인에게 편리하고 안전한 이동 편의 체계 구축을 선정하고 있는데, 그 가운데 장애인 활동보조 서비스 내실화, 장애인 보조기구 산업화 지원, 저상 버스 도입 확대, 장애 학생에 대한 교육기관의 정당한 편의 제공 확대, 도시철도 및 수도권 전철 등에 이동 편의 시설 확충, 교통 약자의 이동권 확보를 위한 보행 환경 개선 등이 관련된다.

1) 장애인의 신체적 안전 대책

장애인복지법 제23조는 국가와 지방자치단체는 장애인이 공공시설과 교통 수단 등을 안전하고 편리하게 이용할 수 있도록 편의시설의 설치와 운영에 필요한 정책을 강구해야 하며 또 공공시설 등 이용 편의를 위해 수화통역 · 안내 보조 등 인적 서비스 제공에 관해 필요한 시책을 강구해야 한다고 되어 있다. 그뿐만 아니라 제24조에 국가와 지방자치단체는 추락사고 등 장애로 인해 일어날 수 있는 안전사고와 비상재해 등에 대비하여 시각 · 청각장애인과 이동이 불편한 장애인을 위해 피난용 통로를 확보하고, 점자 · 음성 · 문자 안내판을 설치하며, 긴급 통보 체계를 마련하는 등 장애인의 특성을 배려한 안전 대책 등 필요한 조치를 강구해야 한다.

'장애인 노인 임산부 등의 편의 증진 보장을 위한 법률'에서도 제6조에 국가 및 지방자치단체는 장애인 등이 생활을 영위함에 있어 안전하고 편리하게 시설 및 설비를 이용하고 정보에 접근할 수 있도록 각종 시책을 마련하도록 되어 있다. 여기서 편의시설을 설치해야 하는 대상 시설은 공원, 공

---

2) 선택의정서는 UN장애인권리위원회의 판단 기준과 장애인차별금지법에 의한 권리구제 상황 등을 종합적으로 검토하여 협약 이행가능성을 판단한 후 가입을 추진할 예정이다 (홈페이지 http://www.un.org/disabilities/default. asp?navid=18&pid=257).

공건물 및 공중이용시설, 공동주택, 통신시설 및 기타 장애인 등의 편의를 위해 설치가 필요한 건물, 시설 및 그 부대시설이다. 또 시설주는 대상 시설을 설치하거나 대통령령이 정하는 주요 부분(용도 변경을 포함한다)을 변경하는 때에는 장애인 등이 항상 대상 시설을 편리하게 이용할 수 있도록 편의시설을 제8조의 규정에 적합하게 설치하고 이를 유지·관리해야 한다(동법 제9조). 그런데 시설주는 세부 기준에 적합한 편의시설의 설치가 곤란하거나 불합리한 경우에는 세부 기준을 완화한 별도의 기준을 정하고 시설 주관기관의 승인을 얻어 이에 따라 편의시설을 설치할 수 있다. 이에 해당하는 경우는 ① 세부 기준에 적합한 편의시설의 설치가 구조적으로 곤란한 경우, ② 세부 기준에 적합하게 편의시설을 설치할 경우 안전관리에 중대한 위험을 초래할 우려가 있는 경우, ③ 대상 시설의 용도 및 주변 여건에 비추어 세부 기준을 완화하여 적용하는 것이 적합하다고 인정되는 경우, ④ 기타 대통령령으로 정하는 경우이며, 시설 주관기관은 제1항의 규정에 의한 승인을 할 때 장애인 등이 이용하는 데 불편이 없도록 해야 한다.

우리나라는 5년마다 장애인복지발전 5개년계획을 수립하고 있고 현재는 제3차 장애인복지발전 5개년계획이 추진중이다. 2008년에 수립된 5개년계획 중에는 도시철도 및 수도권 전철 등에 이동 편의시설 확충과 교통 약자의 이동권 확보를 위한 보행환경 개선 과제가 이와 관련된다. 장애인 등 교통 약자가 안전하고 편리하게 도시철도 및 수도권 전철 등을 이용할 수 있도록 역사 내 엘리베이터와 에스컬레이터를 확충하는 것을 목표로 하고 있다. 보행환경 개선을 위해서는 보행 우선구역 시범사업을 지정하고 장애물 없는(barrier free) 생활환경 인증 제도를 본격 시행하는 것을 포함한다. 2003년부터 2007년까지 추진된 2차 장애인복지발전 5개년계획에서는 편의시설의 안전성 확보 강화, 도시철도의 안전 기준 강화, 이용 편의시설 개선, 장애인 보행환경 및 운전 면허 제도 개선, 버스 이용 편의시설 개선 등이 주요 내용이었다.

그리고 2010년 5월 18일 보건복지부는 2014년까지 5년간의 장애인 편의증진 추진계획을 담은 '제3차 편의 증진 국가종합 5개년계획'을 확정했는데, 중앙행정기관 및 지방자치단체 청사 등 공공시설에 대해 2014년까지

연차별 계획을 통해 편의시설 설치율을 95%까지 높이고 대상 시설에 장애 민원인의 편의 증진을 위해 2014년까지 비치 용품과 수화 통역사 등 인적 서비스 및 통신 중계 서비스(TRS)를 100% 제공할 계획이다. 또 장애물 없는 생활환경 인증 제도(Barrier Free: BF)를 활성화하기 위해 공공·민간 시설의 인증제 참여 유도 및 홍보를 강화하고 인증 취득 시설에 대한 인센티브를 제공하고 2012년까지 유형별 재난에 대한 장애인 유형별 대응 지원이 가능한 재난 방지(피난 예측) 시뮬레이션 시스템을 개발하고 매뉴얼을 제작하며 위치 추적기술(RFID)을 적용한 장애인 전용 주차구역 모니터링 시스템을 구축한다는 계획을 포함하고 있다.

2) 장애인의 경제적 안전 대책

우선 장애수당은 장애인복지법 제49조에 의건 국민기초생활보장법에 의한 수급자 및 차상위 계층(120% 이하)의 18세 이상 등록 장애인을 대상으로 하여 기초 수급자의 경우 중증장애인 1인당 월 13만 원, 경증장애인 1인당 월 3만 원, 차상위의 경우 중증장애인 1인당 월 12만 원, 경증장애인 1인당 월 3만 원, 보장시설 장애인의 경우 기초 중증[3] 1인당 월 7만 원, 기초 경증 1인당 월 2만 원을 받는다. 그런데 2010년 7월 1일부터 시행되는 '장애인연금법'에 따라 18세 이상 중증장애인의 경우 장애연금으로 전환된다. 지급 연금의 규모는 장애인 연금 대상자에게는 소득보장 성격의 기초급여가 매월 9만 원씩 지급되며 추가 지출비용 보전 성격의 부가급여로 기초생활 수급자에게 매월 6만 원이 추가로 지급된다.

또한 장애아동 부양수당은 국민기초생활보장법에 의한 수급자 및 차상위 계층(120% 이하)의 18세 미만을 대상으로 지급되며, 재가 장애아동 보호자나 보호자가 없는 경우 장애아동 당사자의 경우[4] 기초 중증장애인은 1인당 월 20만 원, 차상위 중증장애인은 1인당 월 15만 원, 기초 및 차상위

3) 중증장애인의 경우 장애 등급이 1급 또는 2급인 자(3급 지적 또는 자폐성 장애인으로서 다른 장애가 중복된 자 포함), 경증장애인은 장애 등급이 3~6급인 자.

4) 중증장애인의 경우 장애 등급이 1,2급인 자(다른 장애가 중복된 3급 정신지체인 및 발달장애인 포함).

경증장애인은 1인당 월 10만 원을 지급받는다.

장애인 의료비 지원은 의료급여 2종 수급권자인 장애인(차상위 계층 의료급여 2종 수급권자 포함)을 대상으로 지급된다. 1차 의료급여기관에서 처방전 교부 시 본인 부담금 1,000원 중 750원, 2차, 3차 의료기관의 진료 시 본인 부담(15%) 전액을 지원하며 장애인 보장구 중 의료보호 급여 대상 품목 구입 시 보장구의 유형별 기준액 범위 내에서 본인 부담금 전액(15%)을 지원한다.

장애인 자녀 교육비 지원은 월 평균 소득 인정액이 1인 가구 638,099원, 2인 가구 1,086,492원, 3인 가구 1,405,542원, 4인 가구 1,724,592원, 5인 가구 2,043,640원, 6인 가구 2,362,690원 이하인 1~3급 장애인 중학생 및 고등학생, 1~3급 장애인의 중학생 자녀 및 고등학생 자녀를 대상으로 한다. 고등학생의 경우 학비(입학금, 수업료), 교과서대(10만 9천 원), 학용품비(4만 5천 원)를, 중학생의 경우 부교재비(3만 3천 원), 학용품비(4만 5천 원)을 지급한다.

장애인 자립자금은 가구별 월소득 인정액 기준 1인 가구 98만 원 이하, 2인 가구 167만 원 이하, 3인 가구 216만 원 이하, 4인 가구 265만 원 이하나 18세 이상의 등록 장애인 본인에게 대여 가능하다. 대여 조건은 무보증 대출로 가구당 1,200만 원 이하, 보증 대출의 경우 2,000만 원 이하이며 이자 연 3.0%(고정 금리)로 상환 방법은 5년 거치 5년 분할 상환이다.

이 밖에도 장애인 자동차 혜택이나 각종 공공시설 이용료 및 대중교통료 할인 등의 지원이 제공된다. 장애인 자동차 혜택은 장애인 자동차 표지 관리로 장애인 본인 또는 장애인과 주민등록상 거처를 같이하는 직계존비속이나 배우자, 형제를 대상으로 하며 자매, 직계 비속의 배우자 명의로 등록하여 주로 장애인이 사용하는 자동차 1대에 한해 공영 주차요금 할인, 주차 편의 제공, 차량 10부제 적용 제외 등을 지원한다. 장애인 차량의 고속도로 통행료 할인카드 발급은 배기량 2000cc 이하 승용차, 승차 정원 7인승 이상 10인승 이하인 승용 자동차, 12인승 이하 승합차, 1톤 이하의 물차(단, 영업용 차량은 제외)가 대상이다. 장애인용 차량 지방세 감면은 1~3급 장애인(시각은 4급까지) 본인이나 그 배우자 또는 주민등록표상 장애인과 함께 거주하는 직계 존·비속, 직계비속의 배우자, 형제, 자매 중 1인과 공동 명의로 등록한 차량 1대에 한해 취득세, 등록세, 자동차세 및 지역개발 공채 구입을 면제하고 있다.

장애인 차량 각종 이용료 면제, 할인 지원을 보면 전화요금 할인(장애인 명의 1대)은 시내 50%, 시외 월 3만 원 한도 내 50%, 114안내 요금을 면제하고 있으며 시·청각장애인 TV 수신료 면제, 고궁, 능원, 국공립박물관 및 미술관, 공원, 공연장, 공공체육시설 입장 요금 무료, 이동통신 요금 할인은 신규 가입비 면제, 기본 요금 및 국내 통화료 35% 할인, 초고속 인터넷 요금 할인은 기본 정보이용료에서 30~40%의 할인이 제공된다.

철도, 도시철도 요금 감면은 1~3급 장애인과 동행하는 보호자 1인의 경우 KTX, 새마을호, 무궁화, 통근열차 50% 할인, 4~6급 장애인의 경우 KTX 및 새마을호 30% 할인, 무궁화 및 통근열차 50% 할인, 도시철도(지하철, 전철) 100% 할인이다. 항공요금 할인은 대한항공(1~4급 장애인), 아시아나항공 국내선 요금 50%가 할인(1~3급 장애인은 보호자 1인 포함)되며, 전기요금 할인은 중증장애인(3급 이상) 전기요금의 20% 할인(관할 한국전력 신청), 연안 여객선 여객운임 할인(1~3급 50% 할인, 4~6급 20% 할인)을 제공한다. 전기요금은 중증장애인(3급 이상)의 경우 전기요금의 20% 할인(관할 한국전력 신청)이 제공된다.

장애인이 휠체어를 구입할 경우 의료복지 혜택이 있다. 장애인이면서 기초생활 수급자는 100% 지원해 주고 일반장애인 자격으로 구입할 경우 기준 금액(전동 휠체어 2백 9만 원, 수동 휠체어 48만 원)의 80%를 지원해준다. 전동 휠체어의 경우 금액 지원은 한쪽 팔의 기능이 전폐되어 수동 휠체어를 조작할 수 없는 경우에 해당된다.

3) 장애인의 사회적 안전 대책

'장애인 차별 금지 및 권리구제 등에 관한 법률'에서는 제2장 차별 금지에서 고용, 교육, 재화와 용역의 제공 및 이용, 사법·행정절차 및 서비스와 참정권, 모·부성권(母·父性權), 성(性) 등, 가족·가정·복지시설, 건강권 등 분야에서 차별 금지에 대한 규정을 하고 있다. 광범위한 분야에서 장애인 차별이 이루어질 수 있기 때문에 장애인의 사회심리적 위축은 실제 차별 행위가 심각하게 드러나지 않는 경우에도 존재하므로 장애인에 대한 전반적인 사회적 태도가 더 중요하다.

동법 제49조에서는 이 법에서 금지한 차별행위를 행하고 그 행위가 악의적인 것으로 인정되는 경우 법원은 차별을 한 자에 대해 3년 이하의 징역 또는 3천만 원 이하의 벌금에 처할 수 있도록 벌칙을 두고 있다. 여기서 악의적인 것이라 함은 차별의 고의성, 차별의 지속성 및 반복성, 차별 피해자에 대한 보복성, 차별 피해의 내용 및 규모를 모두 고려하여 결정된다.

제 5 절 저소득층의 생활 안전관리 체계

1 저소득층의 개념과 생활위험 실태

1) 저소득층의 개념

저소득층은 자본에 소외된 집단으로 대표적인 취약계층이다. 저소득의 원인이 개인의 타고난 능력에만 기인하지 않고 사회구조상 저소득층이 될 수밖에 없는 집단이 존재한다는 점에서 저소득층은 사회적으로 보호 및 지원 대상이 된다. 특히 지난 1998년 외환 위기 시기와 2003년을 전후한 신용위기 과정에서 상당수의 중산층이 저소득층으로 전락했다. 또 2005년 이후 우리 사회의 소득 양극화는 더욱 심화되었으며, 현재의 정부도 서민생활 안정 대책을 가장 중요한 국정 과제로 삼는 등 저소득층의 생활 안정은 우리 사회가 해결해야 할 가장 중요한 사회문제가 되었다.

저소득층에 대한 정의는 어떤 절대적인 빈곤 상태이기보다는 상대적인 개념이다. 정부의 정책적 측면에서 저소득층을 규정해 본다면, 우선 보건복지가족부의 여러 저소득층 관련 정책으로서 여기서의 복지 지원 대상은 자활공동체 및 저소득 계층을 포함하고 있다. 또 최근 금융위원회의 서민금융정책의 지원 대상은 저소득층 및 채무 불이행자다. 하지만 학문적 분야에서는 서민이라는 용어를 사용한 예를 발견하기 어려우며 이를 학문적으로 명확하게 규정하거나 범주화하기는 어렵다. 여러 언론기관이나 정부기관에서 언급한 생활경제 위기에 처한 집단으로는 기초생활 수급자, 차상위계층, 실업자, 장애인, 노인, 채무 불이행자, 다중 채무자, 저신용 등급자, 저소득층 등이 포함되고 있다. 이러한 문건들을 볼 때 취약계층의 공통적 특징은 '빈곤', '자본에의 소외'에 있다.

많은 빈곤에 관한 연구들은 사용 자료의 차이, 빈곤선의 차이, 개별 가구의 능력을 나타내는 지표의 차이 등으로 인해 저소득층의 규모에 대한 정의에서 현격한 차이를 보인다. 저소득층의 정의는 빈곤선의 개념을 포괄한다. 빈곤선이란 빈곤한 상태에 있는 계층을 규정하는 소득의 수준으로 정의내릴 수 있다. 빈곤선의 개념을 규정하는 데 절대 빈곤 수준을 의미하는 최저생계비를 적용하거나 상대 빈곤선이 활용되어 왔다. 절대 빈곤선은 중앙생활보장심의위원회의 심의·의결 후 보건복지부가 발표한 최저생계비를 적용하는 것이 일반적인 예다. 또 상대 빈곤선은 OECD 기준(중위소득, 40%, 50%, 60% 이하) 중 중위 소득의 50%를 적용하기도 한다. 기초생활보장법에서는 차상위 계층을 정부가 결정한 최저생계비의 120%로 규정하고 있다.

소득의 양극화 측면에서 볼 때 1997년 이후 8년간 중산층 비율이 5.3% 감소한 반면, 하위층은 3.7%, 상위층은 1.7% 증가했다. 따라서 중산층에서 하위층으로 이동한 인구는 174.7만 명으로 나타났다(민승규 외, 2006). 또 OECD 기준[5]에 따르면 우리나라 저소득층 가구가 305만 8,000가구를 기록하면서 사상 처음 300만 가구를 넘어섰으며 지난 한 해에만 13만 4,725가구가 늘어났다(조선일보, 2010. 3. 8). 빈곤층은 1인 가구 이상까지 합쳐 집계한 2006년 269만 가구에서 최근 3년 사이 37만 가구나 늘어났으며 전체 가구 수(1,692만 가구) 가운데 2006년 16.7%에서 3년 새 18.1%로 증가한

5) 경제협력개발기구(OECD)는 전체 근로자 중 가장 중간에 있는 사람의 소득인 중위소득을 기준으로 50% 미만은 저소득층, 50~150%는 중산층, 150% 이상은 상류층으로 각각 분류하고 있다.

것이다.

2) 저소득층의 생활 경제위험 실태

생활경제 위기란 실업, 파산 등 국민의 일상적인 경제활동이 마비되어 경제행위 주체로서의 실질적인 활동이 중단되는 생활 안전 위기이며 국민 생활 안전의 책임 주체가 개인이고 안전사고 발생이 협소 범위인 개인이나 가정 수준에서 나타나는 특징을 가진다. 우리나라의 빈곤 상태는 1999년에 정점을 이루고 이후 조금씩 개선되다가 2003년부터 다시 악화되고 있는 것으로 나타났으며, 빈곤 대책으로서 기초생활보장 제도는 기초보장의 사각지대가 존재하고 근로 저하, 소득의 하향 신고, 탈빈곤의 미흡, 빈곤 함정 등의 문제를 안고 있으며, 우리나라의 경우 상대 빈곤에 대한 정책이 거의 전무한 실정이다.

일반적으로 절대 빈곤 계층뿐만 아니라 상대 빈곤 계층을 포함한 저소득층도 근본적으로 소득 및 취업 구조의 불안전성으로 인해 일시적이며 적은 충격의 위험조차 대처하지 못하는 특징을 가지며 또 스스로 이를 극복할 능력도 없다. 반면에 이처럼 취약한 상태에 있음에도 불구하고 저소득층 가계들은 취업 기회나 자활이 가능하도록 하는 금융기관 이용에 대한 접근성이 계층에 비해 매우 낮다. 저소득층 가계는 제도권 금융기관을 이용하기 어려운 금융 소외계층이며 자산 구조적인 어려움에 처하게 될 때 단기적으로 이를 해소할 수 있는 금융적 기제를 확보하고 있지 못하다. 이는 저소득층 가계로 하여금 한 차례의 재정적 위기에도 극빈 계층으로 전락하게 될 가능성을 심화시킨다.

현재의 금융 제도나 시장 기능에 의한 자금의 배분 시스템은 저소득자, 농민, 중소기업 또는 중소상인의 금융 접근을 곤란하게 한다. 저소득층이 제도 금융시장에 접근하기 어려운 이유로 첫째, 저소득층의 경우에는 과거의 신용 실적이 거의 없을 뿐만 아니라 담보도 없는 경우가 대부분이며 일반적으로 위험이 큰 차입자로 분류된다는 점, 둘째, 금융기관의 대형화와 소규모 영업 점포 수의 감소로 인해 지역 밀착형 서민 금융기관의 경쟁력이 약화되었다는 점, 셋째, 금융의 전자화와 사이버 뱅킹, 신용카드 사용의 증대로 인해 전산망에 접근하기가 곤란한 저소득층은 상대적으로 불리하다는 점을 지적할 수 있다.

신용 실적이나 담보물이 없는 저소득층 가계는 비제도권 금융기관을 이용할 수밖에 없다. 우선 등록 대부업 이용자의 특성을 보면 제도권 금융기관 이용자에 비해 신용 등급과 상환 능력이 취약한 상태로 부도 상태인 경우가 31%, 정상 이용자 중에서도 8~10등급 저신용 이용자가 40%나 되었다. 반면 무등록 대부업 이용자의 특성은 고위험, 저소득, 저신용 서민층으로 나타나 금융채무 불이행자나 저신용 계층 등 저소득층 가계인 것으로 보인다. 대부업 이용자의 특성에 대한 한국금융연구원(2009)의 실태조사 결과를 보면 고졸 이상의 고학력자, 회사원, 소득 2,000만 원 이상의 중간소득층 및 고소득층의 비중이 높았다. 이 실태조사가 주로 중대형 대부업체의 심층면접을 중심으로 이루어진 것을 감안하더라도 저소득층 가계는 고금리 사금융의 기회에서도 외면당할 가능성이 있는 것으로 나타났다.

대부업 이용자의 이용 원인을 보면 주로 교육비와 병원비 등 급전의 필요가 26%로 가장 많았고, 사업 실패나 실직 등 생계비 문제가 각각 21%, 18%였으며, 기타 이유(19%)의 50%도 생활자금과 관련된 것으로 나타났다(금융감독원, 2005, 2006, 2007). 또 대출자금의 사용 용도에서도 가계생활자금이 42%로 2004년의 28%에 비해 급증하고 있다. 이는 사금융의 이용이 저소득층의 경제력 약화에 따른 생활자금 마련과 밀접히 관련됨을 의미한다.

또 대부시장의 금리를 보면 무등록 대부업 이용자의 경우 대부업법이 정한 법정 이자율 상한인 연 66%를 초과하는 경우가 대부분(84%)으로 매우 높은 금리에 대출을 받고 있는 실정이다(금융감독원, 2007). 따라서 소득이 매우 낮은 저소득층 가계는 다른 소득 계층에 비해 똑같은 금액의 대출에 대해 매우 높은 비용을 지불하고 있어 저소득층 가계에서 사금융 이용은 자활의 계기가 아니라 빈곤의 늪이 될 가능성이 높다.

신용 등급이 가장 낮은 10등급의 생활경제 위기는 물론이고 7~9등급까지의 신용 등급이 낮은 계층은 제도권 금융기관을 이용하기 어려운 금융소외자이기 때문에 경기 침체가 장기화될 경우 채무 불이행자가 되는 생활

경제 위기를 겪게 되기 쉽다. 다행히 우리나라 금융채무 불이행자는 2003년을 정점으로 지속적으로 감소되어 2009년 11월 말 현재 199.1만 명으로 나타났다(국회입법조사처, 2010). 이 수치는 2003년도 372만 명과 비교하면 대폭 감소했지만 아직까지도 200만에 가까운 가계가 금융 채무로 인한 위기에 직면하고 있는 것이며, 1인 가구를 포함한 전체 가구 수가 1,692만 명임을 감안하면 총가구의 12%에 해당된다. 금융권별 금융 채무 불이행자의 분포를 보면 기타 은행업이 은행업이나 신용카드업보다 더 많은 것으로 나타났는데, 이러한 경향은 2008년과 2009년에 더욱 강화되고 있다. 그리고 여러 금융권에 복수의 채무를 가지고 있는 금융채무 불이행자는 감소하는 경향을 나타내고 있어 다중 채무로 인한 부담이 줄어든 것으로 보인다.

한편 한국대부금융협회에서 운영하는 대부업피해신고센터에 따르면, 2009년 상반기 동안 접수된 불법 사채 피해 신고는 지난해 하반기 459건보다 약 60%가 증가한 718건으로 나타났다. 피해 유형을 보면 '불법 추심'이 전체의 33.7%인 242건으로 가장 많았고, 그 다음이 '중개 수수료 편취'(29.1%, 209건), '이자율 위반'(24.2%, 174건), '대출 사기'(5.7%, 41건) 순으로 나타났다. 특히, 2008년 하반기와 비교해 '중개 수수료 편취'(4.3배)와 '불법 추심'(1.9배) 피해가 대폭 증가했다(한국대부금융협회 보도 자료, 2009. 7. 29).

〈표 9-19〉 금융채무 불이행자의 연도별 추이(명)

구분		2002	2003	2004	2005	2006	2007	2008	2009 11월 말
전체		263.6	372.0	361.5	297.6	279.6	258.3	227.1	199.1
금융권별	은행업	175.8	233.7	260.6	180.1	164.5	145.7	119.3	103.7
	신용카드업	113.4	178.5	140.5	98.3	89.2	77.7	70.3	53.5
	기타 금융업	216.7	447.8	484.6	328.7	325.9	310.1	266.2	202.5
복수업권별	1개 기관	91.7	108.3	98.6	123.1	113.9	105.8	98.9	98.65
	2개 기관	52.2	67.2	61.4	66.7	61.0	56.1	47.4	43.5
	3개 기관 이상	119.7	196.5	201.5	107.8	104.7	96.3	80.8	57.0

출처: 국회입법조사처(2009)의 자료를 토대로 재구성.

〈표 9-20〉 불법 사채 피해 유형

구분	2008년도 합계		2009년도 상반기	
	건수	비율	건수	비율
이자율 위반	283	41.10%	174	24.20%
불법 추심	198	28.70%	242	33.70%
대출 사기	66	9.50%	41	5.70%
수수료 편취	60	8.70%	209	29.40%
기타	81	11.70%	52	7.20%
소계	688	100%	718	100%

출처: 한국대부업협회(www.clfa.or.kr) 보도 자료(2009. 7. 29)를 토대로 재구성.

3) 저소득층의 신체적 위험 실태

저소득층은 매우 낮은 경제적 수준으로 인해 더 심각한 신체적 위험에 직면할 수 있다. 저소득층이 주로 구입하는 소비제품과 서비스는 상대적으로 질적으로 낮을 가능성이 있으며 안전 기준이 제대로 마련되어 있지 않은 소비제품이나 서비스를 접할 기회가 더 많을 것으로 예측된다.

스타필드(Barbara Starfield) 이론에 따르면 '건강에 대한 차별적 위협'은 낮은 사회 계층이 건강에 위해한 근로 및 주거환경에서 일하고 사는 것과 관련된다. 저소득층과 육체노동자 계층은 그들의 낮은 수준의 학력과 직업기술로 인해 물리적 위험이 높거나 위해 화학물질에 노출된 작업환경에서 장시간 근무하는 경우가 많다. 이들 계층에서 사고로 인한 부상, 호흡기질환, 중금속 중독 등 직업병의 발병률이 높은 것은 이러한 작업환경과 관련이 많다. 그리고 낮은 소득으로 인해 열악한 주택환경과 위생 상태에서 밀집 생활하면서 전염병, 피부병, 호흡기 질환 등에 쉽게 노출된다.

우선 우리나라 건강보험 대상자 및 의료급여 대상자의 암 발생률과 치명률(암으로 진단받은 환자의 사망 위험)은 소득에 따라 차이가 큰 것으로 나타났다. 지난 2001년에 발생한 우리나라 암 환자를 소득별로 비교한 연구(김철웅, 2005)는 암 발생률과 치명률 모두 소득에 반비례하는 것으로 나타났으며, 암 종류별로 다양한 형태의 차이를 보였다. 분석 결과를 보면 가장

[그림 9-2] COPD 환자의 연 가계소득(%)

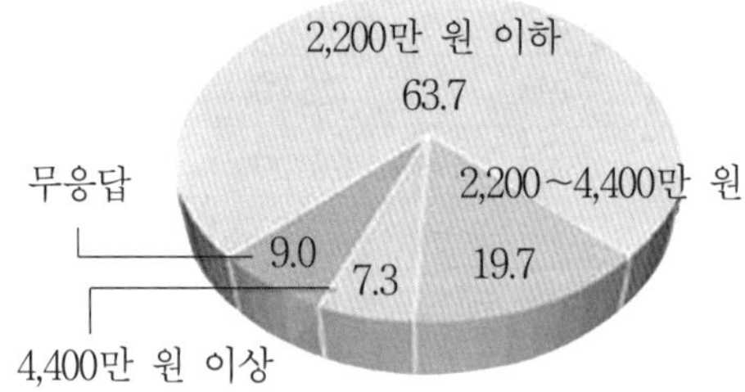

출처: 영남일보, 2006. 11. 21.

낮은 소득 계층은 가장 높은 소득 계층보다 인구 10만 명당 남자 131.7명, 여자 58.5명의 초과 사망이 발생하는 것으로 나타났고, 가장 높은 소득 계층 대비 낮은 소득 계층의 암 발생 위험이 남자가 1.65배, 여자가 1.43배인 것으로 나타났다. 남자의 경우, 폐 · 식도 · 위 · 간 · 췌장암에서 저소득층에 불리한 불평등을 보인 반면, 전립선암은 저소득층에 유리한 불평등을 보이고 있었다. 여자의 경우, 위 · 간 · 폐 · 자궁경부암에서 저소득층에 불리한 불평등을 보인 반면, 결장암은 저소득층에 유리한 불평등을 보이고 있었다. 가구원 수로 소득을 보정한 후 남녀 모두에서 대부분의 악성 종양의 불평등 정도가 증가했음을 알 수 있었다.

보건복지부가 기초생활 수급자와 차상위 계층 백만 명을 조사한 결과, 천 명당 351명이 고혈압 환자로 나타나 일반 국민 천 명당 고혈압 유병률 125명과 비교할 때 2.7배가 높았다. 당뇨병의 경우, 저소득 계층의 환자 수가 2.6배나 더 많았으며 관절염과 뇌혈관 질환, 협심증 등도 저소득층의 환자 수가 월등히 많았다. 또 장기적으로 지속되는 기침이나 천식의 일종인 만성 폐쇄성 폐질환(COPD) 환자의 63.7%가 가계 연소득이 2,200만 원 이하인 중하층 및 빈곤층에 속하는 것으로 나타났다. COPD로 직장을 그만두는 문제, 환자의 대부분이 고령자라는 점 등을 감안하더라도 COPD로 인해 사회적 약자로 전락할 가능성이 높다는 것이 문제다(경향신문, 2006. 11. 16).

영양조사 결과에서도 소득 수준을 4등급으로 나눠 1인당 1일 에너지 섭취량을 계산한 결과 하위 계층이 1,741㎉로 최상위 계층 2,091㎉보다 350㎉나 적었다. 특히 5세 이하 아동의 경우 최저 소득 수준 가구의 아동은 에너지와 주요 영양소의 평균 섭취 수준이 하루 권장량의 60~80%에 불과했다. 국민건강 통계(2008)에 따르면 건강 위험 소비행동이라고 할 수 있는 흡연율과 음주율에서도 저소득층의 경우 고소득층보다 현격히 높았다.

황정선(2010)이 조사한 국민안전 체감지수의 결과를 보면, 상대적으로 가정 내 생활 안전이 취약한 집단은 100만 원대 소득층, 미취학 자녀를 키우고 있는 2세대 가구, 연립/빌라 거주자들로 나타났다. 특히 식품에서는 소득 수준이 낮을수록 식생활 위해 심각성에 대해 관대하게 대응하고 있는 것으로 나타났고 100만 원 미만 계층이 가장 낮은 안전 체감을 나타내고 있어 저소득층은 주관적인 안전체감도가 다른 소득 계층에 비해 낮은 것으로 나타났다.

재난을 경험한 이재민들도 저소득층으로 전락할 가능성이 있다. 재난을 경험한 피해자인 이재민들은 신체나 재산상으로 큰 피해를 입지만 심리적·정신적으로도 큰 혼란을 겪게 되어 재난 후유증은 수십 년이 넘게 지속될 수 있다. 외상 후 스트레스 장애는 외상성 사건이 스트레스를 일으켜 심각한 경우 심리적 충격 상태에서 벗어나지 못하고 일상생활을 회피하거나 우울증에 시달리기도 한다.

2 저소득층의 생활안전 관련 법제

1) 저소득층의 생활경제 안전 관련 법제

(1) 채무 불이행자의 신용 회복을 위한 구제 제도

채무 불이행자 구제 제도는 개인신용 회복을 위한 제도로서 사적 구제 제도와 공적 구제 제도로 나눌 수 있다. 이는 개인신용 회복 제도로서 정상적인 채무 변제가 어려운 개인 채무자에게 상환 기간을 연장해 주거나 일부 채무를 탕감해 줌으로써 신용 회복을 도와 주는 제도적 장치를 말하며(이은영, 2008; 19), 법원에 의한 개인 회생과 개인 파산 제도가 있다. 사적 구제제도에는 신용회복위원회의 개인 워크아웃 제도와 사전 채무조정 제도, 채권 집중 프로그램, 그리고 개별 금융회사 자체 프로그램이 있다.

① 공적 채무 불이행자 구제 제도

통합도산법은 채무자의 회생 및 파산에 관한 법률 체계가 일원화되고 어느 정도 체계화된 채무 재조정 절차를 갖추게 되었다는 이의를 가진다. 하지만 채무자의 재건(회생) 신청과 파산 신청을 분리하고 있어 두 제도 간의 연관성은 낮은 편이다. 개인회생 제도는 변제 능력이 있는 채무자의 회생과 채권자의 이익을 도모하기 위해 '개인채무자회생법'에 따라 2004년 9월 23일부터 시행되어 왔다. 동법은 2006년 4월부터 시행된 '채무자 회생 및 파산에 관한 법률'로 통합되었다. 동법의 주요 내용을 보면 채무자가 인가받은 변제 계획에 따라 최장 5년간 일정한 금액의 변제를 완료할 경우 잔여 채무에 대해 법원의 직권 또는 채무자의 신청으로 면책을 결정할 수 있다. 개인회생 제도는 채무 발생의 원인에 제한이 없어 사채까지 포함한 채무에 대해 지급 불능의 상태에 빠져 있거나 지급 불능이 생길 염려가 있는 경우에 적용되는데, 반드시 개인 채무자가 장래 계속적으로 또는 반복하여 수입을 얻을 가능성이 있는 '급여소득자' 또는 '영업소득자'여야 한다.

개인회생 절차를 자세히 보면, 채무자의 개인회생 신청 시 법원은 채권자의 이의 여부, 변제계획의 적합성 등을 고려하여 인가 여부를 결정한다. 인가된 후 채무자가 인가받은 변제계획에 따라 최장 5년간 일정한 금액의 변제를 완료한 경우 잔여 채무에 대해 직권 또는 채무자의 신청에 의해 면책을 결정하게 된다. 개인회생 절차에서 채무 변제에 대한 최저 변제액은 개인회생 채권 총금액이 5천만 원 미만인 경우 이의 5%, 5천만 원 이상인 경우 3%±100만 원보다 적지 않되 최대 3천만 원까지를 채무변제액 상한으로 하고 있다(통합도산법 제614조 제2항).

개인파산 제도는 개인 채무자가 자신의 모든 재산으로도 채무를 변제할 수 없는 상태에 빠진 경우 채무의 정리를 위해 채무자 또는 채권자의 신청에 따라 법원의 파산선고와 면책 결정으로 채무자의 채무 상환 책임을 면해 주는 제도다. 개인파산은 변제 능력을 상실하여 지급 불능에 처한 채무자나 채권자가 신청이 가능하다. 또 은행 대출, 신용카드 사용, 사채 등 채권채무 관계의 원인을 불문하고 금액의 제한이 없으며 신용 불량자가 아니라도 신청할 수 있다. 파산절차는 채권자나 채무자의 파산 신청에 의해 개시되고 파산 신청을 접수한 관할 법원은 파산 신청 서류 및 절차의 적합성에 대한 형식 심사와 더불어 채무자 심문 등의 실질 심사를 거쳐 파산선고

알아봅시다

공적 채무 불이행자 구제 제도의 이용 실태

현재 700만 명에 달하는 저신용 계층이 존재하는 반면 이들이 이용할 수 있는 서민 금융기관은 부족한 실정이다. 한편 채무 불이행자들의 대표적인 채무 조정 수단으로 신용회복위원회의 개인 워크아웃 제도나 법원에 의한 개인회생 및 개인파산 제도가 있다. 신용회복위원회가 2002년 10월 출범한 이래 2009년 12월 말까지 총 상담 건수는 3,252,125건이었고 이 가운데 지원을 받은 건수는 803,997명(신용회복위원회, 2009). 지난 2009년 한 해만의 신용회복 상담 건수는 588,335건이며 신용회복 지원 신청자는 총 101,714명으로 전년 대비 28.5% 증가했다.

연도별 개인회생, 파산, 면책 접수 건수

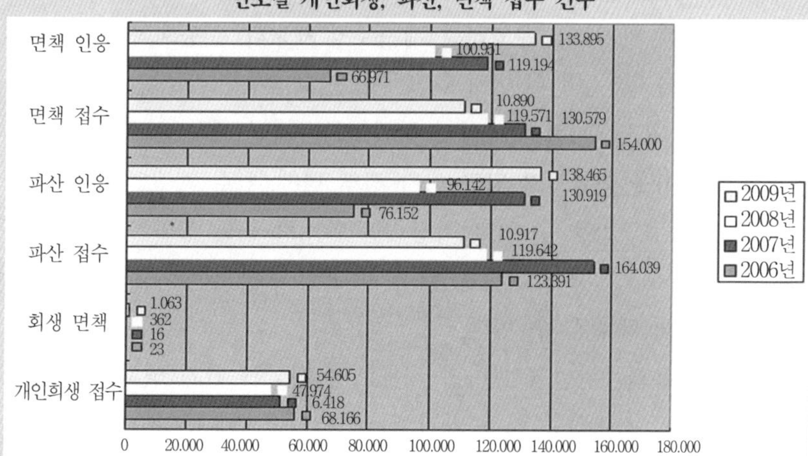

출처: 대법원(2010), 사법통계연감, 도산 관련 자료를 기초로 하여 작성함.

를 내리거나 신청을 기각한다. 파산선고가 내려지고 파산재단이 구성됨과 동시에 파산재단의 관리 책임을 지는 파산관재인이 선임된다. 파산재단은 예외를 제외하고 채무자의 전체 재산으로 구성되는데 파산재단으로의 편입이 면제되는 재산은 압류가 불가능한 재산, 거주건물의 임차보증금반환청구권, 채무자 및 부양가족의 6개월치 생계비에 충당할 재산으로 특정되어 있다(채무자 회생 및 파산에 관한 법률 제383조). 파산선고를 획득한 개인 채무자는 파산선고 확정 후 1개월 이내에 면책 신청을 할 수 있고, 면책 신청이 형식적·실질적 요건을 갖추고 있는 경우 법원은 특수한 경우를 제외하고는 면책 결정을 내린다(동법 제556조 및 제564조). 면책이 확정되면 조세를 비롯한 법에 명기된 일부 채원을 제외한 모든 채원에 대해 상환 의무가 면제된다(동법 제566조).

② 사적 채무 불이행자 구제 제도

채무 불이행자를 위한 사적 구제제도는 신용회복위원회, 여러 금융회사가 공동 참가한 기구, 한국자산관리공사, 그리고 개별 금융기관이 주체가 되어 다양한 프로그램이 운영되고 있다. 우선 신용회복위원회는 개인 워크아웃 제도와 사전 채무조정 제도(약칭 프리워크아웃 제도)를 운영하고 있다. 개인 워크아웃 제도란 금융 채무 불이행자를 대상으로 금융회사 공동협약에 의거해서 운영하는 채무조정 제도다. 신용회복지원협약에 가입한 금융회사에서 5억 원 이하의 채무가 있고 3개월 이상 연체자로 등록된 사람으로서 최저생계비 이상의 소득이 있는 개인 채무자가 신청할 수 있다. 개인 워크아웃 대상자가 되면 이자 전액 면제, 상각 채권인 경우 원금 최대 50%까지 감면받을 수 있고 최장 8년 이내로 분할 상환 기간이 조정될 수 있으며 채무조정안이 확정될 때 채무자에 대한 금융회사의 모든 연체 등 정보 등록이 해제될 수 있다.

신용회복위원회의 사전 채무조정 제도는 단기 연체자가 금융 채무 불이행자로 전락하는 것을 막기 위해 2009년 4월 13일부터 2010년 4월 12일까지 1년간 한시적으로 운영한 채무조정 제도다. 사전 채무조정 제도의 대상자는 2개 이상 금융회사에서 신용 대출과 담보 대출을 모두 포함해 5억 원 이하를 대출받고 30일 초과~90일 미만 연체한 채무자다. 또 사전 채무조정 제도의 지원을 받기 위해서는 채무조정 신청 전 6개월 안에 신규 대출금이 총 대출금의 30% 이하로 비중이 낮아야 하고 연간 소득에 대한 연간 대출 원리금의 상환 비율(DTI)이 30% 이상이어야 한다. 그리고 신청자의 보유 자산 가액이 6억 원 미만이고 실직이나 휴업, 폐업, 소득 감소 등 사전 채무 조정 없이는 정상적인 채무 상환이 어렵다는 점이 인정되어야 한다. 사전 채무 조정 대상자가 되면 연체 이자를 면제받으며 신용 대출금은 10년까지, 담보 대출금은 20년까지 균등 분할 상환할 수 있도록 조정받을 수 있다. 대출 이자는 기존 대출의 70% 수준에서 적용되지만 특별한 사유가 있으면 원금 상환이 1년간 유예되고 이 기간 동안 이자율은 3% 정도다.

채권집중 프로그램은 상록수제일차유동화전문유한회사, 희망모아유동화전문유한회사, 신용회복기금을 운용하는 한국자산관리공사에서 지원하는 채무 조정 제도다. 채권집중 프로그램은 금융 채무 불이행자의 여러 금융회사 채무를 한 곳으로 집중하여 효과적인 채무 조정 및 채권 추심을 목적으로 한다. 상록수제일차유동화전문회사는 10개 금융회사[6]가 공동 참여하여 설립되었으며, 채권금융회사로부터 개인 채무자의 부실 채권을 매입한 후 이에 대한 채무 조정을 하는 프로그램으로 이자 감면 및 상환 기간 연장(5년 이내)을 지원하고 있다.

희망모아는 금융회사 공동 채권 추심 및 신용회복 지원기구인 희망모아유동화전문유한회사가 2005년 5월 한마음금융(주)이 30개 채권금융회사로부터 개인 채무자의 부실 채권을 매입하고 이를 기초자산으로 하여 ABS 채권을 발행했으며, 채무자의 신청에 따라 원금의 3%를 선납하면 잔여 채무에 대해 최장 8년까지 분할 상환하게 하는 제도다

신용회복기금은 2008년 7월 24일 금융위원회가 발표한 '금융 소외자 지원 종합대책'의 일환으로 같은 해 9월 2일 설립된 지원기구로서 한국자산관리공사(KAMCO)가 기금을 관리, 운영한다. 금융기관과 등록 대부업체의

---

6) 국민은행, 기업은행, 우리은행, 조흥은행, 하나은행, LG카드, 상성카드, 신한카드, 외환카드, 현대카드.

3천만 원 이하 채무를 대상으로 하여 연체 채권을 매입을 하여 채무 조정을 하고 고금리 대출을 저금리 대출로 환승하는 대출 보증, 그리고 자활 지원 네트워크를 운영하고 있다. 특히 신용 등급이 낮은 6~10등급인 사람으로서 대출회사(캐피탈이나 등록 대부업체 등)에 원금 기준으로 1천만 원

알아봅시다

서민을 위한 신용회복 지원의 활용 현황

2009년 신용회복위원회와 자산관리공사를 통해 이자 감면과 원금 상환 기간 연장 등의 신용회복 지원 프로그램을 적용받은 사람이 25만 6,714명으로 집계됐다(파이낸셜 타임스, 2010. 2. 21). 이 중 신용회복위원회가 운영하는 개인 워크아웃과 사전 채무조정 제도 신청자는 10만 1,714명이었고, 이중 금융채무 이자를 3개월 이상 연체해 이자 감면을 위한 '개인 워크아웃' 신청자는 9만 3,283명으로 전년 신청자(7만 9,144명)보다 17.9% 증가했다. 또 한국자산공사(캠코)가 자체적으로 운영중인 희망모아, 신용회복기금, 전환 대출 등의 신용회복 지원 프로그램 신청자도 15만 5,000명에 이르렀다. 이 중 고금리 대출을 저금리로 전환해 주는 한국자산공사 신용회복기금의 전환 대출 신청자와 8년간 원금 분할 상환을 해주는 채무재조정 신청자는 총 9만 957명으로 나타났다.

신용회복위원회의 발표 자료(2010)에 따르면, 개인 워크아웃 신청자들의 86.9%는 월소득 150만 원 이하로 나타났다. 소득 규모별로 개인 워크아웃 신청 현황을 보면, 극빈곤층인 소득 100만 원 이하의 신청자가 전체의 56.5%인 52,679명으로 가장 많았으며, 그 다음으로 100만 원 초과 150만 원 이하의 신청자가 30.4%인 28,400명이었다. 월평균 소득이 150만 원 초과 200만 원 이하인 경우는 9.8%인 9,144명으로 나타나 월평균 소득이 200만 원 이하인 경우가 전체의 96.7%나 되었다. 또 2008년도 개인 워크아웃 신청자는 79,144명이었는데 비해 2009년의 경우 93,283명으로 17.9% 증가했다. 또 사전 채무 조정의 신청자 가운데 소득 100만 원 이하의 신청자가 전체의 32.9%인 357명으로 가장 많았으며, 그 다음으로 100만 원 초과 150만 원 이하의 신청자가 28.5%인 309명으로 월소득 150만 원 이하의 신청자가 전체의 61.4%를 차지했다. 150만 원 초과~200만 원 이하의 신청자는 전체의 18.8%를 차지하여 월평균 소득이 200만 원 이하인 경우가 전체의 80.2%로 나타났다.

한국자산관리공사는 2008년 말부터 전환 대출 사업을 운영중에 있는데 2009년 말까지 전환 대출과 채무 재조정을 신청한 사람은 모두 8만 1,000명인 것으로 나타났으며, 채무 재조정은 2008년 65만 명의 부실채권을 사들였지만 실제 채무 재조정을 신청한 사람은 6만 2,600명이었고 신청 건수는 2009년 7월 1만 831명을 정점으로 계속 줄어 지난해 12월에는 5,006명으로 떨어졌다(동아일보, 2010. 1. 30).

이하이면서 30% 이상 금리의 채무를 3개월 이상 정상 상환하고 있는 경우에는 30% 초과 금리 대출을 신용회복기금의 보증을 통해 채무자의 신용도에 따라 12% 내외의 은행권 대출로 5년 이내에 상환하도록 전환해 주고 있다.

③ 저소득층 자활을 위한 소액 대출 제도

소액 대출제도(Micro Credit)란 저소득층이 생계를 위해 소규모의 사업을 시작할 수 있도록 적은 액수의 창업자금을 무담보로 대출하는 제도라고 정의하거나(노대명 외, 2003) 제도권 금융기관에서 소외된 저소득 계층이 자영업 등을 영위하고자 할 때 이를 지원해 주는 소액 대출 제도(보건복지가족부, 2008)라고 정의하고 있다. 그 밖에 임원희(2006)는 빈곤층에게 생계형 창업을 통한 자활을 할 수 있도록 작은 창업기금을 보증인이나 담보물 대신 신용을 담보로 하여 소액 자금을 대출하는 제도라고 정의하고 있다.

Microcredit Summit 자료에 따르면 2005년 말 현재 전세계 소액 금융기관의 수는 3,133개에 이르며, 그 기관을 이용한 소액 대출 이용자는 1억 1천 3백만 3천 26만여 명에 이르는 것으로 나타났다. 또 이들 가운데 8천 1백 90여만 명이 극빈층인 것으로 나타나 1가구당 5명으로 가정했을 때, 약 410여 만 명의 가족원들에게 혜택이 이루어진 것이다(Elizabeth & Otero, 2006).

<표 9-21>에 나타나 있듯이 개발도상국에서의 소액 대출 이용자 규모는 2005년 말 약 1억 9백 80여만 명이었으며, 선진국에서의 소액 대출 이용자 규모는 2005년 말 약 4백 40여만 명이었다. 개발도상국가의 소액 대출 이용자 가운데 극빈층은 8천 1백 80여만 명으로 이용자 전체의 74.5%였는데 반해 선진국에서 소액 대출 이용자 가운데 극빈층은 2.5%에 불과했다. 또 개발도상국가의 소액 대출 이용자 가운데 극빈여성 이용자가 62.8%였다면 선진국에서 소액 대출 이용자 가운데 극빈 여성 이용자는 1.5%에 불과했다.

국내에는 공적 소액 대출 제도와 사적 소액 대출 제도가 있다. 공적 소액

대출 제도는 미소금융, 중소기업청, 신용회복기금을 운용하는 한국자산관리공사, 신용보증재단 등에서 제공되는 창업 지원, 생계 대출, 신용보증 지원 서비스를 포함한다. 사적 소액 대출 제도는 각 금융기관의 소액 대출 서비스와 사회연대은행, 신나는조합 등 시민단체의 소액 대출 서비스를 포함한다.

우리나라에서 저소득층을 위한 공적인 소액 대출 제도는 근로자 생계 대출, 창업 및 운영자금 대출로 구분될 수 있다. 근로자 생계 대출은 생계 곤란한 자를 대상으로 최대 500만 원 정도 대출을 해주는 제도다. 중소기업청 근로자 생계 신용보증 대출은 신용도 6~9등급 근로자를 대상으로 최대 50만 원까지 최장 5년 대출을 해주며 금리 연 8.4~8.9 정도다. 또 복지부도근로자 생계보증 대출을 위와 같은 조건으로 시행하고 있다.

〈표 9-21〉 전 세계 소액 금융의 규모(Microcredit Summit 자료)[7)]

(단위: 명)

지역	소액 금융 수	전체 고객 수(2004년)	전체 고객 수 2005년	극빈고객 수(2004년)	극빈고객 수 (2005년)	극빈 여성 고객 수 (2004년)	극빈 여성 고객 수 (2005년)
아프리카 (사하라 이남)	959	7,004,840	7,429,730	5,062,166	5,380,680	3,271,510	3,442,825
아시아 · 태평양	1,652	81,009,798	96,689,252	59,939,638	744,330,516	51,212,061	63,934,812
중남미	439	9,854,401	4,409,093	1,429,360	1,760,405	1,020,992	1,258,668
중동 · 북아프리카	30	168,575	1,287,318	92,568	387,951	61,804	321,004
개발도상국 합계	3,080	92,037,614	109,815,393	66,523,732	81,859,552	55,566,367	68,937,309
북아메리카 · 서유럽	35	56,911	55,707	28,683	13,318	17,696	7,862
동유럽 · 중앙아시아	18	175,764	3,390,290	62,501	76,166	38,343	47,856
선진국 합계	53	232,675	3,445,997	91,139	89,484	56,039	55,718
총계	3,133	92,270,289	113,261,390	66,614,871	81,949,036	55,622,406	68,993,027

출처: Microcredit Summit Annual Report(2006).

7) Microcredit Summit은 1997년 2월 미국 워싱턴 D.C.에서 처음으로 137개국 2,900여 명이 모여 세계의 극빈층 가계의 1억 명 모으기 캠페인을 시작하면서 출발했다. 2년마다 개최되며 지난 9년간의 활동을 통해 2006년 11월 Global Microcredit Summit를 개최하면서 10년 동안 빈곤층 가계 1억 7천만 명에게 소액 대출 목표를 설정.

공적인 창업 및 운영자금 대출 제도는 2008년 공식적으로 출범한 미소금융이 대표적이다. 미소금융은 제도권 금융회사 이용이 곤란한 금융 소외계층을 대상으로 창업·운영자금 등 자활자금을 무담보·무보증으로 지원하는 소액 대출사업(Micro Credit)이다. 이 밖에도 첫째, 창업 시 사업타당성 분석 및 경영 컨설팅 지원, 둘째, 채무 불이행자에 대한 부채 상담 및 채무조정 연계 지원, 셋째, 취업정보 연계 제공 등을 지원하고 있다. 미소금융은 '휴면예금관리재단의 설립 등에 관한 법률'에 의거하여 소액서민금융재단(휴면예금관리재단)이 운영중에 있으며, 개인 신용 등급 7등급 이하로 저소득, 저신용 계층에 해당하는 사람들이 지원 대상이다. 2009년 12월 31일 현재 전국 15개 미소금융 지역법인이 개소하여 가장 규모가 큰 소액 대출기관이 되었다.

이 밖에 창업 및 운영자금 대출은 비교적 다양하게 제공된다. 서울신용보증재단 소상공인 창업자금 특별보증 제도는 창업 후 3개월 이내인 사업자이면서 신용도 9~10까지도 가능한 저신용 계층에게 최대 3천만 원까지 최장 5년까지 보증을 하고 있다. 또 같은 기관의 사업장 임차보증금 특별보증 제도는 창업 후 3개월 이내인 사업자로서 신용도 9~10까지도 가능하며 최대 5천만 원까지, 최장 5년 동안 사업장 임차보증금을 보증하고 있다. 보건복지가족부의 '희망키움뱅크'는 기초생활 수급자 등을 대상으로 하는 소액 대출 제도로서 금리는 연 2%(고정 금리)로서 최대 2천만 원까지 최장 5년 만기 동안 대출해 준다. 서울시 희망드림뱅크 특례 보증 제도도 기초생활 수급자 등을 대상으로 하는데 금리는 연 2%(고정 금리)로 최대 2천만 원까지 최장 6년 만기 동안 대출해 준다. 그리고 소상공인진흥원에서는 창업 및 경영 개선자금을 제조, 건설, 운송, 광업 분야 상시 종업원 10인 미만 업체와 도소매업 등의 상시 종업원 5인 미만 업체를 대상으로 금리 연 5% 수준에서 최장 5년 동안 대출하는 서비스를 제공하고 있다.

사적 소액 대출 제도는 시민단체가 제공하는 것과 금융기관 개별적으로 소액 대출 서비스를 제공하는 것으로 구분된다. 시민단체가 제공하는 소액 대출 제도로 우리나라의 경우 그라민은행의 한국지부인 '신나는조합'과 사회연대은행이 있다.

(사)부스러기사랑나눔회는 1999년부터 한국 씨티은행의 지원과 방글라데시 '그라민 트라스트(그라민은행)'의 대출금으로 마이크로 크레디트 '신나는조합'을 운영하고 있다. 대출 자격의 구체적인 조건은 농촌 거주자의 경우 재산 규모가 1,000만 원 이하이거나 3,000평 이하 농지를 보유하는 사람이며, 도시 거주자의 경우 자산 규모가 3.00만 원 이하인 사람이다. 월 수입면에서는 농촌이나 도시 모두 4인 가족 기준에서 150만 원 이하여야 한다.

신나는조합은 보건복지부기금과 민간기금 두 가지를 운영하고 있는데, 보건복지부기금은 자활후견기관 소속 자활공동체를 대상으로 하고 있으며, 민간기금은 부부나 형제 등 가족을 제외한 3~5인으로 구성된 공동체다. 대출 내용을 보면 대출 금리가 2~4%로 매우 낮고 대출 한도가 보건복지부기금은 1억, 민간기금은 총 6천만 원 한도로 비교적 높은 수준이다. 대출 업종은 사치 향략업종을 제외한 모든 업종으로 비교적 선택의 폭이 넓은 편이다. 신나는조합의 대출자는 주로 농어촌지역 자활공동체다. 대출자들의 특성을 보면 서울 이외의 거주지역에 전국적으로 골고루 분포되어 있으며 종사하는 업종 역시 농산물 생산 및 가공업이었다.

사회연대은행은 2003년 2월에 창립되었으며 도시 자영업 창업을 지원 대상으로 하고 있다. 창업 업체별로 약 1천만 원 최대 5천만 원을 대출하며 평균적으로 업체별로 약 2천만 원을 대출하고 있다. 이들 창업 기업은 개인과 공동체 중 주로 개인 창업의 형태를 취하고 있으며, 주로 서비스업과 외식업 부문에서 창업이 이루어지고 있다. 사회연대은행은 직접 고용한 지원 인력을 통해 대상 선정부터 창업자금 대출에 이르는 지원을 직접 수행하고 있다. 지원 인력 대부분은 창업 업종별 전문가로 구성되어 있으며, 업종 선택부터 마케팅에 이르는 모든 과정에 대한 지원 기능을 수행하고 있다. 사회연대은행의 지원은 전문적이고 다양한 사업 분야에 효과적인 지원이 가능한 장점을 가지고 있지만 비용이 크게 든다는 면에서 수도권 이외의 지역으로 확산되기에 비용 부담이 큰 단점이 있다.

금융기관이 자체적으로 제공하는 소액 대출 서비스로 금융감독원과 은행권 공동으로 소득이 적거나 신용이 낮다는 이유만으로 기존에는 은행에서 대출받기 어려웠던 저소득·저신용 계층을 위해 별도의 심사 기준을 마련해 대출해 주는 '희망홀씨 대출'이 2009년 3월부터 실시되고 있다. 2010년 5월 현재 참여하는 은행은 부산, 하나, 농협, 우리, 광주, 전부, 국민, 신한, 기업, 대구, 경남, 제주, 수협, 외환, SC제일, 씨티은행 등이다. 이를 이용한 대출자들은 주로 저신용자(7~10등급 이하)이며 연소득이 2천 만 원 미만이 67.0%를 차지한 저소득층이다.

2) 저소득층의 신체적 안전을 위한 대책

저소득층의 신체적 안전을 위한 대책은 정부의 저소득층에 대한 건강관리 서비스 제공으로 이루어진다. 미국의 뉴욕 시 등은 맥도날드 어린이 세트 메뉴인 '해피밀 세트'에 장난감을 끼워파는 것을 금지하는 법안을 추진한다. 이러한 법안을 추진하게 된 가장 큰 원인은 장난감이 특히 저소득층 아동을 중심으로 구매 욕구를 자극해 아동 비만을 초래하는 근본 원인이 되고 있기 때문이다.

현재 건강보험법, 의료법상 규제로 인해 고소득층만 고가 건강검진에 포함된 건강관리 서비스 이용이 가능하지만 저소득층은 이용하지 못하는 불합리한 상황이다. 이를 위해 정부는 건강증진센터 시범사업을 실시해 보건소 사전 예방적 건강관리 체계 구축을 통해 취약계층 통합 건강관리 제공도 추진할 계획이며, 2015년까지 전체 253개소 보건소로 사업을 확산할 계획이다.

생각해 봅시다　가난과 비만

'뚱보' 학교의 공통점은 열악한 교육 여건

국회 교육과학기술위 박영아 의원실이 공개해 연합뉴스가 분석한 '2010 학교별 비만율 내역'에서 특히 눈에 띄는 비만율 20% 이상의 뚱보 학교는 대부분 교육 여건이 열악한 지역에 위치한다는 공통점이 있다. 2010년 기준으로 전교생 1천 250명 중 299명(23.9%)이 비만으로 진단되어 서울에서 비만 학생이 가장 많은 초등학교로 꼽힌 성북구 A초의 경우 중식 지원 비율이 20%에 육박한다. 중식 지원 비율은 저소득층 등 형편이 어려운 학생의 급식비를 정부가 지원해 주는 비율로 높을수록 해당 학교의 교육 여건이 나쁜 것으로 본다.

A초 교장은 "이쪽은 아파트가 거의 없는 다세대 주택 밀집지역이다. 이미 철거된

재개발 지구 세입자들이 아직 헐리지 않은 이쪽으로 몰리는 측면이 있다"고 말했다.

A초 교장은 "우리 학교 비만율이 너무 높아 충격을 받았다. 옛날에는 잘사는 아이들이 비만이 많았다면 요새는 어려운 처지의 학생들이 부모가 맞벌이를 하기 때문에 인스턴트 음식 등으로 끼니를 때워 오히려 살이 찌는 것 같다"고 했다.
공립 중학교 가운데 비만율이 22.5%로 가장 높은 강서구 B중 역시 교육 여건이 어렵기는 마찬가지다. 영구 임대 아파트 밀집지역에 위치한 B중은 전교생 315명 중 60% 이상이 중식 지원 대상이다. B중 교장은 "우리 학교 학부모들은 대부분 맞벌이를 하고, 형편이 어려운 경우도 많아 아이들 식사를 제대로 챙기지 못할 때가 많다"고 말했다. 그는 "학교에서 일부 학생을 대상으로 조식·석식 지원을 하고 아침 달리기운동 등도 많이 하고 있지만 이번 결과는 가정에서 바른 식습관을 형성하는 것이 결국 가장 중요하다는 점을 보여 준다"며 "전면 무상 급식이 실시되긴 했지만 이렇게 어려운 지역 학교에는 좀 더 적극적인 지원이 있어야 한다"고 덧붙였다.

한편 공립중학교 중 비만율이 7.3%로 가장 낮은 송파구 C중 등 비만율이 낮은 학교들은 대체로 아파트촌에 있지만 별다른 비만 해소 프로그램을 운영하지는 않고 있었다. C중 교장은 "아침 운동과 기초체력 프로그램을 운영하고 있지만 특별히 비만관리를 위한 단체 프로그램 등을 운영하지는 않고 있다. 비만율이 낮다면 집에서 관리를 잘해 준 결과가 아니겠느냐"고 말했다. 서울시교육청 관계자는 이에 대해 "부유한 집일수록 주기적으로 체중을 재고 운동을 시키는 등 부모가 건강관리를 책임지는 반면 가난한 집 아이일수록 자칫 방치되는 문제가 있다"고 분석했다. 강대희 서울대 의대 예방의학과 교수는 "비만에 사회 계층이 반영된 결과"라며 "어릴 때부터 비만인 학생은 성장한 뒤 살찐 사람보다 암, 당뇨 등 질병에 걸릴 확률이 훨씬 높다. 학교와 가정 차원에서 해결할 수 있는 문제가 아닌 만큼 정부 차원의 대책이 시급하다"고 지적했다.

출처: 2011년 3월 9일; 미주한국일보, 2011년 4월 8일(금).

부록: 소비자 안전 관련 법령 및 품목명

❑ 공산품

관련 법	해당 품목	주무 부처
자동차관리법	• 승용자동차(경형, 소형, 중형, 대형) • 승합자동차(경형, 소형, 중형, 대형) • 화물자동차(경형, 소형, 중형, 대형) • 특수자동차(경형, 소형, 중형, 대형) • 이륜자동차(소형, 중형, 대형)	국토해양부
대기환경보전법	• 휘발유, 경유, 가스자동차 - 승용자동차(경형, 소형, 중형, 대형) - 승합자동차(경형, 소형, 중형, 대형) - 화물자동차(경형, 소형, 중형, 대형) - 특수자동차(경형, 소형, 중형, 대형) - 이륜자동차(소형, 중형, 대형) - 건설기계	환경부
유해화학물질 관리법	• 포름 알데히드 및 1% 이상 함유한 혼합물질 - 가구용 무늬목, 직물, 3세 이하 유아용 제품, 도배용 풀, 피혁가공 유연제의 용도로 사용 금지 • 납 및 이를 0.06% 이상 함유한 혼합물질 - 13세 이하 어린이가 장식에 사용할 용도로 고안된 장신구, 목재 장난감의 페인트, 금속 장신구 용도로 사용 금지	환경부
도로교통법	• 자동차, 건설기계, 원동기 장치 자전거, 자전거 - 정비 불량차, 등화장치, 자동차 창유리 투과율 등	행정안전부 경찰청
액화석유가스의 안전관리 및 사업법	• 압력 조정기류 • 배관용 밸브 • 배관이음관·정압기용 필터 • 코크 • 호스류·로딩암·세이프티 커플링	지식경제부

	• 가스누출 자동차단 장치·다기능 가스안전 계량기 • 연소기 - 가스레인지류, 주물 연소기, 이동식 부탄연소기류, 온수 보일러, 냉난방기, 강제혼합식 가스버너 및 식품제조용 연소기, 가스 온수기, 오븐그릴, 오븐레인지, 가스난방기, 업무용 대형 연소기, 그 밖의 연소 기류	
전기통신기본법	• 전화기, 모뎀, 팩시밀리 등 전기통신 기자재	방송통신 위원회
전파법	• 무선설비 기기(선박용 무선기기 포함) • 정보기기 - PC, 프린터, 모니터, PDA, PMP, 내비게이션	방송통신 위원회
품질경영 및 공산품 안전관리법	• 안전 인증 대상 공산품(18개 품목) 가(假)속눈썹, 자동차용 재생 타이어(트레드고무 포함), 가정용 압력냄비 및 압력솥, 휴대용 예초기의 날, 가스라이터, 모터 달린 보트, 물놀이기구, 물휴지(물티슈), 보행기, 비비탄총, 승차용 안전모(승차용 눈보호구 포함), 어린이 놀이기구, 운동용 안전모, 유모차, 유아용 침대, 인라인 롤러스케이트, 자동차용 어린이 보호장치, 킥보드 • 자율안전 확인 대상 공산품(47개 품목) 등산용 로프, 스포츠용 구명복, 양탄자, 유아용 및 접촉성 섬유제품, 건전지(충전지 포함), 부동액, 생활화학 가정용품, 식탁용품 및 주방용품(식품용 기구 및 용기·포장 제외), 연질염화 비닐호스, 자동차용 브레이크액, 자동차용 안전유리, 자동차용 앞면창유리 세정액, 자동차용 타이어, 합성수지제 주방용품 및 일반용품(식품용 기구 및 용기·포장 제외), 빙삭기, 자동차용 휴대용 잭, 물탱크, 미끄럼방지 타일, 고령자용 보행보조차, 고령자용 보행차, 고령자용 지팡이, 디지털 도어록, 롤러스케이트, 롤러스포츠 보호장구, 바퀴운동화, 반사 안전조끼, 벽지 및 종이 장판지, 보온·보냉용기(식품용 기구 및 용기·포장 제외), 쇼핑카트, 물안경, 스노보드, 스케이트보드, 스키용구, 아동용 이단침대, 어린이용 귀금속액세서리, 완구, 유아용 삼륜차, 유아용 의자, 유아용 캐리어, 이륜 자전거, 일회용 기저귀, 자동차용 정지표시판, 침대 매트리스, 학용품(크레용·크레파스, 문구용품, 문구용 찰흙 포함), 헬스	지식경제부 기술표준원

	기구, 휴대용 레이저용품, 휴대용 사다리 • 안전 · 품질 표시 대상 공산품(14개 품목) 가정용 섬유제품, 가죽제품, 농업용 합성수지제 필름(식품용 기구 및 용기 · 포장 제외), 습기제거제, 화장비누, 화장지, 가구, 가정용 공구, 간이 빨래걸이, 면봉, 보안경, 선글라스, 안경테, 텐트 • 어린이 보호포장 대상 공산품(7개 품목) 광택제, 방향제, 부동액, 세정제, 얼룩제거제, 자동차용 앞면 창유리 세정액, 접착제	
전기용품 안전관리법	• 안전 인증 대상 전기용품 - 전선 및 전원 코드(전선, 케이블 및 코드류) - 전기기기용 스위치(스위치, 전자 개폐기) - 전원용 커패시터 및 전원 필터 - 전기설비용 부속품 및 연결 부품 - 전기용품 보호용 부품(퓨즈 및 퓨즈 홀더, 기기 보호용 차단기) - 절연변압기(변압기 및 전압조정기) - 전기기기(전기청소기, 전기다리미 및 전기프레스기, 식기세척기 및 식기건조기, 주방용 전열기구, 전기세탁기 및 탈수기, 모발관리기, 전기보온기 및 전기온장고, 주방용 전동기기, 전기액체가열기기, 전기 담요 및 매트 · 전기 침대, 전기 찜질기 · 발 보온기, 전기 온수기, 전기 냉장 · 냉동기기, 전자레인지, 가정용 전동 재봉기, 전기 충전기, 전기 건조기, 전열기구, 전기 마사지기, 냉방기 및 제습기, 유체펌프, 전기 가열기기, 사우나기기, 관상 및 애완용 전기기기, 기포 발생 기기, 전격 살충기, 전기 욕조, 공기청정기, 자동판매기, 팬 · 레인지후드, 화장실용 전기기기, 가습기, 전기분무기, 전기소독기, 음식물처리기, 물수건 마는 기기 및 포장기기, 그 밖에 유사한 기기) - 전동공구, 정보 · 사무기기(복사기, 직류 전원장치, 무정전 전원장치, 코팅기) - 조명기기(램프 홀더, 일반 조명기구, 안정기 및 램프 제어장치, 안정기 내장형 램프) • 자율 안전 확인 대상 전기용품 - 전기기기용 스위치(전기기기용 제어 소자) - 절연변압기(고주파 웰더, 전기 용접기) - 전기기기(과일 껍질깎이, 감자 탈피기, 전기 정미	지식경제부 기술표준원

	기, 전기 빵 자르개, 전기 용해기, 애완동물 목욕기, 이미용 기기, 전기주류 숙성기, 전기시계, 적외선·자외선 방사 피부관리기, 전기의자 및 전동침대, 컴프레셔, 전기 온수매트, 구강청결기, 전기 분수기, 투영기, 해충퇴치기, 전기 집진기, 착유기, 서비스 기기, 전기 에어커튼, 팬코일 유닛(fan coil unit), 폐열 회수 환기장치, 게임기구, 전동형 롤 스크린, 전기훈증기, 수도 동결 방지기, 보풀 제거기, 산소이온 발생기, 전기정수기, 초음파 세척기, 새싹 및 콩나물 재배기, 전기작동 도어록, 전기 헬스기구, 전동기, 그 밖에 유사한 기기) - 오디오·비디오 응용기기(텔레비전 수상기, 영상모니터, 비디오테이프 플레이어, 비디오카메라, 튜너, 편집기, 디스크플레이어, 라디오 수신기, 앰프, 리시버, 음성기록계, 음성플레이어, 오디오 시스템, 전자악기, 위성방송 수신기, 비디오게임기구, 비디오폰, TV영상 프로젝터, 음질조절기, 오디오 프로세서, 신호 변환장치, 음성분배기, 컴프레셔 게이트, 전자시계, CCTV카메라, 영상전송기, 영상수신기 및 변환기, 영상기록계, A/V신호수신기, 영상 프로세서, CATV방송수신기, 오디오 및 비디오 학습기, 턴테이블, 모듈레이터, 그 밖에 유사한 기기) - 정보·사무기기(모니터, 프린터, 프로젝터, 스캐너, 지폐 계수기, 전자저울, 금전등록기, 어학실습기, 문서세단기, 천공기, 재단기, 제본기, 전자 칠판 및 보드, 동전 계수기, 전동 타자기, 전기 소자기, 실물화상기, 입체영상기, 그 밖에 유사한 기기) - 조명기기(형광램프용 스타터, 백열등기구, 방전램프, 기타 조명기구, 기타 램프)	

❑ 식품

관련법	해당 품목	주무 부처
식품위생법	식품 전반	보건복지가족부
보건범죄 단속에 관한 특별조치법	식품	
식품안전기본법	식품	

식품산업진흥법	식품	농림수산식품부
농산물품질관리법	농산물	
양곡관리법	농산물	
친환경농업육성법	농산물	
수산물품질관리법	수산물	
축산물가공처리법	축산물	
농약관리법	농약	
비료관리법	비료	
사료관리법	사료	
인삼산업법	인삼	
먹는물 관리법	물	환경부
학교급식법	급식	교육과학기술부
주세법	주류	기획재정부
염관리법	소금	지식경제부
유전자 변형생물체의 국가 간 이동 등에 관한 법률	유전자 변형 생물체	

❑ 의약품

관련법	해당 품목	주무 부처
약사법	의약품	보건복지가족부
건강기능식품에 관한 법률	건강기능식품	
의료기기법	의료기기	
의료법	의료 서비스	
인체조직 안전 및 관리 등에 관한 법률	인체조직	

❑ 화장품

관련법	해당 품목	주무 부처
화장품법	화장품	보건복지가족부

참고 문헌

국내 문헌

강영석(2004), 우리나라 도시의 재해위험과 대책. 아산사회복지재단, 아산재단 창립 27주년 기념 심포지엄, 「위험 · 재난사회 어떻게 대응할 것인가?」, 121-146.

강현주 · 박경문(2001), 미국 FDA의 식품 GRAS제도. 「미생물과 농업」, 27(1): 18-22.

강홍렬 · 장종인 외(2006), 「일상의 안전을 위한 미래의 사회시스템: 지식정보사회의 위험관리」, 서울: 정보통신정책연구원.

건강보험심사평가원(2006), 「항생제 사용 실태 조사 및 평가」.

———(2008), 「수술의 예방적 항생제 사용 급여 적정성 평가 결과」.

고경환(2005), 사회 취약계층을 위한 교통요금 감면제도의 경제적 귀착에 관한 연구, 「사회보장연구」, 21(1): 177-200.

공정거래위원회(2009), 「소비자 안전 시책에 관한 법제분석 및 개선 방안 연구」, 공정거래위원회 연구용역보고서.

국가통계포털(http://www.kosis.kr).

국민일보(2009), 식약청, 베트남과 식품안전 협력 약정 체결.

국회입법조사처(2010), 「금융채무 불이행자 구제제도 현황」.

권봉인 외(2000), 「학교 안전교육의 필요성과 놀이기구 사고 실태에 관한 연구」, 한국안전교육학회지.

금융감독원(2005~2007), 사금융 이용자 설문조사 결과 분석.

기술표준원(2009). 「제1회 제품안전관리 민 · 관 합동 워크숍 자료집」.

기술표준원 · 한국규제학회(2005), 「안전관리대상 공산품 분류를 위한 기획사업」, 기술표준원 연구용역보고서.

기술표준원 · 한국소비자원(2009), 「전기용품 위해 사례 분석 및 안전성 확보 방안 연구」, 기술표준원 용역보고서.

———(2010a),「공산품 위해 사례 분석연구」, 기술표준원 용역보고서.

———(2010b), 전기용품 위해 사례 분석 및 안전성 확보 방안 연구, 기술표준원 용역보고서.

김기태(1998), 대중매체가 국민 건강에 미치는 영향과 중요성,「한국영양학회 춘계 학술대회 초록집」.

김남순 · 남정자 · 문옥륜(2006),「국민 건강 증진을 위한 의약품 처방의 적정성 평가 체계 개발」, 한국보건사회연구원.

김도형(2007), 학교안전사고 보상제도의 법제화에 관한 소고, 경성대학교,「경성법학」, 16(1): 253-277.

김만호(2007),「노인 생활안전 실태조사」, 한국소비자보호원.

김민승 · 박선영(2010), 소비자의 식품 구매 시 주요 정보 확인 정도와 친환경 농산물에 대한 인식과 구매행동의 차이,「소비문화연구」, 13(4): 85-104.

김병석(2009), FAO의 식품안전 위기예방 프로그램; 조기경보 · 위기예방 · 긴급대응으로 국제적 식품안전 위기 극복,「생활과 농약」, 30(9): 20-23.

김석철 · 박성용 · 황정선(1989),「소비자 안전관리제도에 관한 연구」. 한국소비자보호원.

김선영(2003), 우리 동네 보건소: 가정 안전사고로부터 우리 아이 지키기, 대한보건협회「건강생활」, 10: 31.

김성숙(2008), 쇠고기 안전과 소비자 선택,「한국소비자정책교육학회 여름학술대회 발표자료집」, 115-134.

———(2009), 인터넷 오픈마켓에 대한 소비자 신뢰와 구매 의도에 대한 연구,「소비문화연구」, 12(1): 167-188.

김성숙 · 이기춘(1997), 소비자의 안전 의식과 안전 추구행동, 한국소비자학회 1997년도 총회 및 학술대회.

———(1999), 생활안전에 대한 소비자교육에 관한 연구,「소비자문제연구」, 22: 95-113.

김성옥(2004),「항생제 사용 실태 및 인지도 조사」, 국민건강보험공단, 한국보건사회연구원.

김성천(2005),「서비스안전법제의 개선 방안 연구」, 한국소비자원.

김시권(2007), 수입식품의 안전성에 관한 실증적 연구, 조선대학교 대학원 박사학위 논문.

김영신 외(2007),「새로 쓰는 소비자법과 정책」, 서울: 교문사.

김영치(1998), 위험사회와 건강의 새 지평,「계간 사상」, 10(3): 222-246.

김영평(1995),「불확실성과 정책의 정당성」, 서울: 고려대학교출판부.

김영평 · 소영진 · 최병선 · 정익재(1995), 한국인의 위험 인지와 정책적 함의,「한국행정학보」, 29(3): 935-956.

김영평·장순홍·소영진·김도연·안형기·박창규(2000), 「원자력에 대한 사회적 수용성 증진 방안」, 서울: 한국원자력문화재단.

김영한(2009), 「아동·청소년의 안전 실태와 대응 방안 연구」, 한국청소년정책연구원.

김영혜 외(2002), 「초등학교 고학년 학생이 인지한 안전예방교육, 안전사고 및 학교 시설물 관리 상태」, 아동간호학회지.

김영훈(1998), 「규제행정의 이론과 실제」, 서울: 선학사.

김용학·손재석(1998), 미시적 신뢰와 거시적 위험, 「계간 사상」, 가을호, 115-132.

김은경·박태선·장미라·이기완(1996), 한국 신문에 게재된 식생활 전반에 관한 기사 내용의 영양 과학적 분석, 「한국식생활문화학회지」, 11(4): 527-528.

김은미(2008), 유전자 변형 식품의 위험 인지와 위험수용성에 대한 연구, 고려대학교 대학원 석사학위 논문.

김의영(2006), 다중이용시설의 안전관리 계획과 대책 방안, 「한국스포츠리서치」, 15(5): 215-226, 통권 98호.

김정선(2008), 식품안전정책의 국제적 동향. 「국제사회보장동향」, 가을호: 37-48.

김주찬·이혜영, 이민창(2009), 안전관리 규제 수준에 관한 실증적 연구, 「한국공공관리학보」, 23(2): 127-152.

김철웅(2005), [암환자 소득별 분석] 가난할수록 암 잘 걸리고, 더 빨리 죽는다. 「월간 말」, 2005년도 3월호: 76-79.

김현정·여정성(2008), 소비자 보호를 위한 자동차리콜제도 개선 방안 연구, 「소비자학연구」, 19(1): 191-212.

김혜금(2006), 가정 내 안전사고 예방을 위한 부모교육 프로그램 요구, 「대한가정학회지」, 44(1): 87-99.

나카시마 야스히로(2005), 「식품안전의 경제학」, 강원대학교출판부.

노대명 외(2003), 「저소득층 창업 모형에 관한 연구: 각국의 사회연대은행을 중심으로」, 한국보건사회연구원.

농수산물유통공사(2005), 「주요국 식품안전 관리 현황 조사」, 서울: 농수산물유통공사.

동아일보(2006), 항상제의 공포에서 벗어나려면 「동아일보」, 2006. 1. 14일자.

———(2008), [사서. 칼럼] 항생제 사용 1위 국가, 2008. 12. 18일자.

디지털 타임즈(2008), [알아봅시다] 먹거리 안전에 활용되는 IT.

메디컬투데이(2007), 인체 위협 항생제, 식육류 다량 포함, 2007. 10. 19일자.

문옥륜(1993), 노인 의료 양상의 지역적 변이에 관한 연구, 「한국노년학연구」, 2: 3-11.

민승규 · 이갑수 · 김근영 · 손민중(2006), 「소득 양극화의 현상과 원인, 삼성경제연구소.

박동균 · 이재호(2003), SARS의 대응 사례를 통해 본 중국 위기관리행정의 문제점, 「한국행정논집」, 15(3): 729-751.

박영균 · 박은혜 · 이상봉 · 최은영 · Elmar Lange(2009), 「장애아동, 청소년의 삶의 질 향상을 위한 지원 방안 연구」, 한국청소년정책연구원.

박지연 · 최은희 · 최정화 · 심상국 · 박형수 · 박기환 · 문혜경 · 류경(2009), 소비자의 식품 안전 인지도와 안전행동 평가, 「한국식품위생안전성학회지」, 24(1): 1-11.

배대식(2008), 위기관리 관점에서 대학의 안전관리 법제 방안, 「한국콘텐츠학회논문지」, 8(4): 183-196.

———(2009a), 대학 캠퍼스의 생활안전 위기관리 체계 연구, 충북대학교 박사학위논문.

———(2009b), 안전한 캠퍼스 구현을 위한 생활안전 위기관리 서비스 체계 구축 방안: 미국 주요 대학의 위기관리 서비스 체계를 중심으로, 「한국위기관리논집」, 5(1): 27-43.

배순영 · 백병성(2005), 「소비자안전 체감지수 개발 기초연구」, 재정경제부 · 한국소비자보호원.

배영자(2003), 「국가안보 및 재난관리와 과학기술: 9 · 11테러에 대한 미국 과학기술계의 대응과 국토안보(Homeland Security)에서 과학기술의 역할」, 서울: 과학기술정책연구원.

백병성(2005), 「취약계층(고령자의) 안전 확보 방안 연구」, 한국소비자원.

백종인(2007), 학교 안전사고 구제에 관한 법적 고찰, 「한국동북아논총」, 제44집: 337-356.

변영순(2005), 가정 주부들의 의약품 구매행위에 관한 연구, 「간호과학」, 15(1): 31-39.

볼프강 조프스키, 이한우 옮김(2007), 「안전의 원칙: 위험사회, 자유냐 안전이냐」, 경기도: 도서출판 푸른 숲.

서울신문(2008), 항생제, 감기 치료엔 효과 없다, 2008. 12. 22일자.

성미경 · 권혜순(2006), 식품안전과 건강, 「국민영양」, 28(10): 14-16.

손석정(2009), 어린이 놀이시설 안전관리 법규 고찰, 「스포츠와 법」, 12(1): 85-104, 통권 제18호.

송순영(2005), 「노인을 위한 유료 재가서비스의 질 제고 방안 연구」, 한국소비자보호원.

송유진(2008), 서울 · 상해 소비자의 지각된 위험이 안전의식과 안전 추구행동에

미치는 영향: 식품소비를 중심으로, 충북대학교 대학원 석사학위 논문.
송유진 · 유현정(2008), 식품 구매 시 소비자의 지각된 위험이 안전의식과 안전추구행동에 미치는 영향력의 구조모형분석: 서울과 상해 소비자를 중심으로, 「소비자학연구」, 19(3): 215-244.
송해룡 · 김원제 · 조항민(2005), 과학기술 위험 보도에 관한 수용자 인식 연구: GMO(유전자변형식품) 사례를 중심으로, 「한국언론학보」, 49(3): 105-128.
송해룡 · 한스 페터 페터스(2005), 「위험커뮤니케이션과 위험 수용」, 서울, 커뮤니케이션 북스.
식품의약품안전청(2003), 「2003 국가항생제내성안전관리사업 연구보고서」.
———(2004a), 「2004 항생제 내성에 대한 인지도 조사」.
———(2004b), 「식품의 안전성에 관한 용어집」.
———(2008a), 「식품의약품안전청 통계연보」 제10호.
———(2008b), 「의약품관리 선진화연구」.
———(2010), 「2010 식품안전관리지침」.
신경림 · 김정선 · 신수진(2004), 안전사고 예방 프로그램이 저소득층 여성 노인의 안전사고에 대한 지식, 태도 및 예방행위에 미치는 효과, 「한국노년학회」, 24(4): 53-67.
신동화(2000), 식품안전 관리제도의 선진화 방안, 「한국식품영양과학회 학술대회발표집」, 11: 54-64.
양덕순 · 이기춘(2002), 소비자의 안전의식을 고려한 현행 제조물책임법의 재검토, 「소비자학연구」, 13(1): 1-24.
오경민 · 박홍식(2002), 정부 신뢰 수준의 측정과 비교에 관한 연구, 『한국정책학회보』, 3: 113-115.
울리히 벡, 홍성태 옮김(1997), 「위험사회: 새로운 근대성을 향하여」, 서울: 도서출판 새물결.
유근환 · 김재우(2004), 의약품 분업 이후 의약품 마케팅 전략에 관한 연구, 「영남지역발전연구」, 71-95.
유정인(2003), 언론매체를 통한 위험 요인의 지각 후 패스트푸드 소비자의 구매행동 변화에 관한 연구: 햄버거 체인점을 중심으로. 세종대학교 관광대학원 석사학위 논문.
유찬희(2008), 유럽연합의 식품 · 사료 긴급경보시스템, 「세계농업」, 제99호(Nov.): 15-20.
유현정(2008), 국민 안전권 확보를 위한 고찰: 취약계층을 위한 받아들일 수 있는 위험의 수용기준을 중심으로, 「한국위기관리논집」, 4(2): 17-31.
유현정 · 오윤희 · 윤명진(2009), 소비자고발 프로그램이 소비자의 식품 구매행동에 미치는 영향, 「한국위기관리논집」, 5(2): 83-103.
유현정・이재은・노진철・김겸훈(2008), 수요자 관점에서 접근한 재난관리서비스의 개선 방안, 「한국콘텐츠학회논문지」, 8(5): 224-236.
유현정・이재은・류상일(2007), 취약소비자 생활안전 위해관리: 아동 및 노인 소비자의 안전 실태 및 발전 전략. 「국가위기관리연구」. 1: 20-40.
윤재길(1999), 「초등학교 안전사고와 대책에 관한 연구」, 한국교원대학교 석사학위 논문.
윤지선(2006), 대학생의 식품위생 및 안전 의식과 HACCP(Hazard Analysis and Critical Point) 인지도 조사, 영남대학교 대학원 석사학위 논문.
윤희중(1991), TV광고가 어린이 및 청소년에게 미치는 영향에 관한 연구, 「광고학연구」, 2: 21-25.
의학연구정보센터(2000), 의약품 분류보고서.
이경용 외(2007), 산재취약계층 실태분석. 「산업보건」, 230: 58-59.
이기봉(2010), 「한국 청소년 안전(보호) 실태조사(기초분석보고서)」, 한국청소년정책연구원.
이기춘(2000), 「소비자교육의 이론과 실제」, 서울: 교문사.
이기춘・김성숙(1998), 소비자의 안전의식과 안전 추구행동, 「대한가정학회지」, 101: 19-32.
이기헌(2008), 식품안전과 위험 커뮤니케이션, 「한국소비자정책교육학회 여름학술대회 발표자료집」, 45-66.
이상석(2009), 어린이놀이시설 안전관리 법규의 개선 방향, 「한국조경학회지」, 37(2): 47-61.
이상팔(1995), 지역주민의 위험정책 수용에 관한 연구: 원자력폐기물처분장 수용과정에서 나타난 행위자, 제도, 지역공동체의 영향을 중심으로, 고려대학교 대학원 행정학 박사학위 논문.
이성윤(1999), 통신판매에 대한 소비자 위험 지각이 구매행동에 미치는 영향에 관한 연구. 공주대학교 경양학과 석사학위 논문.
이소영(1997), 고등학생들의 일반의약품 사용 및 관련 요인 분석, 「대한간호학회지」, 27(4): 777-786.
이시원・배병룡(1998), 정부 불신의 원인과 결과, 「한국행정학보」, 22(2): 393-427.
이윤수(2006), 텔레비전 뉴스와 정보 프로그램을 통한 식품영양정보에 대한 연구. 단국대학교 식품영양정보학과 석사학위 논문.
이은영(2008), 국가별 개인신용회복제도의 비교 및 시사점, 「소비자정책 교육연구」, 4(2): 19-32
이의선・문정숙(2007), 공산품 안전관리 체제에 관한 연구, 「경제경영논집」, 36(2),

65-99.
이인숙(2004), 취약계층의 방문간호 서비스 요구 특성, 「대학간호학회지」, 34(6): 1025-1034.
이장국(2007), 안전에 대한 용어적 및 어원적 연구, 「한국안전학회지」, 22(2): 28-35.
이재열(2005), 「21세기 한국 메가트렌드 시리즈 III: 한국사회의 위험구조 변화」, 서울: 정보통신정책연구원.
이재은(1998), 위기관리 정책에 관한 연구: 개념, 영역, 정책결정을 중심으로, 「한국행정논집」. 10(1): 113-130.
———(2002), 지방자치단체의 자연재해관리정책과 인위재난관리정책 비교 연구: AHP기법을 이용한 상대적 중요도 및 우선순위 측정을 중심으로, 「한국행정학보」, 36(2): 160-180.
———(2005), 「21세기 한국 메가트렌드 시리즈 III: 자연재난과 방재시스템」, 서울: 정보통신정책연구원.
———(2006a), 국가위기관리의 학술적 발전 방안에 관한 비교 연구: 미국, 일본, 독일을 중심으로, 「한국위기관리논집」, 2(1): 54-79.
———(2006b), 안전정책 강화와 소비자 참여 방안. 한국소비자단체협의회. 소비자기본법 개정과 소비자운동의 방향(2006. 11. 28, 서울 YWCA 대강당; 제11회 소비자의 날 기념세미나 자료집), 35-65.
———(2006c), 포괄적 안보 개념 하에서의 국가 위기관리 법제화 방안 연구, 「한국위기관리논집」, 2(2): 19-35.
이재은 외(2006), 「재난관리론」, 서울: 대영문화사.
이재은 · 유현정(2007), 국가 위기관리의 새로운 영역 설정과 추진 전략: 국민생활 안전 위기 영역의 분류와 운영 방안 모색, 「한국위기관리논집」, 3(2): 1-17.
이재은 · 유현정 · 안철현 · 정병윤(2007), 국가 위기관리 정책의 영역별 상대적 중요도 분석, 「현대사회와 행정」, 17(3): 277-299.
이종규(2004), 「한국과 일본의 학생안전사고관리 및 보상제도 비교」, 보험학회지.
이종미(2009), 초등학생의 식품안전성과 영양 표시 인식에 대한 영양교육의 효과, 영남대학교 대학원 석사학위 논문.
이종영(2005), 식품 관련법 강화와 식품산업계의 영향: 식품사업자의 기본권 제한과 헌법적 문제를 중심으로, 「식품공업」, 185: 25-35.
이지은 · 이기춘(1992), 서울시 주부소비자의 안전 추구행동에 관한 연구, 「생활과학연구」, 17: 37-48.
이철호(2000), 식품안전성대책의 현황과 과제; 식품안전 및 환경문제에 대한 농업의 대응. 「농정연구포럼 심포지엄 시리즈」, VII: 49-76.

이형엽 외(2002), 「학교안전사고와 성격 특성과의 관계」, 한국안전교육학회지.

이효민 · 정기화(2008), 어린이 건강 관련 유해물질 연구 방향, 「한국식품위생안전성학회지」, 23(3): 276-283.

임승빈(1992), 「환경심리행태론」, 서울: 보성문화사.

임원희(2006), 마이크로크레디트 제도에 대한 개관과 한국의 도입 현황 및 정책 제언. 「사회복지정책」, 25: 309-331.

임재화(2004), 대학교육의 서비스 품질 요인에 관한 연구, 「경영교육논총」, 36: 303-324.

임한나 · 여정성(2010), 소비자 안전규제의 소비자 수용에 관한 연구, 「소비자학연구」, 21(1): 135-159.

임현진 외(2003), 「한국 사회의 위험과 안전」, 서울: 서울대출판부.

장선미 · 이의경 · 김윤(2001), 「의약분업 전후의 의약품 오남용 실태분석」, 한국보건사회연구원 · 보건복지부 정책연구개발사업 최종보고서.

장영주(2003), 지상파 TV 방송 프로그램에 나타난 식품영양정보 분석. 단국대학교 멀티미디어대학원 석사학위 논문.

재정경제부(2005), 「경제 양극화 현황과 정책과제」.

재정경제부 · 한국개발연구원(2004), 「중장기 소비자정책 추진 방향 연구」.

전경숙 외(2007), 취약계층 여성의 건강 증진 방안, 「보건교육 · 건강증진학회지」, 24(3): 99-118.

전병호 · 최후남 · 한필구 · 강병구(2009), KC(Korea Certificatuion)마크 도입이 소비자에게 미치는 영향 분석, 「소비자학연구」, 20(4): 27-47.

정기혜(2001), 우리나라 식품안전관리의 현황과 발전 방안, 「보건복지포럼」(2001. 2): 74-81.

———(2009), 2009년도 식품안전관리의 변화와 전망, 「보건복지포럼」, 147: 28-40.

정기혜 · 김정선 · 윤시몬 · 신정훈 · 김은정 · 정진욱(2009), 「식품안전관리 선진화를 위한 취약점 중점 관리 방안 구축」, 한국보건사회연구원, 연구보고서.

정남주(2004), 「학교 안전사고의 실태와 보상」, 한국레저스포츠학회지.

정문식(2007), 안전에 관한 기본권의 헌법상 근거와 위헌심사 기준에 대한 연구, 「법과 정책연구」, 7(1): 217-239.

정용수(2010), 「자동차 리콜제도의 실효성 제고 방안」, 한국소비자원.

조성경 · 오세기(2002), 원자력시설 및 정책의 수용성에 영향을 미치는 인식 인자 도출에 관한 이론적 고찰. 「에너지공학」, 11(4): 332-341.

조영갑(2004), 「테러와 전쟁」, 서울: 북코리아.

진기남 · 전정화 · 송현종(2001), 지방중소도시의 가정내 안전사고: 안전구조와 안전행동의 상대적 영향: 안전구조와 안전행동의 상대적 영향, 「보건교육 · 건강증진학회지」, 18(1): 125-135.
최병선(1990), 소비자보호를 위한 정부역할 및 규제의 합리화: 소비자안전 문제를 중심으로. 「행정논총」, 28(1): 179-210.
최성락(2006), 위해물질에 대한 사전 예방 식품안전관리 정책 방향, 「보건복지포럼」, 118: 6-16.
최순규(2000), 경영전략 연구에 있어서 신뢰 문제에 대한 고찰, 「북악경영연구」, 2(6): 529-545.
최은실(2008), 특집: 소비자법의 주요 현안 : 소비자 집단분쟁 조정제도의 현황과 전망, 「경쟁법연구」, 17: 35-56.
최은실 외(2010), 「대한민국에서 현명한 소비자로 살아가기」, 공정거래위원회.
최창호 · 주병갑 · 이석형(2009), 「식품안전과 위생 매뉴얼」, 한국체인스토어협회출판부.
최항섭 · 김종길 · 배영 · 윤민재 · 박현주(2006), 「사회적 신뢰 제고를 위한 IT정책 연구」, 정보통신정연구원.
탁송수 · 이수경(2009), LP가스 연료 사용 자동차의 국내외 안전관리 현황 비교연구, 「한국가스학회지」, 13(2): 49-56.
통계청(2004), 「사망원인 통계연보」.
하정철(2008), 글로벌 식품안전 이슈와 대응. 「한국소비자정책교육학회 여름학술대회 발표자료집」, 23-44.
한겨레(2007a), [단독] 어린이 항생제 남용 심각, 커서 '약발' 뚝?, 2007. 1. 19일자.
———(2007b), 항생제 처방률 줄었어도 복용량 되레 늘어..., 2007. 1. 19일자.
한국금융연구원(2009), 개인채무자 구제제도 개선 방안, 금융VIP 시리즈2009-01.
한국대부업협회(2009), 보도 자료(2009. 7. 29).
한국문화관광연구원(2009), 「유기시설 · 유기기구의 안전성검사 시스템 개선 방안」.
한국보건사회연구원(1997), 「의약품 분류 기준 개선 방안 연구」.
———(2006), 「항생제 내성 경제성 평가연구」 식품의약품안전청.
한국보건사회연구원 · 보건복지가족부(2009), 장애인 실태조사 결과.
한국소비생활연구원(2009), 의약품에 대한 소비자 의식조사.
한국소비자원(2000), 「월간소비자」.
———(2002a), 「초등학교 교내와 주변 시설물 안전실태조사」.
———(2002b), 「일반의약품 표시 개선 방안」.
———(2002c), 「어린이 의약품의 안전성 및 이용실태 조사」.
———(2003), 「영유아 보육시설 안전실태조사」.
———(2006), 「학교 어린이 안전실태 및 예방대책」.
———(2008), 「국내외 일반의약품 표시 실태조사」.

———(2009), 주요국의 소비자 안전제도 및 소비자 위해감시 시스템에 관한 연구(내부자료).

———(2011), 「제3회 아시아소비자정책포럼 자료집」.

한국일보(2010), 2009 식품안전 리포트 <2> 광우병 사태, 그 이후.

한국전산원(2005), 「한국의 주요 당면과제와 IT를 통한 해결 방안」. 서울: 한국전산원.

한분녀(2009), 중국 식품안전시스템의 개선 방안에 관한 연구: 한국의 식품안전시스템과 비교 중심으로, 호서대학교 대학원 석사학위 논문.

한응수(2006), 「식품안전과 품질관리」, 서울: 태학원.

환경부(2009), 어린이 용품내 환경유해인자 종류 및 유해성 목록 작성.

황정선(2010), 「소비자안전 체감지수 측정연구」, 한국소비자보호원.

국외 문헌

Aldrich, Loma(1999), *Consumer Use of Information: Implications for Food Policy*, ERS/ USDA Agricultural Handbook. No. 715.

Allen, F. R., A. R. Garlick, M. R. Hayns, & A. R. Taig(eds.) (1989), *The Management of Risk to Society From Potential Accidents*(The Main Report of the UKAEA Working Group on the Risks to Society from Potential Major Accidents), London and New York, Elsevier Applied Science.

Arrow, Kenneth J.(1990), Information and Economic Behavior, in Samuel H. Baker & Catherine S. Elliott(eds), *Readings in Public Sector Economics*, Lexington, MA: D.C. Heath and Company.

Bauer, G. C. H.(1960), *Epidemiology of Fracture in Aged Persons: A Preliminary Investigation in Fracture Etiology*.

Bax, Erik H., Bram J. Steijn, & Marco C. De Witte(1998), Risk Management at the Shopfloor: The Perception of Formal Rules in High-Risk Work Situations, *Journal of Contingencies and Crisis Management*, 6(4): 177-188.

Beck, Ulrich(1992), *Risk Society: Towards a New Modernity,* translated by Mark Ritter London: Sage Publications.

Boulding, Kenneth(1982), Irreducible Uncertainties. *Society*, 20(1).

Brooker, George(1984), An Assessment of an Expanded Measure of Perceived Risk, in *Advances in Consumer Research*, Volume 11: 439-441. Thomas C. Kinnear(eds.), Provo, UT: Association for Consumer Research.

Chartier, J.(2001), Risk Communication and Government, Canadian Food Inspection Agency(www.inspection.gc.ca).

Comfort, Louise K.(2002), Rethinking Security: Organizational Fragility in Extreme Events, *Public Administration Review*, 62(September): 98-107.

Cook, J. & T. Wall(1980), New Work Attitude Measures of Trust, Organizational Commitment and Personal Need Non-fulfillment, *Journal of Occupational Psychology*, 53: 39-52.

Cox, D. F.(1967), *Risk Taking and Information Handing in Consumer Behavior*, Boston, MA: Harvard University Press.

Cox, D. F. & S. U. Rich(1964), *Journal of Marketing Research*, 1(4): 32-39.

Cummings, L. L. & P. Bromiley(1996), The Organizational Trust Inventory: Development and Validation, in R. M. Kramer & T. R. Tyler(eds.), *Trust in Organizations: Frontiers of Theory and Research*, London: Sage, Publications.

Cunningham, S. M.(1967), The Major Dimensions of Perceived Risk, in D. F. Cox(ed.), *Risk-taking and Information-handling in Consumer Behavior*. Boston: Harvard University Press.

Devroey, Dirk, Viviane Van Casteren, & Denise Walckiers(2002), The Added Value of the Registration of Home Accidents in General Practice, *Scandinavian Journal of Primary Health Care*, 20: 113-117.

Douglas, Mary & Aaron Wildavsky(1982), *Risk and Culture: An Essay on the Selection of Technological and Environmental Dangers*, Berkeley, CA: University of California Press.

Elizabethy, Rhyne & Maria Otero(2006), Microfinance through the Next Decade: Visioning the Who, What, Where, and How, 2006 General Microfinance Summit Conference.

Fife-Show, C. & G. Rowe(1996), Public Perceptions of Every Food Hazards: A Psycholometric Study, *Risk Analysis*.

Friedman, Kajsa Ekholm(1987), The Study of Risk in Social Systems: An Anthropological Perspective. Lennart Sjöberg (ed.), *Risk and Society: Studies of Risk Generation and Reactions to Risk*, London: Allen &

Unwin.

Gherardi, Silvia, Davide Nicolini, & Francesca Odella(1998), What Do You Mean By Safety? Conflicting Perspectives on Accident Causation and Safety Management in a Construction Firm, *Journal of Contingencies and Crisis Management*, 6(4): 202-213.

Giddens, Anthony(1991), *Modernity and Self-Identity: Self and Society in the Late Modernity Age*, Stanford, CA: Stanford University Press.

Granovetter, M.(1985), Economic Action and Social Structure: The Problem of Embeddness, *American Journal of Sociology*, 91(3): 481-510.

Herxheimer, A.(1983), Problem Drugs, *WHF*, 4.

Jacoby, J. & L. B. Kaplan(1972a), Proceedings of the 3rd Annual Conference of the Association for Consumer Research, Association for Consumer Research, Provo, UT 382-393.

———(1972b), The Component of Perceived Risk, in M. Venkatesan(eds.), *Proceeding from Third Annual Conference of the Association for Consumer Research*. University of Chicago.

Kaase, M.(1999), Interpersonal Trust, Political Trust and Non-institutionlized Political Participation in Western Europe, *West European Politics*, 22(3): 1-21.

Kanter, D. & P. H. Mirvis(1989), *The Cynical Americans*, San Francisco: Jossey-Bass.

Kinchin, G. H.(1982), The Concept of Risk, A. E. Green(ed.), *High Risk Safety Technology*, New York: John Wiley & Sons, Ltd.

Kurtz, D. L. & K. E. Clow(1997), *Services Marketing*, New York: John Wiley & Sons.

Luhmann, Niklas(1993a), Die Moral des Risikos und das Risiko der Moral, in G. Bechmann(Hrsg.), *Risiko und Gesellschaft: Grundlagen und Ergebnisse Interdisziplinärer Risikoforschung*, Opladen: Westdeutscher Verlag.

———(1993b), *Risk: A Sociological Theory*, translated by Rhodes Barrett, Berlin · New York: Walter de Gruyter.

Maliko, M.(1991), Drugs: Towards Sound Prescribing and Pricing, *WHF*, 12(1): 34-37.

Microcredit Summit(2006), *Annnal Report.*

Morgan, M. G., P. Slovic, I. Nair, D. Geiser, D. G. MacGreger, B. Fischhoff, D.

Lincoln, & K. Florig(1985), Powerline Frequency Electric and Magnetic Fields: A Pilot Study of Risk Perception, *Risk Analysis*, 5: 139-149.

Morgan, R. M. & S. D. Hunt(1994), The Commitment-Trust Theory of Relationships Marketing, *Journal of Marketing*, 58: 20-38.

Nye, J. S.(1998), *Why People Don't Trust Government*, Havard University Press.

OECD(1983), *Product Safety: Risk Management and Cost Benefit Analysis*, Paris: OECD.

Perrow, Charles(1984), *Normal Accidents: Living with High-Risk Technologies*, New York: Basic Books.

Peter, J. P. & L. X. Tarpey(1975), A Comparative Analysis of Three Consumer Decision Strategies, *Advances in Consumer Research*. 2: 29-37.

Pierre, Maurice, Michel Lavoie, Lucie Laflamme, Leif Svanstrm, Claude Romer & Ragnar Anderson(2001), Safety and Safety Promotion: Definitions for Operational Developments, *International Journal of Injury Control and Safety Promotion*, 8(4): 37-240.

Pillai, R., C. A. Schriesheim & E. S. Williams(1999), Fairness Perceptions and Trust as Mediators for Transformational and Transactional Leadership: A Two-sample Study, *Jouranl of Management*, 25: 897-933.

Podsakoff, P. M., S. B. Mackenzie, R. H. Moorman & R. Fetter(1990), Transformational Leader Behaviors and Their Effects on Follower's Trust in Leader, Satisfaction, and Organization Citizenship Behaviors, *Leadership Ouarterly*, 1(2): 107-142.

Prasad, K. V.(1975), Socioeconomic Product Risk and Patronage Preference of Retail Shoppers, *Journal of Marketing*, 39: 42-47.

Rostein, B.(2001), Social Capital in the Social Democratic Welfare State, *Poltics and Society*, 29(2): 207-241.

Ryan, M. J. & J. P. Peter (1976), An Investigation of Perceived Risk at the Brand Level. *Journal of Marketing Research*, 13(May): 184-188.

Sandman, P. M.(1987), Risk Communication: Facing Bublic Outrage, *EPA Journal*(Nov. 187): 21-22.

Shi, L. & G. D. Stevens(2005), *Vulnerable Population in the United States*, San Francisco: John Wiley & Sons, Inc.

Shimp, T. A. & W. O. Bearden(1982), Warranty and Other Extrinsic Cue

Effects On Consumer's Risk Perceptions, *Journal of Consumer Research*, 9.

Slovic, Paul(1986), Informing and Education the Public about Risk, *Risk Analysis*, No. 6.

———(1994), Perception of Risk: Paradox and Challenger, in B. Brehmer & N. E. Sahlin(eds.), *Further Risks and Risk Management*, Boston: Kluwer Academic Publishers.

———(2000), Trust, Emotion, Sex, Politics and Science: Surveying the Risk-assessment Battlefield, in Paul Slovic, *The Perception of Risk,* London: Earthscan Publication Ltd.

Slovic, Paul, Baruch Fischhoff, & Sarah Lichtenstein(1986), The Psychometric Study of Risk Perception, Vincent T. Covello, Joshua Menkes, & Jeryl Mumpower(eds.), *Risk Evaluation and Management*, New York and London: Plenum Press.

Stone, R. N. & K. Gronhaug(1993), Perceived Risk: Further Consideration for the Marketing Discipline, *European Journal of Marketing*, 27: 39-50.

Taylor, J. W.(1974), The Role of in Consmer Behavior, *Joural of Marketing*. 38: 54-60.

Toh, R. & S. C. Heeren(1982), *Akron Business & Economic Review*, 13: 43-48.

Vertinsky, L. & P. Vertinsky(1981), Communicating Environmental Health Risk: Assessment and Other Risk Information Analysis of Strategies, H. Kunreuther(ed.), *Risk: A Seminar Series. Laxenburg*, Austria: IIASA.

Vincent, M. & William G. Zikmund(1976), An Experimental Investigation of Situational Effects on Risk Perception, *Advances in Consumer Research*, 3: 125-129.

Wagner, S. L. & M. C. Rush(2000), Altruistic Organizational Citizenship Behavior: Context, Disposition, and Age, *Journal of Social Psychology*, 140(3): 379-391.

Webster's Third New International Dictionary(1977), Chicago, IL: G. & C. Merriam Co.

Wildavsky, Aaron(1988), *Searching for Safety*. New Brunswick and London: Transaction Books.

Wong, Y. T., H. Y. Ngo, & C. S. Wong(2002), Affective Organizational

Commitment of Workers in Chinese Joint Ventures, *Journal of Managerial Psychological Reports*, 43: 1319-1324.

Zikmund, W. G. & J. E. Scott(1973), A Multivariate Anlysis of Perceived Risk, Self-confidence and Information Sources. *Advances in Consumer Research*, 406-416.

Zimmerman, Rae(1986), The Management of Risk, Vincent T. Covello, Joshua Menkes, & Jeryl Mumpower(eds.), *Risk Evaluation and Management*. New York and London: Plenum Press.

찾아보기

ㄱ

ㅇ

ㅈ

ㅊ

ㅋ

ㅌ

ㅍ

ㅎ

저자 소개

유현정(俞泫汀)

- 성균관대학교 가정관리학과 졸업(가정관리학 학사)
- 성균관대학교 대학원 가정관리학과 졸업(가정학 석사 및 박사, 소비자학 전공)
- 충북대학교 국가위기관리연구소 국민생활위기연구센터장
- 한국소비자업무협회 부회장
- 한국소비자학회 상임이사
- 국가위기관리학회 편집위원장
- 현재 충북대학교 소비자학과 교수

최은실(崔恩實)

- 서울대학교 가정관리학과 졸업(가정관리학 학사)
- 서울대학교 대학원 소비자학과 졸업(소비자학 석사 및 박사)
- 이화여자대학교 소비자학과 겸임교수 역임
- 한국소비자원 소비자안전본부 생활안전팀장 역임
- PL지원센터 분쟁조정위원회 위원
- 한국소비자학회 상임이사
- 현재 한국소비자원 국제협력팀장

김성숙(金聖淑)

- 서울대학교 가정관리학과 졸업(가정관리학 학사)
- 서울대학교 대학원 소비자학과 졸업(소비자학 석사 및 박사)
- 한국소비자원 선임연구원 역임
- 계명대학교 산업경영연구소 부설 재무상담클리닉센터 센터장
- 한국소비자학회 상임이사
- 현재 계명대학교 소비자정보학과 교수

이재은(李在恩)

- 연세대학교 독어독문학과, 행정학과 졸업(문학사, 행정학사)
- 연세대학교 대학원 행정학과 졸업(행정학 석사 및 박사)
- 희망제작소 재난관리연구소 소장 역임
- 충북대학교 국가위기관리연구소 소장 역임
- 위기관리 이론과 실천 대표
- 국가위기관리학회 회장
- 현재 충북대학교 행정학과 교수

위험사회를 사는

소비자와 생활 안전

펴낸날 / 제1판 제1쇄 2011년 9월 15일
지은이 / 유현정 · 최은실 · 김성숙 · 이재은
펴낸이 / 임춘환
펴낸곳 / 도서출판 대영문화사
주소 / 서울 용산구 청파동 1가 178-2 ㊞ 140-869
등록 / 1975년 12월 26일 제3-16호
전화 / (02)716-3883, (02)714-3062
팩시밀리 / (02)703-3839
우체국 온라인 / 011353-02-009106

© 유현정 · 최은실 · 김성숙 · 이재은, 2011
ISBN 978-89-7644-369-4

〔값 18,000원〕

* 잘못된 책은 바꾸어 드립니다.
* 이 책의 내용은 저작권법의 보호를 받습니다.